Wolfgang Becker / Stefan Lutz / Christian Back

Gabler Kompaktlexikon Modernes Rechnungswesen

Wolfgang Becker
Stefan Lutz / Christian Back

Gabler Kompaktlexikon Modernes Rechnungswesen

2.000 Begriffe nachschlagen, verstehen, anwenden

3., überarbeitete Auflage

GABLER

Bibliografische Information der Deutschen Nationalbibliothek
Die Deutsche Nationalbibliothek verzeichnet diese Publikation in der Deutschen Nationalbibliografie; detaillierte bibliografische Daten sind im Internet über <http://dnb.d-nb.de> abrufbar.

1. Auflage 2002
2. Auflage 2007
3., überarbeitete Auflage 2011

Lektorat und Korrektorat: Laura Roberts

Gabler Verlag ist eine Marke von Springer Fachmedien.
Springer Fachmedien ist Teil der Fachverlagsgruppe
Springer Science+Business Media.
www.gabler.de

Umschlaggestaltung: KünkelLopka Medienentwicklung, Heidelberg
Druck und buchbinderische Verarbeitung: MercedesDruck, Berlin
Gedruckt auf säurefreiem und chlorfrei gebleichtem Papier
Printed in Germany

ISBN 978-3-8349-2797-2

Vorwort

Der sichere Umgang mit den Fachbegriffen des Rechnungswesens nimmt im Unternehmensalltag speziell für Führungskräfte, aber auch für deren Mitarbeiter, einen bedeutsamen Stellenwert ein. Dies gilt nicht nur in den originär betriebswirtschaftlichen, sondern zunehmend auch in anderen Unternehmensbereichen. Aber sogar im betriebswirtschaftlichen Kontext selbst ist die Situation der Begriffswelt nicht gerade einfach. So verschwimmen derzeit die traditionellen Bereiche des externen und internen Rechnungswesens mit dem zunehmenden Einfluss internationaler Normensysteme wie beispielsweise IFRS zunehmend. Auch die Anwendung neuartiger Managementkonzepte, wie beispielsweise der Balanced Scorecard, lässt die Zahl der in der Unternehmenspraxis verwendeten betriebswirtschaftlichen Begriffe rasant ansteigen. Derartige Entwicklungen führen zu einer hohen Vielfalt und ausgeprägten Spezifizität der verwendeten Begriffe, die für Praktiker nicht immer transparent sind.

Ziel des vorliegenden Lexikons ist es, eine Orientierung in dem Begriffsdickicht zu ermöglichen und entsprechende Fachkenntnisse zu vermitteln. Das Lexikon umfasst ca. 2.000 bedeutsame Stichwörter. Diese gehen über ein enges Verständnis der Themenbereiche des externen und internen Rechnungswesens hinaus und greifen entsprechend relevante Begriffe der Bereiche Unternehmensführung und Controlling bis hin zum Finanzmanagement auf. Neben der Definition klassischer Grundbegriffe wurden insbesondere auch moderne Begriffe internationalen Ursprungs aus dem Rechnungswesen und Controlling erläutert. Daher finden sich viele in der Praxis gängige Begriffe des angelsächsischen Sprachraums in diesem Lexikon erfasst.

Um eine möglichst hohe Anwendungsorientierung zu gewährleisten, sind die Erläuterungen der einzelnen Fachtermini bewusst kompakt aber dennoch anschaulich und einfach gehalten. Gleichzeitig wurde selbstverständlich die notwendige theoretische Basis berücksichtigt, um auch entsprechende Grundlagenkenntnisse zu vermitteln. Der gezielte Einsatz von Grafiken unterstützt die Anschaulichkeit der Begriffsdarstellungen an vielen Stellen. Zusätzlich ermöglicht ein umfassendes Verweissystem die weitere inhaltliche Vertiefung einzelner Fachtermini und ordnet diese in einen umfassenden Gesamtkontext ein.

Das Lexikon richtet sich vor allem an die Zielgruppe der Praktiker aus unterschiedlichen Unternehmensbereichen, die in ihrem Arbeitsalltag täglich mit Begriffen aus dem Rechnungswesen und Controlling konfrontiert werden und umgehen müssen. Das Lexikon ist aber auch als Orientierung und Nachschlagewerk für Studierende zahlreicher Fachrichtungen gedacht.

Das Zustandekommen dieses Lexikons gründet auf jahrelangen, gemeinsamen Aktivitäten der beiden Autoren, Univ.-Professor Dr. Wolfgang Becker von der Universität Bamberg (Inhaber des Lehrstuhls Unternehmensführung & Controlling) sowie WP/StB Dr. Stefan Lutz (Partner der MAZARS GmbH, Wirtschaftsprüfungsgesellschaft, in Frankfurt a.M.).

Insbesondere Erfahrungen der Autoren im Bereich der Weiterbildung von Führungskräften haben die Erstellung dieses Lexikons maßgeblich angestoßen. Die Abstimmung von Kerngebieten und Schnittstellen bis hin zu einzelnen Definitionen wurde durch diese Verbindung von Theorie und Praxis entscheidend gefördert. Univ.-Professor Dr. Wolfgang Becker legte seinen Schwerpunkt auf die Begriffe des internen Rechnungswesens und Controllings, WP/StB Dr. Stefan Lutz und WP/StB Dr. Christian Back konzentrierten sich auf die Begriffe des externen Rechnungswesens.

In der nunmehr dritten Auflage wurden alle Begriffe überarbeitet. Im Bereich des externen Rechnungswesens waren insbesondere die Auswirkungen des 2009 verabschiedeten Bilanzrechtsmodernisierungsgesetzes zu berücksichtigen.

Die Erstellung dieses Lexikons wäre ohne die tatkräftige Hilfe von Mitarbeitern nicht möglich gewesen. Danken wollen wir Herrn Dipl.-Kfm. Stefan Fischer, Herrn Florian Brenner, Frau Tina Löser, Frau Heike Moses und Frau Annika Waßmann (Universität Bamberg, Lehrstuhl Unternehmensführung & Controlling) sowie Herrn MA Sascha Poppe, Frau Intern. BW Jasmin Renner und Herrn WP/StB Alexander Thees (MAZARS GmbH, Wirtschaftsprüfungsgesellschaft, in Frankfurt a.M.), die allesamt mit hohem Engagement an der Erstellung des Lexikons mitgewirkt haben.

Wir hoffen, dass dieses Lexikon seine Leser erreicht und dort den angestrebten Nutzen stiftet. Für Anregungen und Kritik sind wir jederzeit dankbar.

Univ.-Professor Dr. Wolfgang Becker

WP/StB Dr. Stefan Lutz

WP/StB Dr. Christian Back

A

ABC-Analyse, Methode zur Feststellung von Prioritäten, denen Ziele, Probleme und/ oder Alternativen zugeordnet werden sollen. Die Buchstaben ABC stehen für die Bedeutung der untersuchten Objekte (z.B. A = sehr wichtig, B = wichtig, C = unwichtig). Die ABC-Analyse basiert auf der empirisch beobachtbaren Annahme, dass oftmals nur ein kleiner Prozentsatz der Untersuchungsobjekte, mit denen eine bestimmte Wirkung angestrebt wird, den größten Anteil zur gewünschten Gesamtwirkung beisteuert. Diesen sogenannten A-Objekten ist daher höchste Bedeutung beizumessen. Aus der Logistik ist z.B. die „80-20-Faustregel" bekannt, nach der ca. 80 Prozent des Umsatzes von 20 Prozent der auf Lager gehaltenen Artikel erzielt werden. Die ABC-Analyse geht von Mengen-Wert-Verhältnissen aus und kann mit der → XYZ-Analyse kombiniert werden.

Abfallbilanz, → Umweltbilanz.

Abgeltungssteuer, eine seit 2009 in Deutschland geltende Steuer auf private Kapitalerträge. Die Abgeltungssteuer wird an der Quelle erhoben und hat Abgeltungswirkung für den Gläubiger der Kapitalerträge, d.h. sie ist „definitiv" und die Kapitalerträge werden steuerlich nicht weiter erfasst. Betroffen sind Zinsen, Dividenden und Erträge aus Investmentfonds sowie steuerpflichtige Veräußerungsgeschäfte wie insbesondere Anteile an Körperschaften, Kupons und Termingeschäfte (§ 20 (2) EStG). Der Steuersatz beträgt 25 Prozent zuzüglich Solidaritätszuschlag, damit insgesamt 26,375 Prozent.

Abgrenzung, bezieht sich auf die Unterscheidung von → Aufwendungen und → Erträgen aus der → Finanzbuchhaltung sowie → Kosten und → Erlösen der → Kostenrechnung und der damit verbundenen Zuordnung. Abgrenzungen können nach sachlichen, zeitlichen und/ oder wertmäßigen Kriterien erfolgen. In der Kostenrechnung werden nur die Beträge berücksichtigt, die mit dem Betriebszweck verbunden sind. Davon lassen sich die → neutralen Aufwendungen, d.h. → betriebsfremde Aufwendungen (z.B. Spenden), → außerordentliche Aufwendungen (z.B. Katastrophenverluste) oder → periodenfremde Aufwendungen (z.B. Steuernachzahlungen) abgrenzen. Im Gegensatz zur Finanzbuchhaltung werden in der Kostenrechnung z.B. auch → kalkulatorische Kosten berücksichtigt. Diese unterscheiden sich entweder in ihrer wertmäßigen Höhe (→ Anderskosten, z.B. kalkulatorische Abschreibungen) oder sie lassen sich nicht aus dem Aufwand ableiten (→ Zusatzkosten, z.B. kalkulatorischer Unternehmerlohn).

Abgrenzungsrechnung, Methode zur Ermittlung von → Kosten und → Erlösen auf der Grundlage von in der Finanzbuchhaltung erfassten → Aufwendungen und → Erträgen. Es sind folgende Schritte erforderlich:

1. Trennung von betrieblichen und neutralen Aufwendungen und neutralen Erträgen,

2. Berechnung von Anderskosten und -erlösen,
3. Berücksichtigung von Zusatzkosten und -erlösen.

Abnutzung, Bezeichnung für die Wertminderung eines über mehrere Perioden nutzbaren Anlagengutes, die sich aus seinem Gebrauch oder aus den sonstigen Abschreibungsursachen ergibt.

Abrechnungsperiode, Teil der Planperiode. Am Ende jeder Abrechnungsperiode wird ein Soll-Ist-Vergleich durchgeführt. Die praxisübliche Dauer beträgt einen Monat. Bei kürzeren Abrechnungsperioden ist die zeitliche → Abgrenzung problematisch.

Absatzbudget, erwartete → Umsatzerlöse bzw. Absatzmengen, die den Verantwortlichen für den Verkauf als Sollgröße im Rahmen der → Budgetierung vorgegeben werden. Aufgeschlüsselt wird das Absatzbudget nach den einzelnen Erzeugnissen oder Erzeugnisgruppen. Die Absatzprognose beruht entweder auf Erfahrungen oder auf Marktanalysen.

Absatzerfolgsrechnung, → Ergebnisrechnung.

Abschichtungsbilanz, → Auseinandersetzungsbilanz.

Abschlagszahlung, → Anzahlung.

Abschlussbilanz, → Bilanz zum Ende einer Rechnungslegungsperiode bzw. eines Geschäftsjahres.

Abschlussprüfer. Nach § 316 (1), (2) HGB ist der → Jahresabschluss und der → Lagebericht bzw. der → Konzernabschluss und → Konzernlagebericht von prüfungspflichtigen Kapital- und Personengesellschaften durch einen Abschlussprüfer zu prüfen. Als Abschlussprüfer kommen lediglich → Wirtschaftsprüfer und Wirtschaftsprüfungsgesellschaften infrage, nur mittelgroße Gesellschaften dürfen von → vereidigten Buchprüfern geprüft werden. Im HGB werden verschiedene Ausschlussgründe bestimmt, insbesondere finanzielle Verflechtungen zu der zu prüfenden Gesellschaft oder die Mitwirkung bei der Aufstellung des Jahresabschlusses über die Prüfungstätigkeit hinaus (§ 319 (2), (3) HGB). Grundsätzlich hat der Wirtschaftsprüfer aber auch einen Auftrag abzulehnen, wenn die Besorgnis der Befangenheit besteht (§ 49 WPO).

Abschlussstichtag, *Bilanzstichtag,* Zeitpunkt, für den der Abschluss aufgestellt wird. Gemäß § 242 (1) HGB hat der Kaufmann für das Ende eines jeden → Geschäftsjahres einen Abschluss aufzustellen.

Abschreibungen, *depreciation,* kostenmäßiges Äquivalent für die Wertminderung abnutzbarer Gebrauchsgüter. Die einmalig für die Anschaffung oder Herstellung einer → Anlage anfallenden Ausgaben bzw. Auszahlungen werden auf deren voraussichtliche → Nutzungsdauer verteilt. Alternativ kann eine Verteilung auch auf die einzelnen Leistungseinheiten erfolgen, die diese Anlage insgesamt während ihrer wirtschaftlichen Nutzungsdauer zu be- oder verarbeiten bzw. herzustellen vermag. Die Höhe der Abschreibungen bemisst sich in der Kostenrechnung im Gegensatz zur → Aufwandsrechnung nur nach unternehmensinternen Informationsbedarfen des Managements. Unterscheiden sich die Abschreibungen der Kostenrechnung von den bilanziellen Abschreibungen hinsichtlich der → Abschreibungssumme, des → Abschreibungszeitraums oder der angewendeten → Abschreibungsmethode, so handelt es sich um eigenständige → kalkulatorische Abschreibungen, die den Charakter von Anderskosten besitzen.

Abschreibungsbasis, → Abschreibungssumme.

Abschreibungsmethode, *Abschreibungsverfahren*, Verfahren, mit denen die Abschreibungsbeträge aus der → Abschreibungssumme für den → Abschreibungszeitraum berechnet werden. Man unterscheidet die lineare, degressive und progressive Abschreibungsmethode. Bei der → degressiven Abschreibung erfolgt die Abschreibung in fallenden Jahresbeträgen. Bei der in der Kostenrechnung regelmäßig angewendeten → linearen Abschreibung wird die Abschreibungssumme in gleichmäßigen Beträgen auf die → Nutzungsdauer verteilt. Des Weiteren gibt es die progressive Abschreibung, bei der ein im Laufe der Nutzungsdauer ansteigender Wertverzehr unterstellt wird. Diese Methode besitzt in der Praxis nahezu keine Bedeutung, da es kaum Abschreibungsobjekte gibt, deren Wertverlust zu Beginn der Nutzungsdauer am geringsten ist. Dieses Verfahren ist steuerrechtlich nicht zulässig. Bei den drei genannten Methoden handelt es sich um zeitbezogene Formen der Abschreibung. Des Weiteren gibt es noch die leistungsbezogene Form der Abschreibung, bei der die Verteilung auf die einzelnen Leistungseinheiten erfolgt, die eine Anlage insgesamt während ihrer wirtschaftlichen Nutzungsdauer zu be- oder verarbeiten vermag. Sie kann bei (allein) gebrauchsbedingtem Verschleiß von Anlagen angewendet werden. In diesem Fall handelt es sich in der Kostenrechnung im Gegensatz zu der zeitbedingten Abschreibung nicht um fixe Kosten sondern um variable Kosten. Zudem existieren auch kombinierte bzw. gespaltene Verfahren der Abschreibung. Ihre Anwendbarkeit ist jedoch problematisch, da eine Trennung von Zeit- und gebrauchsmäßigem Verschleiß technisch und damit wirtschaftlich i.d.R. unmöglich ist.

Abschreibungssumme, *Abschreibungsbasis*, Ausgangsbasis, aus der die → Abschreibung berechnet wird. Grundsätzlich entspricht die Abschreibungssumme den → Anschaffungskosten oder → Herstellungskosten. Nach → Substanzerhaltung strebende Unternehmen, die sich das Ziel gesetzt haben, Ersatzinvestitionen in vollem Umfang aus Abschreibungsgegenwerten zu finanzieren, orientieren sich beim Festlegen der Abschreibungssumme meistens an dem für die Wiederbeschaffung einer gleichwertigen Ersatzanlage zu entrichtenden Preis, den man Wiederbeschaffungspreis nennt. Zur Bestimmung der Abschreibungssumme wird von den Anschaffungskosten oder dem Wiederbeschaffungspreis jeweils der am Ende der wirtschaftlichen Nutzungsdauer einer Anlage für diese noch erzielbarer Resterlöswert abgezogen.

Abschreibungsverfahren, → Abschreibungsmethode.

Abschreibungszeitraum. Im Bereich des externen Rechnungswesens ergeben sich für Wirtschaftsgüter die zugrunde liegenden Abschreibungszeiträume (Nutzungsdauern) aus einer steuerlich maßgebenden spezifischen AfA-Tabelle (→ Absetzung für Abnutzung). Im internen Rechnungswesen handelt es sich um die Zeitspanne, über die die → Abschreibungssumme verteilt werden soll. Der Abschreibungszeitraum ergibt sich aus der wirtschaftlichen Nutzungsdauer einer → Anlage. Faktoren, die diesen Abschreibungszeitraum maßgeblich beeinflussen, sind der Anlagentyp und dessen branchenübliches Einsatzfeld, die betriebsspezifischen Aufgaben und Einsatzbedingungen der Anlage.

Absetzung für Abnutzung (AfA), steuerrechtliche → Abschreibung gemäß § 7 EStG, die den Werteverzehr von Wirtschaftsgütern erfasst. Jeweils für ein Jahr ist der Teil der Anschaffungs- und →

Herstellungskosten abzusetzen, der bei gleichmäßiger Verteilung auf die Gesamtdauer der Verwendung oder Nutzung auf ein Jahr entfällt. Die AfA bemisst sich nach der → betriebsgewöhnlichen Nutzungsdauer. In den sogenannten Afa-Tabellen, die von der Finanzbehörde herausgegeben werden, werden die Nutzungsdauern verschiedener Wirtschaftsgüter typisiert. Kann der Steuerpflichtige nachweisen, dass eine abweichende Nutzungsdauer für ihn maßgeblich ist, so kann er diese ansetzen. Grundsätzlich erkennt das Steuergesetz die → lineare Abschreibung für bewegliche und unbewegliche Wirtschaftsgüter, die degressive Abschreibung und die leistungsbezogene Abschreibung für bewegliche Wirtschaftsgüter an (→ Abschreibungsmethode). Für Gebäude sind die Abschreibungsbeträge in §7 (4), (5), (5a) EStG festgelegt. → Außerplanmäßige Abschreibungen für außergewöhnliche technische und wirtschaftliche Abnutzung sind zulässig. → Geringwertige Wirtschaftsgüter bis 150 Euro müssen sofort abgeschrieben werden, über 410 bis 1.000 Euro müssen in einem Sammelposten erfasst und über 5 Jahre abgeschrieben werden. Für geringwertige Wirtschaftsgüter zwischen 150 und 410 Euro besteht ein Wahlrecht, sie entweder sofort oder innerhalb des Sammelpostens abschreiben. Ein Wechsel in den Abschreibungsmethoden ist nur von der degressiven Abschreibung zur linearen Abschreibung möglich. Erstellt der Steuerpflichtige einen → Jahresabschluss nach handelsrechtlichen Vorschriften, so ist er über das Prinzip der → Maßgeblichkeit verpflichtet, die im handelsrechtlichen Abschluss gewählte Abschreibungsmethode auch in der → Steuerbilanz anzuwenden, sofern dem keine zwingend bindenden steuerrechtlichen Grundsätze entgegenstehen. I.d.R. wird in der → Handelsbilanz nach steuerrechtlichen Grundsätzen abgeschrieben.

absoluter Bruttoerfolg, → Deckungsbeitrag.

absolut fixe Kosten, besondere Ausprägung der → fixen Kosten. Diese bleiben in der gesamten Schwankungsspanne der betrachteten → Kosteneinflussgröße konstant.

Absorption Costing, Bezeichnung für die Kalkulation auf Basis von → Vollkosten wie sie im US-amerikanischen Rechnungswesen erfolgt.

Abtretung, → Zession.

Abweichungsanalyse, *variance analysis*. Analyse im Rahmen der → Kostenkontrolle, bei der die Differenz zwischen → Istkosten und → Plankosten bzw. → Sollkosten untersucht wird (→ Plankostenrechnung). Um aus der Abweichungsanalyse geeignete Maßnahmen ableiten zu können, ist es erforderlich, verschiedene → Kosteneinflussgrößen, die einen Unterschied zu den Planwerten bewirkt haben, durch eine spezifische Errechnung abzuspalten und zu quantifizieren. Treten mehrere Abweichungen gleichzeitig nebeneinander auf, so können Abweichungsüberschneidungen entstehen, d.h., die Abweichungsursache lässt sich nicht eindeutig zuordnen. Die sogenannte Gesamtabweichung lässt sich bezüglich ihrer Ursachen in verschiedene Teilabweichungen, die auf jeweils einen Kosteneinflussfaktor zurückzuführen sind, differenzieren. Die Teilabweichungen geben Auskunft darüber, ob sie durch unwirtschaftliches Verhalten hervorgerufen wurden oder ob sie durch unternehmensexterne Änderungen hervorgerufen werden und damit dem Unternehmen nicht direkt anzulasten sind. Die Gesamtabweichung lässt sich in eine → Preisabweichung, → Verbrauchsabweichung und → Beschäftigungsabweichung differenzieren. Ein Problem der Abweichungsanalyse sind mögliche Überschneidungen aus der Preis- und der Verbrauchsabweichung, bei denen keine eindeutige Ursache zugewiesen werden kann. Sie werden auch als Abweichungen höherer Ordnung oder → Sekundärabweichungen bezeichnet.

Abwertung, Minderung des Wertes eines → Vermögensgegenstandes durch die Vornahme von → außerplanmäßigen Abschreibungen.

Abwicklung, → Liquidation.

Abwicklungsbilanz, → Liquidationsbilanz.

Abzinsung, → Diskontierung.

Abzinsungsfaktor, Faktor, mit dem eine → Diskontierung vorgenommen wird:

$$Af = \frac{1}{(1+i)^n}$$

(Af = Abzinsungsfaktor; i = Zinssatz; n = Perioden).

Accounting. Der Begriff umfasst als Oberbegriff i.d.R. folgende Bereiche:

- Financial Accounting (externes Rechnungswesen),
- Management Accounting (internes Rechnungswesen),
- Auditing (Prüfungswesen),
- Taxation (Steuerlehre).

Das US-amerikanische Accounting weist einige Unterschiede zum traditionellen deutschen Rechnungswesen auf. Bilanzierungs- und Bewertungsvorschriften richten sich vorwiegend nach den → US-GAAP als Grundlage. Das US-amerikanische Rechnungswesen basiert auf einem → Einkreissystem ohne abrechnungstechnische Trennung zwischen internem und externem Rechnungswesen. Die Grundlage bildet einheitlich das sogenannte → General Ledger, das die gemeinsame Datenbasis für das Financial und Management Accounting darstellt. Im Zuge der Umstellung der deutschen Rechnungslegung auf US-GAAP oder → International Financial Reporting Standards (IFRS) zeichnet sich zunehmend auch in Deutschland eine Tendenz der Angleichung des internen und externen Rechnungswesens ab. – *Anders:* Rechnungswesen.

Accounting Advisory Forum (AAF), 1991 durch die EU-Kommission gegründetes Beratungsorgan. Zu den Aufgaben des AAF gehört die Unterstützung der Kommission in allen Fragen der → Rechnungslegung und der Vorbereitung gemeinsamer Standpunkte für Verhandlungen mit dem → International Accounting Standards Committee (IASC). Dem AAF gehören Vertreter der nationalen normsetzenden Institutionen der Mitgliedsstaaten sowie Vertreter europäischer Institutionen, Hochschullehrer und → Wirtschaftsprüfer an. Die Stellungnahmen des AAF stellen fachliche Gutachten dar und haben somit keine bindende Wirkung.

Accounting Opinions, vom → Accounting Principles Board (APB) erstellte → Accounting Standards.

Accounting Policies, spezifische Prinzipien und Methoden, die von Unternehmen bei der Erstellung ihrer Abschlüsse beachtet werden. Handelt es sich um → Konzernunternehmen, so sind diese i.d.R. von der → Muttergesellschaft vorgegeben. Die Accounting Policies dürfen den für den Abschluss relevanten Rechnungslegungsstandards nicht entgegenstehen.

Accounting Principles Board (APB), in den Jahren 1959 bis 1973 tätiges Komitee zur Erstellung von → Accounting Standards in den USA. Während seiner Tätigkeit hat das APB neben 31 Accounting Opinions auch sogenannte Accounting Interpretations herausgegeben, die bestehende Vorschriften erläuterten und zu aktuellen Fragestellungen der → Rechnungslegung Bezug nahmen.

Accounting Standard Executive Committee (AcSEC), Ausschuss des → American Institute of Certified Public Accountants (AICPA), dessen Aufgabe die Erstellung von Entwürfen zur Weiterentwicklung der Rechnungslegungsvorschriften ist.

Accounting Standards, nationale Regelungen bezüglich der → Rechnungslegung von Unternehmen.

Accounts Receivable, → Forderungen.

Accrual Basis Accounting, → accrual principle.

Accrual Principle, *accrual basis accounting.* – Vgl. auch → Grundsatz der Periodenabgrenzung.

Accruals, gemäß → International Financial Reporting Standards (IFRS) bilden die Accruals eine Untergruppe der → Schulden. Hinsichtlich ihrer Höhe und/oder ihres Zeitpunktes besteht nahezu keine Unsicherheit. Die Accruals sind daher getrennt von den → Provisions auszuweisen. Gemäß → US-GAAP sind Accruals → Rückstellungen. Zu unterscheiden sind die → Accrued Liabilities von den → Contingent Liabilities. Die einzelnen Accruals müssen hinsichtlich ihres Ausweises zwingend den → Current oder → Non Current Liabilities zugeordnet werden.

Accrued Liabilities, gemäß → US-GAAP diejenigen → Accruals, die rechtlich bereits entstanden sind, deren Höhe oder Gläubiger jedoch noch ungewiss sind. – *Anders:* → Contingent Liabilities.

Accumulated Benefit Obligation (ABO), nach → US-GAAP der → Barwert der zum Bewertungsstichtag erdienten Pensionsansprüche ohne Berücksichtigung der Gehaltsdynamik.

Accumulated Postretirement Benefit Obligation (APBO), nach → US-GAAP der → Barwert der zum Bewertungsstichtag erdienten künftigen Gesundheitsfürsorgeleistungen für Mitarbeiter und ihre Angehörigen.

Activity Based Costing, → Prozesskostenrechnung.

Added Value Konzepte, übergewinnorientierte → Kennzahlensysteme im Rahmen des → Value Based Managements. Ziel dieser Konzepte ist es, die Differenz zwischen dem Output eines Unternehmens und allen dafür benötigten Inputs wertmäßig zu erfassen. Dabei wird eine positive Differenz zwischen realisierter Rendite und gefordertem Kapitalkostensatz angestrebt, um damit eine Steigerung des → Shareholder Values sicherzustellen. Als moderne Ausprägungen des traditionellen Übergewinnkonzeptes treten der → EVA (Economic Value Added), der von Stern, Stewart & Co. vertreten wird und der → Cash Value Added (CVA).

additive Grenzkosten, entstehen aufgrund von multipler Betriebsgrößenvariation als → Kosteneinflussgröße. Eine Veränderung kann nur in Intervallen in Abhängigkeit der Kapazität eines → Produktionsfaktors erfolgen. Additive → Grenzkosten lassen sich daher mit → intervallfixen Kosten gleichsetzen.

Ad-hoc-Publizität, unmittelbare Veröffentlichung von Sachverhalten nach ihrem Eintritt. Gemäß § 15 (1) WpHG ist jeder Emittent von → Wertpapieren, der zum Handel an inländischen Börsen zugelassen ist, verpflichtet, Tatsachen, die Einfluss auf den Börsenkurs haben könnten, unverzüglich zu veröffentlichen. Dies sind z.B. Umsatzeinbrüche oder Gewinnwarnungen.

Advanced Payment, → Anzahlung.

AfA, Abk. für → Absetzung für Abnutzung.

Affiliated Companies, → verbundene Unternehmen.

After-Tax-CAPM. Das → Capital-Asset-Pricing-Model (CAPM) und das After-Tax-CAPM als erweiterte Form des Standardmodells unterscheiden sich hinsichtlich der Berücksichtigung der Wirkungen persönlicher Ertragsteuern auf die durch die Modelle zu erklärenden Kapitalmarktrenditen. Im Standard-CAPM werden persönlich Ertragsteuern prämissengemäß berücksichtigt. Die meist empirischen Untersuchungen vernachlässigen ebenfalls Effekte durch persönliche Ertragsteuern. In Deutschland ist die Ertragsteuer aufgrund der unterschiedlichen Besteuerung von Zinsen, Dividenden und Kursgewinnen bei der Erklärung empirischer Kapitalmarktdaten jedoch grundsätzlich relevant. Zur Abbildung unterschiedlicher Besteuerungswirkungen wurde das Standard-CAPM bereits 1970 durch Brennan zum sogenannten After-Tax-CAPM erweitert. Auch das After-Tax-CAPM erklärt zunächst in seiner Grundform die bisher regelmäßig durch das Standard-CAPM erklärten empirisch beobachtbaren Brutto-Renditen (Renditen vor Abzug von Ertragsteuern). In Deutschland werden Zinseinkünfte voll versteuert, Dividenden dagegen unterliegen dem Halbeinkünfteverfahren. Kursgewinne bleiben i.d.R. beim Steuerbesitzaktionär steuerfrei. Diese Vorgehensweise wird im Entwurf der Neufassung des Unternehmensbewertungsstandards IDW ES 1 n.F. (Veröffentlichung 30.12.2004) durch das → Institut der Wirtschaftsprüfer in Deutschland e.V. (IDW) vorgeschlagen. Es ergibt sich folgende Renditegleichung zur Bestimmung der Nachsteuer-Kapitalkosten einer Unternehmung j:

$$COC_j = i(1-s) + \beta_j \left[E(R_m) - i\left(1-\tilde{s}\right) - 0{,}5\, s\tilde{\delta}_m \right]$$

(COCj = Nachsteuer-Kapitalkosten der Unternehmung j; E (Rm) = erwartete Rendite des Marktportfolios vor Einkommensteuer; i = erwartete Rendite der sicheren Anlage vor Einkommensteuer; δm = erwartete Dividendenrendite des Marktportfolios vor Einkommensteuer; ßj = Betafaktor der Unternehmung j; s = typisierter Steuersatz).

Die erwarteten Nachsteuer-Kapitalkosten eines Unternehmens COCj setzen sich damit analog zur Standardversion des → Capital-Asset-Pricing-Model (CAPM) aus den folgenden drei Komponenten zusammen: Dem Basiszins i (1–s), der die erwartete risikolose Verzinsung nach persönlichen Einkommensteuern repräsentiert Dem Betafaktor ß, der unverändert zum Standard CAPM-Modell das erwartete Risiko der jeweiligen Aktie erfasst. Dem Erwartungswert der Marktrisikoprämie nach Steuern E (R_m – i (1 – s) – 0,5 s δ_m, unter Berücksichtigung des → Halbeinkünfteverfahrens.

Agio, Unterschiedsbetrag zwischen → Nennwert und höherem Ausgabekurs von → Wertpapieren. Gemäß § 272 (2) HGB ist das Agio bei Kapitalgesellschaften in die → Kapitalrücklage einzustellen.

Akkordlohn, leistungsabhängige Lohnform für die Produktion eines Stückes, das unabhängig von der für die Produktion benötigten Arbeitszeit bezahlt wird. Arbeitsverrichtungen sind nur dann akkordfähig, wenn ihr Ablauf im Voraus bekannt ist und sowohl zeitlich als auch mengenmäßig regelmäßig wiederholt werden kann. Darüber hinaus kann der Arbeitnehmer das mengenmäßige Ergebnis pro Zeiteinheit durch Intensivierung seiner Leistung beeinflussen. Je nach Leistung kann der Stundenverdienst steigen bzw. absinken. Letzteres ist z.B. der Fall, wenn ein Arbeiter eine Leistung erbringen will, aber vorübergehend dazu nicht in der Lage ist. Daher ist der Akkordlohn in der Praxis heutzutage mit einem garantierten Mindestlohn verbunden. – *Gegensatz:* → Zeitlohn.

Akquisition, zu unterscheiden sind:
1. Erwerb von Unternehmen oder Unternehmensteilen zur Kompetenz- und Ressourcenerweiterung,
2. Schaffung neuer Kundenbeziehungen.

Aktie, → Wertpapier, das das Teilhaberrecht an einer → Aktiengesellschaft (AG) oder einer → Kommanditgesellschaft auf Aktien (KGaA) verbrieft. Gemäß § 8 AktG müssen Aktien einen Mindestnennbetrag von 1 Euro haben. Die Summe der Aktiennennbeträge ist gleich dem → Grundkapital der Gesellschaft. Man unterscheidet die folgenden Aktienarten:
- Nennwertaktien (auf einen festen Geldbetrag lautend),
- Anteils- oder Quotenaktien, Stückaktien (prozentualer Anteil am Grundkapital),
- Inhaberaktien (Übertragung gemäß § 929 BGB durch Einigung und Übergabe),
- Namensaktien (Übertragung gemäß § 68 AktG dem Vorstand anzuzeigen),
- vinkulierte Namensaktien (Übertragung gemäß § 68 (2) AktG abhängig von der Genehmigung des Vorstandes),
- Stammaktien (uneingeschränkte Teilhaberrechte),
- Vorzugsaktien (besondere Teilhaberrechte, dafür meist eingeschränkte Stimmrechte),
- alte Aktien (bereits im Umlauf befindliche Aktien),
- neue Aktien (Aktien nach Neuemission),
- eigene Aktien (nur in Ausnahmefällen zulässig, § 71 AktG),
- Belegschaftsaktien (von Mitarbeitern gezeichnete Aktien).

Aktiengesellschaft (AG), Handelsgesellschaft in Form einer → Kapitalgesellschaft mit eigener Rechtspersönlichkeit und Kaufmannseigenschaft kraft Rechtsform (§ 3 AktG, § 6 HGB), deren → Gesellschafter (→ Aktionäre) mit ihren → Anteilen (→ Aktien in Form von Nennbetrags- oder Stückaktien) am → Kapital beteiligt sind. Haftung besteht in Höhe des → Gesellschaftsvermögens. Die Aktien können jederzeit an der Börse ge- oder verkauft werden. Regelungsgrundlage der AG ist das AktG für → Gründung, Firma, → Satzung, Organisation, → Rechnungslegung, → Prüfung, → Jahresabschluss, → Ausschüttung und Kapital. Die Satzung der AG muss notariell beurkundet werden (§ 23 AktG). Der Mindestnennbetrag des Grundkapitals lautet auf 50.000 Euro (§ 7 AktG). Die AG wird durch den für maximal fünf Jahre bestellten Vorstand geführt (§§ 76 bis 94 AktG), Kontrollorgan ist der Aufsichtsrat (§§ 95 bis 116 AktG). Durch die Hauptversammlung üben die Aktionäre ihre Rechte aus (§§ 118 bis 147 AktG). Die AG unterliegt der Körperschaft- und der Gewerbesteuer. Ausschüttungen an die Aktionäre sind als Einkünfte aus Kapitalvermögen der → Abgeltungssteuer unterworfen (§ 32d EStG) bzw. werden nach dem → Teileinkünfteverfahren versteuert (§§ 3 Nr. 40, 3c (2), 20 (1) EStG). Bei körperschaftssteuerpflichtigen → Anteilseignern bleiben die Ausschüttungen mit Ausnahme von 5 Prozent außer Ansatz (§ 8b KStG). Die AG empfiehlt sich für große Gesellschaften. Erleichterungen gibt es für AGs mit einem beschränkten Aktionärskreis. – Vgl. auch → kleine Aktiengesellschaft.

Aktionär, → Anteilseigner einer → Aktiengesellschaft (AG).

Aktiva, bewertete → Vermögensgegenstände, die auf der Aktivseite der → Bilanz ausgewiesen werden. Hinsichtlich des Ausweises unterscheidet man nach der voraussichtlichen Dauer der Unternehmenszugehörigkeit in → Anlagevermögen und → Umlaufvermögen. Die → aktiven Rechnungsabgrenzungsposten dienen der Erfolgsabgrenzung, stellen aber keine Vermögensgegenstände i.e.S. dar.

aktive Rechnungsabgrenzung, gemäß dem → Grundsatz der Periodenabgrenzung vorzunehmende zeitliche Zuordnung von → Ausgaben, die vor dem → Abschlussstichtag anfielen, jedoch → Aufwendungen für eine bestimmte Zeit nach dem Stichtag darstellen (§ 250 (1) HGB), z.B. im Voraus bezahlte Mieten oder Versicherungsgebühren.

aktiver Rechnungsabgrenzungsposten, → Rechnungsabgrenzungsposten.

Aktivierung, Ausweis eines → Vermögensgegenstandes auf der Aktivseite der → Handelsbilanz. Um die Voraussetzungen einer Aktivierung zu erfüllen, muss der Vermögensgegenstand einerseits dem Unternehmen wirtschaftlich zugehören (§ 39 (I) AO), selbstständig verwertbar und bewertbar sein sowie andererseits gemäß HGB aktivierbar sein. So müssen beispielsweise gemäß § 246 (1) HGB entgeltlich erworbene Vermögensgegenstände aktiviert werden, die dem Bilanzierenden wirtschaftlich zuzurechnen sind. Gemäß § 248 (2) HGB dürfen auch für selbstgeschaffene → immaterielle Vermögensgegenstände des → Anlagevermögens Aktivposten gebildet werden. Nicht aufgenommen werden dürfen selbst geschaffene Marken, Drucktitel, Verlagsrechte, Kundenlisten oder vergleichbare immaterielle Vermögensgegenstände des Anlagevermögens.

Aktivierungshilfen, → Bilanzierungshilfen.

Aktivierungspflicht. Gemäß HGB unterliegen bestimmte → Vermögensgegenstände der Aktivierungspflicht. Deren Ansatz in der → Bilanz ist also zwingend. Der Aktivierungspflicht unterliegen sämtliche Vermögensgegenstände, die dem Bilanzierenden wirtschaftlich zuzurechnen sind (§ 246 (1) HGB). Nach den Regelungen des BilMoG dürfen auch selbst geschaffene Vermögensgegenstände des Anlagevermögens aktiviert werden, mit Ausnahme von selbst geschaffenen Marken, Drucktiteln, Verlagsrechten, Kundenlisten oder vergleichbaren Vermögensgegenständen des Anlagevermögens (§ 248 (2) S. 2 HGB).

Aktivierungsverbot. Gemäß HGB dürfen bestimmte → Vermögensgegenstände nicht aktiviert werden. Die im Zusammenhang mit dem Vermögensgegenstand angefallenen → Aufwendungen werden voll ergebniswirksam. Dem Aktivierungsverbot unterliegen beispielsweise → immaterielle Vermögensgegenstände des → Anlagevermögens wie selbst geschaffene Marken, Drucktitel, Verlagsrechte, Kundenlisten oder vergleichbare Vermögensgegenstände des Anlagevermögens (§ 248 (2) S. 2 HGB). Des Weiteren unterliegen gemäß § 248 (1) HGB Gründungskosten, Aufwendungen zur Kapitalbeschaffung und Aufwendungen für den Abschluss von Versicherungen dem Aktivierungsverbot.

Aktivierungswahlrecht. Gemäß HGB besteht für bestimmte → Vermögensgegenstände ein Aktivierungswahlrecht. Wird dieses nicht genutzt, werden die im Zusammenhang mit dem Vermögensgegenstand angefallenen → Aufwendungen voll ergebniswirksam. Ein Aktivierungswahlrecht besteht beispielsweise für ein → Disagio, das in den → Rechnungsabgrenzungsposten der → Handelsbilanz aufgenommen werden (§ 250 (3) HGB) darf. Das Aktivierungswahlrecht in der Handelsbilanz führt in der → Steuerbilanz i.d.R. zu einer → Aktivierungspflicht.

aktivisch, die Aktivseite der → Bilanz betreffend.

Aktivtausch, Bilanzveränderung auf der Aktivseite der → Bilanz, die aus einer erfolgsneutralen Umgliederung zwischen Aktivposten resultiert, aber keinerlei Auswirkung auf die Bilanzsumme hat.

allgemeine Betriebskosten, → sonstige Kosten.

allgemeine Hilfskostenstellen, Besondere Kostenstellengruppe im → Betriebsabrechnungsbogen. Sie sind → Hilfskostenstellen und stellen ihre → Leistungen dem gesamten Unternehmen zur Verfügung. Sie werden u.a. für die Bereiche betriebliche Räume, Konstruktion und Entwicklung, Energie, Transport, Reparatur und Instandhaltung gebildet.

allgemeine Kosten, → sonstige Kosten.

Allowable Costs, → Darfkosten.

Allowed Alternative Treatment, im Rahmen der → International Financial Reporting Standards (IFRS) gewährte alternative Bilanzierungs- und Bewertungsmethoden. Zur Verwendung des Allowed Alternative Treatment sind Zusatzangaben in den → Notes zu machen. – *Gegensatz:* → Benchmark Treatment.

Alternativkalkulation, Plankalkulation auf der Grundlage unterschiedlicher Annahmen und Gegebenheiten; z.B. für verschiedene Beschäftigungsgrade (→ Kalkulation).

Alternativkosten, → Opportunitätskosten.

American Institute of Certified Public Accountants (AICPA), Berufsorganisation der US-amerikanischen → Wirtschaftsprüfer. Zu den wichtigsten Organen des AICPA zählen das Governing Council (verantwortlich für Programm und Leitlinien des AICPA), der Board of Directors (geschäftsführendes Organ des Governing Council) und das Joint Trial Board (überwacht die Einhaltung der Prüfungsstandards des Berufsstands). Die Facharbeit des AICPA wird durch Boards, Committees und Subcommittees übernommen. Die bedeutendsten hiervon sind das → Accounting and Review Services Committee (ARSC), das → Auditing Standards Board (ASB) und das Consulting Services Executive Committee (CSEC).

Amortisation, Zeitpunkt der Freisetzung von in → Investitionen gebundenem → Kapital. Dieser wird erreicht, sobald die laufenden Nettoeinzahlungen unter Beachtung des Zeitmoments die Erstinvestition übersteigen. Mit Hilfe der Amortisationszeitpunkte können verschiedene Investitionsalternativen bezüglich ihrer Vorteilhaftigkeit analysiert und bewertet werden. – Vgl. auch → Amortisationsrechnung.

Amortisationsrechnung, *Pay-back-Method, Pay-off-Method,* quantitatives Verfahren zur Beurteilung der → Wirtschaftlichkeit von Entscheidungsalternativen. Als Entscheidungskriterium wird die Dauer der Amortisation des investierten Kapitals angesehen (Amortisationsdauer, Payback-Periode). Die statische Amortisationsrechnung ermittelt die Amortisationsdauer, in der die Summe der geplanten Nettoeinzahlungen den Anschaffungsbetrag mindestens erreicht. Die dynamische Amortisationsrechnung ermittelt die Amortisationsdauer, in der die Summe der geplanten Nettoeinzahlungen zuzüglich einer bestimmten Verzinsung den Anschaffungsbetrag mindestens erreicht.

Amortization. Begriff, der in der internationalen Rechnungslegung für die Abschreibung von → immateriellem Anlagevermögen verwendet wird. – Vgl. auch → Abschreibung.

analytische Kostenfunktion, gibt die Kostenhöhe in Abhängigkeit von mehreren → Kosteneinflussgrößen an.

analytische Methode der Kostenauflösung, auf die Zukunft ausgerichtete Methode der → Kostenspaltung, die in erster Linie auf theoretischen Erkenntnissen über die technischen Beziehungen zwischen Leistungsmengen und den → Kosten des Gütereinsatzes basiert und die gewonnenen Erkenntnisse auf die aufgestellten Produktions- und Kostenpläne projiziert.

Anbauverfahren, *Blockverfahren,* Verfahren der gesamtleistungsbezogenen Abrechnung der Kosten → innerbetrieblicher Leistungen, das Leistungsströme zwischen → Vorkostenstellen unberücksichtigt lässt und die → Primärkosten sämtlicher Vorkostenstellen unmittelbar auf die → Endkostenstellen abrechnet. Dieses Verfahren unterliegt der Prämisse, dass keine innerbetrieblichen Leistungen zwischen den Vorkostenstellen ausgetauscht werden.

andere aktivierte Eigenleistungen, Ertragskorrekturgröße resultierend aus der Erstellung eigener → Vermögensgegenstände des Sachanlagevermögens, die, sofern bei der → Gewinn- und Verlustrechnung das → Gesamtkostenverfahren (§ 275 (2) HGB) angewendet wird, als solche berücksichtigt wird. Dadurch werden die im Zusammenhang mit der Erstellung der Eigenleistung angefallenen → Aufwendungen in der Gewinn- und Verlustrechnung neutralisiert.

andere Gewinnrücklagen, *freie Rücklagen,* alle übrigen → Gewinnrücklagen, die nicht gesetzliche, satzungsmäßige oder → Rücklagen für eigene Aktien sind. Die Dotierung der anderen Gewinnrücklagen kann aufgrund einer Ermächtigung in der → Satzung (§ 58 (2) S. 2 AktG) oder durch die Hauptversammlung (§ 58 (1) S. 2 AktG) vorgenommen werden. Dotierungen können sich auch unmittelbar aus dem Gewinnverwendungsbeschluss der Hauptversammlung oder der Gesellschafterversammlung ergeben (§ 58 (3) AktG, § 29 (1) und (2) GmbHG). Des Weiteren können Vorstand und Aufsichtsrat bei einer → Aktiengesellschaft (AG) und einer → Kommanditgesellschaft auf Aktien (KGaA) gemäß § 58 (2a) AktG den Eigenkapitalanteil von Wertaufholungen bei → Vermögensgegenständen des → Anlagevermögens und → Umlaufvermögens und von bei der steuerrechtlichen Gewinnermittlung gebildeten Passivposten, die nicht im → Sonderposten mit Rücklageanteil ausgewiesen werden dürfen, in die anderen Gewinnrücklagen einstellen. Der Betrag ist in der → Bilanz gesondert auszuweisen oder im → Anhang anzugeben. Bei der → Gesellschaft mit beschränkter Haftung (GmbH) können die Geschäftsführer die oben beschriebenen Eigenkapitalanteile mit Zustimmung des Aufsichtsrats oder der → Gesellschafter ebenfalls in die andere Gewinnrücklage einstellen. Auch hier ist dieser Betrag gesondert auszuweisen oder im → Anhang anzugeben (§ 29 (4) S. 2 GmbHG).

Anderserlöse, Erlöskategorie, die ertragsverschiedene → kalkulatorische Erlöse umfasst. Sie entstehen, wenn die in der → Ertragsrechnung erfasste bewertete Leistungserstellung, die grundsätzlich die Eigenschaft eines positiven Pendants wertmäßiger → Kosten aufweist, für Zwecke der → Erlösrechnung anders bewertet wird. Zur Erfüllung bestimmter Rechenzwecke könnte es z.B. sinnvoll sein, für auf Lager produzierte Fertigerzeugnisse erwartete → Nettoerlöse oder Verwertungsüberschüsse anstelle von → Herstellungskosten anzusetzen.

Anderskosten, Kostenkategorie, die aufwandsverschiedene → kalkulatorische Kosten umfasst. Sie entstehen für Kostengüter, deren Verzehr oder Inanspruchnahme sich zwar auch in der → Aufwandsrechnung niederschlägt, dort aber wegen deren anderer Zwecksetzung (→ externes Rechnungswesen) anders bewertet wird als in der Kostenrechnung. Zu den Anderskosten gehören u.a. → kalkulatorische Abschreibungen, → kalkulatorische Zinsen sowie → kalkulatorische Wagnisse.

Angebotskalkulation, Form der → Vorkalkulation. Sie wird nach Eingang der Kundenaufträge erstellt und dient der Angebotspreisfindung. Da sie die Basis des Angebotspreises bildet, ist eine weitgehende Betragsgenauigkeit erforderlich. Der aus der Angebotskalkulation ermittelte Preis liegt im Allgemeinen zwischen den → Selbstkosten und dem Marktpreis unter Beachtung der → Preisuntergrenze.

Anhang, bildet zusammen mit der → Bilanz und der → Gewinn- und Verlustrechnung den → Jahresabschluss. Er ist von → Kapitalgesellschaften, → kapitalistischen Personengesellschaften und von Unternehmen, die dem Publizitätsgesetz unterliegen, zu erstellen. Der Anhang unterliegt der Prüfungspflicht und der → Offenlegungspflicht. Im Anhang werden einzelne Posten der Bilanz und Gewinn- und Verlustrechnung näher erläutert bzw. zusätzliche Unternehmensinformationen gegeben (z.B. Haftungsverhältnisse, sonstige finanzielle Verpflichtungen, Anzahl und Zusammensetzung der Mitarbeiter sowie die Abschlussprüferkosten). Weiterhin werden im Anhang gemäß § 264 (2) HGB zusätzliche Angaben gemacht, falls besondere Umstände dazu geführt haben, dass der Jahresabschluss kein den tatsächlichen Verhältnissen entsprechendes Bild der → Vermögens-, Finanz- und Ertragslage vermitteln konnte.

Anlagen, i.w.S. alle Vermögensgegenstände materieller, immaterieller und finanzieller Art, die langfristig investiert wurden und dem Unternehmenszweck dauerhaft dienen. – I.e.S. beziehen sich Anlagen auf materielle Gegenstände, d.h. → Sachanlagen. In der → Kostenrechnung werden betriebsnotwendige (z.B. Fabrikgrundstücke), nicht betriebsnotwendige (z.B. Werkswohnungen für Betriebsangehörige) und abnutzbare Anlagen (z.B. Maschinen, Fuhrpark, Patente, Lizenzen) unterschieden.

Anlagencontrolling, Aufgabenbereich des → Controllings. Dieser umfasst die Unterstützung der Planung, Steuerung, Durchführung und Kontrolle der Anlagenwirtschaft. Das Anlagencontrolling steht insbesondere mit dem → Investitionscontrolling, → Produktionscontrolling und Projektcontrolling in engem Zusammenhang. Ein besonderer Teilbereich des Anlagencontrollings ist das Instandhaltungscontrolling, mit dem Ziel der Maximierung der Anlagenverfügbarkeit bei gleichzeitiger Minimierung der Instandhaltungskosten und Schadenskosten. Eine Informationsgrundlage für das Anlagencontrolling ist die → Anlagenkostenrechnung.

Anlagendeckungsgrade, *Deckungsgrade.* → Bilanzkennzahlen, die aus der Gegenüberstellung von langfristigen → Passiva und langfristigen → Aktiva ermittelt werden. Sie dienen der Beurteilung der finanziellen Stabilität eines Unternehmens:

$$Deckungsgrad\ A = \frac{EK}{AV}$$

$$Deckungsgrad\ B = \frac{EK + langfr.\ FK}{AV}$$

$$Deckungsgrad\ C = \frac{EK + langfr.\,FK}{AV + langfr.\,UV}$$

(EK = Eigenkapital; FK = Fremdkapital; AV = Anlagevermögen; UV = Umlaufvermögen).

Anlagengitter, → Anlagenspiegel.

Anlagenkapazität, Leistungsvermögen einer → Anlage in einer bestimmten Zeiteinheit.

Anlagenkosten, → Kostenart für die mit → Anlagen verbundenen → Kosten eines Unternehmens. Es handelt sich streng genommen um → sekundäre Kosten, die sich aus einer Vielzahl → primärer Kosten (wie z.B. Energie-, Personal- und Materialkosten) zusammensetzen, die durch den Verzehr verschiedener Güterarten für die Bereitstellung, Nutzung bzw. Ausmusterung von Anlagen anfallen. Es lässt sich demnach folgende Differenzierung vornehmen:

- Anlagenbereitstellungskosten (Kosten der Anlagenbereitstellung, der Anlagenprojektierung und Anlageninstallation),
- Anlagennutzungskosten (Kosten der Anlagennutzung, Anlageninstandhaltung, Anlagenoptimierung sowie des Anlagenausfalls),
- Anlagenausmusterungskosten (Kosten der Anlagenausmusterung, Anlagenverwertung und Anlagenersatz).

Die Anlagenkosten können systematisch in einer → Anlagenkostenrechnung erfasst werden.

Anlagenkostenrechnung, Instrument des → Anlagencontrollings. Die Anlagenkostenrechnung dient der Erfassung, Dokumentation, Verrechnung, Planung und Kontrolle der → Anlagenkosten eines Unternehmens über deren gesamten Lebenszyklus hinweg. Sie dient als Sonderrechnung für Entscheidungen im Rahmen der Anlagenwirtschaft. Die Anlagenkostenrechnung kann auch relevante Informationen für die → Kostenrechnung bereitstellen. Die Anlagenkosten sind in → Einzelkosten und → Gemeinkosten entsprechend aufzuspalten. Der Detaillierungsgrad einer Anlagenkostenrechnung ist abhängig vom jeweiligen Erfassungsaufwand und ist an den mit der Anlagenkostenrechnung verfolgten Zielen auszurichten.

Anlagenlebenszyklus, → Anlagenwirtschaft.

Anlagenspiegel, *Anlagengitter.* Verzeichnis der Entwicklung der → Vermögensgegenstände eines Unternehmens, in dem gemäß § 268 (2) HGB neben den → Anschaffungskosten und → Herstellungskosten der Vermögensgegenstände die Zu- und Abgänge, die Umbuchungen und die → Zuschreibungen sowie die → kumulierten Abschreibungen aufgeführt sind. Für → Kapitalgesellschaften ist die Erstellung eines Anlagenspiegels zwingend vorgeschrieben. Anhand des Anlagenspiegels lassen sich das Alter der Vermögensgegenstände und der notwendige Ersatzinvestitionsbedarf ableiten. Als einen Bruttoanlagespiegel bezeichnet man den Anlagenspiegel, in dem die kumulierten → Abschreibungen mit ihren Zu- und Abgängen des Geschäftsjahres aufgeführt sind.

Anlagenwirtschaft, umfasst alle Vorgänge der Bewirtschaftung des → Produktionsfaktors → Anlagen eines Unternehmens. Die Anlagenwirtschaft ist ein Objekt des → Anlagencontrollings. Es lassen sich die folgenden Teilaktivitäten anhand des Lebenszyklus von Anlagen beschreiben:

1. Die Anlagenbereitstellung umfasst die Phasen von der Anlagenbedarfsermittlung bis zur erstmaligen Inbetriebnahme der Anlage.
2. Die Anlagenverwendung bezieht sich auf die Nutzung, die Optimierung und Instandhaltung von Anlagen.
3. Die Anlagenausmusterung umfasst auch die Anlagenstilllegung und den Anlagenersatz.

Anlagevermögen, alle → Vermögensgegenstände eines Unternehmens, die dazu bestimmt sind, dauerhaft dem Geschäftsbetrieb zu dienen (§ 247 (2) HGB). Gemäß § 266 (2) HGB beinhaltet das Anlagevermögen die → immateriellen Vermögensgegenstände sowie die → Sach- und → Finanzanlagen. – *Anders:* Umlaufvermögen.

Anlegerschutz, Ausrichtung der Rechnungslegungsstandards an den Informationsbedürfnissen von Anlegern, so dass diese anhand eines → Jahresabschlusses aussagekräftige Risiko-Rendite-Einschätzungen vornehmen können. Der Anlegerschutz dominiert in den Prinzipien der internationalen → Rechnungslegung, wohingegen im deutschen Recht dem → Gläubigerschutz eine führende Rolle zukommt.

Anleihe, *Bond, Schuldverschreibung, Obligation.* Ein die Schuld im Rahmen der mittel- bis langfristigen Kreditfinanzierung verbriefendes → Wertpapier, welches über den Gesamtbetrag des → Kredits lautet und in Teilschuldverschreibungen gehandelt wird. Bei der Anleihe erwirbt der Käufer das Recht auf Rückzahlung und Verzinsung während der Laufzeit. Bei Anleihen unterscheidet man nach Emittenten (öffentliche Hand, Spezialkreditinstituten, Banken, Unternehmen) sowie nach der Anleiheausstattung (Tilgung, Verzinsung).

Annual Report, → Geschäftsbericht.

Annuitätenmethode, dynamisches Verfahren zur Beurteilung der → Wirtschaftlichkeit von Entscheidungsalternativen. Die Annuitätenmethode ist charakterisiert durch die Umrechnung der → Barwerte der Einzahlungs- und Auszahlungsreihen in gleiche Jahresbeträge (Annuitäten). Ist die Annuität größer als Null, ist das Vorhaben nach dieser Methode zu realisieren. Ist sie kleiner als Null, ist die Anlage zum → Kalkulationszinsfuß günstiger.

Anschaffungskosten, *Anschaffungswert, historical costs, original costs.* → Aufwendungen, die geleistet werden, um einen Vermögensgegenstand zu erwerben und ihn in einen betriebsbereiten Zustand zu versetzen. (§ 255 (1) HGB). D.h., Anschaffungskosten bezeichnen den Wertansatz von → Wirtschaftsgütern, die vom Beschaffungsmarkt bezogen werden. Anschaffungskosten setzen sich zusammen aus dem Einstandspreis und den Anschaffungsnebenkosten. Der Anschaffungspreis ist um erhaltene Preisnachlässe, Skonti, Rabatte und vergleichbare Kaufpreisminderungen zu reduzieren. Die Anschaffungsnebenkosten umfassen z.B. die Beträge, die in Kauf zu nehmen sind, um die tatsächliche Verfügungsmacht zu erlangen und das Wirtschaftsgut in einen betriebsbereiten Zustand zu versetzen. Diese sind Frachtkosten, Kosten für Fundamentierung, Transportversicherung, notwendige Umbauten, Installation, Notar und Inbetriebnahme. Nach dem → Anschaffungskostenprinzip dürfen → Vermögensgegenstände höchstens zu ihren Anschaffungskosten aktiviert werden. Anschaffungskosten sind somit die Grundlage und Obergrenze für die Bewertung in der → Handelsbilanz (§ 253 (1), (2) HGB) und der → Steuerbilanz (§ 6 EStG). Im → externen Rechnungswesen sind sie bei abnutzbaren Wirtschaftsgütern des → Anlagevermögens Ausgangspunkt zur Bemessung der → Abschreibungen.

Anschaffungskostenprinzip, *Cost Principle.* – Vgl. auch → Anschaffungskosten.

Anschaffungsnebenkosten, → Anschaffungskosten.

Anschaffungspreisminderungen, führen zu einer Minderung des Kaufpreises (Boni, Skonti).

Anschaffungswert, → Anschaffungskosten.

Anteile, *Shares,* → Beteiligungen an einer → Personen- oder → Kapitalgesellschaft.

Anteilseigner, Eigentümer von → Anteilen an einer → Personen- oder → Kapitalgesellschaft.

Anteilserwerb, Erwerb von → Anteilen an einer → Personen- oder → Kapitalgesellschaft.

antizipative Posten, → Rechnungsabgrenzungsposten.

Anwartschaftsbarwertverfahren, versicherungsmathematische Methode zur Berechnung von → Pensionsrückstellungen. Der Altersversorgungsaufwand einer Periode ergibt sich aus dem → Barwert der in der jeweiligen Periode durch den Arbeitnehmer erdienten Pensionsansprüche.

Anwartschaftsdeckungsverfahren, versicherungsmathematische Methode zur Berechnung von → Pensionsrückstellungen. Beim Anwartschaftsdeckungsverfahren werden neben den in der Periode erdienten Pensionsansprüchen des Arbeitnehmers auch seine bis zum Versorgungsfall noch anfallenden Pensionsansprüche miteinbezogen und auf die einzelnen Perioden verteilt.

Anzahlung, *Abschlagszahlung, Advanced Payment,* Teilzahlung, die zu einem vereinbarten Zeitpunkt während der Vertragserfüllung geleistet wird. Beim → Gläubiger dienen Anzahlungen zur Finanzierung der Erbringung der geschuldeten Leistung.

Äquivalenzziffer, Gewichtungs- bzw. Umrechnungsfaktor der unter Anwendung der → Äquivalenzziffernkalkulation die Kostenrelation zwischen den Kosten für die Herstellung und den Verkauf äquivalenter Produktsorten ausdrückt.

Äquivalenzziffernkalkulation, → Kalkulationsverfahren, das für Mehrproduktbetriebe konzipiert ist, die in → Serien- und → Sortenfertigung äquivalente → Leistungen, also mehrere material- und/ oder fertigungswirtschaftlich relativ eng miteinander verwandte Erzeugnisse, produzieren. Es baut auf der Hypothese auf, dass die → Kosten für Herstellung und Verkauf der äquivalenten Produktsorten in einem festen, analytisch oder empirisch bestimmbaren Verhältnis zueinander stehen. Das Grundprinzip sieht vor, diese Kostenrelationen mit Hilfe von → Äquivalenzziffern auszudrücken und die → Gesamtkosten anhand dieser Gewichtungsfaktoren auf die einzelnen Erzeugnisarten zu verteilen. In der Praxis kommen unterschiedliche Formen dieses Kalkulationsverfahrens zur Anwendung. Betriebe, die nur über eine Produktionslinie verfügen und auf dieser mehrere Sorten ein und derselben Produktart herstellen, wenden die einfache Äquivalenzziffernkalkulation an. Demgegenüber wird die mehrfache Äquivalenzziffernkalkulation parallel auf Segmente des Produktionsprogramms angewendet. Dies ist beim Vorliegen ungleicher Mengenverhältnisse zwischen den Produkten auf den einzelnen Produktionsstufen (z.B. durch den Verkauf von Zwischenprodukten oder den Auf-/ Abbau von Zwischenlagern) oder ungleicher Relationen der Bearbeitungsvorgänge auf den einzelnen Stufen der Fall. Für jede Fertigungsstufe wird hier eine eigene Reihe von Äquivalenzziffern gebildet. Darüber hinaus ist eine kombinierte Äquivalenzziffernkalkulation als Sonderfall dann anwendbar, wenn nicht nur die einzelnen Sorten einer von mehreren als Kostenträgergruppen auffassbaren Produktarten, sondern darüber hinaus auch die Produktarten selbst sehr ähnliche Eigenschaften bzw. Merkmale aufweisen.

Arbeitskosten, → Kosten, die durch den Einsatz menschlicher Arbeitskraft im Betrieb entstehen. Nicht zu den Arbeitskosten gehört der → kalkulatorische Unternehmerlohn.

Arbeitsproduktivität, → Kennzahl zur Beurteilung der → Effizienz einer Produktion auf der Basis von Mengen und Zeiten. Die Arbeitsproduktivität ergibt sich aus dem Quotienten der Produktionsleistung und Maschinenstunden (→ Produktivität).

Argumentenbilanz, systematische Gegenüberstellung der mit einer Alternative in Zusammenhang stehenden Vor- und Nachteile. Diese sind in Argumentenkatalogen umfassend zu systematisieren. Die Argumente werden hierzu in Stärken und Schwächen unterteilt und nach ihrer Bedeutsamkeit in ABC-Kategorien klassifiziert. A-Argumenten sind sehr bedeutsam, B-Argumente sind bedeutsam und C-Argumente weniger bedeutsam. Im Laufe der Zeit ist auf eine dynamische Interpretation der Argumentenbilanz zu achten. D.h., A-Argumente können z.B. zu B- oder C-Argumenten werden. Gegebenenfalls werden in der Argumentenbilanz nur A-Argumente betrachtet. – Vgl. auch Abb. „Argumentationsbilanz – Beispiel Einführung einer Balanced Scorecard".

Arm's Length Principle. Grundsatz der US-amerikanischen → Rechnungslegung, der besagt, dass grundsätzlich alle → Geschäftsvorfälle mit → Related Parties so abzuschließen sind, als wären sie mit Dritten zu marktüblichen Bedingungen

Argumentenbilanz – Beispiel Einführung einer Balanced Scorecard

	Stärken	Schwächen	
A-Argumente	+ Verbesserung der Strategieumsetzung + Integrierte Unternehmenssteuerung + Feed-forward Steuerung + Berücksichtigung qualitativer Leistungsindikatoren + ...	– kein Ersatz für Strategieformulierung – hoher Implementierungsaufwand – Probleme bei Messung qualitativer Größen – ...	A-Argumente
B-Argumente	+ Ausgewogenheit der Perspektiven + Übersichtlichkeit durch Auswahl relevanter Größen + geeignetes Kommunikationsinstrument + Anregen von Lernprozessen + ...	– Abbildung von Ursache-Wirkungsbeziehungen schwierig – Abstimmungserfordernisse mit anderen Führungsinstrumenten – Probleme bei IT-Umsetzung – ...	B-Argumente
C-Argumente	+ Förderung bereichsübergreifenden Denkens + ggf. Kopplung mit Anreizsystemen + ...	– Akzeptanzprobleme auf Manager und Mitarbeiterebene – Gefahr der schematischen Anwendung – ...	C-Argumente

abgeschlossen. Dieser Grundsatz wird auch im Steuerrecht herangezogen, um die Angemessenheit der Lieferungs- und Leistungsbeziehungen zwischen Gesellschaft und Gesellschaftern zu beurteilen. Allerdings sind in vielen Fällen für die abgeschlossenen Geschäfte keine Marktpreise verfügbar oder die Geschäfte wären ohne die Beziehungen zu den Related Parties nicht zustande gekommen.

Artikelerfolgsrechnung, → Artikelergebnisrechnung.

Artikelergebnisrechnung. Variante der → Ergebnisrechnung, die Brutto- und Nettoerfolge nach Produktarten (eventuell darüber hinaus auch noch nach Produktsorten) differenziert ausweist und somit einen Überblick über die Ergebnisstruktur des Produktions- und Absatzprogramms eines Unternehmens vermittelt. Da sie monatlich erstellt wird, bezeichnet man die Artikelergebnisrechnung auch als → kurzfristige Erfolgsrechnung.

Asset, Begriff der internationalen → Rechnungslegung für einen → Vermögensgegenstand, durch dessen Nutzung dem Unternehmen zukünftig aller Wahrscheinlichkeit nach ein wirtschaftlicher Nutzen entsteht. Ist kein wirtschaftlicher Nutzen zu erwarten, besteht ein → Aktivierungsverbot.

Asset Backed Securities (ABS), Finanzierungsform, bei der → Anteile an einem Forderungspool verbrieft und anschließend veräußert werden. Die Forderungsrisiken verbleiben bei dem veräußernden Unternehmen. – *Anders:* → Factoring.

assoziierte Unternehmen, Unternehmen, die in einem Beteiligungsverhältnis stehen und bei denen ein maßgeblicher Einfluss auf die Finanz- und Geschäftspolitik ausgeübt wird. Ein maßgeblicher Einfluss wird gemäß § 311 (1) S. 2 HGB vermutet, wenn ein Unternehmen bei einem anderen Unternehmen mindestens 20 Prozent der Stimmrechte der Gesellschaft hält. Beteiligungen ab 50 Prozent der Stimmrechte gelten gemäß § 271 (2) HGB und § 290 (2) HGB als verbundene Unternehmen.

At-Equity-Konsolidierung, → Equity-Bewertung.

atypisch stille Gesellschaft, ist als Mitunternehmer zu betrachten, da der stille Gesellschafter sowohl über ein Mitunternehmerrisiko als auch über eine Mitunternehmerinitiative verfügt. Zusätzlich muss der stille Gesellschafter einen Anspruch auf die Beteiligung am tatsächlichen Zuwachs des Gesellschaftsvermögens unter Einbeziehung der → stillen Reserven und eines → Geschäftswerts haben. Liegt keine Beteiligung an den stillen Reserven der Gesellschaft vor, kann der stille Gesellschafter jedoch abweichend von den handelsrechtlichen Regelungen stark auf die Entscheidungen des Unternehmens Einfluss nehmen, so liegt auch hier eine atypisch stille Beteiligung vor.

Audit, *Auditierung,* allgemeiner Begriff für die → Prüfung bzw. Revision bestimmter Prozesse, Bereiche etc. eines Unternehmens. Ein Audit wird von prozess-unabhängigen Personen durchgeführt. Zu unterscheiden ist das sogenannte Internal Audit, das von unternehmensinternen Mitarbeitern durchgeführt wird, vom Independent Audit, bei dem unternehmensexterne Personen mitwirken.

Audit Committee, unternehmensinterner Ausschuss in US-amerikanischen Unternehmen, dessen Aufgabe die Planung und Koordination von Prüfungsangelegenheiten (Wahl des Abschlussprüfers, interne Revision, externe Abschlussprüfung) des Unternehmens ist. Das Audit Committee besteht aus 3 bis 5 Personen, die keinerlei Geschäftsführungsbefugnis haben. Für Unternehmen, die an der New York Stock Exchange notiert sind, ist die Einrichtung eines Audit Committees Pflicht. Das Prinzip des Audit Committees findet sich inzwischen auch in Europa, in Deutschland bekannt als → Prüfungsausschuss.

Auditierung, → Audit.

Auditing Standards Board (ASB), ein vom → American Institute of Certified Public Accountants (AICPA) gebildetes Organ, das für die Statements on Auditing Standards (SAS) verantwortlich ist.

Aufbewahrungsfrist. Kaufleute sind dazu verpflichtet, ihre Belege aufzubewahren. Gemäß § 257 HGB und §147 AO sind Handelsbücher, → Inventare, → Eröffnungsbilanzen, → Jahresabschlüsse und die zu ihrem Verständnis erforderlichen Arbeitsanweisungen sowie Buchungsbelege zehn Jahre aufzubewahren. Empfangene und abgesandte Handelsbriefe sind sechs Jahre aufzubewahren.

Aufgabenanalyse, *Aufgabengliederung,* systematische Zerlegung einer komplexen Aufgabe in Teilaufgaben. Voraussetzung dafür ist, dass diese auf verschiedene Handlungsträger übertragbar sind. Dabei kommen verschiedene Zerlegungskriterien zum Zuge: Art der Verrichtung, Objekt, Rang, Phase und Zweck.

Aufgabengliederung, → Aufgabenanalyse.

Auftragsabweichung, Teil der → Verbrauchsabweichung.

auftragsbedingte Mehrkosten, entstehen, wenn aufgrund technischer Anforderungen bzw. nachträglich eingehender Kundenwünsche andere Einzelmaterialmengen als im Plan vorgesehen auftreten. Die aus diesen Abweichungen entstehenden → Mehrkosten sind vom Kostenstellenleiter nicht zu verantworten. Abzugrenzen sind hiervon die durch innerbetriebliche Unwirtschaftlichkeit verursachten Mehrkosten.

auftragsfixe Kosten, → Kosten, die dann entstehen, wenn ein zusätzlicher Auftrag erteilt wird. Es handelt sich hierbei insbesondere um Rüstkosten. Sie lassen sich für ein Stück nur kalkulieren, wenn die Anlagengröße oder die Auftragsgröße bekannt ist. Darüber hinaus zählen auch Musterkosten, spezielle Werkzeugkosten und Modellkosten zu den auftragsfixen Kosten.

Aufwandsrechnung, → Gewinn- und Verlustrechnung.

Aufwandsrückstellung, gemäß § 249 (1) und (2) HGB → Rückstellung für im → Geschäftsjahr unterlassene → Aufwendungen für Instandhaltung, die im folgenden Geschäftsjahr innerhalb von drei Monaten, oder für Abraumbeseitigung, die im folgenden Geschäftsjahr nachgeholt werden. Für diese Rückstellungen besteht eine Bildungspflicht. Gemäß § 249 (2) HGB dürfen keine weiteren Aufwandsrückstellungen gebildet werden.

Aufwands- und Ertragskonsolidierung. Gemäß § 305 HGB müssen für Zwecke des → Konzernabschlusses die folgenden → Aufwendungen und → Erträge verrechnet werden:

- bei den Umsatzerlösen die Erlöse aus Lieferungen und Leistungen zwischen den in den Konzernabschluss einbezogenen Unternehmen mit den auf sie entfallenden Aufwendungen, soweit sie nicht als Erhöhung des Bestands an fertigen und unfertigen Erzeugnissen oder als andere aktivierte Eigenleistungen auszuweisen sind,
- bei den anderen Erträgen die Erträge aus Lieferungen und Leistungen zwischen den in den Konzernabschluss

einbezogenen Unternehmen mit den auf sie entfallenden Aufwendungen, soweit sie nicht als andere aktivierte Eigenleistungen auszuweisen sind.

Die Aufwands- und Ertragskonsolidierung für ein → Tochterunternehmen kann unterbleiben, soweit sie für die Vermittlung eines den tatsächlichen Verhältnissen entsprechenden Bildes der → Vermögens-, Finanz- und Ertragslage des → Konzerns nur von untergeordneter Bedeutung ist (§ 296 (2) HGB).

Aufwendungen, handelsgesetzlich normierte Rechengröße, die vor allem den Güterverzehr im Betrieb abbildet. Die Gegenüberstellung von Aufwendungen, als negative Erfolgskomponente, mit → Erträgen dient der periodengerechten Erfolgsermittlung im Rahmen der → Gewinn- und Verlustrechnung des → Jahresabschlusses. Aufwendungen entsprechen dem bewerteten Verzehr von → Wirtschaftsgütern einer bestimmten Periode. Für kostenrechnerische Überlegungen ist die Unterscheidung zwischen Zweckaufwendungen und → neutralen Aufwendungen bedeutsam. Zweckaufwendungen haben im Gegensatz zum neutralen Aufwand grundsätzlich Kostencharakter. Hierzu zählen jene Aufwendungen, die betriebszweckbezogene, ordentliche und periodenrichtige Güterverzehre abbilden.

Aufwendungen für Ingangsetzung und Erweiterung. Das Wahlrecht, diese Bilanzierungshilfe anzusetzen, wurde mit der Einführung des → BilMoG aufgehoben. Aufwendungen für Ingangsetzung und Erweiterung des Geschäftsbetriebs dürfen somit nicht weiter aktiviert werden.

Auseinandersetzung, Aufhebung der Gemeinschaft der → Gesellschafter einer → Personengesellschaft z.B. wegen Ausscheidens eines Gesellschafters, einer stillen Gesellschaft oder einer Gesellschaft bürgerlichen Rechts durch Auflösung und Verteilung des → Gesellschaftsvermögens an die Gesellschafter im Verhältnis ihrer → Anteile nach Tilgung der → Verbindlichkeiten.

Auseinandersetzungsbilanz, *Abschichtungsbilanz.* Interne → Bilanz einer → Personengesellschaft nach HGB zum Zweck der Bemessung der Abfindung eines oder mehrerer ausscheidender → Gesellschafter. Die Auseinandersetzungsbilanz unterliegt nicht den gesetzlichen Wertansätzen. Sie wird im Rahmen einer → Auseinandersetzung aufgestellt, um das → Auseinandersetzungsguthaben der einzelnen Gesellschafter zu bestimmen. Die Wertansätze werden nach den Bestimmungen des → Gesellschaftsvertrages vorgenommen.

Auseinandersetzungsguthaben, Guthaben eines → Gesellschafters gemäß → Auseinandersetzungsbilanz, das diesem nach der → Auseinandersetzung zusteht.

Ausgaben, monetäres Äquivalent aller innerhalb einer Periode einem Unternehmen zugegangenen → Realgüter. Es handelt sich also um eine Rechengröße, die den Umfang jener Zahlungsverpflichtungen einer Periode abbildet, die durch die in diesem Zusammenhang beschafften Güter entstehen. Ausgaben errechnen sich aus dem Produkt aus der eingekauften Gütermenge und dem Preis pro Mengeneinheit. Ausgaben können, müssen aber nicht unmittelbar mit einem Geldabgang verbunden sein. Ausgaben können alternativ auch eine Minderung des Nettogeldvermögens eines Unternehmens darstellen. Das Nettogeldvermögen umfasst den Zahlungsmittel- und Forderungsbestand abzüglich des Bestandes an → Verbindlichkeiten. – *Gegensatz:* → Einnahmen.

ausgabenwirksame Kosten, ersatzbedürftige Kosten. Bewerteter Verzehr von Gütern und Leistungen, der innerhalb der anstehenden Periode zu → Ausgaben führt.

Ausleihung, Bilanzposten der Aktivseite, der innerhalb der → Finanzanlagen (§ 266 (2) HGB) auszuweisen ist. Ausleihungen sind langfristige Überlassungen von → Kapital an → verbundene Unternehmen oder an Unternehmen, mit denen ein Beteiligungsverhältnis besteht.

Ausschusskostenverrechnung, werden typischerweise in den → Kostenstellen, in denen der Ausschuss entsteht, erfasst. Diese werden in der → Kostenträgerrechnung auf die → Fertigungsgemeinkosten umgelegt. Zur genaueren Berücksichtigung der Ausschusskosten müssen die entsprechenden Beträge zum einen auch in der Kostenstelle ausgewiesen werden, die für den Ausschussanfall verantwortlich ist (z.B. der minderwertiges Material beschaffende Einkauf), und zum anderen direkt für die betroffenen → Kostenträger erfasst werden.

Ausschüttung, die an → Anteilseigner im Rahmen einer beschlossenen → Gewinnausschüttung ausgezahlten → Dividenden bzw. Gewinnanteile.

Ausschüttungssperre, Begrenzung der Ausschüttbarkeit von → Kapital an → Anteilseigner von → Kapitalgesellschaften. Die Aktivierung von Entwicklungskosten und latenten Steuern sowie die über die Anschaffungskosten hinausgehende Zeitbewertung von Finanzinstrumenten lösen nach § 268 Abs. 8 HGB eine Ausschüttungssperre aus. So dürfen → Gewinne nur dann ausgeschüttet werden, wenn die nach der → Ausschüttung verbleibenden und jederzeit auflösbaren → Gewinnrücklagen zuzüglich eines → Gewinnvortrages oder abzüglich eines → Verlustvortrages dem aktivierten Betrag mindestens entsprechen.

außerordentliche Aufwendungen, → Aufwendungen, die gemäß § 277 (4) HGB außerhalb der gewöhnlichen Geschäftstätigkeit anfallen. Soweit diese nicht von untergeordneter Bedeutung sind, sind sie hinsichtlich ihres Betrags und ihrer Art im → Anhang zu erläutern.

außerordentliche Erträge, → Erträge, die gemäß § 277 (4) HGB außerhalb der gewöhnlichen Geschäftstätigkeit anfallen. Soweit diese nicht von untergeordneter Bedeutung sind, sind sie hinsichtlich ihres Betrags und ihrer Art im → Anhang zu erläutern.

außerordentliches Ergebnis, gemäß § 275 (2) HGB innerhalb der Gewinn- und Verlustrechnung separat auszuweisendes → Ergebnis, das sich aus der Gegenüberstellung von → außerordentlichen Erträgen und → außerordentliche Aufwendungen ergibt.

außerplanmäßige Abschreibungen. → Abschreibungen, die gemäß § 253 (3) HGB bei → Vermögensgegenständen des → Anlagevermögens vorgenommen werden müssen, wenn die → Wertminderung von Dauer ist. Bei Finanzanlagen können außerplanmäßige Abschreibungen auch bei voraussichtlich nicht dauerhafter Wertminderung vorgenommen werden. In der Kostenrechnung werden außerplanmäßige Abschreibungen nicht erfasst, da sie nicht betriebszweckbezogene, ordentliche und typische Aufwendungen (Zweckaufwendungen) sind. Unerwartet auftretende Wertminderungen können gegebenenfalls in den kalkulatorischen Wagniskosten pauschal berücksichtigt werden. – *Gegensatz:* → planmäßige Abschreibungen.

ausstehende Einlagen, *ausstehendes Kapital,* noch zu leistende → Einlagen der Kapitaleigner von → Kapitalgesellschaften auf das → gezeichnete Kapital. Entsprechend § 272 (1) HGB sind die nicht eingeforderten ausstehenden Einlagen auf das gezeichnete Kapital vom gezeichneten Kapital offen abzusetzen. Der verbleibende Betrag ist als eingefordertes Kapital in der Hauptspalte der Passivseite auszuweisen (Nettoausweis). Der eingeforderte, aber noch nicht eingezahlte Betrag ist unter den Forderungen gesondert auszuweisen und entsprechend zu bezeichnen. Die ausstehenden Einlagen dürfen nicht mehr auf der Aktivseite gesondert ausgewiesen werden (Bruttoausweis). Somit ist zukünftig nur noch der Nettoausweis zulässig. Unter den IAS/IFRS ist ebenfalls nur der Nettoausweis möglich.

ausstehendes Kapital, → ausstehende Einlagen.

Auszahlungen, *expenditures,* Verminderung des Bestands an Bar- und Buchgeld eines Unternehmens innerhalb einer Periode. Es handelt sich um eine Rechengröße, die primär der Abbildung von Geldbewegungen dient. Auszahlungen sind Übertragungen von Zahlungsmitteln vom betrachteten Betrieb auf andere Wirtschaftssubjekte. Neben Banknoten und Münzen gelten auch täglich fällige Guthaben bei Geschäftsbanken bzw. auf solche Guthaben lautende Wertpapiere als allgemein anerkannte Zahlungsmittel. Jede Auszahlung vermindert den Geldbestand. Durch eine laufende Erfassung von Auszahlungen und ihrer korrespondierenden Stromgröße, den → Einzahlungen, kann das Rechnungswesen jederzeit Aussagen über die → Liquidität des Unternehmens treffen. Eine solche Rechnung ist zudem die Grundlage für finanzwirtschaftliche Entscheidungen. – *Gegensatz:* → Einzahlungen.

Available for Sale, gemäß → International Financial Reporting Standards (IFRS) und → US-GAAP veräußerungsfähige → Wertpapiere, die nicht zu den zu Handelszwecken gehaltenen Wertpapieren gehören und nicht bis zu ihrer Endfälligkeit gehalten werden sollen. – *Anders:* → Held to Maturity.

B

Badwill, → Firmenwert.

Balanced Scorecard, Kennzahlengestütztes Managementsystem zur mehrdimensionalen Abstimmung des unternehmerischen Handelns. Es dient der Verbesserung der Strategieumsetzung. Die Balanced Scorecard enthält sowohl wertorientierte, d.h. erfolgs- und finanzwirtschaftliche Ergebniskennzahlen (quantitative Kennzahlen) als auch Werttreiber (qualitative Kennzahlen wie z.B. Kundenzufriedenheit). Sie umfasst vier verschiedene Perspektiven bzw. Ebenen, die über Ursache-Wirkungsketten miteinander verbunden sind. Dieses sind die Wertebene, die Marktebene, die Prozessebene und die Ressourcenebene. Ausgehend von der Unternehmensstrategie werden für jede Ebene entsprechende Ziele abgeleitet und kritische Erfolgsfaktoren identifiziert. Den einzelnen Ebenen werden messbare Ergebniskennzahlen (Spätindikatoren) und Werttreiber (Frühindikatoren) sowie konkrete Maßnahmen und Projekte zugeordnet. Die Entwicklung und Ausgestaltung einer Balanced Scorecard ist daher sehr unternehmensspezifisch und individuell. – Vgl. auch Abb. „Balanced Scorecard – Aufbau".

Balanced Value Management, → Value Management.

Balance Sheet, → Bilanz.

Bardividende, der bei → Aktien und anderen Anteilsscheinen nach Abzug der Körperschaftssteuer und des Solidaritätszuschlags verbleibende ausgeschüttete

Balanced Scorecard – Aufbau

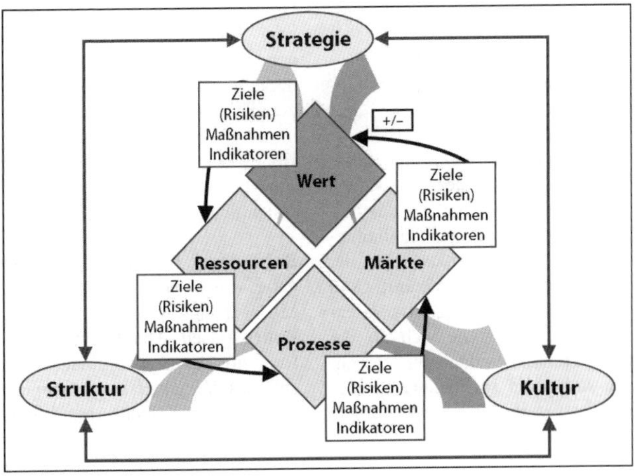

Gewinnanteil, das heißt:

Bruttodividende
– KSt/Solz
= Bardividende
– KapESt
= Nettodividende

Bargründung, → Einlagen der → Anteilseigner zur Kapitalaufbringung anlässlich der → Gründung werden nicht wie bei einer → Sachgründung in Form von Sachgütern, sondern bar, d.h. in Form von → liquiden Mitteln geleistet. – *Anders:* → Sachgründung.

Barwert, Gegenwartswert (B_{t0}) einer zukünftigen Zahlungsreihe, der über die → Diskontierung z.B. wie folgt ermittelt wird:

$$B_{t_0} = \sum_{t=0}^{n} \frac{(E_t - A_t)}{(1+i)^t}$$

(A_t = Auszahlungen der Periode t, Et = Einzahlungen der Periode t, i = Kalkulationszinsfuß, n = Anzahl Planungsperioden).

Den kumulierten Barwerten der Zahlungssalden werden in der → Kapitalwertmethode die Anschaffungsauszahlungen gegenübergestellt und es wird gegebenenfalls auch ein Barwert des Liquidationssaldos berücksichtigt.

Barwertmethode, → Kapitalwertmethode.

Basel II. Im Januar 2001 vom internationalen Bankenausschuss unter dem Namen Basel II herausgegebener Eigenkapitalakkord, der die bisherige Eigenkapitalhinterlegungspraktik der Banken bei der Kreditvergabe ablösen soll. Zukünftig soll die Eigenkapitalhinterlegung risikoorientierter erfolgen, indem sie sich an der Bonität der Fremdkapitalnehmer ausrichtet. Diese soll durch sogenannte Ratings (interne oder externe) bewertet werden. Die Höhe des demnach zu hinterlegenden Eigenkapitals wird den Fremdkapitalzins beeinflussen.

Basis of Consolidation, → Konsolidierungskreis.

Basket Purchase, *Lump-Sum,* in der internationalen Rechnungslegung Bezeichnung für den Kauf mehrerer → Vermögensgegenstände (→ Assets), für die ein einheitlicher Preis gezahlt wird. Dieser ist auf die einzelnen Vermögensgegenstände gemäß ihrer geschätzten Marktwerte aufzuteilen.

bedingte Kapitalerhöhung, nur für bestimmte Zwecke zulässige → Kapitalerhöhung. Diese sind gemäß §§ 192 bis 201 AktG:

- zur Gewährung von Umtausch- oder Bezugsrechten an Gläubiger von Wandelschuldverschreibungen,
- zur Vorbereitung des Zusammenschlusses mehrerer Unternehmen,
- zur Gewährung von Bezugsrechten an Arbeitnehmer und Mitglieder der Geschäftsführung der Gesellschaft oder eines → verbundenen Unternehmens im Wege des Zustimmungs- oder Ermächtigungsbeschlusses.

Zur bedingten Kapitalerhöhung ist eine Dreiviertelmehrheit der Hauptversammlung notwendig. Der → Nennwert der neuen → Aktien darf 50 Prozent des bisherigen → Grundkapitals nicht übersteigen. Der Hauptversammlungsbeschluss ist in das → Handelsregister einzutragen. Die Höhe der bedingten Kapitalerhöhung muss in der → Bilanz beim Grundkapital ersichtlich sein.

Behavioral Accounting, Berücksichtigung von Verhaltensaspekten, die im → Management Accounting eine zentrale Rolle spielen. Durch entsprechende Informations- und Koordinationsaktivitäten soll das Verhalten der Manager in eine unternehmenszielkonforme Richtung gelenkt werden. Dabei sind z.B. Phänomene wie Data Fixation zu berücksichtigen. Bei der Data Fixation werden neue Ergebnisse aufgrund der Anwendung neuer bzw. anderer Methoden des Rechnungswesens tendenziell weiterhin wie gewohnt interpretiert. Die Anwendungsfelder des Behavioral Accounting liegen in der Praxis in der Unterstützung von Anreizsystemen sowie der Unterstützung der → Budgetierung und verbundener Kostenverantwortlichkeit.

Beherrschungsvertrag, die Leitung einer → Aktiengesellschaft (AG) oder einer → Kommanditgesellschaft auf Aktien (KGaA) ist einem anderen Unternehmen vertragsmäßig unterstellt (§ 291 (1) AktG). Entsteht dadurch keine Abhängigkeit unter den Unternehmen, so ist der Vertrag kein Beherrschungsvertrag (§ 291 (2) AktG). Die Vorschriften des AktG werden analog bei → Gesellschaften mit beschränkter Haftung (GmbH) angewandt.

Beibehaltungswahlrecht. Vor Einführung des → BilMoG konnte eine in früheren Perioden vorgenommene → außerplanmäßige Abschreibung für einen → Vermögensgegenstand grundsätzlich beibehalten werden, auch wenn die Gründe hierfür entfallen sind. Dieses Beibehaltungswahlrecht wurde mit der Einführung des BilMoG aufgehoben. Entsprechend § 253 (5) HGB gilt das Wertaufholungsgebot sofern die Gründe für die außerplanmäßige Abschreibung entfallen. Die Obergrenze für eine Wertaufholung bilden gemäß dem → Anschaffungskostenprinzip die → fortgeführten Anschaffungskosten. Lediglich im Falle eines entgeltlich erworbenen Geschäfts- oder Firmenwert ist ein niedriger Wertansatz beizubehalten.

beizulegender Wert, Wertansatz für → Vermögensgegenstände des → Anlage- und → Umlaufvermögens, der sich aus einem vorhandenen Markt- oder Börsenpreis ableitet. Im Handelsrecht ist der beizulegende Wert im § 253 (2) und (3) HGB geregelt. Bei fehlenden Markt- oder Börsenpreisen wird der beizulegende Wert von der Beschaffungs- und/ oder Verkaufsseite abgeleitet, indem z.B. der künftige Verkaufspreis um die noch anfallenden → Kosten bis zum Verkauf (Vertriebs-, Lager- und Zinskosten) vermindert wird.

beizulegender Zeitwert, → Fair Value.

Benchmark-Costing, → Cost-Benchmarking.

Benchmarking, Methode zum Vergleich von Produkten, Dienstleistungen, Prozessen und Methoden betrieblicher Funktionen über mehrere Unternehmen bzw. Betriebe hinweg. Ziel ist es, Unterschiede aufzudecken und die Ursachen hierfür sowie Möglichkeiten für Verbesserungen aufzuzeigen. Hierzu werden wettbewerbliche Zielvorgaben bezüglich Qualität, Zeit und → Kosten für die Gestaltung des untersuchten Vergleichsobjektes entwickelt. Als Ausprägungsvarianten kann man internes und externes Benchmarking unterscheiden. Beim internen Benchmarking wird ein Vergleich von Bestleistungen zwischen Geschäftsbereichen, Werken oder Tochtergesellschaften durchgeführt. Externes Benchmarking tritt entweder als wettbewerbliches Benchmarking (Vergleich mit dem führenden Wettbewerber oder anderen Wettbewerbern mit einzelnen Spitzenleistungen) oder als generisches Benchmarking auf (branchenunabhängiger Vergleich mit den Best-Practice-Unternehmen). Bei Best-Practice-Unternehmen handelt es sich um Unternehmen, die die zu untersuchenden Leistungen, Methoden und Prozesse hervorragend beherrschen. Bei diesen ist die Beschaffung von Vergleichsinformationen oft einfacher und es können neue Anregungen gewonnen werden. Der systematische Vergleich von Best Practices ermöglicht das Aufdecken von Verbesserungspotenzialen. Diese können durch entsprechende Maßnahmen umgesetzt werden und die Wettbewerbsposition eines Unternehmens stärken.

Benchmark Treatment, im Rahmen von → International Financial Reporting Standards (IFRS) bevorzugte Bilanzierungs- und Bewertungsmethoden. – *Gegensatz:* → Allowed Alternative Treatment.

Bereitschaftskosten, → Kosten bzw. → Ausgaben, die nicht unmittelbar von den in einer bestimmten Periode erbrachten → Leistungen abhängen, sondern nur mit dem Aufbau bzw. Abbau der Betriebsbereitschaft oder der → Kapazität veränderbar sind. Es handelt sich um kurzfristig → beschäftigungsfixe Kosten (→ Leerkosten). Der Begriff wird insbesondere bei Systemen der → Einzelkostenrechnung verwendet. – *Gegensatz:* → Leistungskosten.

Berichtswesen, Instrument des → Controllings, insbesondere zur Erfüllung der Informationsversorgung. Das Berichtswesen schafft einen Ausgleich zwischen dem Ort der Informationsentstehung und dem Ort der Informationsverwendung. Es muss so gestaltet sein, dass der Empfänger alle für seine Tätigkeit wichtigen Informationen in einer für ihn verständlichen Form erhält. Ein nicht oder schlecht funktionierendes Berichtswesen kann Auswirkungen auf die Motivation des Informationsempfängers haben (→ Behavioral Accounting). Es muss daher ein gesundes Mittel zwischen Überinformation und zu rudimentärem Informationsfluss gefunden werden. Während früher in reinen Berichtssystemen die Daten periodisch ausgegeben wurden, hat sich das Berichtswesen im Laufe der Zeit zu Dialogsystemen entwickelt. Das Berichtswesen dient somit der Erfüllung der Informationsbedarfe des Managements.

Beschaffungscontrolling, funktionsbezogenes Controlling aller die Beschaffung betreffenden Bereiche eines Unternehmens. Das Beschaffungscontrolling hat die zielgerichtete Versorgung eines Unternehmens mit → Produktionsfaktoren bzw. Einsatzgütern zu gewährleisten. Die Aufgabenbereiche beziehen sich auf die Unterstützung der Beschaffungsplanung, der Informationsversorgung der Beschaffung sowie der Beschaffungskontrolle. Ziel ist eine Minimierung der → Kosten der bereitzustellenden Güter und Dienstleistungen unter Berücksichtigung der Qualität. Das Beschaffungscontrolling unterstützt die Vorbereitung von Beschaffungsentscheidungen, d.h., es ist sicherzustellen, dass die Einkäufer mit adäquaten Informationen versorgt werden, die entscheidungsrelevant sind. Gleichzeitig ist eine laufende Überwachung der Kostenwirtschaftlichkeit zu gewährleisten sowie die betriebliche Materialversorgung über den Beschaffungsmarkt sicherzustellen. Instrumente des Beschaffungscontrollings sind z.B. Beschaffungsmarktforschung, Lieferantenanalyse, → ABC-Analyse und → XYZ-Analyse, eine Analyse von Betriebsunterbrechungen sowie die Bestimmung von → Preisobergrenzen.

Beschäftigung, → Kosteneinflussgröße, die die Ausnutzung der → Kapazität von Anlagen, → Kostenstellen, Unternehmensbereichen oder Unternehmen bezeichnet. D.h., sie bezeichnet die Ausnutzung eines Leistungspotenzials. Die Messung der Beschäftigung kann inputorientiert z.B. in Arbeitsstunden oder Maschinenstunden erfolgen oder outputorientiert z.B. anhand der Leistungsmenge.

Beschäftigungsabweichung, Differenz zwischen → Sollkosten und verrechneten → Plankosten bei einer bestimmten Istbeschäftigung. Es handelt sich um - → Leerkosten, die entstehen, wenn bei einer gegenüber der Planbeschäftigung niedrigeren Ist-Beschäftigung die → fixen

Kosten nicht in gleichem Maße zurückgehen. Diese Abweichung lässt sich nur aus den Daten der → flexiblen Plankostenrechnung auf Basis der → Vollkosten bestimmen, da bei der flexiblen Plankostenrechnung auf Basis der → Teilkosten die Sollkosten den verrechneten Grenzplankosten entsprechen.

beschäftigungsfixe Kosten, beschäftigungsunabhängige bzw. → fixe Kosten, bei denen die → Beschäftigung als einzige → Kosteneinflussgröße unterstellt wird.

Beschäftigungsgrad, beschreibt den Auslastungsgrad der Kapazität. Sehr gängig ist der nachfolgende Koeffizient, der aus dem Verhältnis von Ist- zu Vollbeschäftigung gebildet wird:

$$B_{Grad} = \frac{Istbeschäftigung}{Vollbeschäftigung} \times 100$$

In der → Plankostenrechnung wird das Verhältnis zwischen einer Ist- und einer Planbezugsgröße als Beschäftigungsgrad herangezogen.

beschäftigungsproportionale Kosten, beschäftigungsabhängige und somit → variable Kosten, bei denen die Beschäftigung als einzige → Kosteneinflussgröße unterstellt wird (→ proportionale Kosten).

Bestandsaufnahme, die auch → Inventur genannte gemäß § 240 (1) HGB für jeden Kaufmann vorgeschriebene körperliche Aufnahme seiner gesamten → Vermögensgegenstände und → Schulden.

Bestandskonto, → aktivische oder → passivische Bilanzkonten, auf denen die Veränderungen der jeweiligen Bilanzposten erfasst werden.

Bestandsveränderungen, Veränderung des Lagerbestandes an → fertigen und unfertigen Erzeugnissen.

Bestätigungsvermerk, *Testat, Prüfungsvermerk, Opinion,* Zusammenfassende Feststellung der Ergebnisse der → Jahresabschlussprüfung gemäß § 322 HGB. Es wird die Übereinstimmung des → Jahresabschlusses mit den gesetzlichen Vorschriften sowie die Übereinstimmung des → Lageberichts mit dem Jahresabschluss testiert. Insgesamt muss der Jahresabschluss ein den tatsächlichen Verhältnissen entsprechendes Bild der → Vermögens-, Finanz- und Ertragslage vermitteln. Zusätzlich müssen im Bestätigungsvermerk gemäß dem → Gesetz zur Kontrolle und Transparenz im Unternehmensbereich (KonTraG) erkannte Risiken, die den Fortbestand der Gesellschaft gefährden können, dargelegt werden. Man unterscheidet drei Formen des Bestätigungsvermerks:

1. Ein uneingeschränkter Bestätigungsvermerk wird erteilt, soweit sich bei der Prüfung keine Einwendungen gegen den Jahresabschluss ergeben haben.
2. Ein eingeschränkter Bestätigungsvermerk wird erteilt, soweit wesentliche Beanstandungen gegen abgrenzbare Teile der Rechnungslegung vorliegen oder Prüfungshemmnisse dazu führten, dass bestimmte abgrenzbare Teile der Rechnungslegung nicht mit hinreichender Sicherheit beurteilt werden konnten.
3. Der Bestätigungsvermerk wird versagt, soweit wesentliche Beanstandungen gegen den Jahresabschluss als Ganzes vorliegen.

Beteiligung, allgemeine Bezeichnung für → Kapitalanteile, die von → Anteilseignern an Unternehmen gehalten werden. Auch: → Anteile an anderen Unternehmen, die gemäß § 271 (1) HGB bestimmt sind, dem eigenen Geschäftsbetrieb durch Herstellung einer dauernden Verbindung zu dienen. Als Beteiligung gelten im Zweifel Anteile an einer Gesellschaft, die insgesamt 20 Prozent des → Nennkapitals dieser Gesellschaft überschreiten (§ 271 (1) S. 3 HGB).

Beteiligungsergebnis, → Finanzergebnis.

Betriebsabrechnung, meist monatlich durchgeführte Verrechnung der anfallenden → Kosten eines Betriebs auf die Hauptkostenstellen. Damit werden die Ausgangsdaten für die → Kostenträgerrechnung ermittelt. Die Betriebsabrechnung wird mit Hilfe des → Betriebsabrechnungsbogens in tabellarischer und statistischer Form durchgeführt. Sie erfolgt in vier Schritten:

1. Die primären → Kostenträgergemeinkosten werden für sämtliche → Vor- und → Endkostenstellen ermittelt. Hierfür werden nach der Anordnung sämtlicher Kostenstellen in einer dem dominierenden Leistungsfluss entsprechenden Reihenfolge die primären Kostenträgergemeinkosten auf den einzelnen Vor- und Endkostenstellen erfasst und anschließend die → Primärkosten jeder einzelnen Kostenstelle addiert.
2. Die Kosten der → innerbetrieblichen Leistungen werden abgerechnet. Zunächst erfolgt eine Umlage bzw. Verrechnung der für die Vorkostenstellen ermittelten primären Kosten auf die innerbetrieblichen Leistungen empfangenden (Vor- und/ oder End-)Kostenstellen mit Hilfe eines geeigneten Verfahrens (wie z.B. das Stufenleiterverfahren) Es werden die daraus resultierenden sekundären Kosten jeder einzelnen Endkostenstelle ermittelt.
3. Die Ermittlung der sich aus primären und sekundären Kosten zusammensetzenden → Gesamtkosten der Endkostenstellen bildet den nächsten Schritt der Betriebsabrechnung.
4. Für die Abrechnung der einzelnen Kostenträger werden Kalkulationssätze gebildet. Hierzu wird zuerst die für die → Kalkulation erforderliche Bezugsbasis festgelegt. Anschließend folgt die Division der Gesamtkosten der jeweiligen Endkostenstellen durch die zugehörige Kalkulationsbasis. Zum Schluss folgt der Ausweis der daraus resultierenden Kalkulationssätze der einzelnen Endkostenstellen.

Betriebsabrechnungsbogen – Struktur

Betriebsabrechnungsbogen										
		Σ	Vorkostenstellen			Endkostenstellen				
			VK 1	VK 2	VK 3	Material	Fertigung 1	Fertigung 2	Vertrieb	Verwaltung
1	Erfassung der nach Kostenarten gegliederten primären Kostenträgergemeinkosten									
	Primäre Kosten		Σ 1	Σ 2	Σ 3	Σ 4	Σ 5	Σ 6	Σ 7	Σ 8
2	Umlage bzw. Verrechnung der Kosten innerbetrieblicher Leistungen									
	Sekundäre Kosten					Σ 9	Σ 10	Σ 11	Σ 12	Σ 13
3	Primäre + sekundäre Kosten					Σ 4+9	Σ 5+10	Σ 6+11	Σ 7+12	Σ 8+13
4	Bildung von Kalkulationssätzen									
	Kalkulationssätze					K 1	K 2	K 3	K 4	K 5

Betriebsabrechnungsbogen (BAB), technisch-organisatorisches Hilfsmittel der → Kostenstellenrechnung. Als statistischer Kostensammelbogen weist er zeilenweise die unternehmensspezifisch gegliederten → Kostenarten zur Erfassung der → Kostenträgergemeinkosten aus, spaltenweise führt er die im Kostenstellenplan eines Unternehmens unterschiedlichen → Kostenstellen an, die zweckmäßigerweise in der Reihenfolge des dominierenden Leistungsflusses angeordnet sind. Der BAB zeigt nicht nur, welche primären → Gemeinkosten (differenziert nach Kostenarten) für die verschiedenen Kostenstellen angefallen sind, sondern dokumentiert darüber hinaus auch die abgerechneten → Kosten für → innerbetriebliche Leistungen. – Vgl. auch Abb. „Betriebsabrechungsbogen – Struktur" auf S. 6.

Betriebsaufwendungen, → Aufwendungen.

Betriebsausgaben, steuerrechtlicher Begriff für die Aufwendungen, die durch den Betrieb veranlasst (§ 4 (3) EStG) und daher steuerlich absetzbar sind. Bestimmte Betriebsausgaben sind jedoch von der steuerlichen Absetzbarkeit ausgenommen, so z.B. die Aufwendungen für Geschenke an Personen, die nicht Arbeitnehmer des Steuerpflichtigen sind, sofern diese 40 Euro überschreiten (§ 4 (5) Nr. 1 EStG). – *Anders:* → Ausgaben.

betriebsbedingtes Kapital, → betriebsnotwendiges Kapital.

betriebsbedingtes Vermögen, → betriebsnotwendiges Vermögen.

Betriebseinnahmen, steuerrechtlicher Begriff für alle Güter, die in Geld oder Geldeswert bestehen und dem Steuerpflichtigen im Rahmen einer der → Einkunftsarten des § 2 (1) S. 1 Nr. 4 bis 7 zufließen (§ 8 (1) EStG). – *Anders:* → Einnahmen.

Betriebserfolg, → Betriebsergebnis, → Erfolg.

Betriebsergebnis. I. *Extern:* Ergebnis der Berichtsperiode, das die Ertrags- und Aufwandskomponenten umfasst, die mit dem eigentlichen Betriebszweck in direktem Zusammenhang stehen, zeitlich in die Berichtsperiode fallen und nach Art und Größe typisch und nicht zufällig sind. Das Betriebsergebnis ist vom → Beteiligungs-, → Finanz- und → neutralen Ergebnis zu unterscheiden. – II. *Intern:* Saldo, der aus der periodenbezogenen Gegenüberstellung von → Kosten und → Erlösen eines Unternehmens resultiert. Dieser stimmt nicht immer mit dem → Jahresüberschuss bzw. → Jahresfehlbetrag überein, den die → Gewinn- und Verlustrechnung im Rahmen des → Jahresabschlusses ermittelt und aufweist. Betragsdifferenzen zwischen den beiden Größen treten auf, wenn innerhalb desselben Zeitraums auch → neutrale Erträge und/ oder → neutrale Aufwendungen anfallen und/ oder in der → Kosten- und Erlösrechnung auch → Zusatzkosten bzw. → Zusatzerlöse oder → Anderskosten bzw. → Anderserlöse angesetzt werden. – Vgl. auch → Ergebnisrechnung. – *Gegensatz:* → operatives Ergebnis.

Betriebsergebnisrechnung, → Ergebnisrechnung.

Betriebserträge, → Erträge.

betriebsfremde Aufwendungen, Kategorie der → neutralen Aufwendungen. Sie fallen völlig unabhängig vom Betriebszweck an und gehen deshalb auch nicht in → Produktkalkulationen ein. Den betriebsfremden Aufwendungen stehen keine Gegenleistungen gegenüber und sie stehen auch nicht im Zusammenhang mit der → Wertschöpfung. – *Beispiel:* Spende an eine Universität.

betriebsfremde Erträge, → Erträge, welche nicht aus Betriebsleistungen stammen, sondern aus sonstiger Betätigung der Unternehmung. Betriebsfremde Erträge sind in der → Kostenrechnung ein Teil des → neutralen Ertrages, der nicht in die betriebliche → Leistungsrechnung übernommen wird. In der Gewinn- und Verlustrechnung werden betriebsfremde Erträge, die die gewöhnliche Geschäftstätigkeit betreffen, als → sonstiger betrieblicher Ertrag, sonst als → außerordentlicher Ertrag ausgewiesen.

Betriebsgewinn, → Gewinn.

betriebsgewöhnliche Nutzungsdauer, → Nutzungsdauer.

Betriebsmittel, alle betrieblichen → Anlagen und Einrichtungen, die für die Erstellung der → Leistungen notwendig sind. Auch Betriebsstoffe und → Hilfsstoffe gehören zu den Betriebsmitteln.

betriebsnotwendiges Kapital, *betriebsbedingtes Kapital.* Zur Erfüllung des Betriebszweckes eingesetztes Kapital (→ Eigen- und Fremdkapital). Differenz aus → betriebsnotwendigem Vermögen und zinslos zur Verfügung stehenden Mitteln.

betriebsnotwendiges Vermögen, *betriebsbedingtes Vermögen.* Teile des → Anlage- und → Umlaufvermögens, die zur Aufrechterhaltung des Betriebszweckes erforderlich sind. Das betriebsnotwendige Vermögen wird im Rahmen einer → Unternehmensbewertung separat zu Verkaufspreisen bewertet.

Betriebsstätte, gemäß § 12 AO jede feste Geschäftseinrichtung oder Anlage, die der Tätigkeit eines Unternehmens dient. Dies sind unter anderem die Stätten der Geschäftsleitung, Zweigniederlassungen, Geschäftsstellen sowie Bauausführungen und Montagen, wenn sie an einem Standort länger als sechs Monate andauern. – Betriebsstätten begründen i.d.R. die (beschränkte) Steuerpflicht des Inhabers der Betriebsstätte.

Betriebs- und Geschäftsausstattung, Werkstätten- und Büroeinrichtungen (z.B. Werkbänke, Schreibtische) einschließlich Fernsprech- und IT-Anlagen (z.B. Telefone, Computer), Arbeitsgeräte und allgemein verwendbare Werkzeuge, Transportbehälter, Verteilungsanlagen, Fahrzeuge aller Art und ähnliches. Diese werden in ihrer Summe als Betriebs- und Geschäftsausstattung im → Anlagevermögen der → Bilanz ausgewiesen.

Betriebsvermögen, Begriff aus dem Steuerrecht, der die Summe aller dem Unternehmen zuzurechnenden → Wirtschaftsgüter bezeichnet. Die Betriebsvermögenseigenschaft muss für jedes Wirtschaftsgut gesondert geprüft werden. Dabei ist zwischen notwendigem und gewillkürtem Betriebsvermögen zu unterscheiden:

1. Zum notwendigen Betriebsvermögen gehören alle Wirtschaftsgüter, die mit dem Betrieb zusammenhängen und objektiv erkennbar zum Einsatz im Betrieb bestimmt sind (betriebliche Nutzung > 50 Prozent).
2. Zum gewillkürten Betriebsvermögen zählen Wirtschaftsgüter, die sowohl zu privaten als auch zu betrieblichen Zwecken genutzt werden. Diese können bei einer betrieblichen Nutzung von 10 bis 50 Prozent in vollem Umfang als gewillkürtes Betriebsvermögen ausgewiesen werden.

Gegensatz: → Privatvermögen.

Bewegungsbilanz, *Mittelherkunfts- und Mittelverwendungsrechnung, Veränderungsbilanz,* im Rahmen der → Bilanzanalyse verwendete → Bilanz zur Darstellung der Herkunft und der Verwendung von Finanzierungsmitteln. Der Mittelverwendung (Zugänge Aktiva, Abgänge Passiva) wird die Mittelherkunft (Zugänge Passiva, Abgänge Aktiva) gegenübergestellt.

Bewertung, Bemessung des Wertes von Sachen oder Leistungen im Rahmen der externen → Rechnungslegung, insbesondere bezogen auf den → Jahresabschluss. Als Wertmaßstäbe müssen entweder Markt- oder Börsenwerte herangezogen werden, oder, soweit diese nicht existieren, Näherungswerte. Über die Bewertung wird die Höhe der Bilanzposten sowohl in der → Handels- als auch in der → Steuerbilanz bestimmt. Das HGB enthält Bewertungswahlrechte und Bewertungsgebote, die zum Teil für alle Kaufleute (§§ 252 bis 256a HGB) und zum Teil ergänzend für → Konzernunternehmen (§§ 308 bis 309 HGB) gelten.

Bewertungseinheit, grundsätzlich sieht § 252 (1) Nr. 3 HGB eine → Einzelbewertung von → Vermögensgegenständen und → Schulden vor. In den im § 254 HGB genannten Ausnahmefällen, ist eine Bewertung von mehreren Vermögensgegenständen und/ oder Schulden möglich. Sie werden zu diesem Zweck zu einer Bewertungseinheit zusammengefasst. Auch → schwebende Geschäfte wie Einkaufs- und Verkaufsverträge können als Einheit bewertet werden.

Bewertungsgrundsätze, Vorschriften zur → Bewertung einzelner → Vermögensgegenstände und → Schulden. In § 252 HGB werden sechs allgemeine Bewertungsgrundsätze genannt:

1. Identität der Wertansätze in der Eröffnungsbilanz mit denen in der Schlussbilanz (Bilanzidentität),
2. Unternehmensfortführung (Going-Concern-Prinzip),
3. Einzelbewertung und stichtagsbezogene Bewertung,
4. vorsichtige Bewertung (Realisations- und Imparitätsprinzip),
5. Berücksichtigung von Aufwendungen und Erträgen, unabhängig vom Zahlungszeitpunkt,
6. Bewertungsstetigkeit.

Bewertungskontinuität, → Bewertungsstetigkeit.

Bewertungsmaßstäbe, Normen zur Festlegung des Wertes eines → Geschäftsvorfalls. Die Bewertungsmaßstäbe sind handels- und steuerrechtlich nicht einheitlich definiert. Steuerrechtlich sind die Bewertungsmaßstäbe sowohl im Bewertungsgesetz (→ Einheitswert, → gemeiner Wert) als auch im Einkommensteuergesetz (→ Anschaffungskosten, → Herstellungskosten, → Teilwert) festgeschrieben. Handelsrechtlich gelten neben den Anschaffungs- und Herstellungskosten, Börsen- oder Marktpreise, der → beizulegende Wert, der → Barwert sowie ein sich nach vernünftiger kaufmännischer Beurteilung ergebender Wert als Bewertungsmaßstäbe.

Bewertungspolitik, im Rahmen der Bewertungswahlrechte ausgenützte Bewertungsspielräume zur Gestaltung der Höhe der Bilanzposten.

Bewertungsstetigkeit, *Bewertungskontinuität.* Gemäß § 252 (1) Nr. 6 HGB sind die auf den vorhergehenden → Jahresabschluss angewandten Bewertungsmethoden beizubehalten (→ Bewertungsgrundsätze). Von diesem Grundsatz darf nur in begründeten Ausnahmefällen abgewichen werden (§ 252 (2) HGB) und die Änderungen sind im → Anhang zu erläutern. Zu den begründeten Ausnahmefällen zählt z.B. die Tatsache, dass ohne die Änderung der Bewertungsmethode der Jahresabschluss kein den tatsächlichen Verhältnissen entsprechendes Bild der → Vermögens-, Finanz- und Ertragslage vermittelt hätte.

Bewertungsvereinfachungsverfahren, Verfahren zur Erleichterung der Bewertung von → Vermögensgegenständen, die den → Grundsätzen ordnungsmäßiger Buchführung (GoB) entsprechen. Gemäß § 256 HGB kann beispielsweise für den Wertansatz gleichartiger Vermögensgegenstände des → Vorratsvermögens unterstellt werden, dass die zuerst oder die zuletzt angeschafften bzw. hergestellten Vermögensgegenstände zuerst verbraucht oder veräußert worden sind (→ Verbrauchsfolgeverfahren). Gemäß § 240 (3) HGB können Vermögensgegenstände des Sachanlagevermögens sowie Roh-, Hilfs- und Betriebsstoffe, wenn sie regelmäßig ersetzt werden und ihr Gesamtwert für das Unternehmen von nachrangiger Bedeutung ist, mit einer gleichbleibenden Menge und einem gleichbleibenden Wert angesetzt werden, sofern ihr Bestand in seiner Größe, seinem Wert und seiner Zusammensetzung nur geringen Veränderungen unterliegt (→ Festwert). Gemäß § 240 (4) HGB können gleichartige Vermögensgegenstände des Vorratsvermögens sowie andere gleichartige oder annähernd gleichwertige bewegliche Vermögensgegenstände und → Schulden jeweils zu einer Gruppe zusammengefasst und mit dem gewogenen Durchschnittswert angesetzt werden. – *Anders:* → Einzelbewertung.

Bewertungswahlrechte, handelsrechtlicher und einkommensteuerrechtlicher Begriff für das Recht, bei der → Bewertung von → Vermögensgegenständen bzw. → Wirtschaftsgütern und → Schulden zwischen mehreren zulässigen → Wertansätzen zu wählen. Handelsrechtliche Bewertungswahlrechte bestehen beispielsweise bei der Ermittlung der → Herstellungskosten sowie bei der Dotierung von → Pensionsrückstellungen. Zu den Bewertungswahlrechten im Steuerrecht gehört neben steuerrechtlich zulässigen → Sonderabschreibungen die Möglichkeit, sogenannte → geringwertige Wirtschaftsgüter (GWG) mit Anschaffungskosten zwischen 150 und 410 Euro im Jahr ihrer Anschaffung, Herstellung oder → Einlage entweder in voller Höhe als Sofortaufwand zu verrechnen oder in einen Sammelposten aufzunehmen, der linear über fünf Jahre abzuschreiben ist.

Bezugsgrößen, werden für die einzelne Kostenstelle zur Verrechnung von → Gemeinkosten im Rahmen der → Kalkulation benötigt. Sie sollen so gewählt werden, dass sie möglichst genau die Zurechnung der Gemeinkosten entsprechend der Kostenverursachung auf die einzelnen → Kostenträger oder Aufträge ermöglichen. Es können direkte und indirekte Bezugsgrößen unterschieden werden. Direkte Bezugsgrößen können unmittelbar aus den Quantitäten der erstellten Leistungen abgeleitet werden. Sie sind für die Hauptkostenstellen des Fertigungsbereichs und gewisse → Hilfskostenstellen von Bedeutung. Im Gegensatz dazu werden indirekte Bezugsgrößen dort verwendet, wo keine Beziehungen zwischen der Kostenverursachung der → Kostenstellen und den → Kostenträgern bestehen.

Bezugsgrößenhierarchie, Hierarchisierung von → Bezugsgrößen, um alle Kosten eines Unternehmens als → Einzelkosten erfassen zu können (→ Einzelkostenrechnung). Dadurch wird eine direkte Zurechnung relativer Einzelkosten zu verschiedenen Kalkulationsobjekten möglich. Diese Kalkulationsobjekte sind z.B. einzelne Aufträge, Produkte oder Lieferanten. Es ist darauf zu achten, dass alle Kostenarten auf der jeweils untersten wirtschaftlich vertretbaren Stufe so ausgewiesen werden, dass sie gerade noch als Einzelkosten erfassbar sind. Das Schema zur produktbezogenen Hierarchiebildung ist der mehrstufigen → Fixkostendeckungsrechnung ähnlich. Es können z.B. Einzelkosten der Produkteinheit, der Produktgruppe, des Produktbereichs sowie des Produktionsprogramms ausgewiesen werden. In der relativen Einzelkostenrechnung ist die Strukturierung der Kosten jedoch nicht nur produktbezogen möglich, sondern kann parallel zu allen Dimensionen erfolgen. So ist unter anderem eine sachbezogene oder zeitbezogene Bezugsgrößenhierarchie denkbar.

Bezugsrecht, → ordentliche Kapitalerhöhung.

Bilanz, *Balance Sheet,* stichtagsbezogene Darstellung der → Vermögensgegenstände und → Schulden einer Unternehmung in Kontenform. Die Vermögensgegenstände sind auf der Aktivseite des Kontos, die Schulden auf der Passivseite des → Kontos auszuweisen. Das → Eigenkapital ergibt sich als Differenz aus Vermögensgegenständen und Schulden. Die Veränderung des Eigenkapitals zwischen zwei → Bilanzstichtagen resultiert entweder aus einem → Jahresüberschuss oder → Jahresfehlbetrag korrigiert um → Einlagen und -Entnahmen. Gemäß § 242 (1) HGB hat der Kaufmann zu Beginn seines Handelsgewerbes und für den Schluss eines jeden → Geschäftsjahrs eine Bilanz aufzustellen. Die → Aktiva sind nach dem Grad ihrer Liquidierbarkeit zu gliedern, die längerfristig gebundenen Vermögensgegenstände sind zuerst aufzuführen. Die → Passiva sind nach dem Grad der Fristigkeit der Finanzierungsquellen zu gliedern, das → Eigenkapital ist zuerst aufzuführen. – Vgl. auch Abb. „Bilanz – Bilanz in Kontenform (vor Gewinnverwendung und verkürzt)“.

Bilanzanalyse, *Jahresabschlussanalyse,* Auswertung der → Bilanz bzw. des gesamten → Jahresabschlusses und gegebenenfalls anderer Unternehmensinformationen in Form von Kennzahlen zur Gewinnung von Erkenntnissen über die aktuelle und zukünftige → Vermögens-, Finanz- und Ertragslage des Unternehmens. Man unterscheidet zwischen quantitativer Bilanzanalyse, die sich auf die Auswertung des Zahlenmaterials beschränkt und qualitativer Bilanzanalyse, die verbale Informationen aus dem → Anhang und dem → Lagebericht einbezieht.

Bilanzänderung, im Handelsrecht die Änderung einer → Bilanz aufgrund der geänderten Ausübung von → Bilanzierungs- und → Bewertungswahlrechten, wodurch gegebenenfalls eine → Nachtragsprüfung nach § 316 (3) HGB erforderlich wird. Steuerlich ist der Ersatz eines zulässigen durch einen anderen zulässigen Wert nach Einreichung der Bilanz beim Finanzamt nur gestattet, wenn die Bilanzänderung in einem zeitlichen und sachlichen Zusammenhang mit einer → Bilanzberichtigung steht und betragsmäßig die Auswirkung der → Bilanzberichtigung nicht überschreitet (§ 4 (2) S. 2 EStG). – *Anders:* → Bilanzberichtigung.

Bilanzarten, man systematisiert die verschiedenen Bilanzarten nach folgenden Kriterien:

1. Bilanzierungsanlass: ordentliche → Bilanzen (werden aufgrund gesetzlicher oder vertraglicher Regelungen erstellt), → Sonderbilanzen (werden lediglich zu bestimmten Anlässen aufgestellt).
2. Bilanzierungszeitraum: Jahres-, Halbjahres-, Quartals-, Monatsbilanzen;
3. Bilanzinhalt: Beständebilanz (→ Aktiva und → Passiva zu einem bestimmten Stichtag), Bewegungsbilanz (Veränderung der Aktiv- und Passivposten bezogen auf einen bestimmten Zeitpunkt).
4. Anzahl der einbezogenen Unternehmen: Einzelbilanz, → Konzernbilanz (Zusammenfassung der Bilanzen aller einbezogenen Unternehmen).
5. Bilanzempfänger: interne Bilanzen und externe Bilanzen.

Bilanz - Bilanz in Kontenform (vor Gewinnverwendung und verkürzt)

Aktiva	Passiva
A. Anlagevermögen	A. Eigenkapital
I. Immaterielle Vermögensgegenstände	I. Gezeichnetes Kapital
II. Sachanlagen	II. Kapitalrücklage
III. Finanzanlagen	III. Gewinnrücklagen
B. Umlaufvermögen	IV. Gewinnvortrag/Verlustvortrag
I. Vorräte	V. Jahresüberschuss/ Jahresfehlbetrag
II. Forderungen und sonstige Vermögensgegenstände	B. Rückstellungen
III. Wertpapiere	C. Verbindlichkeiten
IV. Schecks, Kassenbestand, Bundesbank- und Postgiroguthaben, Guthaben bei Kreditinstituten	D. Rechnungsabgrenzungsposten
C. Rechnungsabgrenzungsposten	E. Passive latente Steuern
D. Aktive latente Steuern	
E. Aktiver Unterschiedsbetrag aus der Vermögensverrechnung	

Bilanzausschuss, → Prüfungsausschuss.

Bilanzberichtigung, Änderung einer → Bilanz wegen fehlerhafter → Bilanzierung, wodurch gegebenenfalls eine Nachtragsprüfung nach § 316 (3) HGB erforderlich wird. Steuerlich bedeutet die Bilanzberichtigung den Ersatz eines gegen zwingende einkommensteuer- oder handelsrechtliche Vorschriften verstoßenden Werts durch einen zulässigen Wert. Diese Korrektur ist auch dann noch zulässig, wenn die Bilanz bereits beim Finanzamt eingereicht wurde (§ 4 (2) S. 1 EStG). – *Anders:* → Bilanzänderung.

Bilanzfälschung, bewusste Falschangabe von Daten im → Jahresabschluss, um den Bilanzadressaten die → Vermögens-, Finanz- und Ertragslage günstiger als den tatsächlichen Verhältnissen entsprechend darzustellen. Im Einzelnen kann dies durch Ansatz von fiktiven Vermögenswerten, → Überbewertung von → Aktiva bzw. → Unterbewertung von → Passiva sowie durch irreführende Angaben im → Anhang erfolgen.

Bilanzgewinn, nach der → Gewinnverwendung verbleibende positive Summe bei → Kapitalgesellschaften. Gemäß § 268 (1) HGB darf die → Bilanz unter Berücksichtigung der vollständigen oder teilweisen Verwendung des Jahresergebnisses aufgestellt werden. In diesem Fall tritt an die Stelle der Posten → Jahresüberschuss/ Jahresfehlbetrag und → Gewinnvortrag/ Verlustvortrag der Posten → Bilanzgewinn/ Bilanzverlust. Ein vorhandener Gewinn- oder Verlustvortrag aus den Vorjahren ist in den Bilanzgewinn/ Bilanzverlust einzubeziehen und in der Bilanz oder im → Anhang gesondert anzugeben.

Bilanzgliederung, für → Kapitalgesellschaften in § 265, § 266, § 268 ff. HGB vorgeschriebene systematische Darstellung der Bilanzposten. Für bestimmte Geschäftszweige wie z.B. Kreditinstitute und Versicherungsunternehmen gelten gemäß § 330 HGB besondere Bilanzgliederungsvorschriften.

Bilanzierung, Aufstellung der → Bilanz gemäß den → Bilanzierungs- und → Bewertungsgrundsätzen.

Bilanzierungsgrundsätze, → Grundsätze ordnungsmäßiger Bilanzierung (GoBil).

Bilanzierungshilfen, Aktivierungshilfen. Aktivierungswahlrecht für bestimmte im HGB näher bezeichnete Posten, die per Definition keine → Vermögensgegenstände sind. Die Bilanzierungshilfen wurden mit Einführung des → BilMoG überwiegend abgeschafft.

Bilanzierungsverbote, Verbot der → Aktivierung/ Passivierung bestimmter → Vermögensgegenstände und → Schulden. Gemäß § 248 (1) und (2) HGB dürfen → Aufwendungen, die im Zusammenhang mit der Unternehmensgründung, dem Abschluss von Versicherungsverträgen und der Eigenkapitalbeschaffung stehen sowie selbst geschaffene Marken, Drucktitel, Verlagsrechte, Kundenlisten oder vergleichbare → immaterielle Vermögensgegenstände des → Anlagevermögens nicht aktiviert werden.

Bilanzierungswahlrechte, → Aktivierungs- und → Passivierungswahlrechte. Zu den Aktivierungswahlrechten gehören:

- Gemäß § 250 (3) HGB Aufnahme eines Disagios in den aktiven Rechnungsabgrenzungsposten,
- Gemäß § 248 (2) HGB Aktivierung selbst geschaffener immaterieller Vermögensgegenstände des Anlagevermögens.
- Gemäß § 274 (1) HGB Aktivierung von latenten Steuern.

Zu den Passivierungswahlrechten gehören:

- Pensionsrückstellungen die unter Art. 28 EGHGB fallen.

Bilanzkennzahlen, Verhältniszahlen, die verschiedene Bilanzposten zueinander in Beziehung setzen. Bilanzkennzahlen werden im Rahmen der → Bilanzanalyse ermittelt, um die Finanz- und Ertragslage von Unternehmen beurteilen zu können. Es lassen sich z.B. folgende Bilanzkennzahlen unterscheiden:

$$Anlagenintensität = \frac{Anlagevermögen}{Bilanzsumme} \times 100$$

$$Vorratsintensität = \frac{Vorratsvermögen}{Bilanzsumme} \times 100$$

$$Kundenziel = \frac{durchschn.\ Forderungsbestand}{Umsatzerlöse} \times 100$$

$$Eigenkapitalquote = \frac{Eigenkapital}{Bilanzsumme} \times 100$$

$$Fremdkapitalquote = \frac{Fremdkapital}{Bilanzsumme} \times 100$$

Bilanzpolitik, Ausnutzung von handels- und steuerbilanziellen Bilanzierungs- und Bewertungsspielräumen zur Beeinflussung des Jahresergebnisses.

Bilanzstichtag, → Abschlussstichtag.

Bilanztheorie, wissenschaftliche Lehrmeinungen über das Wesen und die Aufgaben von → Bilanzen. Die Bilanztheorie ist von den gesetzlichen Vorschriften unabhängig. Bekannte Bilanztheorien sind:

- statische Bilanztheorie (Mittel zur Darstellung des Vermögensstandes eines Unternehmens zu einem bestimmten Zeitpunkt),
- dynamische Bilanztheorie (Bilanz zur Ermittlung des wirtschaftlichen Erfolgs einer Periode, in der die Vermögensgegenstände als noch nicht abge-

schlossene Erfolgsvorgänge angesehen werden),
- organische Bilanztheorie (Bilanz zu Wiederbeschaffungswerten),
- eudynamische Bilanztheorie (Bilanzzweck ist die Erhaltung der Betriebsfähigkeit; dazu dient die strenge Einhaltung des Imparitätsprinzips, die Bewertung von halbfertigen Erzeugnissen lediglich zu Materialkosten sowie die Berücksichtigung inflationärer Tendenzen durch die Bildung von Rücklagenkonten);
- nominale Bilanztheorie (Bilanz als reine Geldrechnung).

Bilanzvergleich, Vergleich von → Bilanzen. Man unterscheidet den internen Bilanzvergleich vom externen Bilanzvergleich. Beim internen Bilanzvergleich werden Bilanzen mehrerer → Geschäftsjahre eines Unternehmens miteinander verglichen und die Veränderungen analysiert. Der externe Bilanzvergleich basiert auf der Gegenüberstellung von Bilanzen verschiedener Unternehmen der gleichen Branche. Problematisch ist ein Bilanzvergleich bei Bilanzen, die sowohl auf unterschiedlichen → Bewertungsgrundsätze als auch unterschiedliche Gliederungsgrundsätzen basieren.

Bilanzverlust, → Bilanzgewinn.

BilMoG (Bilanzrechtsmodernisierungsgesetz), wurde im Mai 2009 zur Reform des Bilanzrechts verkündet. Ziele der Reform waren Kostensenkungen und Deregulierungen zugunsten kleinerer und mittlerer Unternehmen, die Verbesserung der Aussagekraft des Jahresabschlusses, eine Annäherung an die IFRS und die Umsetzung von europäischen Vorgaben. Die erstmalige Anwendung fand in verschiedenen Stufen statt, jedoch sind die neuen Regelungen für Geschäftsjahre ab dem 1.1.2010 vollständig anzuwenden. Wesentliche Änderungen zum alten Bilanzrecht sind u.a. die Möglichkeit zur Aktivierung von selbstgeschaffenen immateriellen Vermögenswerten und Entwicklungskosten oder das Wegfallen diverser Wahlrechte wie beispielsweise die Bilanzierung von Aufwendungen für die Ingangsetzung des Geschäftsbetriebes.

Blockverfahren, → Anbauverfahren.

Bond, → Anleihe.

Bottom-Up-Planung, *progressive Planung,* Ableitung der Pläne von unten nach oben in der Unternehmenshierarchie. Die Bottom-Up-Planung beginnt auf der untersten Planungsebene. Die Teilpläne werden an die jeweils übergeordnete Stufe weitergeleitet, die die Pläne koordiniert, zusammenfasst und wiederum weitergibt, bis die oberste Planungsebene erreicht ist. Diese Planungsrichtung hat den Vorteil, dass die Planung unmittelbar von den Durchführenden ausgeht, die sofortigen Zugang zu den benötigten Informationen haben, was die Motivation der Beteiligten sehr fördert. Nachteilig wirkt sich z.B. aus, dass sich die Teilpläne, die der übergeordneten Planungsebene übermittelt werden, inhaltlich widersprechen können oder sich nicht gleichzeitig realisieren lassen. – *Gegensatz:* → Top-Down-Planung.

Break-Even-Analyse, *Deckungspunktanalyse, Deckungspunktrechnung, Gewinnschwellenanalyse, Nutzschwellenanalyse.* Im Rahmen der Break-Even-Analyse wird der → Break-Even-Punkt (BEP) bzw. die Gewinnschwelle eines Unternehmens als Schnittpunkt der Nettoerlösfunktion (E) und der Gesamtkostenfunktion (K) sowie der dazugehörigen kritischen → Beschäftigung (M), bei der weder → Gewinn (G) noch → Verlust entsteht, ermittelt. Im Break-Even-Punkt ist die Summe aus → fixen Kosten (Kfix) und → proportionalen Kosten (Kprop) gleich dem → Nettoerlös. Darüber hinaus ist der → Sicherheitsabstand als Differenz zwischen der geplanten bzw. erreichten und der kritischen Beschäftigung bestimmbar. Dieser dient als Maß für das erfolgswirtschaftliche Risiko. Das Grundmodell der Break-Even-Analyse basiert auf den nachfolgend genannten Prämissen:

1. Prämissen zur Leistungsstruktur: In einer einstufigen Fertigung und bei festgelegten Faktoreinsatzverhältnissen (Limitationalität) wird nur ein einziges Produkt hergestellt und abgesetzt.
2. Prämissen zur Erfolgsstruktur: Erlöse und Kosten sind nur von der Beschäftigung als einziger Einflussgröße abhängig und lassen sich als lineare Funktionen darstellen.
3. Prämissen zur Informationsstruktur: Sämtliche Daten des Modells sind durch Einwertigkeit und durch statischen Charakter gekennzeichnet. – Vgl. auch Abb. „Break-Even-Analyse – Grundmodell und Modellprämissen".

Das Break-Even-Modell kann für Mehrproduktunternehmen erweitert werden. Die grafische Darstellung erfolgt mit Hilfe des → Hip-Roof-Chart. Die Break-Even-Analyse dient der gesamtunternehmens-, bereichs- oder produktbezogenen Gewinnplanung und -kontrolle. Sie ist Instrument zum Treffen von Entscheidungen in der Unternehmensplanung und im strategischen Management. Im Unternehmen ist daher ein systematisches → Break-Even-Management zu etablieren.

Break-Even-Management, Steuerung des → Break-Even-Punktes auf Basis von Flexibilisierungs-Strategien. Durch entsprechende Maßnahmen innerhalb der → Kosten- und Erlöspolitik kann die Lage der Kosten- und Erlösfunktion verändert werden. Somit kann Einfluss darauf genommen werden, eine zielorientierte Position des Break-Even-Punktes zu erreichen und entsprechende Gewinnpotenziale zu erschließen. Des Weiteren ist auf den → Sicherheitsabstand zu achten. Bei offenen Märkten mit gleich bleibender Beschäftigung ist dieser weniger relevant. Bei möglichen Nachfragerückgängen kommt dem Sicherheitsabstand aber eine sehr hohe Bedeutung zu. In diesem Fall ist eine bessere Absicherung gegenüber Marktrisiken erforderlich. – Vgl. auch Abb. „Break-Even -Management – Aufgabenfelder".

Break-Even-Punkt (BEP), *Deckungspunkt, Gewinnpunkt, Gewinnschwelle, Nutzschwelle, Kostenschwelle, Toter*

Break-even-Analyse – Grundmodell und Modellprämissen

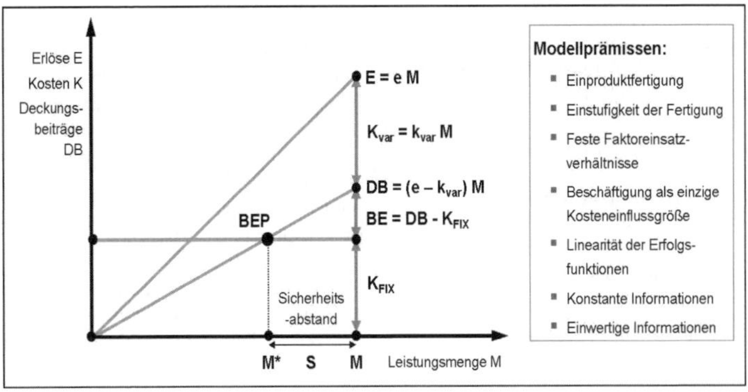

Break-Even-Management – Aufgabenfelder

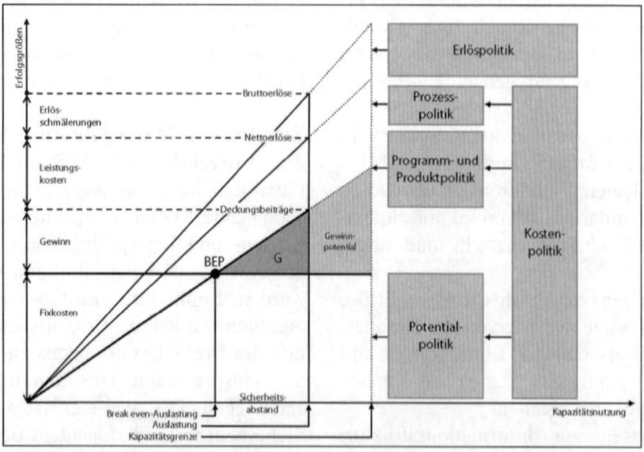

Punkt. Der BEP ist der Punkt, an dem eine Einsatzgröße erstmalig im Zeitablauf von einer Erfolgsgröße überschritten wird. Im Rahmen der Kostenrechnung stellt der BEP die Beschäftigung dar, bei der der → Nettoerlös einer Periode gerade sämtliche → fixen Kosten der Periode und die angefallenen → variablen Kosten deckt. Erst bei Überschreiten der Nutzschwelle entsteht ein Gewinn. – Vgl. auch → Break-Even-Analyse.

Bruttoabgabepreis, → Verbrauchspreis.

Bruttocashflow, → Cashflow.

Bruttodividende, Dividende vor Abzug der Körperschaftsteuer, des Solidaritätszuschlages und der Kapitalertragsteuer.

Bruttoerfolg, → Rohergebnis.

Bruttoergebnisrechnung, → Deckungsbeitrag.

Bruttoerlöse, → Erlöse.

Bruttogewinn, → Rohergebnis

Buchbestände, die sich aus der → Buchhaltung ergebenden Aktiv- und Passivbestände. Deren Richtigkeit wird über die → Inventur überprüft. Ergeben sich bei der Inventur Abweichungen zwischen Istbeständen und Buchbeständen, den sogenannten Sollbeständen, werden diese Abweichungen über die → Gewinn- und Verlustrechnung gebucht. Ist der Istbestand niedriger als der Buchbestand, wird die Bestandsminderung (→ Bestandsveränderung) aufwandswirksam gebucht; ist der Istbestand höher als der Buchbestand, wird die Bestandsmehrung (→ Bestandsveränderung) ertragswirksam gebucht.

Buchführung, lückenlose und ordnungsmäßige Erfassung und Aufzeichnung aller in einem Unternehmen anfallenden → Geschäftsvorfälle anhand von Belegen für vornehmlich externe Zwecke. Dabei erfüllt die Buchführung die folgenden Funktionen:

- Dokumentationsfunktion (Aufzeichnung sämtlicher Geschäftsvorfälle),
- Rechenschaftslegungsfunktion (gegenüber den Anteilseignern, den Gläubigern, der Öffentlichkeit und dem Staat),

- Gläubigerschutzfunktion (zur Wahrung von Gläubigerinteressen),
- Beweismittelfunktion (im Falle von Rechtsstreitigkeiten),
- Besteuerungsgrundlage.

Gegensatz: → Kosten- und → Erlösrechnung.

Buchführungsverfahren, folgende Buchführungsverfahren werden unterschieden:
1. Einfache Buchführung, auch Einnahmen-Überschussrechnung genannt, bei der die Gewinn- bzw. Verlustermittlung über eine Gegenüberstellung von tatsächlich angefallenen → Einnahmen und → Ausgaben erfolgt.
2. Doppelte Buchführung, bei der alle → Geschäftsvorfälle auf mindestens zwei Konten und damit doppelt gebucht werden. Die Gewinnermittlung (→ Gewinnermittlungsverfahren) erfolgt über die → Gewinn- und Verlustrechnung und über die → Bilanz.
3. Kameralistische Buchführung als Buchführungssystem, das schwerpunktmäßig in Behörden angewandt wird und lediglich die Einnahmen- und Ausgabenrechnung beinhaltet.

Buchgewinn, → Gewinn, der durch Umbewertungen von → Aktiva und → Passiva entstehen kann. Ein Buchgewinn entsteht beispielsweise bei einer → Zuschreibung im → Anlagevermögen oder bei der Auflösung von → Rückstellungen.

Buchhaltung, *Finanzbuchhaltung,* für die → Buchführung zuständige Abteilung. Bei Anwendung des Prinzips der doppelten Buchführung werden die folgenden Bücher geführt:
- Grundbücher zur vollständigen Erfassung der Geschäftsvorfällen in zeitlicher Reihenfolge,
- Hauptbücher zur Erfassung der Geschäftsvorfälle nach sachlichen Kriterien,
- Nebenbücher zur detaillierteren Erfassung bestimmter Geschäftsvorfälle.

buchmäßiges Vermögen, Summe der → Vermögensgegenstände bewertet zu → Buchwerten.

Buchungssatz, formalisierte Buchungsanweisung zur Erfassung von → Geschäftsvorfällen im Rahmen der → doppelten Buchführung. Es wird die Sollbuchung an erster Stelle und die Habenbuchung an zweiter Stelle genannt. Man unterscheidet zwischen einfachen Buchungssätzen, bei denen zwei → Konten angesprochen werden, und zusammengesetzten Buchungssätzen, bei denen mehrere Konten angesprochen werden. Die Sollbuchungen müssen in der Summe den Habenbuchungen entsprechen.

Buchwert, *Gegenwartswert, carrying amount,* → Anschaffungskosten oder → Herstellungskosten vermindert um die bis zum jeweiligen Zeitpunkt angefallenen → planmäßigen und → außerplanmäßigen Abschreibungen, vermehrt um die bis zu diesem Zeitpunkt vorgenommenen → Zuschreibungen.

Buchwertmethode, zu unterscheiden sind:
1. Bei der Vollkonsolidierung Methode der → Kapitalkonsolidierung, bei der die → stillen Reserven des Beteiligungsunternehmens nur in Höhe des prozentualen Anteils der → Muttergesellschaft am Eigenkapital des Beteiligungsunternehmens in der → Konzernbilanz aufgedeckt werden. Nach Einführung des → BilMoG ist diese Methode im Rahmen der Vollkonsolidierung nicht weiter anzuwenden. Zukünftig ist ausschließlich die Neubewertungsmethode anzuwenden.
2. Zulässige Methode bei der → Equity-Bewertung. Gemäß § 312 HGB kann eine → Beteiligung an einem → assoziierten Unternehmen in der Konzern-

bilanz mit ihrem → Buchwert angesetzt werden. Der Unterschiedsbetrag zwischen diesem Wert und dem anteiligen Eigenkapital des assoziierten Unternehmens ist bei erstmaliger Anwendung in der Konzernbilanz zu vermerken oder im Konzernanhang anzugeben. Die Anwendung der Buchwertmethode ist ebenfalls im Konzernanhang anzugeben.

Budget, Ergebnis der → Budgetierung. Begriff, der aus der Haushaltsrechnung der öffentlichen Hand stammt und die Gegenüberstellung der voraussichtlichen → Einnahmen und geplanten → Ausgaben eines Haushaltsjahres umfasst. Ein Budget ist ein in wertmäßigen Größen formulierter Plan, der durch qualitative Größen ergänzt werden kann. Das Budget wird einer Organisationseinheit für eine bestimmte Periode mit einem bestimmten Verbindlichkeitsgrad vorgegeben. Budgets können hinsichtlich ihrer Flexibilität unterschiedlich ausgestaltet sein. Starre Budgets werden für eine bestimmte Beschäftigungshöhe vorgegeben, flexible Budgets können in ihrer Höhe bezüglich der Beschäftigung innerhalb gewisser Grenzen noch angepasst werden. Neben der Bildung von Kosten- und Ausgabenbudgets können auch Erlösbudgets und Deckungsbeitragsbudgets aufgestellt werden. Die geordnete Gesamtheit aller aufeinander abgestimmten Einzelbudgets wird als Budgetsystem bezeichnet. Z.B. können bezüglich der funktionalen Teilbereiche eines Unternehmens Absatz-, Produktions-, Beschaffungs-, Verwaltungs-, Vertriebs-, F&E- sowie Finanzbudgets aufgestellt werden. Diese lassen sich zu einer budgetierten Erfolgsrechnung, einem Investitionsbudget sowie einer budgetierten → Bilanz entsprechend verdichten.

Budgetierung, umfasst die vollständige, mengen- und primär wertmäßige Zusammenfassung der erwarteten und gewollten Entwicklung der Unternehmung in einer zukünftigen Planungsperiode. Die Budgetierung bezeichnet den gesamten Prozess von Aufstellung, Verabschiedung und Kontrolle von → Budgets einschließlich einer → Abweichungsanalyse. Die Budgetierung ist ein Instrument im Prozess der → Planung, Entscheidung und Kontrolle, das der Abstimmung und der Durchsetzung von Entscheidungen dienen kann. Die Budgetierung wird sowohl zur Strategieumsetzung als auch zur Durchsetzung operativer Pläne eingesetzt und dient als Abstimmungsmechanismus im Unternehmen. – Vgl. auch Abb. „Budgetierung – Vorgehensmodell der Budgetierung im Gegenstrom".

Budgetierung, Vorgehensmodell der Budgetierung im Gegenstrom.

Budgetkosten, Bezeichnung der für einen bestimmten Zeitraum und eine bestimmte → Kostenstelle geplanten → Kosten. Budgetkosten werden insbesondere solchen → Kostenstellen vorgegeben, bei denen keine leistungsbezogenen Plankosten ermittelt werden können (z.B. für den Verwaltungsbereich).

Budget-Slack, Differenz zwischen den zur Erreichung von → Zielen erforderlichen Ressourcen und der im Rahmen der → Budgetierung tatsächlich erfolgten Mittelzuweisung. Es handelt sich dabei um eine bewusste Überschätzung der notwendigen Ressourcen bzw. um eine bewusste Unterschätzung der zu erwartenden → Leistungen. Es entstehen sogenannte Budgetreserven bzw. Budgetpuffer. Der Aufbau von unerkannten Budget-Slacks erfolgt insbesondere in Bereichen wie der Verwaltung, in denen den Kosten keine eindeutig zuordenbaren Leistungen gegenüberstehen. Zur Aufdeckung und zum Abbau von unerwünschten Budget-Slacks können z.B. die → Wertanalyse sowie das → Zero Base Budgeting herangezogen werden.

Budget-Wasting, Ein eng mit dem Phänomen → Budget-Slack verbundenes Problem. Es handelt sich um die Verschwendung von budgetierten aber eigentlich zur Zielerreichung nicht mehr notwendiger Ressourcen. Ein klassisches Beispiel ist hierfür das sogenannte „Dezember-Fieber" in öffentlichen Verwaltungen und größeren Unternehmen, bei dem nicht benötigte, aber durch die → Budgetierung bereitgestellte Mittel nur ausgegeben werden, da sie nicht in die Folgeperiode übertragen werden können bzw. das Folgebudget eine entsprechende Kürzung um die nicht ausgegebenen Mittel erfährt.

Bürgschaft, Verpflichtung eines Bürgen gegenüber dem Gläubiger für die Erfüllung der Verbindlichkeiten des Schuldners einzustehen (§§ 278 ff. BGB). Durch die Bürgschaft kann der Gläubiger auf das Vermögen des Schuldners und des Bürgens zugreifen. Wesentliches Merkmal einer Bürgschaft ist die Abhängigkeit der Bürgschaftsschuld von der durch die Bürgschaft zu sichernden Hauptschuld, sogenannte Akzessorietät. Die Bürgschaft muss entsprechend den Vorschriften des BGB stets schriftlich als Bürgschaftsvertrag zwischen dem Gläubiger und dem Bürgen erfolgen. Ausgenommen hiervon sind Bürgschaften von Vollkaufleuten, sofern die Bürgschaftsübernahme gemäß § 350 HGB ein Handelsgeschäft ist.

Business Combinations, → Verschmelzung.

Business Intelligence, analytischer Prozess, der die Transformation von Daten des Unternehmens, der Lieferanten und Kunden sowie der Konkurrenten in betriebswirtschaftlich verwertbares Wissen zum Gegenstand hat und auf die Verbesserung der strategischen Wettbewerbsposition des Unternehmens gerichtet ist. Dieser Prozess kann durch entsprechende Business Intelligence-Tools unterstützt werden. Diese umfassen z.B. Abfrage- und Berichtswerkzeuge, → OLAP-Tools, Planungswerkzeuge, Tabellenkalkulationsprogramme, Entwicklungswerkzeuge sowie → Data Mining-Tools. Business Intelligence-Tools bilden z.B. eine Benutzerschnittstelle zu den Inhalten eines → Management-Unterstützungssystems.

Business Plan, *Geschäftsplan, Gründungsplan,* Ergebnis des Business Planning. Ein Business Plan ist eine schriftli-

Budgetierung – Vorgehensmodell der Budgetierung im Gegenstrom

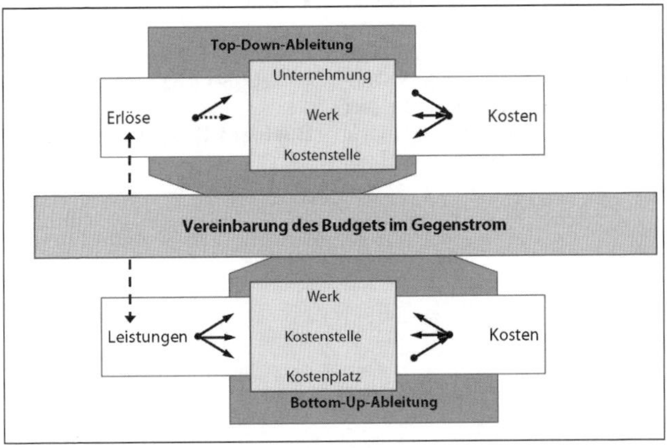

che Ausarbeitung, in der dargelegt wird, wie gesetzte → Ziele realisiert werden sollen. Solche Ziele können z.B. eine Existenzgründung, eine neue Geschäftsidee oder auch eine große Investition sein. Zur Erstellung eines Business Plans sind zunächst aus dem übergeordneten Unternehmensziel verschiedene Teilziele abzuleiten. Des Weiteren sollen Aktivitäten formuliert werden, die zur Erreichung dieser Teilziele beitragen können. Diesbezüglich sind alle organisatorischen und finanziellen Folgen zu planen, abzustimmen und in einem Gesamtplan zusammenzufassen. Zentrale Elemente von Business Plänen sind ein Unternehmensplan, der das Unternehmen und seine Ziele beschreibt, ein Marketingplan, der verdeutlicht, wie welche Kunden erreicht werden sollen und ein Finanzplan, der das geplante Vorhaben zahlenmäßig und aus finanzwirtschaftlicher Sicht beschreiben soll. Eine Kurzzusammenfassung (Executive Summary) dient dazu, die wichtigsten Ergebnisse widerzuspiegeln. Der Business Plan ist i.d.R. auf drei bis fünf Jahre ausgelegt. Sein Umfang muss dem zugrunde liegenden Vorhaben angepasst sein. Üblich sind durchschnittlich rund 30 Seiten.

Business Process Reengineering (BPR), *Geschäftsprozessoptimierung.* Analyse der Aufbau- und Ablauforganisation eines Unternehmens bezüglich seiner Ausrichtung an Geschäftsprozessen. Als Wesenmerkmal des BPR wird das diskontinuierliche Denken angesehen, das sämtliche Regeln und Annahmen, die der aktuellen Geschäftstätigkeit zugrunde liegen, erkennt, sich jedoch von ihnen abwendet und einen radikalen Wandel anstrebt. Dabei soll eine völlige Neugestaltung der wesentlichen Unternehmensprozesse, d.h. derjenigen Aktivitäten, die Wert für den Kunden schaffen, erreicht werden. Damit kommt eine klare Kundenorientierung zum Ausdruck. BPR wird angewendet, um eine Verbesserung der Kostensituation, der Qualität, des Service und der zeitlichen Flexibilität zu erzielen. Eine Schlüsselrolle innerhalb von BPR nimmt die moderne Informations- und Kommunikationstechnologie ein. – Vgl. auch → Prozessmanagement.

Business Segment, im Rahmen der nach → International Financial Reporting Standards (IFRS) vorgeschriebenen → Segmentberichterstattung ist ein business segment eine unterscheidbare Teilaktivität eines Unternehmens, die ein individuelles Produkt oder eine Dienstleistung erstellt oder erbringt und die Risiken und Erträgen ausgesetzt ist, die sich von denen anderer business segments unterscheiden. Die bei der Definition eines business segments zu beachtenden Faktoren sind:

- Art der Produkte und Dienstleistungen,
- Art der Produktionsprozesse,
- Art oder Gruppe der Kunden für die Produkte und Dienstleistungen,
- angewandte Methoden des Vertriebs oder der Bereitstellung von Produkten oder Dienstleistungen,
- falls anwendbar, die Art des Geschäftsfeldes, z.B. Bankwesen, Versicherungswesen oder öffentliche Verkehrsbetriebe.

Business Unit, → Profitcenter.

C

Call. → Option, bei der der Käufer das Recht erwirbt, ein → Wertpapier innerhalb einer definierten Frist oder zu einem bestimmten Zeitpunkt zu einem vereinbarten Optionspreis zu kaufen. – *Gegensatz:* → Put.

Capital Asset Pricing Model (CAPM), stellt ein auf der Portefeuilletheorie basierendes Modell des Kapitalmarktes zur Erklärung von Wertpapierrenditen dar. Es wird zur Bemessung der Eigenkapitalkosten im Rahmen der Ermittlung des gewichteten Gesamtkapitalkostensatzes (→ Weighted Average Cost of Capital) herangezogen. Dabei basiert das Modell auf strikten Annahmen:

- Friktionslose Märkte, d.h. keine Transaktionskosten, keine Steuern, keine Leerverkaufsbeschränkungen, beliebige Teilbarkeit der Wertpapiertitel, Mengenanpassungsverhalten aller Marktteilnehmer;
- Existenz effizienter Portfolios und Nachfrage nach solchen Portfolios seitens der Investoren;
- Gleichgewichtszustand der Wertpapiermärkte, d.h., die Überschussnachfrage ist gleich Null.

Der Eigenkapitalkostensatz setzt sich aus dem risikofreien Zins (z.B. Staatsanleihe) und der Eigenkapitalrisikoprämie zusammen. Diese Risikoprämie ist vom Markt abhängig und wird aus der mit einem individuellen Risikofaktor (Beta-Faktor) gewichteten Differenz zwischen der durchschnittlichen Marktrendite und einer risikofreien Anlage ermittelt. Der Eigenkapitalkostensatz wird demnach folgendermaßen bestimmt:

Eigenkapitalkostensatz = risikofreier Zinssatz + (durchschnittliche Marktrendite – risikofreier Zinssatz) · Beta-Faktor.

Das CAPM-Modell wird bei Unternehmensbewertungen zur Berechnung des → Shareholder Values herangezogen.

Capital Budgeting, → Investitionsrechnung.

Capital Reserves, → Kapitalrücklage.

Capital Subscribed, → gezeichnetes Kapital.

Capital Surplus, → Kapitalrücklage.

CAPM, Abk. für → Capital Asset Pricing Model.

Carrying Amount, → Buchwert.

Cash, → liquide Mittel.

Cash Equivalents, → Zahlungsmitteläquivalente.

Cashflow. Zahlungsüberschussgröße, die in unterschiedlichen Definitionen anzufinden ist. Der Cashflow kann auf direktem oder indirektem Wege ermittelt werden. Die direkte Cashflow-Berechnung ermittelt zunächst den Bruttocashflow (auch betrieblicher bzw. Operating Cashflow) durch Gegenüberstellung der betrieblichen → Ein- und → Auszahlungen aus laufender Unternehmenstätigkeit (vor Zinsen, nach Ertragssteuern). Von diesem Bruttocashflow werden Ersatzinvestitionen und Erweiterungsinvestitionen in das

Anlagevermögen und die Erhöhung des → Working Capitals abgezogen, um den Nettocashflow (auch Freier-, Free Cashflow) zu erhalten. Dieser Nettocashflow steht zur Befriedigung der Kapitalgeberinteressen zur Verfügung. Aus ihm werden Fremdkapitalzinszahlungen und Dividenden bedient, Kapitalherabsetzungen oder die Zunahme der liquiden Mittel möglich gemacht. – Vgl. auch Abb. „Cashflow – Direkte Ermittlung“. – Die indirekte Cashflow-Ermittlung leitet den Cashflow von dem bilanziellen → Jahresüberschuss ab, der um zahlungsunwirksame → Aufwendungen erhöht und um zahlungsunwirksame → Erträge vermindert wird. Ein vereinfachtes Ermittlungsschema errechnet den Bruttocashflow aus der Erhöhung des bilanziellen Jahresüberschusses um die → Abschreibungen und die Nettozuführung zu den langfristigen → Rückstellungen (insbesondere Pensionsrückstellungen) vermindert um die Ertragssteuerzahlungen. Der Nettocashflow ergibt sich als Ergebnis aus der Differenz zwischen Bruttocashflow und Ersatz- und Erweiterungsinvestitionen in das Anlagevermögen sowie der Erhöhung des Working Capitals. Sowohl die direkte und als auch indirekte Cashflow-Ermittlung führen zum gleichen Nettocashflow. Der Total Cashflow (Cashflow i.w.S.) umfasst die Gesamtheit aller unternehmerischen Zahlungsströme und bildet sämtliche Zahlungsströme aus Innen- und Außenfinanzierungsmaßnahmen ab. Der Total Cashflow wird nach der Mittelherkunft in den Cashflow aus laufender betrieblicher Tätigkeit (betrieblicher bzw. Operating Cashflow), in den Cashflow aus nicht betriebsnotwendigen Aktivitäten (Non Operating Cashflow), in den Cashflow für Investitionstätigkeit sowie in den Cashflow aus bzw. in Finanzierungsaktivitäten aufgespalten. Der Operating und Non Operating Cashflow entsprechen zusammen dem Innenfinanzierungspotenzial des Unternehmens, während der Cashflow für Investitionstä- tigkeit die Verwendung finanzieller Mittel charakterisiert. Der Cashflow aus bzw. für Finanzierungsaktivitäten kann als Saldo zwischen erwirtschafteten und reinvestierten Finanzmitteln gekennzeichnet werden (Operating Cashflow + Non Operating Cashflow – Cashflow für Investitionstätigkeit = Cashflow aus bzw. für Finanzierungsaktivitäten) und zeigt somit das Potenzial an

Cashflow – Direkte Ermittlung

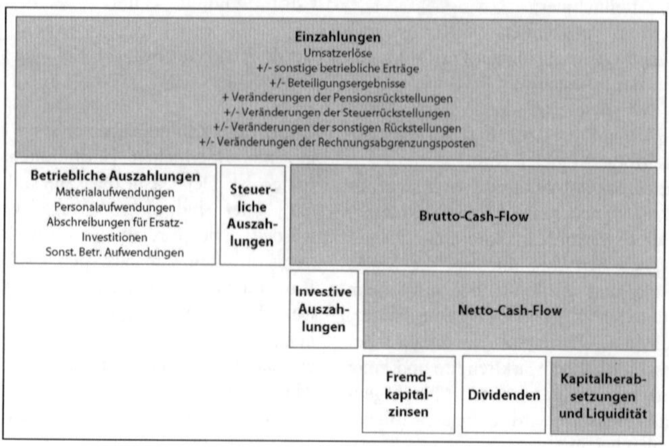

finanziellen Mitteln an, das durch Außenfinanzierungsmaßnahmen aufzunehmen ist bzw. was zur Tilgung aufgenommenen Kapitals verwendet werden kann. Diese Trennung der Cashflow-Arten findet sich auch in der → Kapitalflussrechnung (Cashflow Statement), die nach → US-GAAP ein Bestandteil des Jahresabschlusses darstellt.

Cash Flow Hedge. Bei einem Cashflow werden Schwankungen von Zahlungsströmen, die einem bestimmten Risiko aus bilanzierten Vermögenswerten oder Verpflichtungen oder einer geplanten, hoch wahrscheinlichen Transaktion zugeordnet werden können und das Nettoergebnis des Unternehmens berühren, abgesichert. Beispiele für einen Cash Flow Hedge sind die Absicherung von Zahlungsströmen aus variabel verzinslichen → Schuldverschreibungen oder die Sicherung des geplanten zukünftigen Kaufs eines → Wertpapieres mit einem entsprechenden → Termingeschäft.

Cashflow Return on Investment (CFRoI), Rentabilitätskennzahl. Anstelle einer Ergebnisgröße wird eine zahlungsstromorientierte Größe wie der → Cashflow (oder der → EBITDA) ins Verhältnis zum im betrieblichen Bereich investierten Kapital (Capital Employed) gesetzt.

Cash Flow Statement, → Kapitalflussrechnung.

Cash Generating Unit, → Zahlungsmittelgenerierende Einheit.

Cash-Management, Aufgabenfeld des → Finanzcontrollings mit dem Ziel, das Unternehmensergebnis aus dem Finanzergebnis heraus zu verbessern unter Berücksichtigung von Rentabilität und Liquidität. Das Cash-Management umfasst die Maßnahmen zur optimalen Gestaltung des Kapitaleinsatzes (durch Reduzierung der Kapitalbindung), zur Reduzierung der Finanzierungskosten und zum Schutz der Währungspositionen. Als Maßnahmen zur Beeinflussung der kurzfristigen Kapitalbindung gelten:

- Überwachung des Debitorenumschlags,
- Einsatz des Mahnwesens und Operieren mit Verzugszinsen,
- Forderung von Anzahlungen,
- Beeinflussung des Kreditorenumschlags,
- Ausnutzung von Skonto.

Maßnahmen der Gelddisposition umfassen die Optimierung der Kreditstruktur. Die Maßnahmen zur Vermeidung von Währungsrisiken umschließen:

- Fakturierung in Inlandswährung,
- Vereinbarung von Währungsklauseln,
- Devisentermingeschäfte,
- Wechselkursversicherungen.

Cash Value Added (CVA), übergewinnorientierte Führungsgröße, die sich aus dem → Cash Flow Return on Investment (CFRoI) ableitet (→ Economic Value Added (EVA)). Der CVA gibt den Wertzuwachs auf Basis des Cashflows an. Er setzt sich zusammen aus der Differenz zwischen CFRoI und Kapitalkosten, die mit dem investierten Kapital (capital employed) multipliziert wird.

$$CVA = (CFRoI - Kapitalkosten) \times inv.\,Kapital$$

Ceiling and Floor, in der internationalen → Rechnungslegung zu beachtende Ober- und Untergrenze bei der → Bewertung von → Vorräten nach dem → Niederstwertprinzip. Zum → Bilanzstichtag werden die Vorräte einem Niederstwerttest unterzogen: Die → Anschaffungs- bzw. → Herstellungskosten sind mit den aktuellen → Wiederbeschaffungskosten zu vergleichen, wobei zusätzlich Ceilings (Obergrenze) und Floors (Untergrenze) berücksichtigt werden müssen. Die Obergrenze Ceiling besagt, dass der zur Bewertung heranzuziehende Wert nicht über dem → net realizable value liegen darf.

Die Untergrenze Floor besagt, dass der zur Bewertung heranzuziehende Wert nicht unterhalb des net realisable value abzüglich einer gewöhnlichen Gewinnmarge liegen darf. Das nachfolgende Beispiel stellt die Bewertung von Vorräten nach → US-GAAP und → International Financial Reporting Standards (IFRS) dar:

	I	II	III	IV	V
AK	**1,00**	1,00	1,00	1,00	**1,00**
WBK	1,12	0,97	**0,95**	0,75	0,95
C	1,20	**0,88**	1,10	1,10	1,20
F	1,17	0,80	0,80	**0,95**	1,17

(AK = Anschaffungskosten; WBK = Wiederbeschaffungskosten; C = Ceiling; F = Floor)

Chargenfertigung, Bearbeitung einer durch die Kapazität der Produktionsapparatur begrenzten Stoffmenge (Charge) in einem abgeschlossenen Arbeitsgang. – Vgl. auch → Chargenkalkulation.

Chargenkalkulation, Sonderform der Divisionskalkulation bzw. der Auftragsabrechung bei → Chargenfertigung. Die Erzeugnisse der Chargen unterscheiden sich z.B. hinsichtlich der Qualität des Rohmaterials oder ihrer Menge und können deshalb unterschiedliche → Kosten verursachen und müssen daher getrennt abgerechnet werden.

Checkliste, Hilfsmittel zur Strukturierung von Problemen, Aufgaben oder Vorgängen. Eine Checkliste kann in folgenden Ausprägungen vorliegen:

1. Aktivitätenkatalog, der bei der Durchführung des Planungsprozesses die abzuhakenden Aufgaben vorgibt.
2. Fragenkatalog zur Prüfung nach der Planungsdurchführung, ob die Vorschriften des Planungsverfahrens beachtet wurden.

CIS, Abk. für → Controlling-Informationssystem.

Comfort Letter, im Zusammenhang mit der Wertpapieremission zu erstellender Bericht. Der Comfort Letter wird in den USA von dem Wirtschaftsprüfer erstellt, der für die anlässlich des Börsengangs durchgeführte → Due Diligence verantwortlich ist. Der Comfort Letter enthält Angaben zu den im Rahmen der Due Diligence durchgeführten Prüfungshandlungen und deren Ergebnisse.

Comparability, → Grundsatz der formellen Bilanzkontinuität.

Completed-Contract-Methode, Bewertungsmethode bei → Langfristfertigung. Die Completed-Contract-Methode wird angewandt, wenn eine zuverlässige Schätzung der Gesamtkosten und des Grads der Fertigstellung nicht möglich sind. Der Erfolg wird erst bei Fertigstellung des Auftrages realisiert. – *Anders:* → Percentage-of-Completion-Methode, → Milestone-Verfahren.

Complete Set of Financial Statements, → financial statements.

Component Accounting, → Komponentenansatz.

Component Approach, → Komponentenansatz.

Comprehensive Income, in den → US-GAAP und → International Financial Reporting Standards (IFRS) die Bezeichnung für das Einkommen eines Unternehmens, das neben dem → Jahresüberschuss auch alle erfolgsneutralen Änderungen des → Eigenkapitals beinhaltet. Die Darstellung des Comprehensive Income kann entweder im → Income Statement in Form einer Überleitungsrechnung oder in einem separaten Statement of Comprehensive Income erfolgen.

Comptroller, angelsächsische Bezeichnung für Buchhalter, die heute nur noch selten benutzt wird. Aufgabe des Comptrollers war es ursprünglich, die Kontrolle der Ausgaben und der Kontenführung durchzuführen. In der Literatur wird er häufig als Vorgänger des modernen → Controllers gesehen.

Conjoint Measurement, Methode aus der Marktforschung zur Quantifizierung des Kundennutzens. In der Produktentwicklungsphase werden Produktmodelle, die unterschiedliche Merkmalskombinationen besitzen, ausgewählten Kunden zur Beurteilung gegeben. Ergebnis sind Präferenzprofile, die beispielsweise im Rahmen des → Target Costings herangezogen werden. Ziel des Conjoint Measurements ist es, Anforderungen an ein Produkt bzw. an seine Eigenschaften durch Expertenbefragung oder Befragungen von Referenzkunden zu ermitteln. Die Besonderheit des Conjoint Measurements liegt darin, dass die Befragten aus der relevanten Zielgruppe nicht isoliert nach einer Funktionsausprägung befragt werden, sondern mit einer Kombination von verschiedenen Funktionsausprägungen konfrontiert werden. Es werden technische und wirtschaftlich realisierbare Funktionskombinationen vorgelegt, die durch positive und negative Bewertungen der einzelnen Funktionen in eine Reihenfolge gebracht werden sollen. Für jeden Befragten ergeben sich daraus Teilnutzenwerte, deren Summe den Gesamtnutzen des Produkts widerspiegelt.

Conservatism, → Vorsichtsprinzip.

Consistency, → Grundsatz der materiellen Bilanzkontinuität (Stetigkeit).

Contingency, Begriff der internationalen Rechnungslegung für einen Zustand der Unsicherheit bezüglich des Entstehens eines Gewinns oder Verlustes.

Contingent Liabilities, gemäß → US-GAAP diejenigen → accruals, die rechtlich noch nicht entstanden sind, deren Eintritt aber als wahrscheinlich gilt und deren Vermögensbelastung geschätzt werden kann. Die Contingent Liabilities werden nicht passiviert, sondern lediglich in den → Notes angegeben. Gemäß → International Financial Reporting Standards (IFRS) zählen zu den Contingent Liabilities auch diejenigen → Verbindlichkeiten, die wahrscheinlich nicht zu einem Vermögensabfluss führen werden oder deren Erfüllungsbetrag nicht zuverlässig zu schätzen ist. – *Anders:* → Accrued Liabilities.

contribution margin, → Deckungsbeitrag.

Controller, Funktionsträger, der als Aufgabe die Abstimmung aller betrieblichen Entscheidungs- und Handlungsfelder und die Schaffung von Informationskongruenz hat. Die Erfüllung dieser Aufgaben ist notwendig, damit eine Initialisierung und Ausrichtung des unternehmerischen Handelns auf die Zwecke der → Wertschöpfung des Unternehmens möglich ist.

Controller-Portal, webbasierter, rollenspezifischer, auf die Anforderungen des Controllings zugeschnittener, gut strukturierter virtueller Arbeitsplatz. Ein Portal schafft einen für den Anwender intuitiven Zugang zu internen und externen Informations- und Wissensquellen und unterstützt diesen auf benutzerfreundliche Weise mit den zur Aufgabenerfüllung notwendigen Werkzeugen. Über das Portal kann auf ein → Controlling-Informationssystem zugegriffen werden.

Controllership, Aufgabenbereich des Controllers. Zu trennen ist Controllership von → Controlling, der Führungsfunktion.

Controlling, Führungsfunktion, die im Dienste der Optimierung von → Effektivität und → Effizienz eine initialisierende Ausrichtung des Handelns von Betrieben auf deren Wertschöpfungszweck (→ Wertschöpfung) sicherzustellen hat. Die Erfüllung dieser originären Funktion der Lokomotion beruht auf der dementsprechenden Information und Abstimmung (Koordination) von Führung und Ausführung auf der Basis pretialer Lenkungsmechanismen (→ pretiale Lenkung). Während die Lokomotion Aufgabe des Managements ist, obliegt es den → Controllern, im Unternehmen die Abstimmung sicherzustellen und Informationskongruenz, im Sinne der Abstimmung von Informationsbedarf, -angebot und -nachfrage, herzustellen. – Vgl. auch Abb. „Controlling – Wertschöpfungsorientiertes Controlling".

Controlling-Informationssystem (CIS), ein speziell auf die Bedürfnisse und Anforderungen des → Controllings zugeschnittenes → Management-Unterstützungssystem. Das CIS stellt für die Unternehmensführung und das Controlling relevante Wertschöpfungs-Informationen adäquat, d.h. zeitgerecht, ortsgerecht, empfängergerecht etc. zur Verfügung.

Controlling-Konzept, Rahmen für die unternehmensspezifische Ausgestaltung des → Controllings. Idealtypischerweise setzt sich dieses aus folgenden Elementen zusammen:

- Controlling-Philosophie, die das Controlling-Verständnis widerspiegelt und z.B. in Form eines Controlling-Leitbildes festgelegt wird,
- abgeleitete Ziele des Controllings,
- Controlling-Struktur, die die Aufgaben, Methoden und Instrumente sowie die Aufgabenträger und Organisation umfasst;
- Prozesse des Controllings.

Die Ausgestaltung dieser Elemente sollte immer vor dem Hintergrund der Effizienz des Controllings, d.h. der Angemessenheit im jeweiligen Kontext, erfolgen. – Vgl. auch Abb. „Controlling-Konzeption – Elemente".

Corporate Assets. Bei der laut internationaler Rechnungslegung geforderten → Segmentberichterstattung diejenigen →

Controlling – Wertschöpfungsorientiertes Controlling

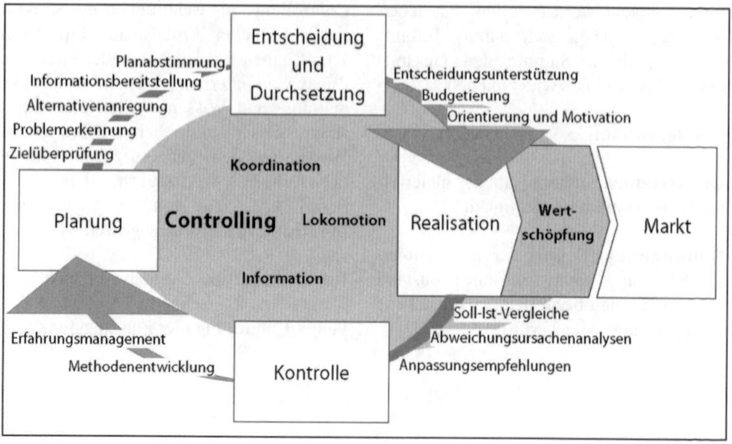

Vermögensgegenstände, die keinem Segment zugeordnet werden können. Dabei handelt es sich um Vermögensgegenstände der Hauptverwaltung, die für mehrere Segmente bzw. Unternehmensbereiche tätig ist.

Corporate Expenses, bei der laut internationaler Rechnungslegung geforderten → Segmentberichterstattung diejenigen → Aufwendungen, die keinem Segment zugeordnet werden können. Dabei handelt es sich um Aufwendungen der Hauptverwaltung, die für mehrere Segmente bzw. Unternehmensbereiche tätig ist.

Corporate Governance, System von Maßnahmen, die darauf abzielen, das Zusammenwirken von Management und Aufsichtsorgan zu verbessern, um so den Unternehmenserfolg zu optimieren. In Deutschland sind erste Maßnahmen der Corporate Governance mit dem → Gesetz zur Kontrolle und Transparenz im Unternehmensbereich (KonTraG) umgesetzt worden, so beispielsweise:
Die Erteilung des Prüfungsauftrags an den → Abschlussprüfer durch den Aufsichtsrat (§ 111 (2) S. 3 AktG);

- die Einbeziehung des → Frühwarnsystems in den Umfang der Abschlussprüfung. Dies ist Pflicht bei allen → Aktiengesellschaften (AGs) mit amtlicher Notierung (§ 317 (4) HGB). Die für Aktiengesellschaften (AGs) geltenden Vorschriften haben auch eine Ausstrahlwirkung auf andere Kapitalgesellschaften.

Der internationalen Tendenz zur Verstärkung der Corporate Governance folgend wurde im September 2001 in Deutschland vom Bundesjustizministerium eine Regierungskommission eingesetzt, die im Februar 2002 den Deutschen Corporate Governance Kodex verabschiedet hat. Dessen Empfehlungen sind sowohl an die Regierung als auch an die Unternehmen gerichtet und betreffen beispielsweise:

- Das Zusammenwirken von Vorstand und Aufsichtrat, so auch bei Unternehmensübernahmen;
- mehr Transparenz gegenüber den → Aktionären und den Kapitalmärkten, auch zur Erreichung einer gleichmäßigen Informationsversorgung aller Aktionäre;
- die Verbesserung der Unabhängigkeit der Abschlussprüfer, so durch eine Erklärung des vorgesehenen Prüfers ge-

Controlling-Konzeption – Elemente

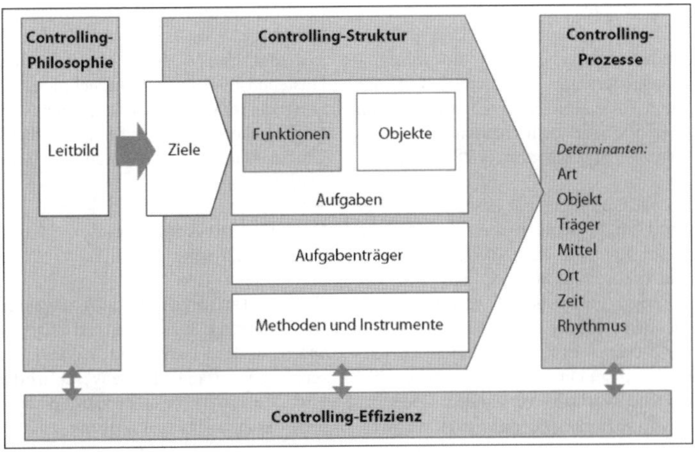

genüber dem Aufsichtsrat über dessen berufliche, finanzielle und sonstige Beziehungen zum Unternehmen.

Die deutsche Regierungskommission hat auf Dauer die Aufgabe, die Entwicklung der Corporate Governance in Gesetzgebung und Praxis zu verfolgen und gegebenenfalls Anpassungen vorzuschlagen. Auch im Rahmen des → BilMoG gibt es eine Reihe von Bestimmungen, welche darauf ausgerichtet sind die Corporate Governance, insbesondere im Hinblick auf kapitalmarktorientierte Unternehmen, weiter auszubauen und zu verbessern.

- Der Aufsichtsrat kapitalmarktorientierter Kapitalgesellschaften muss gemäß § 100 (5) AktG mindestens über ein unabhängiges Mitglied mit Sachverstand auf den Gebieten der Rechnungslegung oder Abschlussprüfung verfügen.
- Die Überwachungsaufgaben des Aufsichtsrats wurden im Hinblick auf Finanzberichterstattung, Abschlussprüfung und unternehmerische Kontrollsysteme konkretisiert (§ 107 (3) AktG).
- Grundsätzlich sind gemäß § 324 (1) HGB alle kapitalmarktorientierten Kapitalgesellschaften verpflichtet einen sogenannten Prüfungsausschuss einzurichten.
- Kapitalmarktorientierte Unternehmen haben im Lagebericht die wesentlichen Merkmale des internen Kontroll- und Risikomanagementsystems im Hinblick auf dem Rechnungslegungsprozess zu beschreiben (§ 289 (5) HGB).

Correct Costs. In den USA verwendeter Begriff für geplante Kosten (→ Plankosten) im Rahmen der Diskussion über → Standardkosten. Die aufgrund von betrieblichen Unwirtschaftlichkeiten entstehenden Kostenabweichungen haben nach diesem Verständnis keinen Kostencharakter, sondern werden als innerbetriebliche Verluste verstanden. Hier ist kritisch anzumerken, dass nach vorherrschender Meinung die Abweichungen Kostencharakter besitzen und im Rahmen von → Abweichungsanalysen berücksichtigt werden.

Cost Accounting. Begriff, der i.w.S. synonym zum → Management Accounting verwandt wird. I.e.S. umfasst das Cost Accounting ein insbesondere auf → Kostenträger ausgerichtetes Rechenwerk. Das Cost Accounting wird häufig als Verbindung von Management Accounting und → Financial Accounting verstanden. Das → Standard Costing sowie das → Product Costing sind wesentliche Teilgebiete des Cost Accountings.

Cost Allocation, Bezeichnung für die → Betriebsabrechnung wie sie im US-amerikanischen Rechnungswesen durchgeführt wird.

Cost Average-Effekt, Effekt, der besagt, dass ein Anleger, der regelmäßig den gleichen Anlagebetrag investiert, bei im Zeitablauf sich ändernden Preisen ein besseres Ergebnis erzielt als ein Anleger, der einmalig den gleichen Betrag investiert.

Cost-Benchmarking, *Benchmark-Costing,* Instrument zur relativen Kostenpositionierung. Cost-Benchmarking ist eine systematische Methode, um die relative Kostenposition eines Unternehmens bzw. unternehmerischer Bereiche durch den permanenten Vergleich mit exzellenten Unternehmen zu bestimmen (→ Benchmarking).

Cost-Benefit-Analysis, → Kosten-Nutzen-Analyse.

Costcenter, organisatorisch abgegrenzter Teilbereich eines Unternehmens, der aus Sicht des Finanz- und Rechnungswesens eine reine Kostenverantwortung trägt. Costcenter besitzen darüber hinaus meist keinen direkten Zugang zum Absatzmarkt. Voraussetzung für ihre Einrichtung ist die Vorgabe eines Outputs, d.h., Art, Umfang und Verrechnung der zu erbringenden Leistungen liegen außerhalb der unmittelbaren Beeinflussbarkeit des Costcenter-Managements. Ziel des Costcenters ist die Minimierung des Inputs, also die kostenminimale Erbringung der Leistung. Somit trägt das Costcenter Verantwortung für die Kosteneffizienz.

Cost Driver, → Kostentreiber.

Cost Estimation, Bezeichnung für die Kostenplanung im US-amerikanischen Rechnungswesen. Es handelt sich aber nicht um die Kostenplanung im deutschen Sinne. Unter cost estimation versteht man vielmehr die vergangenheitsbezogene Aufdeckung der Beziehungen zwischen der Höhe von → Kosten und den dazugehörigen → Kosteneinflussgrößen.

Cost-Gain-Analyse, → Kosten-Nutzen-Analyse.

Cost Method, Bilanzierungsmethode nach → International Financial Reporting Standards (IFRS), bei der Anteile an → assoziierten Unternehmen zu → Anschaffungskosten bilanziert werden. Erträge aus dem Anteilsbesitz werden nur insoweit in der → Gewinn- und Verlustrechnung gezeigt, wie der → Anteilseigner Ausschüttungen aus den seit dem Zeitpunkt des Anteilserwerbs erwirtschafteten Periodenergebnissen des Beteiligungsunternehmens erhält. Erhaltene Ausschüttungen, die über das Periodenergebnis des assoziierten Unternehmens hinausgehen, werden als Kapitalrückzahlung angesehen und verringern die Anschaffungskosten der Anteile (IAS 28.7).

Cost of Sales Method, → Umsatzkostenverfahren.

Cost-plus Contract, Vertragstyp, der im Bereich der → Langfristfertigung verwendet wird und in dem auf die anfallenden → Kosten eine prozentuale oder fixe Marge erhoben wird. Eine derartige Vertragsgestaltung gewährleistet eine zumindest verlustfreie Abwicklung von Aufträgen. Die → Bilanzierung erfolgt i.d.R. nach der → Percentage of Completion-Methode. – *Anders:* → Fixed Price Contract.

cost principle, → Anschaffungskostenprinzip.

Cost to Cost Method, Ermittlungsverfahren für den Fertigstellungsgrad von Aufträgen im Bereich der → Langfristfertigung. Bei der cost to cost method wird das Verhältnis der bisher angefallenen → Kosten zu den geschätzten → Gesamtkosten ermittelt. – *Anders:* → Effort Expended Method.

Cost-Volume-Profit-Analysis, besondere Form der → Break-Even-Analyse, bei der der Umsatz als Ausbringungsmaß betrachtet wird. D.h., es wird bestimmt, bei welchem Umsatz der Break-Even-Punkt bzw. ein bestimmtes Ergebnis erreicht wird.

Cross-border Leasing, grenzüberschreitendes Leasinggeschäft, bei dem Leasinggeber und Leasingnehmer in verschiedenen Staaten ansässig sind. Aufgrund international nicht einheitlicher Regeln für die steuerliche Behandlung des Leasinggegenstandes wird zum Teil versucht, die → Aufwendungen aus dem Leasinggeschäft mehrfach, d.h. sowohl beim Leasinggeber als auch beim Leasingnehmer, geltend zu machen.

Cumulative Catch-up Method, Bewertungsmethode bei langfristiger Auftragsfertigung für den Fall, dass sich bei der → Percentage of Completion-Methode die ursprünglichen Schätzungen ändern. Nach der Cumulative Catch-up Method ist die (positive oder negative) Differenz zwischen dem erwarteten Gesamterfolg und den bereits vereinnahmten Erfolgen im laufenden Geschäftsjahr erfolgswirksam zu erfassen.

Cumulative Effect of Change in Accounting Principle. In der internationalen Rechnungslegung muss ein Wechsel der Bilanzierungs- und Bewertungsmethode grundsätzlich in seinem Ergebniseffekt als separater Posten in der → Gewinn- und Verlustrechnung ausgewiesen werden. Dabei wird unterstellt, die neue Bestimmung sei von Beginn an angewandt worden.

Current Assets, → Umlaufvermögen.

Current Liabilities, → Kurzfristverbindlichkeiten.

Cut Off, → Periodenabgrenzung.

CVA, Abk. für → Cash Value Added.

D

Damnum, → Disagio bei Darlehensgewährung.

Darfkosten, *allowable cost,* Begriff aus dem → Target Costing.

Darlehen, längerfristiger → Kredit, bei dem die → Tilgung gemäß einem vereinbarten Tilgungs- oder Annuitätenplan erfolgt.

Data Mining, ermöglicht unter Einsatz einer Vielzahl von bekannten Analyseverfahren und -techniken betriebswirtschaftlich interessante Muster und Beziehungen zwischen den Datensätzen großer Datenbestände zu entdecken. Entsprechende Software-Werkzeuge können dies im Rahmen des → Business Intelligence Prozesses automatisiert unterstützen. Gegebenenfalls. ist Data Mining ein Bestandteil eines → Management-Unterstützungssystems (MUS).

Data Warehouse, Teil eines → Management-Unterstützungssystems, das eine unternehmensinterne und -externe Integration verschiedenster strukturierter und unstrukturierter Daten ermöglicht. Dafür müssen alle relevanten Daten aus den Vorsystemen gefiltert, extrahiert, gesammelt, transformiert und gegebenenfalls verteilt werden, so dass eine von den Vorsystemen getrennte Bereitstellung möglich ist. Ein Data Warehouse kann als ein inhaltsorientiertes, integriertes, dauerhaftes und entscheidungsorientiertes Datenlager bezeichnet werden. Es dient als ideale Quelle, um auf die Daten, die für das → Controlling benötigt werden, zurückzugreifen.

DBU-Faktor, Abk. für Deckungsbeitragsumsatzanteil. – Vgl. auch → Erfolgsstärke.

DCF-Methode, → Discounted Cash Flow-Methode.

Debet, → Soll.

Debitor, Personen-Forderungskonto der → Buchführung. – *Gegensatz:* → Kreditor.

Decision Usefulness, übergeordneter Rechnungslegungsgrundsatz der US-amerikanischen Rechnungslegung. Die Decision Usefulness besagt, dass nur diejenigen Vorgänge in den → Jahresabschluss aufzunehmen sind, die die übrigen Rechnungslegungsgrundsätze erfüllen und damit dem Jahresabschlussleser zur Entscheidungsfindung dienen sollen. Ausgangspunkt ist zunächst der Grundsatz der relevance, wonach Informationen nur dann zur Entscheidungsfindung beitragen, wenn sie entweder auf der Basis vergangener Daten Zukunftsprognosen ermöglichen (→ Predictive Value) oder frühere Annahmen bestätigen bzw. korrigieren (→ Feedback Value). Dabei müssen die Informationen rechtzeitig zur Verfügung stehen (Timeliness). Dies wird ergänzt um den Grundsatz der reliability, wonach Informationen überprüfbar sein (Verifiability) und wahrheitsgemäß dargestellt werden (Faithful Representation) müssen. Die Informationen sind unabhängig von den Zielen des Unternehmens darzustellen

(Neutrality). Aus den Grundsätzen der relevance und reliability leitet sich der Grundsatz der Vergleichbarkeit der Informationen (→ Comparability) und der Grundsatz der Stetigkeit der Bewertungsmethoden (→ Consistency) ab. – Vgl. auch Abb. „Decision usefulness".

Deckungsbeitrag, *absoluter Bruttoerfolg.* Bruttoerfolgsgröße, die den Beitrag eines Kalkulationsobjekts (Produkt, Produktgruppe, Auftrag etc.) zur Deckung noch nicht in der Berechnung berücksichtigter → Kosten und darüber hinaus zur Erzielung des Nettoergebnisses ausweist. Die Berechnungs- und Interpretationsmöglichkeiten des Deckungsbeitrags sind abhängig vom jeweiligen → Kostenrechnungssystem. Wird der Deckungsbeitrag als Differenz zwischen → Nettoerlös und → variablen Kosten ermittelt, so umfasst er Fixkosten- und Gewinnanteile. Der Deckungsbeitrag kann aber auch für ein sachlich und gegebenenfalls zeitlich abgegrenztes betriebliches Bezugsobjekt den ermittelten Überschuss der diesem Bezugsobjekt direkt zurechenbaren → Einzelerlöse über die → Einzelkosten darstellen. D.h., der Deckungsbeitrag kennzeichnet den → Erfolg, den das entsprechende Bezugsobjekt auslösen wird bzw. ausgelöst hat.

Deckungsbeitragsanteil, → Erfolgsbeitrag.

Deckungsbeitragsrechung, Bezeichnung für die Erfolgs- bzw. → Ergebnisrechnung. Die Deckungsbeitragsrechnung i.w.S. ist eine Sammelbezeichnung für unterschiedliche Arten von → Teilkostenrechnungen bzw. → Bruttoergebnisrechnungen. Es lassen sich einstufige, mehrstufige und mehrdimensionale Systeme von Deckungsbeitragsrechnungen differenzieren. Bei der einstufigen Deckungsbeitragsrechnung, wie u.a. dem → Direct Costing, werden den abgesetzten Produkteinheiten nur die als proportional unterstellten → variablen Kosten zugerechnet. Die → fixen Kosten werden en bloc dem Betriebsergebnis angelastet. Ein differenzierter Ausweis des Betriebsergebnisses ist somit nicht möglich. Eine Erweiterung dieses einfachen Systems stellt die mehrstufige → Fixkostendeckungsrechnung (bzw. mehrstufige Deckungsbeitragsrechnung) dar, bei der der Fixkostenblock in → Fixkostenschichten aufgespalten wird. Voraussetzung für die Differenzierung ist die Bildung entsprechender → Bezugsgrößenhierarchien. – Vgl. auch Abb. „Deckungsbeitragsrechnung – mehrstufige Deckungsbeitragsrechnung." Die vielfältigsten Analysemöglichkeiten bietet die

Decision Usefulness

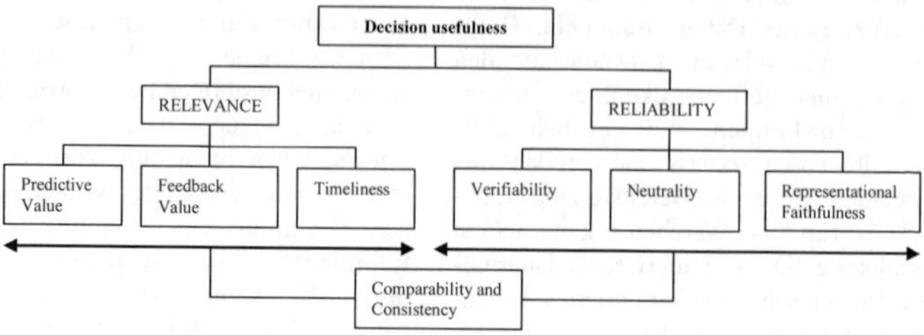

mehrdimensionale Deckungsbeitragsrechnung. Es handelt sich dabei um ein System von mehrstufigen Deckungsbeitragsrechnungen, die sich jeweils auf bestimmte Dimensionen wie Produkte, Kunden, Vertriebsgebiet, Zeit etc. beziehen (→ Mehrdimensionalität). Auch die → Grenzplankostenrechnung kann zu einer Deckungsbeitragsrechnung ausgebaut werden. Im Gegensatz zu den genannten Systemen wird bei der relativen → Einzelkostenrechnung eine Trennung von → relativen Einzelkosten und Gemeinkosten vorgenommen. Bei diesem Vorgehen spricht man auch von der Deckungsbeitragsrechnung i.e.S.

Deckungsgrade, → Anlagendeckungsgrade.

Deckungspunkt, → Break-Even-Punkt.

Deckungspunktanalyse, → Break-Even-Analyse.

Deckungspunktrechnung, → Break-Even-Analyse.

Deferred Charges, Bilanzposten nach amerikanischer → Rechnungslegung. Nach → US-GAAP wird nicht zwischen → Vermögensgegenständen und → Rechnungsabgrenzungsposten unterschieden. Sind in einer → Geschäftsperiode → Ausgaben angefallen, die sachlich die nächste Geschäftsperiode betreffen, so erfolgt der Ausweis unter den non current assets als deferred charges.

Deferred Credits, Bilanzposten nach amerikanischer → Rechnungslegung. Nach → US-GAAP wird nicht gesondert zwischen → Verbindlichkeiten und → Rückstellungen unterschieden. Fallen Ausgaben erst in späteren Perioden an, obwohl sie die laufende → Geschäftsperiode betreffen, so sind sie als deferred credits auszuweisen.

Deferred Revenues, → passiver Rechnungsabgrenzungsposten, bzw. → passive Rechnungsabgrenzung.

Deferred Taxes, → latente Steuern.

Defizit, Verlustbegriff für öffentliche Einrichtungen, der auch in allgemeiner Form verwandt wird.

Deckungsbeitragsrechnung – mehrstufige Deckungsbeitragsrechnung

Unternehmung	Bike GmbH				
Sparten	Sparte 1		Sparte 2		
Erzeugnisse	Standard	Kids	Special	...	...
Bruttoerlöse	**1.993**	**817**	**2.151**	...	...
./. MwSt. und Erlösberichtigungen	439	207	analoge Datenverdichtung		
Nettoerlöse	**1.554**	**610**			
./. proportionale Einzelkosten	357	123			
Deckungsbeiträge I	**1.197**	**487**			
./. Erzeugnisfixkosten	286	201			
Deckungsbeiträge II	**911**	**286**			
Σ ↓					
kumulierte Deckungsbeiträge II		**1.197**			
./. Spartenfixkosten		110			
Deckungsbeiträge III		**1.087**			675
Σ ↓					
kumulierte Deckungsbeiträge III					**1.762**
./. Unternehmensfixkosten					1.484
./. proportionale Gemeinkosten					184
Betriebsergebnis					**94**

degressive Abschreibung, → Abschreibungsmethode, die einen im Laufe der Nutzungsdauer abnehmenden leistungserstellungsbedingten Wertverzehr unterstellt, d.h., die Abschreibungsbeträge nehmen ab. Man unterscheidet die geometrisch-degressive Abschreibung und die arithmetisch-degressive Abschreibung. Beim geometrisch-degressiven Verfahren nehmen die Abschreibungsbeträge in Form einer geometrischen Reihe ab (Buchwertabschreibung). Der Abschreibungsbetrag einer Periode entspricht einem bestimmten Prozentsatz des Restbuchwertes des Abschreibungsobjektes. Beim arithmetisch-degressiven Verfahren sinken die Abschreibungsbeträge nach einer arithmetischen Reihe (digitale Abschreibung). Die Abschreibungsbeträge nehmen um einen konstanten absoluten Betrag, dem sogenannten Degressionsbetrag ab.

degressive Kosten, → unterproportionale Kosten.

Delkredere, *Inkasso-Risiko,* Gewährleistung für den Forderungseingang bzw. Haftung für den Forderungsverlust. Für die Übernahme des Delkredererisikos werden Delkredereprämien bezahlt.

Depreciation, Begriff für → Abschreibungen, der in der internationalen Rechnungslegung für die Abschreibung von materiellem → Anlagevermögen verwandt wird.

Derivate, → derivative Finanzinstrumente.

derivative Finanzinstrumente, *Derivate.* Gemäß IAS 39 sind dies Finanzinstrumente, deren Werte infolge eines genannten Zinssatzes, Wertpapierkurses, Rohstoffpreises, Wechselkurses, Preis- oder Zinsindexes, Bonitätsratings oder ähnlichem schwanken und die verglichen mit anderen Verträgen, die in ähnlicher Weise auf sich ändernde Marktbedingungen reagieren, keine bzw. nur eine geringe Anfangsinvestition erfordern und zu einem späteren Zeitpunkt beglichen werden. Bei der erstmaligen Erfassung sind die derivativen Finanzinstrumente zu → Anschaffungskosten zu bilanzieren. Unter bestimmten Voraussetzungen sind die derivativen Finanzinstrumente als Sicherungsgeschäfte (→ hedge accounting) anzusehen, für die besondere Bilanzierungsvorschriften gelten. Die Definition sowie die Bewertungsvorschriften für derivative Finanzinstrumente nach → US-GAAP decken sich mit denen nach → International Financial Reporting Standards (IFRS).

derivative Kostenarten, → Sekundärkosten.

Derivativer Firmenwert, → Firmenwert.

Deutsche Prüfstelle für Rechnungslegung DPR e.V., wurde am 14.5.2005 von 15 Berufs- und Interessenvertretungen aus dem Bereich der → Rechnungslegung im Benehmen mit dem Bundesministerium der Justiz in Berlin gegründet. Ihre Tätigkeit hat die Prüfstelle seit dem 1.7.2005 aufgenommen. Aufgaben des Vereins sind die Trägerschaft einer weisungsunabhängigen Prüfstelle zur Prüfung von Verstößen gegen → Rechnungslegungsvorschriften und die fachliche Zusammenarbeit der Prüfstelle mit nationalen Enforcement-Einrichtungen im Ausland und entsprechenden internationalen Organisationen. Im internationalen Rahmen und im Ausland tritt die Deutsche Prüfstelle für Rechnungslegung DPR e.V. auch unter der Bezeichnung → Financial Reporting Enforcement Panel (FREP).

Deutsche Rechnungslegungs Standards (DRS), → Deutsches Rechnungslegungs Standards Committee (DRSC).

Deutscher Standardisierungsrat (DSR), *German Accounting Standards Board (GASB).* Zentrales Organ des → Deutschen Rechnungslegungs Standards Committee (DRSC), das von dessen Verwaltungsrat bestellt wird. Seine Aufgabe ist hauptsächlich die Ermittlung, Festsetzung und Auslegung der Deutschen Rechnungslegungs Standards (DRS). Die Arbeit des DSR ist öffentlichkeitsorientiert, z.B. in Form von öffentlichen Tagungen zur Verabschiedung der Standards.

Deutsches Rechnungslegungs Standards Committee (DRSC), *German Accounting Standards Committee (GASC).* Vom Bundesministerium der Justiz auf der Grundlage des § 342 HGB ernanntes mit unabhängigen Fachleuten besetztes Gremium zur Entwicklung von Empfehlungen zur Anwendung der Grundsätze über die → Konzernrechnungslegung. Diese Empfehlungen in Form von Standards (→ Deutsche Rechnungslegungs Standards (DRS)) müssen von Fachleuten der → Rechnungslegung und unter Einbeziehung der fachlich interessierten Öffentlichkeit entwickelt und beschlossen werden. Daneben ist die Aufgabe des DRSC die fachliche Beratung des Bundesministeriums der Justiz sowie die Vertretung der Bundesrepublik Deutschland in internationalen Gremien der Rechnungslegung.

DFCF-Methode, → Discounted Free Cash Flow-Methode.

Direct Costing, einfache Variante der → Teilkostenrechnung, die vor dem Zweiten Weltkrieg in den USA entwickelt wurde. Es handelt sich um eine Ausprägung der einstufigen → Deckungsbeitragsrechnung. Beim Direct Costing werden nur diejenigen Kosten auf die Produkte weiterverrechnet, die direkt von der Beschäftigung abhängen. Alle anderen Kosten werden als Fixkosten betrachtet und als Block berücksichtigt. Somit erfolgt eine Spaltung in fixe (beschäftigungsunabhängige) und variable (beschäftigungsabhängige) Kosten. Die → beschäftigungsproportionalen Kosten werden vereinfacht als → variable Kosten angesehen. Eine Schlüsselung der → Gemeinkosten wird bei dieser Form vermieden. Zur Ermittlung des → Betriebsergebnisses werden z.B. von den Erzeugniserlösen einer Produktart die variablen Kosten abgezogen, so dass man den → Deckungsbeitrag der einzelnen Produktart erhält. Von der Summe aller Deckungsbeiträge zieht man die Summe aller → fixen Kosten als Fixkostenblock ab und erhält somit das Betriebsergebnis. – Vgl. auch → Proportionalkostenrechnung, → Grenzkostenrechnung.

Directors' Report, → Management Discussion and Analysis of Financial Condition and Results of Operations (MD & A).

Disagio, Unterschiedsbetrag zwischen → Nennwert und niedrigerem Ausgabekurs von → Wertpapieren oder → Krediten. Durch das Disagio werden Zinszahlungen vorweggenommen. In den meisten Fällen sind in dem Disagio zusätzlich Bearbeitungsgebühren enthalten, die bei → Aktivierung des Disagios heraus gerechnet werden müssen.

Disclosures, nach → US-GAAP die Erläuterungen zu den → financial statements. Diese sind i.d.R. in den → Notes anzugeben.

Discontinued Operations, Geschäfts- oder Unternehmensbereiche, die mittel- bis kurzfristig entweder durch Stilllegung oder Verkauf aufgegeben werden. Nach → US-GAAP und → International Financial Reporting Standards (IFRS) müssen unter bestimmten Umständen Angaben zur Einstellung der discontinued operations im → Jahresabschluss separat ausgewiesen und die entsprechenden Bilanzposten gegebenenfalls nach gesonderten Vorschriften bewertet werden.

Discounted Cash Flow, Methode der → Diskontierung abgezinster → Cashflows.

Discounted Cash Flow-Methode, *DCF-Methode.* Methode der → Unternehmensbewertung. Grundlage dieser Methode ist die → Diskontierung zukünftig erwarteter → Cashflows, wobei bei der Unterstellung einer unendlichen Fortführung des Unternehmens der nachhaltige Cashflow der letzten Planungsperiode in Form einer ewigen Rente berücksichtigt wird.

Discounted Free Cash Flow, Methode der → Diskontierung abgezinster → Free Cash Flows.

Discounted Free Cash Flow-Methode, *DFCF-Methode,* Methode der → Unternehmensbewertung. Grundlage dieser Methode ist die → Diskontierung zukünftig erwarteter → Free Cash Flows, wobei bei der Unterstellung einer unendlichen Fortführung des Unternehmens der nachhaltige Free Cash Flow der letzten Planungsperiode in Form einer ewigen Rente berücksichtigt wird.

Diskontierung, *Abzinsung,* finanzmathematische Methode (Zinses-Zins-Rechnung) zur Ermittlung des Gegenwartswertes zukünftiger Zahlungen. Die zukünftige Zahlung wird mit dem sogenannten → Abzinsungsfaktor multipliziert.

Distribution of Income, → Gewinnausschüttung.

Dividende, → Ausschüttung von Gewinnanteilen an → Anteilseigner. Dividenden können aus laufenden → Gewinnen oder aus → Rücklagen gezahlt werden.

Dividendenpolitik, Steuerung der Dividendenausschüttung an → Anteilseigner. Über die Dividendenpolitik wird versucht, die → Ausschüttung von Gewinnanteilen an Anteilseigner zu beeinflussen. Sind Unternehmen daran interessiert, die → Dividenden möglichst niedrig zu halten, werden permanent bilanzpolitische Spielräume zur Gewinnglättung nach unten ausgenutzt. Sollen Dividenden zur Befriedigung der Aktionärswünsche verstetigt werden, so werden die bilanzpolitischen Möglichkeiten je nach Gewinnsituation ergebnisverbessernd bzw. ergebnisverschlechternd genutzt.

Doppelbesteuerungsabkommen (DBA), zwischenstaatliche Verträge, mit denen die sich aus der Anwendung einzelstaatlicher steuerlicher Regelungen ergebenden Doppelbelastungen beseitigt werden sollen. Die DBA betreffen i.d.R. mehrere Steuerarten, so die Einkommensteuer, die Gewerbesteuer, die Erbschaftsteuer bzw. diesen entsprechende ausländische Steuerarten. Das Recht der DBA geht regelmäßig nationalem Recht vor. Deutschland hat mit allen Industriestaaten DBA abgeschlossen. Es gibt rund 88 DBA sowie weitere Sonderabkommen.

Doppelkalkulation, → Parallelkalkulation.

doppelte Buchführung, → Buchführungsverfahren.

Drifting Costs, Begriff aus dem → Target Costing für → Standardkosten.

duale Konzernabschlüsse, Abschlüsse, deren Zweck darin besteht, den Regelungen zweier Rechnungslegungssysteme (national und international) zu genügen. Dies wird über das Ausnutzen von Wahlrechten erreicht. Die bei der Erstellung dualer Konzernabschlüsse auftretenden Konflikte werden anhand von Überleitungsrechnungen auf das Jahresergebnis und → Eigenkapital nach internationaler → Rechnungslegung gelöst.

Due Diligence, *Unternehmensanalyse,* formalisierte Analyse eines Unternehmens im Zuge einer Unternehmensveräußerung oder eines -erwerbs, eines Börsenganges oder einer Kreditgewährung. Diese kann von → Wirtschaftsprüfern, Unternehmensberatern, Steuerberatern oder internen sachkundigen Mitarbeitern durchgeführt werden. Eine vollständige Due Diligence betrifft die Bereiche financial, technical, legal, taxes, environment und human resources.

Due Process, → Standard Setting Process.

durchlaufende Posten, Beträge, die von Unternehmen für Dritte einbehalten und anschließend an diese abgeführt werden (Lohn- und Kirchensteuer, Beiträge zur Sozialversicherung, Umsatzsteuer).

Durchschnittsbewertung, *Weighted Average Cost Method,* → Bewertungsvereinfachungsverfahren, das sowohl handelsrechtlich (§240 (4) HGB) als auch steuerrechtlich (R 36 (4) EStR) zugelassen ist. Gleichartige → Vermögensgegenstände und → Wirtschaftsgüter des → Vorratsvermögens dürfen zusammengefasst und mit dem gewogenen Durchschnitt angesetzt werden. Der gewogene Durchschnitt ist das gewogene Mittel aus den im Laufe des → Wirtschaftsjahres erworbenen und gegebenenfalls zu Beginn des Wirtschaftsjahres vorhandenen Wirtschaftsgütern. Auch gemäß → International Financial Reporting Standards (IFRS) und → US-GAAP kann nach dieser Methode bewertet werden. – *Anders:* → Verbrauchsfolgeverfahren.

Durchschnittskosten, → Einheitskosten. Kosten pro Leistungseinheit (→ Stückkosten), Serie, Charge oder → Kostenstelle in einer bestimmten Periode. Sie dienen als Informationsgrundlage für die Preispolitik (→ Durchschnittsprinzip).

Durchschnittskostenprinzip, → Durchschnittsprinzip.

Durchschnittsprinzip, *Durchschnittskostenprinzip,* spezielles → Kostenverteilungsprinzip. Nach diesem Prinzip sollen Bezugsobjekte die nicht direkt zurechenbaren → Kosten nach Gleichverteilungsgesichtspunkten tragen (→ Durchschnittskosten).

DVFA/SG-Ergebnis, von der Deutschen Vereinigung für Finanzanalyse und Anlageberatung e.V. und der Schmalenbach Gesellschaft Deutsche Gesellschaft für Betriebswirtschaft e.V. entwickelte absolute Erfolgskennzahl. Das DVFA/SG-Ergebnis wird durch Hinzurechnungen und Kürzungen aus dem Jahresergebnis ermittelt. Ziel ist es, dieses um außergewöhnliche und bilanzpolitisch gestaltete Größen zu bereinigen, um so sinnvolle → Bilanzvergleiche zu ermöglichen.

E

Earnings Per Share (EPS), *Gewinn je Aktie*, Finanzkennzahl zur → Bewertung der → Rentabilität von → Aktien, die sich aus dem aus dem Jahresabschluss herangezogenen Unternehmensgewinn dividiert durch die Anzahl der im Umlauf befindlichen Aktien errechnet. – *Anders:* → Kurs-Gewinn-Verhältnis (KGV).

EBDIT, Abk. für Earnings before Depreciation, Interest and Tax. → Operatives Ergebnis aus der → Gewinn- und Verlustrechnung vor → Abschreibungen, → Zinsen und → Steuern. Finanzkennzahl, die, verglichen mit den Kennzahlen anderer Unternehmen, Aussagen zur → Rentabilität des Unternehmens macht. Auf die Einbeziehung von Abschreibungen, Zinsen und Steuern wird aus Gründen der besseren Vergleichbarkeit verzichtet, da diese entweder im Rahmen der → Bewertungswahlrechte unternehmensindividuell festgelegt werden (Abschreibungen) oder aber von unternehmensfremden Institutionen erhoben werden (Zinsen und Steuern).

EBIT, Abk. für Earnings before Interest and Tax. → Operatives Ergebnis aus der → Gewinn- und Verlustrechnung vor → Zinsen und → Steuern. Finanzkennzahl zur Messung der operativen Leistungsfähigkeit von Unternehmen. Die Nichteinbeziehung der Fremdkapitalzinsen kann im Falle hoher Verschuldung zu einer Verzerrung der Kennzahl führen. Hohe Verschuldung bedeutet immer ein finanzielles Risiko, das sich bei einer Erhöhung der Zinsen in eine Liquiditätskrise niederschlagen und bis zur → Insolvenz des Unternehmens führen kann. Eine aussagekräftigere Kennzahl im Rahmen hoher Verschuldung ist der → Operating Cash Flow (OCF).

EBITDA, Abk. für Earnings before Interest, Tax, Depreciation and Amortization. → Operatives Ergebnis aus der → Gewinn- und Verlustrechnung vor → Zinsen, → Steuern, → Abschreibung. Die Existenz des EBITDA parallel zum EBDIT ist durch die unterschiedliche Verwendung der Begriffe → Depreciation und → Amortization im englischen Sprachgebrauch zu erklären. Finanzkennzahl zur Analyse der → Rentabilität von Unternehmen im Vergleich zu anderen Unternehmen. Auf die Einbeziehung von Zinsen, Steuern, Abschreibungen wird verzichtet, um Finanzierungs- und bilanzpolitische Effekte zu eliminieren. Den Investoren soll ein Anhaltspunkt dafür gegeben werden, wie viel Geld junge, schnell expandierende Unternehmen erwirtschaften, bevor sie es ihren → Gläubigern zukommen lassen. Zu unterscheiden ist der EBITDA vom → Cashflow, da er nichts über die Unternehmen zur Verfügung stehende → Liquidität aussagt.

EBT, Abk. für Earnings before Tax. → Operatives Ergebnis aus der → Gewinn- und Verlustrechnung vor → Steuern. Steuerliche Effekte, die von Unternehmen nicht beeinflusst werden können, sollen eliminiert werden.

echte Gemeinkosten, → Kostenkategorie, die aus der Differenzierung der →

Kosten nach ihrer Zurechenbarkeit auf Bezugsobjekte resultiert. Im Gegensatz zu → Einzelkosten entstehen → Gemeinkosten für mehrere bzw. sogar sämtliche Bezugsobjekte (z.B. → Kostenträger, → Kostenstellen) gemeinsam. Daher können sie auch bei Anwendung genauester Erfassungsmethoden nur im Wege einer letztlich stets willkürlichen Schlüsselung auf einzelne Kalkulationsobjekte verteilt werden. Zu unterscheiden sind die echten Gemeinkosten von den unechten Gemeinkosten, die theoretisch zwar direkt als Einzelkosten auf die Bezugsobjekte zugerechnet werden können, aber stattdessen aus Wirtschaftlichkeitsgründen mit Hilfe der Schlüsselung von Gemeinkosten verrechnet werden (z.B. Strom-, Schmiermittelkosten).

Economic Value Added (EVA), übergewinnorientierte Kennzahl nach Stern Stewart & Co. Sie entspricht dem Betrag, der über die durchschnittlichen Gesamtkapitalkosten hinaus mit dem investierten → Kapital erwirtschaftet wird. D.h., der EVA dient zur Beurteilung der Effizienz des eingesetzten Kapitals bzw. der erzielten → Wertschöpfung. Zur Ermittlung des EVA werden unterschiedliche Ansätze verwendet. Einerseits lässt sich der EVA berechnen, indem man vom Betriebsgewinn nach → Steuern und vor → Zinsen (NOPAT) das investierte Kapital subtrahiert unter Berücksichtigung des gewichteten Gesamtkapitalkostensatzes (→ Weighted Average Cost of Capital (WACC)). Das investierte Kapital umfasst die → Buchwerte des → Anlage- und → Umlaufvermögens unter Berücksichtigung unternehmensindividueller Korrekturen (Erweiterung um nicht aktivierte betriebsnotwendige → Vermögensgegenstände sowie Abzug des nicht betriebsnotwendigen → Vermögens und der unverzinslichen kurzfristigen → Wertpapiere).

$$EVA = NOPAT - inv. Kapital \times WACC$$

Andererseits gibt es folgende Formel zur Berechnung des EVA:

$$EVA = (erreichte\ Rendite - geforderte\ Rendite) \times Investment$$

Dadurch, dass als Investment jeglicher Kapitaleinsatz definiert werden kann, kann der EVA auch für einzelne Unternehmensteile oder einzelne Projekte berechnet werden. Für die erreichte → Rendite kann der → Return on Investment (RoI) oder der → Return on Equity (RoE) eingesetzt werden. Für die geforderte → Rendite kann eine persönliche Erwartung oder ein berechneter Kapitalkostensatz (z.B. WACC) gewählt werden. Wenn der EVA positiv ist, werden Werte geschaffen. In diesem Fall liegt die erzielte Gesamtkapitalrendite über dem gewichteten Gesamtkapitalkostensatz. Der EVA entspricht dem Wertzuwachs innerhalb einer bestimmten Periode. Beim EVA handelt es sich um eine statische Führungskennzahl, die eine nachträgliche Ermittlung des Wertbeitrags ermöglicht.

Economies of Scale, *Skalenerträge, Größenvorteile, Mengeneffekte*, Kosteneinsparungen, die aus einem bestimmten Produktionsumfang resultieren. Skalenerträge entstehen, wenn die → Stückkosten für die Produktion eines Gutes bei zunehmender Ausbringungsmenge sinken.

Economies of Scope, *Verbundeffekte*, Kostenvorteile, die ein Unternehmen aufgrund seiner Tätigkeit in mehreren unterschiedlichen Bereichen erzielt. Dazu gehören z.B. der Einsatz von Kuppelprodukten (→ Kuppelproduktion), Markennamen, Vertriebskanälen und die gemeinsame Nutzung von Ressourcen in Geschäftsbereichen unterschiedlicher Branchen bzw. unterschiedlicher Tätigkeit.

Effektivität, generelle Eignung einer Maßnahme bzw. eines Instrumentariums zur Erfüllung eines bestimmten Zwecks und/ oder Ziels. Die Effektivität gibt Auskunft über die Wirksamkeit eines Ansatzes, d.h. ob die richtigen Dinge getan werden („to do the right things"). – *Anders:* → Effizienz.

Effektivkosten, → Vollkosten.

Effizienz, Grad der Zielerreichung. Es ist darauf zu achten, dass die Dinge richtig getan werden („to do the things right"). Im Rahmen der Messung der → Produktivität ist die Effizienz als das Verhältnis aus erbrachten Leistungsmengen und den entsprechend eingesetzten Faktoreinsatzmengen zu verstehen. – *Anders:* → Effektivität.

Effort Expended Method, Ermittlungsverfahren für den Fertigstellungsgrad von Aufträgen im Bereich der → Langfristfertigung. Bei der Effort Expended Method wird das Verhältnis der bisher erbrachten Leistungen zu der geschätzten Gesamtleistung ermittelt. – *Anders:* → Cost to Cost Method.

eigene Aktien, *eigene Anteile, Treasury Stock,* → Aktien, die ein Unternehmen „an sich selbst" hält. Der Erwerb eigener Aktien ist wegen Verstoßes gegen das → Gläubigerschutzprinzip nach § 56 (1) AktG grundsätzlich verboten. Lediglich in bestimmten Sonderfällen ist ein Kauf eigener Aktien zulässig. Diese sind in § 71 AktG geregelt. Gemäß § 272 (1a) HGB ist der Nennbetrag oder, falls ein solcher nicht vorhanden ist, der rechnerische Wert von erworbenen eigenen Anteilen in der Vorspalte von dem Posten gezeichnetes Kapital abzusetzen. Der Unterschiedsbetrag zwischen dem Nennbetrag oder dem rechnerischen Wert und den Anschaffungskosten der eigenen Anteile ist mit den frei verfügbaren Rücklagen zu verrechnen. Eigene Aktien sind Aktien ohne Dividenden- und Stimmrechte (§ 71b AktG).

eigene Anteile, → eigene Aktien.

Eigenfertigung oder Fremdbezug, → Make or Buy.

Eigenkapital, *Reinvermögen, Equity, Net Assets,* durch die Eigentümer dem Unternehmen ohne Gläubigerrechte zur Verfügung gestellte Finanzmittel. Das Eigenkapital stellt die Differenz zwischen → Vermögen und → Schulden dar, das sogenannte → Reinvermögen. Der Eigenkapitalausweis ist abhängig von der Rechtsform des Unternehmens. Bei → Einzelunternehmungen und → Personengesellschaften wird das Eigenkapital als Saldo aus Anfangsbestand und → Einlagen und → Entnahmen bzw. → Gewinnen und → Verlusten geführt; lediglich das eingezahlte → Kapital der Kommanditisten und der → stillen Gesellschafter, ist unveränderlich, da deren Haftung auf ihre Einlage beschränkt ist. Bei → Kapitalgesellschaften gliedert sich das Eigenkapital in die folgenden Positionen:

- gezeichnetes Kapital,
- Kapitalrücklage,
- Gewinnrücklage,
- Gewinnvortrag/Verlustvortrag,
- Jahresüberschuss/Jahresfehlbetrag.

Eigenkapitalspiegel, → Eigenkapitalveränderungsrechnung.

Eigenkapitalveränderungsrechnung, Darstellung der Entwicklung des → Eigenkapitals innerhalb einer → Rechnungsperiode. Die Eigenkapitalveränderungsrechnung ist in der internationalen → Rechnungslegung ein zwingender Bestandteil des → Jahresabschlusses. – Vgl. auch → Eigenkapitalspiegel, → Statement of Investments by and Distributions to Owners, → Statement of Stockholders' Equity.

Eigenleistung, Herstellung von beispielsweise → Vermögensgegenständen des → Anlagevermögens durch unternehmensinterne Leistungen. Die Aufwendungen für die Herstellung der Vermögensgegenstände werden in der → Gewinn- und Verlustrechnung nach → Gesamtkostenverfahren gemäß § 275 (2) Nr. 3 HGB als „andere aktivierte Eigenleistungen" ausgewiesen. Die Vermögensgegenstände werden im Anlagevermögen aktiviert. Als Eigenleistung werden auch aktivierbare Großreparaturen, selbst erstellte Gebäude, Maschinen, Anlagen, Werkzeuge und bei Inanspruchnahme des Aktivierungswahlrechts nach § 248 (2) S.1 HGB die aktivierten selbst erstellten immateriellen Vermögensgegenstände des Anlagevermögens sowie andere aktivierbare Anlauf-, Entwicklungs- und Versuchskosten bezeichnet.

Eigenmiete, → kalkulatorische Miete.

einfache Buchführung, → Buchführungsverfahren.

eingetragene Genossenschaft (eG), Gesellschaft mit Kaufmannseigenschaft kraft Rechtsform (§ 17 (2) GenG), die im GenG geregelt ist. Zweck ist der gemeinschaftliche Geschäftsbetrieb einer nicht geschlossenen Zahl von Mitgliedern, durch den deren Wirtschaft gefördert werden soll.

Einheitsbilanz, → Bilanz, die sowohl → Handels- als auch → Steuerbilanz ist. Handelsrechtlich und steuerrechtlich werden dieselben Bilanzierungs- und Bewertungsmethoden angewandt, und es ergeben sich keinerlei Abweichungen zwischen den beiden Bilanzen.

Einheitskosten, → Stückkosten, → Durchschnittskosten.

Einheitstheorie, Grundsatz der → Konzernrechnungslegung. Gemäß der Einheitstheorie sind die → Konzernunternehmen zwar als rechtlich selbstständige aber wirtschaftlich unselbstständige Einheiten zu behandeln, so dass sich nur der → Konzern als ein wirtschaftlich selbstständiges Unternehmen darstellt.

Einheitswert, steuerrechtlicher Wertansatz für Grundbesitz und für inländische Gewerbebetriebe, der nach dem Bewertungsgesetz als Bemessungsgrundlage für die Ermittlung der Erbschaft- und Schenkungsteuer sowie der Grundsteuer dient.

Einkreissystem, Organisation des Zusammenhangs zwischen → internem Rechnungswesen und → externem Rechnungswesen. In Einkreissystemen werden → Finanzbuchhaltung sowie → Kostenrechnung und → Erlösrechnung in einem Abrechnungskreis durchgeführt. Dieses Vorgehen ermöglicht der → Gemeinschaftskontenrahmen. Somit ist im Gegensatz zum → Zweikreissystem keine Abstimmung zwischen den beiden Rechenkreisen notwendig und möglich. Das → Betriebsergebnis wird mit Hilfe eines einzigen Rechenkreises ermittelt.

Einkunftsarten, die der Einkommensteuer unterliegenden Einkünfte. Diese lassen sich gemäß § 2 (1) EStG wie folgt unterscheiden:

- Einkünfte aus Land- und Forstwirtschaft,
- Einkünfte aus Gewerbebetrieb,
- Einkünfte aus selbständiger Arbeit,
- Einkünfte aus nicht selbständiger Arbeit,
- Einkünfte aus Kapitalvermögen,
- Einkünfte aus Vermietung und Verpachtung,
- sonstige Einkünfte im Sinne des § 22 EStG.

Einlage, handelsrechtlich die Zuführung von → Eigenkapital durch die → Gesellschafter. Steuerrechtlich alle → Wirtschaftsgüter, die der Steuerpflichtige seinem Betrieb zuführt.

Einnahmen, Rechengröße, die jene Geld- oder Kreditbewegungen abbildet, die im Zusammenhang mit Realgüterverkäufen stehen. Einnahmen sind das monetäre Äquivalent der verkauften Gütermenge einer Periode. Sie setzen sich zusammen aus → Einzahlungen aufgrund des Barverkaufs von Gütern, Zunahmen von Forderungen aus Lieferungen und Leistungen sowie Schuldenabnahmen aufgrund der Auslieferung von vorausbezahlten Gütern. Zusammen mit den → Ausgaben nutzt man Einnahmen zur Analyse der mittel- und langfristeigen Finanzanlagen. – *Gegensatz:* → Ausgaben.

Einnahmen-Ausgaben-Überschussrechnung, in § 4 (3) EStG geregeltes steuerliches → Gewinnermittlungsverfahren für Steuerpflichtige, die nicht auf Grund gesetzlicher Vorschriften verpflichtet sind, Bücher zu führen und regelmäßige Abschlüsse zu machen und die dies auch nicht tun (kleine Gewerbetreibende und selbstständig Tätige). Diese können als → Gewinn den Überschuss der → Betriebseinnahmen über die → Betriebsausgaben ansetzen.

Einnahmenüberschuss, Begriff für den mittels der → Einnahmen-Ausgaben-Überschussrechnung ermittelten gemäß EStG § 4 (3) zu versteuernden → Gewinn.

Einstandspreis, Bezeichnung für den Anschaffungspreis von Waren. Dieser umfasst außer dem Einkaufspreis alle Kosten, die durch den Transport der Waren zum Verwendungsort entstehen (Verpackung, Versicherung, Frachten, Zölle etc.). – Vgl. auch → Anschaffungskosten.

Einzahlungen, Übertragungen von Bar- oder täglich fälligem Buchgeld von anderen Wirtschaftssubjekten auf den betrachteten Betrieb. Eine Einzahlung ist also mit der Zunahme des Zahlungsmittelbestands verbunden und dient daher - ebenso wie → Auszahlungen - der Abbildung von Geldbewegungen. Beispiel: Barverkauf von Gütern führt zu Einzahlungen. – *Gegensatz:* → Auszahlungen.

Einzelabschluss, → Jahresabschluss eines einzelnen Unternehmens der die folgenden Funktionen erfüllt:
- Gläubigerschutzfunktion,
- Ausschüttungsbemessungsfunktion (ausschüttbarer Gewinn bemisst sich nach dem Ergebnis laut Einzelabschluss),
- Besteuerungsfunktion (Besteuerung bemisst sich nach dem Ergebnis des Einzelabschlusses),
- Feststellungsfunktion (Feststellung des Jahresabschlusses erfolgt anhand des Ergebnisses des Einzelabschlusses).

Anders: → Konzernabschluss.

Einzelbewertung, → Grundsatz der Einzelbewertung.

Einzelerlöse, *spezifische Erlöse,* → Erlöse, die einem sachlich und zeitlich abgegrenzten Bezugsobjekt (z.B. einem Kunden oder einem Produkt) nach dem → Identitätsprinzip eindeutig zugeordnet werden können. Bei hohen Ansprüchen an die Erfassungsgenauigkeit lassen sich aufgrund der vielfältigen Erlösverbundenheiten nur wenige Erlöse als Einzelerlöse den Bezugsobjekten wie z.B. Produkten oder Kunden eindeutig zuordnen. In der Praxis wird jedoch ein großer Teil der → Umsatzerlöse als Einzelerlöse behandelt. – *Gegensatz:* → Einzelkosten.

Einzelfertigung, Fertigungsverfahren bei Differenzierung nach der Anzahl der Produkte. Die Einzelfertigung ist dadurch charakterisiert, dass einzelne Stücke oder Aufträge i.d.R. auf Bestellung hergestellt bzw. bearbeitet werden. – Beispiel: Anlagenbau.

Einzelkosten, → Kostenkategorie, die aus einer Differenzierung der → Kosten nach ihrer Zurechenbarkeit auf Bezugsobjekte hervorgeht. Im Gegensatz zu → Gemeinkosten sind Einzelkosten bestimmten Bezugsobjekten eindeutig und somit direkt verursachungsgerecht zurechenbar. Neben den traditionell als → Kostenträger bezeichneten Endprodukteinheiten kommen als Bezugsobjekte z.B. auch Produktgruppen, Projekte, Prozesse, → Kostenstellen und Abrechnungsperioden infrage. Einzelkosten haben insofern einen relativen Charakter, als sie auf unterschiedliche Bezugsobjekte bezogen werden können. Durch die Bildung von Bezugsobjekthierarchien können sämtliche Kosten eines Unternehmens als Einzelkosten erfasst und ausgewiesen werden. In der Kalkulationspraxis gelten Materialeinzelkosten, Fertigungslöhne und Sondereinzelkosten als typische Einzelkosten. – Vgl. auch → Direct Costing, → Prime Costs.

Einzelkostenrechnung, Konzept der entscheidungsorientierten Kostenrechnung nach P. Riebel. Ziel dieser Rechnung ist es, → Kosten, die durch eine bestimmte Entscheidung ausgelöst werden, nur auf diejenigen Bezugsobjekte zu verrechnen, die von dieser Entscheidung betroffen sind. Der Begriff der → Einzelkosten aus der → Vollkostenrechnung wird dabei relativiert. Alle Kosten (→ Ausgaben) sind zeitlich und sachlich einem Bezugsobjekt direkt zurechenbar. Zudem sind diese Kosten (Ausgaben) sowie das Bezugsobjekt auf eine gemeinsame Entscheidung zurückzuführen. Dies sind z.B. Auftragseinzelkosten oder Produktgruppeneinzelkosten einer Periode. Bedeutende Merkmale der relativen Einzelkostenrechnung sind:

1. Ausgangspunkt ist der Begriff der → pagatorischen Kosten.
2. Es erfolgt keine klassische Unterscheidung zwischen → variablen und → fixen Kosten sowie → Einzel- und → Gemeinkosten.
3. Basis bildet eine zweckneutrale → Grundrechnung, d.h. ein „Datenspeicher“, in dem Kosten-, Leistungs- und Erlösdaten flexibel bzgl. der Vielzahl möglicher betrieblicher Entscheidungen erfasst werden (Gewährleistung des → Identitätsprinzips).
4. Es wird eine Strukturierung der Kosten bzgl. verschiedener Dimensionen ermöglicht.
5. Durch die Bildung einer Bezugsgrößenhierarchie können auf einer Hierarchiestufe Kosten als → relative Einzelkosten ohne eine Schlüsselung von Gemeinkosten ausgewiesen werden.
6. Die Kosten werden nicht über eine Periode hinaus zusammengefasst, sondern als Gemeinkosten offener bzw. geschlossener Perioden ausgewiesen.

Im Rahmen der relativen Einzelkostenrechnung stellen → Deckungsbeiträge eine bedeutende Informationsquelle zur Analyse dar und sind als die durch eine bestimmte Maßnahme ausgelöste Erfolgsänderung zu verstehen. – Vgl. auch → relative Einzelkostenrechnung, → Deckungsbeitragsrechnung.

Einzelkostenverfahren, → Kostenartenverfahren.

Einzelunternehmung, Unternehmen eines Alleininhabers, der ein Handelsgewerbe betreibt, d.h. Kaufmann i.S.d. § 1 HGB ist.

Einzelwagnisverluste, → kalkulatorische Wagnisse.

Einzelwertberichtigung auf Forderungen (EWB), → Abschreibung auf einzelne zweifelhafte → Forderungen zur Erfassung des speziellen Kreditrisikos. – *Gegensatz:* → Pauschalwertberichtigung auf Forderungen (PWB).

EIS (Executive Information System), → FIS (Führungs-Informationssystem).

Elastizitätsgrenze, Punkt auf der Kostenkurve, ab dem die → unterproportionalen Kosten zu proportionalen bzw. → progressiven Kosten werden. Grund ist eine starke Ausnutzung bzw. Überbeanspruchung der betrieblichen Kapazitäten.

Emerging Issues Task Force (EITF), 1984 gegründete US-amerikanische Arbeitsgruppe, deren Aufgabe darin besteht, auftretende Rechnungslegungsprobleme zu erkennen und schnellstmöglich Lösungen zu erarbeiten, um zu vermeiden, dass sich in der Praxis unterschiedliche Bilanzierungspraktiken entwickeln.

Endkostenstellen, Kostenstellentyp, der auf eine abrechnungstechnische Differenzierung von → Kostenstellen zurückgeht. Sie dienen direkt der Erstellung von Absatzleistungen. Im Gegensatz zu → Vorkostenstellen rechnen Endkostenstellen ihre Kosten unmittelbar auf die jeweiligen → Kostenträger ab.

Endkostenträger, die unmittelbar zum Verkauf, für den Markt bestimmten Güter oder Leistungen. Im → internen Rechnungswesen werden ihnen einerseits die → Erlöse zugerechnet, die ihre Veräußerung erbringt. Andererseits tragen sie jene → Kosten, die ihre Herstellung und ihr Vertrieb verursachen.

Engagement Letter, Auftragsbestätigung für die Annahme eines Auftrages durch den → Abschlussprüfer. Zur Qualitätssicherung in der Wirtschaftsprüferpraxis wird empfohlen, in dem Engagement Letter Inhalt und Umfang des Auftrags zu präzisieren. Dabei kann auf folgende Punkte Bezug genommen werden:

- Ziel der Prüfung,
- Pflichten des Prüfers,
- Form der Berichterstattung,
- Feststellung der Verantwortung der Unternehmensführung,
- Hinweis auf anzuwendende Gesetze, Rechtsverordnungen oder Verlautbarungen der jeweiligen Berufsorganisation des Wirtschaftsprüfers.

Engpass, knappe → Produktionsfaktoren, die den Handlungsspielraum eines Unternehmens einschränken. Betriebliche Engpässe sind z.B. knappe Rohstoffe und finanzielle Mittel oder bereits voll ausgelastete → Kapazitäten.

engpassbezogener Deckungsbeitrag, → relativer Deckungsbeitrag.

Enterprise Reporting, → Management Accounting.

Entkonsolidierung, Herausnahme der Zahlen eines → Tochterunternehmens aus dem → Konzernabschluss bei Ausscheiden aus dem → Konsolidierungskreis des → Konzerns.

Entnahme. I. Handelsrecht: Alle → Vermögensgegenstände (Erzeugnisse, Waren, Geld, Nutzungen und Leistungen), die der Unternehmer oder Mitunternehmer für betriebsfremde Zwecke entnimmt. Eine Entnahme mindert den → Gewinn nicht. Sie wird entweder über Privatkonten oder direkt über Eigenkapitalkonten gebucht. – II: Steuerrecht: Alle → Wirtschaftsgüter, die der Steuerpflichtige im Laufe des → Wirtschaftsjahres für sich, seinen Haushalt oder andere betriebsfremde Zwecke entnommen hat (§ 4 (1) S. 2 EStG). Entnahmen dürfen den Gewinn nicht mindern. Haben sie den Gewinn bei der Ermittlung nach § 4 (1) oder § 5 (1) EStG gemindert, sind sie wieder hinzuzurechnen. Gemäß § 6 (1) Nr. 4 EStG sind Entnahmen mit dem → Teilwert anzusetzen.

Entscheidungsbaum, analytische Darstellung eines Entscheidungsproblems in grafischer Form, das den sequentiellen Ablauf der Entscheidungsfindung visualisiert.

Entscheidungseinheit, Begriff des → Zero Base Budgetings (ZBB). Eine Entscheidungseinheit ist die Summe von Aktivitäten, die im Rahmen des Zero

Base Budgeting-Prozesses analysiert werden sollen. Die Aktivitäten einer Entscheidungseinheit müssen dabei gemeinsame Merkmale besitzen, damit eine Abgrenzung möglich ist.

entscheidungsorientierte Kosten, spezifischer zahlungsorientierter Kostenbegriff der entscheidungsorientierten Kostenrechnung, der von P. Riebel maßgeblich geprägt wurde (→ Einzelkostenrechnung). Er ist auf den Rechenzweck der Vorbereitung und → Kontrolle von Entscheidungen ausgerichtet. In diesem Kontext stellen → Kosten die durch die Entscheidung über ein betrachtetes Objekt ausgelösten zusätzlichen – nicht kompensierten – Auszahlungen dar. Es handelt sich um bewertete Kostengüterverbräuche, die von der Entscheidung, eine bestimmte Handlung bzw. Maßnahme zu realisieren, zusätzlich ausgelöst werden. Daher sind sie für die kostenmäßige Beurteilung dieser Disposition bedeutsam. Nach dem Kriterium der Relevanz können entscheidungsrelevante und entscheidungsirrelevante Kosten unterschieden werden. Entscheidungsrelevante Kosten sind zukunftsbezogen, erwartet, beeinflussbar und alternativenspezifisch. Sie sind durch das Ergreifen einer spezifischen Handlungsmöglichkeit betroffen und daher auch veränderbar. Entscheidungsirrelevante Kosten sind unabhängig von der betrachteten Handlungsmöglichkeit, d.h. sie werden von einer Handlungsmöglichkeit nicht beeinflusst oder verändert.

entscheidungsorientierte Kostenrechnung, → Kostenrechnungssystem, das auf die Fundierung und Kontrolle unternehmerischer Entscheidungen ausgerichtet ist. Verhaltensbezogene Komponenten der Entscheidungsträger werden explizit ausgeklammert. Zur Entscheidungsfundierung müssen → entscheidungsrelevante Kosten bereitgestellt werden, was hohe Anforderungen an die Genauigkeit und Zweckneutralität der Datenerfassung stellt. Systeme der entscheidungsorientierten Kostenrechnung sind die → Grenzplankostenrechnung und → Einzelkostenrechnung, mit Einschränkungen auch → Direct Costing und → Fixkostendeckungsrechnung.

entscheidungsrelevante Kosten, → entscheidungsorientierte Kosten.

Equity, → Eigenkapital.

Equity-Bewertung, Konsolidierungsmethode, die für → assoziierte Unternehmen, → Gemeinschaftsunternehmen, die nicht quotal konsolidiert werden, sowie für → Tochterunternehmen, die nicht voll konsolidiert werden, angewendet wird. Bei der Equity-Bewertung wird der Beteiligungsbuchwert im Konzernabschluss der Muttergesellschaft entsprechend der Entwicklung des anteiligen → Eigenkapitals des Unternehmens, an dem die → Beteiligung gehalten wird, fortgeschrieben. Es wird bei der Equity-Bewertung die → Buchwertmethode und die → Kapitalanteilsmethode unterschieden. Nach Einführung des → BilMoG erlaubt § 312 HGB ausschließlich die Buchwertmethode.

Erfahrungskurveneffekt, auf einer empirischen Untersuchung beruhende Aussage, dass mit der Verdopplung der kumulierten Produktionsmenge die realen inflationsbereinigten → Stückkosten potenziell um 20 bis 30 Prozent sinken. – Vgl. auch Abb. „Erfahrungskurveneffekt – Darstellung". – Um diese Kostendegression zu erreichen, ist aktives Handeln notwendig: Optimierung der Auslastung vorhandener Kapazitäten (Effekte der → Fixkostendegression), Aufbau und Nutzung weiterer Kapazitäten (Betriebsgrößeneffekte, → Economies of Scale), Nutzung des technischen Fortschritts (Rationalisierung) und der Standardisierung und Spezialisierung von Arbeitsabläufen (Rationalisierungseffekte), Ausnutzung von übungsbedingten Produktivitätssteigerungen (Lerneffekte), Verminderung des Ausschuss und Optimierung der Qualität.

Erfolg, Führungsgröße, die sich aus dem Saldo einer positiven und negativen Erfolgsgröße ergibt. Auf Basis von Rechengrößen des → externen Rechnungswesens ist der Erfolg der Saldo von → Erträgen und → Aufwendungen. Im Rahmen des → internen Rechnungswesens stellt der Erfolg den Saldo aus der Gegenüberstellung von → Kosten und → Erlösen dar.

Erfolgsabweichung, Differenz zwischen dem geplanten und dem tatsächlichen → Erfolg, die im Rahmen der Erfolgsabweichungsanalyse ermittelt wird. Ursachen von Erfolgsabweichungen sind z.B. Erlösabweichungen durch Absatzpreisabweichungen, Absatzmengenabweichungen oder → Erlösschmälerungen sowie → Kostenabweichungen aufgrund von Einzelkosten- bzw. Gemeinkostenabweichungen.

Erfolgsanalyse, konzentriert sich auf die Betrachtung derjenigen Werte, die für eine erfolgsorientierte Leistungsverwertung und -erstellung bedeutsam sind. Die Wirkungen bestimmter → Kosteneinflussgrößen auf das → Betriebsergebnis können anhand von Plan- und Istwerten analysiert werden. Die Erfolgsanalyse ermöglicht eine differenziertere Betrachtung als die Analyse der → Gewinn- und Verlustrechnung aus dem → externen Rechnungswesen. Sie hat kürzere Erfolgsperioden und differenziertere Erfolgsquellen (Produkte, Kunden, Vertriebswege, Regionen etc.). Im Rahmen der Erfolgsanalyse gibt es zahlreiche Verfahren zur Auswertung der → Erfolgsrechnung, die für unternehmerische Entscheidungen herangezogen werden können. Dies sind z.B. die → Break-Even-Analyse und Analyse der → Deckungsbeitragsrechnung.

Erfolgsbeitrag, Anteil eines einzelnen → Deckungsbeitrags am Gesamtdeckungsbeitrag. Der Erfolgsbeitrag gibt z.B. an, welchen Deckungsbeitragsanteil ein einzelnes Produkt am Gesamtsortiment besitzt. Diese → Kennzahl dient u.a. der Beurteilung der Stellung einzelner Produkte eines Sortiments zueinander. Sie lässt sich nur für Bezugsobjekte berechnen, die einen positiven Deckungsbeitrag erzielen. Ein Produkt mit negativem Deckungsbeitrag besitzt einen Deckungsbei-

Erfahrungskurveneffekt – Darstellung

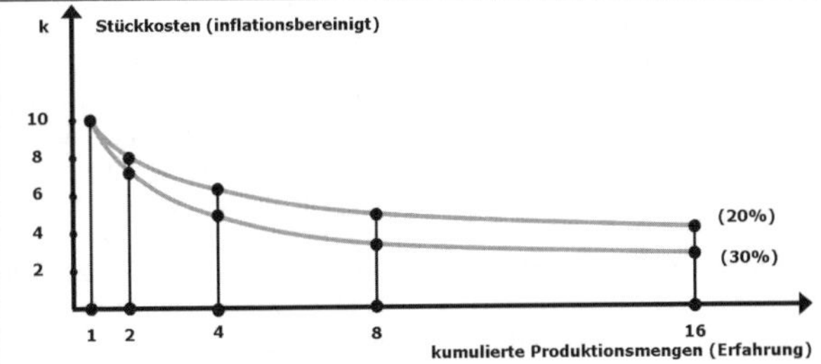

Voraussetzungen:

- Optimierung der Auslastung vorhandener Kapazitäten
- Aufbau und Nutzung zusätzlicher Kapazitäten
- Nutzung des technischen Fortschritts (Automatisierung) sowie Standardisierung und Spezialisierung von Arbeitsabläufen (Rationalisierungseffekte)
- Ausnutzung übungsbedingter Produktivitätssteigerungen
- Reduzierung von Ausschuss und Optimierung der Qualität

tragsanteil von Null. – Vgl. auch → Deckungsbeitragsanteil.

Erfolgsbeteiligung, Erfolgsbeteiligungsmodelle für Arbeitnehmer. Als Beteiligungsbasis können die folgenden Erfolgsgrößen vereinbart werden:

- Leistungsbeteiligung: Arbeitnehmer werden an der erstellten Leistung beteiligt.
- Ertragsbeteiligung: Arbeitnehmer werden an den am Markt abgesetzten Leistungen unter Berücksichtigung von Gewinnen und Verlusten beteiligt.
- Gewinnbeteiligung: Arbeitnehmer werden am Gewinn beteiligt.

Erfolgsfaktoren, Parameter, die einen nachhaltigen und wesentlichen Beitrag zum → Erfolg eines Unternehmens leisten. Die jeweils relevanten Erfolgsfaktoren müssen im Rahmen der Strategieentwicklung von Unternehmen Berücksichtigung finden. Beispiele sind Technologievorsprünge, Qualität oder besondere Serviceleistungen. – Vgl. auch → kritische Erfolgsfaktoren.

Erfolgskonto, Aufwands- oder Ertragskonto der → Gewinn- und Verlustrechnung, auf dem die → Aufwendungen und → Erträge der laufenden → Geschäftsperiode erfasst werden.

Erfolgskontrolle, Aufgabe, die in der → Erfolgsplanung aufgestellten Plandaten mit den realisierten Istwerten am Ende einer Periode im Rahmen der → Abweichungsanalyse zu vergleichen (→ Erfolgsanalyse).

Erfolgsplanung, Aufgabe, den kurz-, mittel- bzw. sowie langfristigen → Erfolg eines Unternehmens zu planen. Die Durchführung erfolgt vor Beginn der Leistungserstellung und -verwertung. Die Erfolgsplanung umfasst die Erlösplanung sowie die Planung der → Einzelkosten und → Gemeinkosten.

Erfolgspolitik, Konzept zur Verknüpfung der → Kosten- und → Erlöspolitik, das der umfassenden Lenkung der Erfolgssphäre eines Unternehmens dienen soll. Als Aktivitätsfelder sind in Analogie zum Konstrukt der Kostenpolitik die Analyse, Beeinflussung und Kontrolle der Erfolgssituation eines Unternehmens anzusehen. Da diese Aktivitäten auf die Gestaltung der gesamten Erfolgssphäre abzielen, stehen der Erfolgspolitik grundsätzlich die Instrumentarien und Methoden sowohl der Kostenpolitik zur ganzheitlichen Beeinflussung der Kostensituation als auch der Erlöspolitik zur Beeinflussung der Erlössituation zur Verfügung.

Erfolgspotenzial, Vorsteuergröße des → Erfolgs aus der strategischen Leistungssphäre. Ein Erfolgspotenzial existiert, wenn die unternehmerischen Kompetenzen und Marktchancen übereinstimmen und diese eine gezielte Nutzung von Arbitragen ermöglichen.

Erfolgsrechnung, → Ergebnisrechnung. Je nach → Rechnungszweck existieren unterschiedliche Ausprägungen der Erfolgsrechnung. Im → externen Rechnungswesen ist die einfachste Form der Erfolgsrechnung ein → Bilanzvergleich, bei dem das Anfangskapital mit dem Schlusskapital verglichen wird. Diese Art der Erfolgsrechnung ist insbesondere bei der → einfachen Buchführung anzuwenden, sie gibt keinerlei Auskunft über die Quellen des Erfolgs. Eine → Erfolgsspaltung ermöglicht die Erfolgsermittlung über die → Gewinn- und Verlustrechnung, wie sie im Rahmen der → doppelten Buchführung angewandt wird. Im → internen Rechnungswesen werden in der Erfolgsrechnung → Erlöse und → Kosten einander gegenübergestellt.

Erfolgsspaltung, bezeichnet i.e.S. die Aufspaltung des Unternehmensergebnisses in → Betriebsergebnis und → neutrales Ergebnis. Die Erfolgsspaltung i.w.S. bezeichnet jeden nach Quellen gegliederten Erfolgsnachweis. Für die Erfolgsspaltung ist eine Gliederung des → Jahresüberschusses nach Erfolgsquellen zur Dokumentation der nachhaltigen Ertragskraft eines Unternehmens erforderlich. Üblicherweise wird eine Erfolgsspaltung nach den Kriterien Betriebszugehörigkeit (betriebliche, betriebsfremde) und Regelmäßigkeit (regelmäßig, unregelmäßig bzw. periodenfremd) durchgeführt. – Vgl. auch Abbildung „Erfolgsspaltung – Erfolgskomponenten“. – Die Erfolgsquellen können das → Betriebsergebnis, das → Beteiligungsergebnis, das → Finanzergebnis oder das → neutrale Ergebnis sein. Im Rahmen der internationalen → Rechnungslegung bzw. der Konzernrechnungslegung wird die Erfolgsspaltung über die verpflichtend durchzuführende und zu veröffentlichende → Segmentberichterstattung durchgeführt.

Erfolgsstärke, → Kennzahl, die angibt, wie viel → Deckungsbeitrag pro → Nettoerlös erwirtschaftet wird, d.h., der → Deckungsbeitrag wird ins Verhältnis zum Nettoerlös gesetzt. Diese Kennzahl dient insbesondere als ein Indiz zur Beurteilung der Stellung einzelner Produkte eines Sortiments. In diesem Fall spricht man von der Bruttoerfolgsstärke. Sie lässt sich im Rahmen einer mehrstufigen → Deckungsbeitragsrechnung für die verschiedenen Stufen bestimmen. Werden das → Betriebsergebnis und die Nettoerlöse in Beziehung gesetzt, handelt es sich um die Nettoerfolgsstärke.

Erfolgsunwirksamkeit, Geschäftsvorfälle, die den Unternehmenserfolg nicht berühren, sind erfolgsunwirksam. Dies ist immer der Fall, wenn über einen Buchungssatz ausschließlich → Bestandskonten mit Ausnahme des Eigenkapitalkontos angesprochen werden. Sind hingegen auch → Erfolgskonten betroffen, ist ein Geschäftsvorfall nur erfolgsneutral, wenn sich → Aufwendungen und → Erträge in gleicher Höhe gegenüberstehen. – *Gegensatz:* → Erfolgswirksamkeit.

Erfolgswirksamkeit, alle Geschäftsvorfälle, die eine Änderung des → Eigenkapitals bewirken und keine → Entnahme oder → Einlage darstellen, sind erfolgswirksam. Den erfolgswirksamen Geschäftsvorfällen liegen Buchungen auf → Erfolgskonten zugrunde, die sich über das Gewinn- oder Verlustkonto auf das Eigenkapitalkonto und somit auf das → Eigenkapital auswirken. Die Erfolgswirksamkeit kann positiv im Sinne einer Eigenkapitalvermehrung oder negativ im Sinne einer Eigenkapitalminderung sein. – *Gegensatz:* → Erfolgsunwirksamkeit.

Ergänzungsbilanz, Korrekturbilanz zur → Steuerbilanz einer → Personengesellschaft. Die Ergänzungsbilanz enthält keine → Wirtschaftsgüter, sondern Korrekturposten zu den Ansätzen in der Steuerbilanz der Gesellschaft. Sie wird nur zu Besteuerungszwecken erstellt und ist Bestandteil der Steuerbilanz der Gesellschaft. Dadurch unterliegt die Ergänzungsbilanz dem Grundsatz der → Maßgeblichkeit der Handels- für die Steuerbilanz. Im Wesentlichen werden Ergänzungsbilanzen bei den drei folgenden Sachbereichen aufgestellt:

- Inanspruchnahme personenbezogener Steuervergünstigungen (z.B. Rücklage nach § 6b EStG),

Erfolgsspaltung – Erfolgskomponenten

Erfolgskomponenten	Betriebliche	Betriebsfremde
Regelmäßig anfallend	Ordentliches Betriebsergebnis	Finanzergebnis
Unregelmäßig anfallend	Außerordentliches Ergebnis	

- entgeltlicher Erwerb eines Mitunternehmeranteils sofern der Kaufpreis des Anteils des erwerbenden Gesellschafters über (positive Ergänzungsbilanz) oder unter dem → Buchwert (negative Ergänzungsbilanz) seines → Kapitalkontos liegt,
- Einbringungsvorgang gegen Gewährung von Gesellschaftsrechten.

Ergebnis, → Betriebsergebnis, → Erfolg.

Ergebniscontrolling, Aktivitäten des → Controllings, bei denen das → Ergebnis bzw. der → Erfolg im Mittelpunkt der Betrachtung steht. Das Ergebniscontrolling dient der Planung, Steuerung und Kontrolle des unternehmerischen Erfolgs. Ein Instrument des Ergebniscontrollings stellen differenzierende → Deckungsbeitragsrechnungen dar.

Ergebniskontrolle, → Kontrolle der Ergebnisse im Sinne einer Gegenüberstellung der Soll- mit der Ist-Situation.

Ergebnisrechnung, System der Erfolgsermittlung, bei dem nicht nur das → Betriebsergebnis als gesamtunternehmensbezogene Erfolgsgröße errechnet wird; sondern es wird auch ermittelt, wie viel einzelne Geschäftsbereiche, Produktgruppen, -arten zum Gesamterfolg der betrachteten Periode beigetragen haben. Die Ergebnisrechnung ist eine kurzfristige, i.d.R. monatliche Rechnung und stellt ein wichtiges Instrument der Unternehmensführung dar. Grundsätzlich unterscheidet man → Nettoergebnisrechnungen auf Basis traditioneller → Vollkostenrechnungen und → Bruttoergebnisrechnungen auf Basis von → Teilkostenrechnungen. – Vgl. auch Abbildung „Ergebnisrechnung – Konzepte". – Varianten der Nettoergebnisrechnung sind das → Gesamtkostenverfahren und das → Umsatzkostenverfahren, welche nach HGB vorgeschrieben sind. Im Rahmen der Bruttoergebnisrechnung gibt es zum einen Konzepte auf Basis des Rechnens mit proportionalen Kosten wie die einstufige Fixkostendeckungsrechnung (→ Direct Costing) und die mehrstufige Fixkostendeckungsrechnung. Zum anderen existieren Konzepte auf Basis des Rechnens mit → relativen Einzelkosten wie → Einzelkosten- und Deckungsbeitragsrechnungen. – Vgl. auch → kurzfristige Erfolgsrechnung, → Artikelerfolgsrechnung.

Erhaltungsinvestition, → Ersatzinvestition.

Erlösberichtigungen, → Erlösschmäle-

Ergebnisrechnung – Konzepte

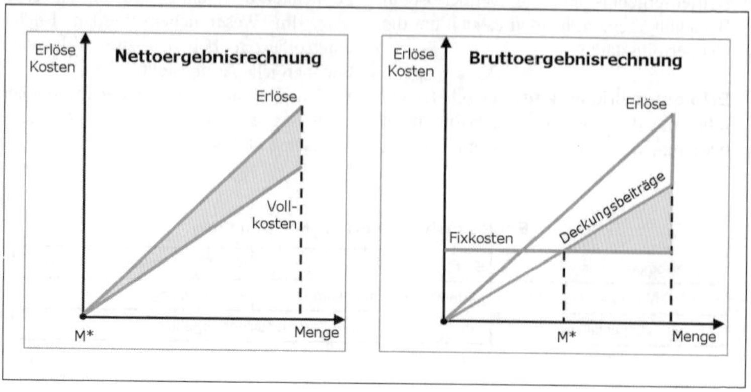

rungen.

Erlöse, Rechengröße, die jegliche bewertete, betriebsbedingte Entstehung von → Leistungen umfasst. Sie besteht aus einer Mengen- und einer Wertkomponente, die multiplikativ miteinander verknüpft sind:

$$\textit{Erlös} = \textit{Leistungsmenge} \times \textit{Preis}$$

Die sich hieraus ergebenden Grunderlöse erhöht um Zuschläge für Mindermengen, Sonderausführungen, Versandverpackung o.ä. stellen Bruttoerlöse dar. Diese Bruttoerlöse vermindert um Erlösberichtigungen ergeben die Nettoerlöse. Solche Erlösberichtigungen können sein:

- Bei Rechnungserstellung sofort in Abzug gebrachte direkte Erlösminderungen (Rabatte),
- Mehrerlöse aus der über die normale Zielgewährung hinausgehenden Absatzfinanzierung,
  für einzelne Absatzleistungen direkt erfassbare Mehrerlöse oder Erlösberichtigungen infolge von Wechselkursveränderungen,
- für einzelne Absatzleistungen direkt erfassbare Erlösberichtigungen (Gutschriften für Rücksendungen, durch Mängelrügen und Gewährleistungsverpflichtungen bedingte Preisnachlässe, Schadensersatzleistungen wegen mangelhafter oder verspäteter Lieferung),
- nur periodenweise erfassbare Erlösberichtigungen,
- negative Erlöse (Schadensersatzzahlungen wegen Nichterfüllung des Vertrages),
- Erlöskorrekturen (Korrektur von Berechnungs- und Buchungsfehlern).

Gegensatz: → Kosten.

Erlösfunktion, mathematische Darstellung der Abhängigkeiten zwischen Absatzmenge und → Umsatz. Bei konstanten Produktpreisen steigt der → Erlös mit der Zunahme der abgesetzten Produkteinheiten geradlinig an. Ist der Produktpreis so vom Absatz abhängig, dass bei hohem Preis wenig und bei gesunkenem Preis mehr Einheiten verkauft werden, so wird der Erlös bei zunehmender Absatzmenge und sinkenden Preisen so lange steigen, bis die Absatzzunahme wertmäßig die Preissenkung kompensiert. Bei weiterer Absatzsteigerung wird der Gesamterlös sinken.

Erlöspolitik, Konzept, das der umfassenden Lenkung der Erlössphäre eines Unternehmens dienen soll. Als Aktivitätsfelder sind in Analogie zum Konstrukt der → Kostenpolitik die Analyse, Beeinflussung und Kontrolle der Erlössituation eines Unternehmens anzusehen. Voraussetzung dafür ist das Vorliegen bzw. die Ermittlung relevanter Informationen über die → Erlöse aus der → Erlösrechnung. Die Preispolitik mit ihrer unmittelbaren Wirkung auf die Höhe der Erlöse spielt eine zentrale Rolle im Rahmen der Erlöspolitik. Zusätzlich kann mit Hilfe von produkt-, distributions- und kommunikationspolitischen Maßnahmen das hinter den Erlösen stehende Mengengerüst beeinflusst werden. – Vgl. auch → Marketingcontrolling.

Erlösrechnung, erfasst die Wertzuwächse, die ein Unternehmen durch Leistungszuwächse erwirtschaftet. Die Erlösrechnung findet sich oftmals auch unter dem missverständlichen Begriff der → Leistungsrechnung. Die Erlösrechnung stellt somit das Gegenstück zur → Kostenrechnung dar, bei der die durch die Leistungserstellung entstehenden Kosten ermittelt werden. Beide zusammen liefern die Basisdaten der Erfolgsermittlung, die mittels der → Ergebnisrechnung durchgeführt wird. Der Gesamterfolg, d.h. das ermittelte → Betriebsergebnis, resultiert aus der Gegenüberstellung sämtlicher Kosten und Erlöse. Bestandteile der Erlösrechnung sind die Erlösarten-, Erlösquellen-, Erlösträger- und Erlösstellenrechnung. In der Erlösartenrechnung wird der

Gesamterlös in unterschiedliche Entgeltkomponenten für bestimmte Teilleistungen differenziert. Diese Aufteilung der Erlöse findet nach firmeninternen Kriterien statt. In der Erlösquellenrechnung werden Kunden festgehalten, von denen dem Unternehmen Erlöse zufließen. Die Erlösträgerrechnung ordnet die Erlöse den Kalkulationsobjekten zu, die man direkt als Einzelerlöse erfassen kann. Unter der Voraussetzung, dass das Unternehmen nach dem Profitcenter-Prinzip organisiert ist, ordnet die Erlösstellenrechnung Erlöse den Betriebsstellen zu, von denen sie erbracht werden. Eine besondere Form ist die Planerlösrechnung. Bei dieser → ex-ante Rechnung bilden die resultierenden Erlösprognosen die Basis für unternehmerische Entscheidungen. Die Erlösplanung basiert dabei auf Schätzungen aus Vergangenheitswerten und auf dem Mengengerüst der Absatzplanung. Außerdem versucht man, Entwicklungen auf den Absatzmärkten vorherzusehen und zu berücksichtigen. Mit Hilfe einer Ist-Erlösrechnung soll die aktuelle Marktsituation erfasst werden, um die verschiedenen Arten der Erlösplanrechnung nutzen zu können. Sie ist Bestandteil der Erlöskontrollrechnung.

Erlösschmälerungen, negative Erfolgsvariablen, die einen Abzugsposten von den Bruttoerlösen darstellen. Sie treten nur im direkten Beziehungsverhältnis zwischen Verkäufer und Käufer auf, wenn diesem z.B. → Rabatte, Skonti, Boni, Gutschriften oder ähnliche Preisnachlässe gewährt werden. → Erlöse. – Vgl. auch → Erlösberichtigungen.

Eröffnungsbilanz, die zu Beginn eines Handelsgewerbes und zu Beginn eines → Geschäftsjahres gemäß § 242 (1) HGB von jedem Kaufmann zu erstellende → Bilanz.

ERP-System, Abk. für Enterprise-Resource-Planning-System. Es bildet als operatives → Informationssystem die Basis der Informationsverarbeitung in einem Unternehmen. ERP-Systeme sind transaktionsorientiert und umfassen Administrations- und Dispositionssysteme. In diesen erfolgt eine leistungs- und wertorientierte Abbildung betrieblicher Transaktionen entlang der Wertschöpfungskette. Diese funktionale Abbildung kann über die heute verfügbare Standardsoftware wie z.B. SAP/R3, Baan ERP oder Oracle Application erfolgen. ERP-Systeme stellen damit die operative Datenbasis für → Management-Unterstützungssysteme bzw. → Controlling-Informationssysteme dar.

ersatzbedürftige Kosten, → ausgabenwirksame Kosten.

Ersatzinvestition, Teil der Bruttoinvestition, der zur Erhaltung bzw. zum Ersatz der verbrauchten Teile des Produktionsapparates dient. Anders gesagt dient sie der erneuten Auffüllung des während einer Periode durch Ge- und Verbrauch oder durch sonstige Umstände verminderten Bestandes an Produktionsfaktoren. – Vgl. auch → Erhaltungsinvestition, → Reinvestition.

Erstkonsolidierung, Bezeichnung für die durchzuführende → Kapitalkonsolidierung bei erstmaliger → Konsolidierung eines → Tochterunternehmens.

Erträge, handelsgesetzlich normierte Rechengröße, die vor allem die Güterentstehung im Betrieb abbildet und eine Reinvermögenserhöhung herbeiführt. Erträge sind der vorwiegend durch die bewertete Güterentstehung bewirkte Wertzuwachs einer Periode, soweit dieser → Einnahmen hervorruft. Die Erwirtschaftung von Erträgen ist im Regelfall mit einem vorhergehenden Güterverzehr verbunden, aber nicht zwingend. Ein Beispiel für Erträge ohne Güterverzehr stellen Zuschüsse und Subventionen dar. Die Ertragsbewertung erfolgt außer bei Bestandserhöhungen an fertigen und unfertigen Erzeugnissen sowie selbst erstellten Sachanlagen zu den Verkaufspreisen der abgesetzten Güter. Die wichtigste handelsrechtliche Ertragsposition bilden die Umsatzerlöse. – Vgl. auch → Incomes. – *Gegensatz:* → Aufwendungen. – *Anders:* → Erfolg.

Ertragsrechnung, → Gewinn- und Verlustrechnung.

Ertragswert, Gegenwartswert zukünftiger Zahlungsüberschüsse aus einer → Investition, der über die Methodik der → Diskontierung ermittelt wird. Die Berechnung erfolgt analog der Berechnung eines → Barwertes. – Vgl. auch → Zukunftserfolgswert.

Ertragswertverfahren, Methode der → Unternehmensbewertung zur Ermittlung des → Ertragswertes eines Unternehmens im Ganzen. Beim Ertragswertverfahren ist die Summe der diskontierten zukünftigen entnahmefähigen → Gewinne durch einen Diskontierungszinsfuß zu dividieren. Der Diskontierungszinsfuß ermittelt sich als Summe aus Kapitalmarktzins und Risikozuschlag.

Erwartungsrechnung, → Forecasting, → Erzeugnisgruppenfixkosten.

Erzeugnisgruppenfixkosten, → fixe Kosten, die durch eine Produktgruppe hervorgerufen werden (z.B. Abschreibungen für Betriebsmittel, die für die Erzeugung dieser Produktgruppe benötigt werden).

Europa-AG, *Societas Europaea-SE*, ist eine Rechtsform für Unternehmen, die in verschiedenen Mitgliedsstaaten der Europäischen Union tätig sind oder tätig werden wollen. Die Gründung einer Europa-AG ist für → Aktiengesellschaften (AG) nicht verpflichtend. Sie stellt vielmehr eine Option für grenzüberschreitend tätige Unternehmen dar, sich in dieser Rechtsform zusammen zu schließen. Die Europa-AG kann nur durch juristische Personen gegründet werden – durch Gründung einer Holdinggesellschaft, einer gemeinsamen Tochtergesellschaft oder durch die → Verschmelzung von → Aktiengesellschaften aus mindestens zwei Mitgliedsstaaten sowie durch → Umwandlung einer nationalen Aktiengesellschaft in eine Europa-AG. Voraussetzung für alle vier Gründungsmöglichkeiten ist die grenzüberschreitende Tätigkeit. Das → Mindestkapital einer Europa-AG beträgt in jedem Fall 120.000 Euro. Als Organe der Europa-AG können in der Satzung neben der Hauptversammlung der → Aktionäre entweder ein Verwaltungsorgan oder ein Leitungs- und Aufsichtsorgan vorgesehen werden. Die Europa-AG stellt einen → Jahresabschluss bestehend aus Bilanz, der Gewinn- und Verlustrechnung, dem Anhang zum Jahresabschluss sowie dem Bericht über den Geschäftsverlauf und die Lage der Gesellschaft auf. Die dafür maßgeblichen Vorschriften richten sich nach dem Recht des Sitzstaates.

Eventualverbindlichkeiten, → Verbindlichkeiten.

ex-ante Rechnung, vor der Realisation unternehmerischen Handelns aufgestellte Rechnung durch Vergleich von Soll- und Wird-Größen.

Executive Information System (EIS), → Führungs-Informationssystem (FIS).

Expected Postretirement Benefit Obligation (EPBO), nach → US-GAAP der → Barwert der einem Arbeitnehmer und dessen Angehörigen laut Leistungsplan zustehenden Gesundheitsfürsorgeleistungen. Dabei wird der Wert aller künftigen Leistungen berücksichtigt und nicht lediglich der Wert der am Bewertungsstichtag erdienten Fürsorgeleistungen (FAS 106.20).

Expenditures, → Auszahlungen.

Expense Center, organisatorisch abgegrenzter Teilbereich eines Unternehmens, dessen Leitung für die angefallenen → Ausgaben verantwortlich ist. Grund hierfür ist, dass die Ausgaben in diesem Fall im Vergleich zu → Kosten leichter zu ermitteln sind. Eine Budgetüberschreitung ist zu vermeiden.

Expenses, → Zweckaufwendungen, → pagatorische Kosten.

Experience Adjustments, gemäß → International Financial Reporting Standards (IFRS) die Anpassungen von → Pensionsrückstellungen, die sich aus dem Unterschied früherer versicherungsmathematischer Annahmen über die künftige Entwicklung von Leistungen an Arbeitnehmer und der tatsächlichen Entwicklung ergeben. Aus Experience Adjustments resultieren versicherungsmathematische Gewinne und Verluste.

ex-post Rechnung, nach der Realisation unternehmerischen Handelns aufgestellte Rechnung (Soll-Ist-Vergleich).

externe Kosten, Begriff ursprünglich aus der Volkswirtschaft. Hier handelt es sich um durch das Unternehmen bzw. dessen Leistungserstellung verursachte → Kosten, die das Unternehmen nicht selbst trägt, sondern die indirekt Dritten bzw. der Allgemeinheit aufgebürdet werden (Umweltverschmutzung, Lärmbelästigung,). Diese Kosten können freiwillig oder durch gesetzgeberische Maßnahmen von den verursachenden Unternehmen internalisiert werden. Somit stellen externe Kosten das wertmäßige Äquivalent für tatsächliche bzw. zukünftige Abgaben dar, die aufgrund externer Wirkungen unternehmerischen Handelns entstehen. Externe Kosten sind demzufolge nur dann betriebswirtschaftlich relevant, wenn sie internalisiert werden (müssen). Externe Kosten können im Rahmen einer umfassenden → Umweltkostenrechnung berücksichtigt werden.

externes Rechnungswesen, Rechenschaftslegung eines Unternehmens aufgrund gesetzlicher Vorschriften über dessen → Vermögens-, Finanz- und Ertragslage. Sie ist gerichtet primär an externe Adressaten (Gläubiger, Finanzbehörden, die interessierte Öffentlichkeit wie potenzielle Gesellschafter, Geldgeber und die Wirtschaftspresse), Gesellschafter, aber auch an interne Adressaten (Unternehmensleitung, Arbeitnehmer). Ausgehend von der → Buchführung, der → Inventur und dem → Inventar wird als Hauptinstrument des externen Rechnungswesens die → Bilanz und → Gewinn- und Verlustrechnung entwickelt, die für bestimmte Gesellschaften um einen → Anhang und → Lagebericht zu ergänzen sind. Weiterhin zählen Sonderbilanzen zum externen Rechnungswesen. Im Gegensatz zum → internen Rechnungswesen baut das externe Rechnungswesen auf → Aufwendungen und → Erträgen auf, weiterhin ist das externe Rechnungswesen primär vergangenheitsorientiert und dient der Dokumentation sowie der Information.

F

Factoring, Abtretung bzw. Verkauf von → Forderungen aus Lieferungen und Leistungen an eine Factoring-Gesellschaft. Man unterscheidet zwischen offenem Factoring, bei dem der Schuldner von der Forderungsabtretung in Kenntnis gesetzt wird, und stillem Factoring, bei dem der → Schuldner an den ursprünglichen → Gläubiger leistet. Des Weiteren wird zwischen echtem und unechtem Factoring unterschieden. Beim unechten Factoring verbleibt das Kreditrisiko beim Veräußerer der Forderung. Der Factor zieht i.d.R. die folgenden Gebühren vom Wert der Forderung ab:

- Inkassogebühr für das Einziehen der Forderung,
- Delkrederegebühr für das Kreditausfallrisiko (sofern er dieses übernimmt),
- Zinsen für ausgezahlte aber noch nicht fällige Forderungen.

Das Factoring dient der Verbesserung der Liquiditätssituation im Unternehmen. Factoringunternehmen unterliegen i.d.R. als Finanzdienstleister in eingeschränkter Form den Vorschriften des Kreditwesengesetzes. – *Anders:* → Asset Backed Securities (ABS).

fair presentation, Grundsatz der internationalen → Rechnungslegung, der besagt, dass der Abschluss insbesondere nach dem → Grundsatz der Wirtschaftlichkeit und Wesentlichkeit ein den tatsächlichen Verhältnissen entsprechendes Bild der → Vermögens-, Finanz- und Ertragslage ergeben muss. Im Gegensatz zum deutschen Handelsrecht steht hier nicht der Gläubigerschutzgedanke im Vordergrund, sondern der Investorenschutzgedanke. Der Stellenwert des Grundsatzes nach → International Financial Reporting Standards (IFRS) und → US-GAAP ist verschieden. Gemäß US-GAAP kann zur Verbesserung der Aussagefähigkeit des → Jahresabschlusses von Einzelvorschriften abgewichen werden, in bestimmten Fällen muss dies sogar getan werden. In den IFRS stellt die fair presentation einen → Bilanzierungsgrundsatz dar, der nur in seltenen Ausnahmefällen angewandt werden soll. Die IFRS gehen davon aus, dass ihre Einzelvorschriften bereits einer fair presentation genügen.

Fair Value, *beizulegender Zeitwert,* nach → US-GAAP und IFRS der Wert, zu dem ein → Vermögensgegenstand bzw. → Asset zwischen sachverständigen, vertragswilligen und voneinander unabhängigen Geschäftspartnern gehandelt würde. I.d.R. ist der Fair Value der durch Gutachten oder Schätzungen ermittelte → Marktwert.

Fair Value Hedge, → hedge accounting.

Fair-Value-Option, zum Zeitpunkt des erstmaligen Ansatzes kann ein finanzieller Vermögenswert bzw. eine finanzielle Verpflichtung gemäß IAS 39 unter bestimmten Voraussetzungen unwiderruflich GuV-wirksam zum Fair Value (→ beizulegenden Wert) bewertet werden.

Faithful Representation, → Decision Usefulness.

Faktischer Konzern, → Konzern, bei dem die einheitliche Leitung aufgrund von nur faktischer Leitungsmacht entsteht. – *Anders:* → Vertragskonzern.

Faktorpreis, Kurzbezeichnung für Preise der → Produktionsfaktoren, die zur Leistungserstellung und -verwertung erforderlich sind. Sie sind eine → Kosteneinflussgröße und bilden sich i.d.R. durch Angebot und Nachfrage.

Fakturierung, Synonym für Rechnungserstellung.

FASB, Abk. für → Financial Accounting Standards Board.

Fehlbetrag, → Jahresfehlbetrag.

Fehlmenge, negative Abweichung zwischen der im Rahmen der Bestellmengenplanung ermittelten optimalen Bestellmenge und dem aufgetretenen Bedarf.

fertige und unfertige Erzeugnisse, *Halb- und Fertigfabrikate, Finished Goods and Work in Progress.* I. Fertige Erzeugnisse: Im Unternehmen hergestellte und verkaufsfertige Produkte. Diese sind im → Umlaufvermögen auszuweisen und gemäß § 255 HGB zu → Herstellungskosten bzw. gemäß → strengem Niederstwertprinzip § 253 (3) HGB zu einem niedrigeren Marktpreis oder zu einem niedrigeren → beizulegenden Wert zu bewerten. – II. Unfertige Erzeugnisse: Im Rahmen der unternehmensinternen Produktion be- oder verarbeitete Roh- und Hilfsstoffe, die noch nicht verkaufsfertig sind oder unfertige Dienstleistungen. Diese sind im Umlaufvermögen auszuweisen und gemäß § 255 HGB zu ihren bisher angefallenen Herstellungskosten zu bewerten.

Fertigungseinzelkosten, im Fertigungsbereich anfallende, dem Kostenträger direkt zurechenbare → Einzelkosten zur Erstellung eines Erzeugnisses. – *Gegensatz:* → Fertigungsgemeinkosten.

Fertigungsgemeinkosten, im Fertigungsbereich anfallende, dem einzelnen → Kostenträger nur indirekt zurechenbare → Gemeinkosten. – *Gegensatz:* → Fertigungseinzelkosten.

Fertigungsgemeinkostenzuschlagssatz, → Zuschlagssatz zur Verrechnung der → Gemeinkosten in der Fertigung (z.B. für Hilfsmaterial, Hilfslöhne, Stromkosten).

Fertigungskostenstellen, zusammenfassender Begriff für Fertigungshaupt-, Fertigungsneben- und Fertigungshilfskostenstellen in einem Unternehmen. Fertigungshauptkostenstellen sind → Kostenstellen, in denen die eigentliche Fertigung der Erzeugnisse durchgeführt wird, während Fertigungsnebenkostenstellen mit der Bearbeitung von Nebenprodukten beauftragt sind. Fertigungshaupt- und –nebenkostenstellen bilden zusammen die Fertigungsendkostenstellen. Fertigungshilfskostenstellen sind unternehmensbereichsbezogene → Hilfskostenstellen der Produktionsbereiche, die an der Fertigung nur indirekt beteiligt sind. Die → Leistung der Fertigungshilfskostenstellen wird jedoch für Arbeitsabläufe in den Fertigungshauptkostenstellen benötigt.

Festpreise, standardisierte, über längere Zeit konstant gehaltene Rechenpreise zur Bewertung von Kostengütern zur Ausschaltung von Wertschwankungen. Sie sollten auf durchschnittlichen Marktpreisen unter Berücksichtigung der zukünftigen Entwicklung beruhen. Eine Anpassung wird notwendig, wenn sich langfristig die Marktverhältnisse ändern. Anwendung findet der Festpreis in der → Kostenkontrolle. Außerbetriebliche Faktoren werden bei der Betrachtung von Festpreisen nicht berücksichtigt.

Festwert, Wert, der nach dem → Festwertverfahren für → Vermögensgegenstände des → Sachanlage- und → Vorratsvermögens ermittelt wird.

Festwertverfahren, gemäß § 240 (3) HGB zulässiges Vereinfachungsverfahren zur Ermittlung der Menge und des Wertes von → Vermögensgegenständen des → Sachanlagevermögens und des → Vorratsvermögens. Sofern sie regelmäßig ersetzt werden, ihr Gesamtwert für das Unternehmen von nachrangiger Bedeutung ist und ihr Bestand in seiner Größe, seinem Wert und seiner Zusammensetzung nur geringen Veränderungen unterliegt, dürfen sie mit einer gleichbleibenden Menge und zu einem gleichbleibenden Wert angesetzt werden. Alle drei Jahre sind die zu einem Festwertverfahren bewerteten Vermögensgegenstände durch eine → körperliche Bestandsaufnahme zu erfassen.

Fifo-Verfahren, → Verbrauchsfolgeverfahren.

Finance Leasing, *Finanzierungsleasing.* Form des → Leasings, bei der die unkündbare Grundmietzeit nahezu die → betriebsgewöhnliche Nutzungsdauer des Leasingobjektes abdeckt und nach der dem Leasingnehmer i.d.R. eine Verlängerungs- oder Kaufoption eingeräumt wird. Der Leasinggeber erreicht beim Finance Leasing die Vollamortisation des Leasingobjektes zuzüglich der vereinbarten Gewinnanteile. Da beim Finance Leasing im Wesentlichen alle Risiken und Chancen auf den Leasingnehmer übertragen werden, wird der Leasinggegenstand auch bei diesem bilanziert. Jedoch gibt es unterschiedliche Kriterien in den einzelnen Rechnungslegungsvorschriften. – *Gegensatz:* → Operate Leasing.

Financial Accounting, angelsächsische Bezeichnung für das → externe Rechnungswesen.

Financial Accounting Foundation (FAF), Dachorganisation der US-amerikanischen Organisation für Rechnungslegungsfragen. Die Aufgabe der privaten unabhängigen Stiftung besteht in der Finanzierung, Ernennung und Überwachung des → Financial Accounting Standards Board (FASB).

Financial Accounting Standards Advisory Council (FASAC), US-amerikanischer Konsultationsausschuss des → Financial Accounting Standards Board (FASB). Das FASAC nimmt Stellung zu der Priorität von Projekten und den ersten Meinungsäußerungen zu bestehenden Fragen der Rechnungslegung.

Financial Accounting Standards Board (FASB), 1972 gegründete US-amerikanische, unabhängige Organisation zur Erarbeitung und Herausgabe von Rechnungslegungsstandards für private US-amerikanische Gesellschaften. Vom FASB werden herausgegeben:

- Statements of Financial Accounting Standards (SFAS),
- Statements of Financial Accounting Concept (SFAC),
- Interpretations (FIN),
- Technical Bulletins (TBs).

Die Arbeit des FASB wird von der → Financial Accounting Foundation (FAF) finanziert und überwacht. Die → Emerging Issues Task Force (EITF) steht dem FASB unterstützend zur Seite, um für dringende Probleme Lösungen zu erarbeiten. Bei der Aufnahme neuer Projekte kann das FASB sogenannte → Taskforces einrichten, die sich mit der definitorischen Abgrenzung und der Vorbereitung der Diskussionsunterlagen befassen. Zusätzlich kann das FASB empirische Untersuchungen durchführen und Forschungsprojekte vergeben.

Financial Audit, → Prüfung bzw. Revision der Finanzierung einschließlich der Finanzstruktur eines Unternehmens sowie der damit zusammenhängenden Unternehmensprozesse. Im Rahmen einer →

Due Diligence auch die Überprüfung der finanziellen Daten eines Unternehmens, insbesondere des → Jahresabschlusses.

Financial Futures, *Futures,* → Termingeschäft, bei dem sich ein Partner gegen Hinterlegung einer Kaution gegenüber dem anderen Partner verpflichtet, eine vertraglich festgelegte Menge an → Wertpapieren oder Devisen zu einem bestimmten Termin und zu einem bestimmten Kauf- oder Verkaufspreis zu kaufen oder zu verkaufen.

Financial Instruments, gemäß IAS 39 sind Financial Instruments Verträge, die bei einem Unternehmen zu einem finanziellen Vermögenswert und bei einem anderen Unternehmen zu einer finanziellen Verbindlichkeit führen. Hierzu gehören auch die „traditionellen Finanzinstrumente" wie verbriefte → Forderungen, → Schuldverschreibungen oder → Aktien, wie auch → Finanzinnovationen. Financial Instruments sind erstmalig im Zeitpunkt des Vertragsschlusses, der zu den vereinbarten Leistungen bzw. Gegenleistungen berechtigt bzw. verpflichtet, zu bilanzieren. Dabei sind sie zu → Anschaffungskosten zu bewerten. In der Folgebewertung werden Financial Instruments mit dem → beizulegenden Zeitwert bewertet. Vom Unternehmen originär ausgereichte → Kredite und → Forderungen, die nicht zu Handelszwecken gehalten werden, sowie Finanzinvestitionen, die bis zu ihrer Endfälligkeit gehalten werden, und Vermögenswerte, für die ein Marktpreis nicht feststellbar ist, sind mit ihren → fortgeführten Anschaffungskosten zu bilanzieren. Finanzielle → Verbindlichkeiten sind in der Folgebewertung ebenfalls zu → fortgeführten Anschaffungskosten zu bewerten. Die zu Handelszwecken gehaltenen Verbindlichkeiten, die → derivativen Finanzinstrumente sowie die → Hedging-Verbindlichkeiten hingegen werden mit ihrem beizulegenden Zeitwert passiviert. Im HGB existieren keine speziellen Bilanzierungs- oder Bewertungsvorschriften für Finanzinstrumente, so dass unter Beachtung der → Grundsätze ordnungsmäßiger Buchführung (GoB), insbesondere gemäß dem → Anschaffungskosten- und → Niederstwertprinzip, zu bilanzieren ist. Lediglich bei Kreditinstituten sieht die Gesetzgebung für zu Handelszwecken gehaltenene Finanzinstrumente eine Zeitwertbewertung vor.

Financial Reporting Enforcement Panel (FREP), → Deutsche Prüfstelle für Rechnungslegung DPR e.V.

Financial Statements. Das „complete set of financial statements" umfasst nach → International Financial Reporting Standards (IFRS) die → Bilanz, die → Gewinn- und Verlustrechnung bzw. Gesamtergebnisrechnung, eine → Kapitalflussrechnung, einen → Anhang sowie die Eigenkapitalveränderungsrechnung. Nach → US-GAAP setzt sich das „full set of financial statements" aus der Bilanz, der Gewinn- und Verlustrechnung, der Kapitalflussrechnung, dem → Statement of Comprehensive Income, der → Eigenkapitalveränderungsrechnung sowie ergänzenden Anhangerläuterungen und -rechnungen zusammen. – Vgl. auch → Jahresabschluss.

Finanzanlagen. Gemäß § 266 (2) HGB gehören zu den Finanzanlagen, die im → Anlagevermögen in der → Bilanz ausgewiesen werden, folgende Positionen:

- Anteile an verbundene Unternehmen
- Ausleihungen an verbundene Unternehmen,
- Beteiligungen,
- Ausleihungen an Unternehmen, mit denen ein Beteiligungsverhältnis besteht,
- Wertpapiere des Anlagevermögens,
- sonstige Ausleihungen.

Für die Bewertung der Finanzanlagen gilt das → Anschaffungskostenprinzip sowie das → gemilderte Niederstwertprinzip.

Demnach besteht gemäß § 253 (3) S. 4 HGB ein Wahlrecht zur außerplanmäßigen Abschreibung selbst wenn die Wertminderung voraussichtlich nicht dauerhaft ist.

Finanzbuchhaltung, → Buchhaltung.

Finanzcontrolling, Teilgebiet des → Controllings, das die wertorientierte Planung, Steuerung und Kontrolle des Finanzbereiches eines Unternehmens umfasst. Ziel des Finanzcontrollings ist die Sicherung der → Liquidität unter Beachtung der → Rentabilität. Bei den im Finanzcontrolling verwendeten Größen handelt es sich um Zahlungsgrößen, d.h. → Einzahlungen und → Auszahlungen. Aufgaben im Rahmen des Finanzcontrollings sind zum einen die Finanzplanung zur Entscheidungsvorbereitung und die Planung finanzwirtschaftlicher Maßnahmen sowie die Koordination der Finanzierungs- mit den Investitionsentscheidungen (→ Investitionscontrolling). Zum anderen dient das Finanzcontrolling der Erfassung und Analyse von Abweichungen sowie zur Anregung entsprechender Maßnahmen. Ein Instrument der Steuerung von Finanzmittelströmen ist z.B. das → Cash-Management.

Finanzergebnis, Teilergebnis der → Gewinn- und Verlustrechnung, das auch als Finanz- und Beteiligungsergebnis bezeichnet wird. Das Finanzergebnis setzt sich gemäß § 275 HGB aus den folgenden Positionen zusammen:

- Erträge aus → Beteiligungen,
- Erträge aus anderen → Wertpapieren und → Ausleihungen des Finanzanlagevermögens,
- sonstige → Zinsen und ähnliche Erträge,
- Abschreibungen auf → Finanzanlagen und auf Wertpapiere des → Umlaufvermögens,
- Zinsen und ähnliche → Aufwendungen.

Finanzflussrechnung, → Kapitalflussrechnung.

Finanzierungsleasing, → Finance Leasing.

Finanzinnovation, Bezeichnung für neue Finanzinstrumente, die gegenüber bestehenden Finanzinstrumenten eine flexiblere Risikoverteilung ermöglichen und/ oder mehr → Liquidität schaffen. Dazu zählen beispielsweise → Financial Futures, Option-, Swap- und → Termingeschäfte.

Finanzinstrumente, → financial instruments aus Vertragsbeziehungen resultierende Ansprüche oder Verpflichtungen, die zu einem unmittelbaren oder mittelbaren Austausch von Zahlungsmitteln führen. Zu den Finanzinstrumenten gehören finanzielle Vermögenswerte, finanzielle Verbindlichkeiten und Eigenkapitalinstrumente. Nach IAS 39 richtet sich die Bilanzierung und Bewertung danach, welcher der nachfolgenden Kategorien die Finanzinstrumente zuzuordnen sind: 1.) Kredite und Forderungen, 2.) Halteabsicht und -fähigkeit bis zur Endfälligkeit, 3.) zur Fair-Value-Bewertung designiert und 4.) zum Verkauf gehalten.

Finanzinvestition, Erwerb von Forderungs- und Beteiligungsrechten.

Finanzmanagement, umfasst Maßnahmen der Beschaffung und Verwendung von Finanzmitteln, der Optimierung des → Cashflows und der Finanzstruktur, der Gestaltung des Zahlungsverkehrs und der Währungspositionen. Hauptaufgabe ist die Sicherstellung der → Liquidität, d.h. die Gewährleistung, dass der verfügbare Finanzmittelbestand zu keinem Zeitpunkt das Volumen der zwingend fälligen → Auszahlungen unterschreitet.

Finanzoption, → Option. – *Anders:* Realoption.

Finanzplan, → Liquiditätsplan.

Finanz- und Rechnungswesen, → Rechnungswesen.

Finished Goods, → fertige und unfertige Erzeugnisse.

Firmenwert, *Geschäftswert, Praxiswert,* Geschäftswert eines Unternehmens, der sich als Unterschiedsbetrag zwischen → Ertragswert und → Substanzwert des Unternehmens errechnet. Sollte der Ertragswert höher als der Substanzwert sein, so handelt es sich um einen Geschäftsmehrwert oder → Goodwill. Sollte der Ertragswert niedriger als der Substanzwert sein, so handelt es sich um einen Geschäftsminderwert oder → Badwill. Bilanziell wird zwischen dem originären (selbst geschaffenen) und dem derivativen (erworbenen) Firmenwert unterschieden, hier als Unterschied zwischen dem Kaufpreis für das Nettovermögen (→ Vermögensgegenstände abzüglich → Schulden) eines Unternehmens und dem bilanziellen Nettovermögen. Gemäß § 246 (1) S. 4 HGB muss der derivative Firmenwert aktiviert werden. Dieser Betrag ist in jedem der folgenden fünf → Geschäftsjahre abzuschreiben, sofern keine weiteren Gründe vorliegen, die eine andere Abschreibungsdauer rechtfertigen (§ 285 Nr. 13 HGB).

FIS, Abk. für → Führungs-Informationssystem.

Fixed Price Contract, Vertragstyp, der im Bereich der → Langfristfertigung verwendet wird und in dem ein fester Auftragspreis vereinbart wird, der eventuell noch durch spezielle Preisgleitklauseln zur Berücksichtigung von Kostensteigerungen erweitert werden kann. – *Anders:* → Cost-plus Contract.

fixe Kosten, → Kostenkategorie, deren Höhe sich bei Veränderung einer bestimmten → Kosteneinflussgröße innerhalb eines angegebenen Intervalls nicht ändert. Fixe Kosten lassen sich in → absolut fixe Kosten und → sprungfixe Kosten differenzieren. Eine Veränderung der fixen Kosten resultiert nie automatisch, sondern ist nur durch das Treffen von Entscheidungen über die → Kapazität des Unternehmens herbeiführbar. – Vgl. auch → Fixkostenpolitik.

Fixkostenabweichung, Differenz zwischen Ist- und Soll-Fixkosten, die auf ungeplante Veränderungen der Kapazität zurückzuführen sind.

Fixkostenblock, Gesamtheit der → fixen Kosten eines Betriebs, die im System des → Direct Costing undifferenziert den → Deckungsbeiträgen einer Produktart gegenübergestellt wird (→ spezielle Fixkosten).

Fixkostendeckungsanteil, → Kennzahl, die angibt, welchen Beitrag der Deckungsbeitrag liefert, um die Fixkosten zu decken. Der Fixkostendeckungsanteil setzt einen positiven → Deckungsbeitrag eines Bezugsobjektes voraus. Dieser Deckungsbeitrag wird in Beziehung zu der Summe der noch nicht gedeckten → fixen Kosten gesetzt. Bei einem Fixkostendeckungsanteil von größer als 100 Prozent wird ein positives → Betriebsergebnis erzielt.

Fixkostendeckungsrechnung, *mehrstufige Deckungsbeitragsrechnung.* Im Gegensatz zum → Direct Costing wird hier der Fixkostenblock in mehrere Teilblöcke, sogenannte → Fixkostenschichten, aufgespalten. Diese Aufteilung erfolgt nach der Nähe der → fixen Kosten zu den Bezugsobjekten, so dass → Deckungsbeiträge für verschiedene Stufen ausgewiesen werden. Die Fixkostenschichten beziehen sich z.B. auf die Fixkosten einzelner Erzeugnisarten, Erzeugnisgruppen,

Betriebsbereiche sowie das Gesamtunternehmen.

Fixkostendegression, Abnahme der → fixen Kosten pro Stück bei steigender Ausbringungsmenge, da sich die gesamten fixen Kosten auf eine größere Menge von → Kostenträgern verteilt (→ Kostenverlauf).

Fixkostenmanagement, → Fixkostenpolitik.

Fixkostenpolitik, Teilbereich der → Kostenpolitik, der Maßnahmen des Abbaus bzw. der Flexibilisierung von → fixen Kosten im Unternehmen umfasst. Die Gestaltung der Fixkosten personeller, technologischer und rechtlicher Leistungspotenziale setzt dabei eine entsprechende Fixkostentransparenz voraus. Hierfür sind Informationen über die sachliche und zeitliche Disponierbarkeit der fixen Kosten erforderlich, d.h. zu welchem Zeitpunkt welche Potenziale in welchem Umfang abgebaut werden können und welche Konsequenzen daraus resultieren. Der Aufbau von kapazitätsorientierten Kostenanalysen ermöglicht darüber hinaus die Bestimmung der Nutzbarkeit von fixkostenbegründenden Leistungspotenzialen (→ Leerkosten). Zudem ist die Zurechenbarkeit der Fixkosten zu Produkten, Produktgruppen, Sparten sowie dem Unternehmen ein weiterer bedeutsamer Ansatzpunkt der Fixkostenbeeinflussung.

Fixkostenproportionalisierung, Aufteilung der → fixen Kosten einer Periode auf die innerhalb dieser Periode erzeugten Leistungseinheiten durch Division der Fixkosten durch die hergestellte (bzw. abgesetzte) Menge oder durch die für sie erforderlichen Faktormengen, Produktionszeiten oder durch Beziehung der Fixkosten auf die für sie angewandten → variablen Kosten. → Kalkulationsverfahren, → Zuschlagskalkulation.

Fixkostenschichten, Untergliederung des gesamten Fixkostenblocks eines Unternehmens in einzelne Kategorien nach der Zurechenbarkeit auf einzelne Kalkulationsobjekte. Beispielsweise lassen sich Erzeugnisfixkosten, Erzeugnisgruppenfixkosten, Kostenstellenfixkosten, Bereichsfixkosten und Unternehmensfixkosten unterscheiden. Die Differenzierung in Fixkostenschichten ist eine wesentliche Basis für die → Fixkostendeckungsrechnung.

Fixkostenüberdeckung. In der → Vollkostenrechnung wird bei der → Vorkalkulation von einem bestimmten → Beschäftigungsgrad ausgegangen. Eine Überdeckung der in dem Preis verrechneten fixen → Gemeinkosten liegt dann vor, wenn der tatsächliche Beschäftigungsgrad höher liegt. – *Gegensatz:* → Fixkostenunterdeckung.

Fixkostenunterdeckung, liegt vor, wenn es zu einer Unterdeckung der auf die → Kostenträger bei der → Vorkalkulation verrechneten fixen → Gemeinkosten kommt. – *Gegensatz:* → Fixkostenüberdeckung.

Flexible Expense Budgeting, angelsächsischer Begriff, der mit der → Grenzplankostenrechnung vergleichbar ist.

Flexible Expenses, → Sollkosten.

flexible Plankostenrechnung, Planung der Kosten für unterschiedliche Beschäftigungsgrade. Dies kann zum einen auf Basis von → Vollkosten geschehen und zum anderen auf Basis von → Teilkosten. – Vgl. auch → Grenzplankostenrechnung.

flexible Planung, Verfahrensvariante der → Simultanplanung, bei der die Umweltsituation berücksichtigt wird. Demzufolge führt sie zum Treffen bedingter

(Eventual-) Entscheidungen über gegebenenfalls umzusetzende Alternativen.

Fließfertigung, *Fließproduktion,* Anordnung von → Betriebsmitteln und Arbeitsplätzen nach dem Produktionsablauf, damit die Produktion von Stufe zu Stufe ohne Unterbrechung erfolgt. Der Produktionsprozess bestimmt folglich die Anordnung der Maschinen. Man unterscheidet zwei Formen der Fließfertigung:

- Reihenfertigung, bei der die Maschinen nach dem Produktionsablauf ohne unmittelbare zeitliche Abstimmung der einzelnen Verrichtungen angeordnet sind.
- Fließbandfertigung, bei der die Werkstücke mittels Fließbändern mechanisch zu den Arbeitsplätzen befördert werden.

Fließproduktion, → Fließfertigung.

Floating Rate Note, → Anleihe mit variabler Verzinsung. Die Verzinsung wird alle drei oder sechs Monate an einen sich möglicherweise ändernden Referenzzinssatz wie z.B. den London Interbank Offered Rate (LIBOR) oder den Euro Interbank Offered Rate (EURIBOR) angepasst.

Floor, garantierte Mindestverzinsung bei einer → Floating Rate Note.

Fluktuationsrate, → Kennzahl, die die Abwanderung von Mitarbeitern eines Unternehmens beschreibt. Die Fluktuationsrate (F) wird meist in Prozent angegeben und errechnet sich aus dem mit Hundert multiplizierten Quotienten von der Anzahl (freiwilliger) Abgänge und der durchschnittlichen Mitarbeiterzahl einer Periode.

$$F = \frac{\text{Anzahl (freiwilliger) Abgänge}}{\text{durchschnittl. Mitarbeiterzahl}} \times 100$$

Forderungen, *Accounts Receivable,* Gläubigeransprüche. Gemäß § 266 (2) HGB sind die Forderungen in der → Bilanz wie folgt zu unterscheiden und auszuweisen:

- Forderungen aus Lieferungen und Leistungen,
- Forderungen gegen verbundene Unternehmen,
- Forderungen gegen Unternehmen, mit denen ein Beteiligungsverhältnis besteht,
- sonstige Vermögensgegenstände.

Forderungen sind zu ihrem → Nennbetrag anzusetzen. Handelt es sich um unverzinsliche oder niedrig verzinsliche Forderungen mit einer Restlaufzeit von über einem Jahr, so sind diese abzuzinsen.

Forderungsabtretung, → Zession.

Forecasting, *Erwartungsrechnung,* Ist-Wird-Rechnung als ein Bestandteil des → Berichtswesens. Dabei werden die Istdaten auf die Zukunft projiziert und den Plandaten gegenübergestellt. Im Rahmen der monatlichen Berichterstattung kann daher z.B. zusätzlich zu einem → Soll-Ist-Vergleich auch das voraussichtliche zu erwartende Ist zum Jahresende ermittelt und angegeben werden. Der Forecast zeigt an, inwieweit es am Jahresende gelingen wird, das festgelegte Ziel auf Grundlage der bisherigen Entwicklung zu erreichen. Diese Information spielt eine wichtige Rolle innerhalb von → Frühwarnsystemen. Gegebenenfalls sind entsprechende Korrekturmaßnahmen vorzunehmen.

Foreign Currency Fair Value Hedges, → Hedge Accounting.

Foreign Currency Hedge, → Hedge Accounting.

Foreign Entities, nach → US-GAAP ausländische → Tochterunternehmen, die in ihrer Geschäftstätigkeit weitgehend selbstständig sind. Die Klassifikation eines Tochterunternehmens als Foreign

Entity hat Auswirkungen auf die Fremdwährungsumrechnung bei der Einbeziehung der Foreign Entities in den → Konzernabschluss. Für sie ist die sogenannte → Stichtagsmethode anzuwenden.

Foreign Operation, nach → International Financial Reporting Standards (IFRS) Tochterunternehmen, assoziierte Unternehmen, Joint Ventures oder Niederlassungen des berichtenden Unternehmens, deren Geschäftstätigkeit in einem anderen Land angesiedelt ist oder sich auf ein anderes Land als das Land des berichtenden Unternehmens erstreckt (IAS 21.7). Nach → US-GAAP sind Foreign Operations Tochterunternehmen, die unselbstständig und streng weisungsgebunden am jeweils lokalen Markt auftreten. Die Klassifikation eines Tochterunternehmens, eines assoziierten Unternehmens, eines Joint Ventures oder einer Niederlassung als Foreign Operation hat Auswirkungen auf die Fremdwährungsumrechnung bei der Einbeziehung der Foreign Operations in den → Konzernabschluss. Für sie ist die sogenannte → Zeitbezugsmethode anzuwenden.

Forfaitierung, Abtretung bzw. Verkauf von mittel- bis langfristigen Exportforderungen an einen Forfaiteur. Man unterscheidet zwischen echtem und unechtem Forfaitieren. Beim unechten Forfaitieren verbleibt das Kreditrisiko beim Veräußerer der → Forderung. Beim echten Forfaitieren geht das Kreditrisiko auf den Forfaitierer über. Dieser kann als zusätzliche Sicherheit Garantien oder Bürgschaften von Banken oder Importländern verlangen. Die Forfaitierung dient der Verbesserung der Liquiditätssituation im Unternehmen.

Formalziele, → Ziele.

Forschungs- und Entwicklungscontrolling, *F&E-Controlling,* funktionsbezogenes Controlling, das sich auf die Forschungs- und Entwicklungsaktivitäten eines Unternehmens bezieht. Die Aufgaben des F&E-Controllings sind die Abstimmung der Planung, Umsetzung und Kontrolle von F&E-Aktivitäten auf Basis einer entsprechenden Informationsversorgung. Die Notwendigkeit für ein Forschungs- und Entwicklungscontrolling lässt sich u.a. damit begründen, dass die F&E einen überdurchschnittlich hohen Kostenanteil an den gesamten Lebenszykluskosten von Produkten bzw. Projekten in Anspruch nimmt. Insbesondere kommt dem Controlling von Produktentwicklungsprojekten eine hohe Bedeutung zu, da sie die → Kosten, die Qualität und den Markteintrittszeitpunkte von Produkten in hohem Maße beeinflussen und somit auch den unternehmerischen → Erfolg. Instrumente des Forschungs- und Entwicklungscontrollings sind z.B. die → Gap-Analyse, → Investitionsrechnung, das → Target Costing oder die → Prozesskostenrechnung.

Forschungs- und Entwicklungskosten, Kosten für Forschungstätigkeiten und die Entwicklung von neuen Produkten, Verfahren, Systemen oder Dienstleistungen. Nach Einführung des → BilMoG kann gemäß § 248 (2) HGB in der Bilanz ein Aktivposten für selbst erstellte immaterielle Vermögensgegenstände des Anlagevermögens gebildet werden. Die zu aktivierenden Herstellungskosten sind die bei der Entwicklung des immateriellen Vermögensgegenstandes angefallenen Aufwendungen (§255 (2a) HGB). Forschungskosten unterliegen weiterhin dem Aktivierungsverbot. In der internationalen → Rechnungslegung (IFRS und US-GAAP) besteht für Forschungsaufwendungen ebenfalls ein Aktivierungsverbot. Gemäß IAS sind Entwicklungskosten aktivierungspflichtig, wenn bestimmte Voraussetzungen kumulativ erfüllt sind, so muss z.B. sichergestellt sein, dass die interne Nutzung oder die Marktreife der Produkte erreicht wird und dass die Produkte genutzt oder verkauft werden können. Gemäß → US-GAAP sind Entwicklungsaufwendungen sofort erfolgswirksam zu verrechnen, für die Entwicklung von Software bestehen jedoch Ausnahmen.

fortgeführte Anschaffungskosten, → Anschaffungskosten vermindert um die bis zum jeweiligen Zeitpunkt angefallenen → planmäßigen und → außerplanmäßigen Abschreibungen.

fortgeführte Herstellungskosten, → Herstellungskosten vermindert um die bis zum jeweiligen Zeitpunkt angefallenen → planmäßigen und → außerplanmäßigen Abschreibungen.

Forward Rate Agreement (FRA), Vertragsvereinbarung zwischen zwei Parteien über die Festschreibung eines bestimmten Zinssatzes auf die Zukunft zur Absicherung von Zinsschwankungen.

Fractional Dividend Payment, → quarter dividend.

Framework, → Conceptual Framework.

Free Cash Flow, → Cash Flow.

freie Rücklagen, → andere Gewinnrücklagen.

Fremdfinanzierungskosten, *Interest Cost Capitalized,* Kosten, die einerseits bei der Beschaffung und andererseits bei der Nutzung von → Fremdkapital anfallen. Gemäß § 255 (3) HGB können Fremdkapitalzinsen, soweit sie für Fremdkapital anfallen, das zur Finanzierung der Herstellung eines einzelnen → Vermögensgegenstands verwendet wird, und soweit sie auf den Zeitraum der Herstellung entfallen, als → Herstellungskosten aktiviert werden.

Fremdkapital, → Kapital, das dem Unternehmen von → Gläubigern zeitlich befristet zur Verfügung gestellt wird. Für die Überlassung von Fremdkapital erhalten die Fremdkapitalgeber eine erfolgsunabhängige Verzinsung. Gemäß § 266 (3) HGB setzt sich das Fremdkapital aus den folgenden Posten zusammen:

- Rückstellungen,
- Verbindlichkeiten,
- passive Rechnungsabgrenzungsposten.

Fremdkapitalkosten, → Aufwendungen, die bei der Beschaffung von → Fremdkapital anfallen. Dies sind z.B. Aufwendungen der Besicherung für Grundbuchbestellungen, Bürgschaftsgebühren und Zinskosten (→ Disagio, laufende Zinszahlungen). Sie finden in der → Gewinn- und Verlustrechnung Berücksichtigung. Im Gegensatz dazu finden in der Kostenrechnung kalkulatorische Zinsen zusammen mit den Kosten des Eigenkapitals Berücksichtigung.

Fremdwährungsforderungen, → Forderungen, die im europäischen Raum nicht auf Euro, sondern auf eine andere Währung lauten bzw. grundsätzlich Forderungen, die auf eine andere als die Berichtswährung lauten. Für Unternehmen der europäischen Währungsunion existiert bei Fremdwährungsforderungen, bei denen die Währung nicht in einem festen Wechselkursverhältnis zum Euro steht, ein Kursrisiko. Die Bilanzierung richtet sich nach der Restlaufzeit. Bei einer Restlaufzeit von mehr als einem Jahr gilt das → strenge Niederstwertprinzip, wonach die Forderungen bei niedrigeren Kursen am Bilanzstichtag auf den aktuellen Kurs abzuschreiben sind, während höhere Kurse unberücksichtigt bleiben. Nach Einführung des → BilMoG sind Fremdwährungsforderungen mit einer Restlaufzeit von einem Jahr oder weniger ohne Beachtung des Realisations-, Imparitäts- oder Anschaffungskostenprinzips grundsätzlich mit dem Devisenkassakurs zu bewerten.

Das Kursrisiko lässt sich durch → Hedging minimieren. – *Gegensatz:* Fremdwährungsverbindlichkeiten.

Fremdwährungsverbindlichkeiten, → Verbindlichkeiten, die im europäischen Raum nicht auf Euro, sondern auf eine andere Währung lauten bzw. grundsätzlich Verbindlichkeiten, die auf eine andere als die Berichtswährung lauten. Für Unternehmen der europäischen Währungsunion existiert bei Fremdwährungsverbindlichkeiten, bei denen die Währung nicht in einem festen Wechselkursverhältnis zum Euro steht, ein Kursrisiko. Die Bilanzierung richtet sich nach der Restlaufzeit. Bei einer Restlaufzeit von mehr als einem Jahr gilt das → Höchstwertprinzip, wonach die Verbindlichkeiten bei höheren Kursen am Bilanzstichtag auf den aktuellen Kurs zuzuschreiben sind, während niedrigere Kurse unberücksichtigt bleiben. Nach Einführung des → BilMoG sind Fremdwährungsverbindlichkeiten mit einer Restlaufzeit von einem Jahr oder weniger ohne Beachtung des Realisations-, Imparitäts- oder Anschaffungskostenprinzips grundsätzlich mit dem Devisenkassakurs zu bewerten. Das Kursrisiko lässt sich durch → Hedging minimieren. – *Gegensatz:* Fremdwährungsforderungen.

Fristigkeit, Restlaufzeit. Man unterscheidet zwischen:

- kurzfristigen $\leq$ 1 Jahr,
- mittelfristigen = 1 bis 5 Jahre und
- langfristigen $\geq$ 5 Jahre Laufzeiten.

Front-End-Tool, Anwenderschnittstelle eines → ERP-Systems, eines → Management-Unterstützungssystems oder → Controlling-Informationssystems. Hier können u.a. die entsprechenden Funktionalitäten für das Rechnungswesen bzw. das → Controlling bereitgestellt werden.

Frühindikator, Werttreiber, dessen Ausprägung möglichst frühzeitig über das beabsichtigte Ergebnis Auskunft geben soll. Frühindikatoren sind ein wichtiger Bestandteil in der → Balanced Scorecard. Ein Beispiel für einen Frühindikator ist die kontinuierliche Messung der Kundenzufriedenheit, die beispielsweise Auskunft über Qualität i.w.S. (Produkt, Service etc.) geben kann. – Vgl. auch → Frühwarnsystem.

Frühwarnsystem, Informationssystem, das latente Risiken frühzeitig erkennt und vor deren möglichem Eintritt mit zeitlichem Vorlauf warnt. Seit Einführung des → Gesetzes zur Kontrolle und Transparenz im Unternehmensbereich (KonTraG) im Jahr 1998 ist die Einrichtung eines Frühwarnsystems zur frühen Erkennung von Entwicklungen, die den Fortbestand der Gesellschaft gefährden, für den Vorstand von Aktiengesellschaften (AGs) verpflichtend (§ 91 (2) AktG). Im Rahmen der Abschlussprüfung von amtlich notierten Aktiengesellschaften (AGs) ist vom Abschlussprüfer gemäß § 317 (4) HGB zu prüfen, ob der Vorstand dies getan hat und ob das eingerichtete Frühwarnsystem seine Aufgaben erfüllen kann. Gleichzeitig muss gemäß § 289 (1) HGB im Lagebericht von mittelgroßen und großen Kapitalgesellschaften und gemäß § 315 (1) HGB im Konzernlagebericht auf die Risiken der zukünftigen Entwicklung eingegangen werden. Dies setzt die Einrichtung eines Frühwarnsystems voraus. Gemäß § 317 (2) HGB muss während der Abschlussprüfung analysiert werden, ob die Gesellschaft die Risiken der künftigen Entwicklung zutreffend dargestellt hat.

Führungs-Informationssystem (FIS), *Executive Information System,* rechnergestützte, dialog- und datenorientierte → Informationssysteme für das Management mit ausgeprägten Kommunikationselementen, die einzelnen Entscheidungsträgern (oder Gruppen von Entscheidungsträgern) aktuelle entscheidungsrelevante interne und externe Informationen ohne Entscheidungsmodell zur Selektion und Analyse über intuitiv benutzbare und individuell anpassbare Benutzeroberflächen anbieten. Sie sind eine Vorstufe zu → Management-Unterstützungssystemen (MUS).

Full Set of Financial Statements, → Financial Statements.

F&E-Controlling, → Forschungs- und Entwicklungscontrolling.

Funds Statement, → Kapitalflussrechnung.

Fungibilität, Eigenschaft der Austauschbarkeit bzw. Vertretbarkeit bei Gütern, Devisen und → Wertpapieren. Werte, die diese Eigenschaft besitzen, werden der Gattung nach bestimmt und können durch Werte gleicher Gattung ersetzt werden. An der Börse werden ausschließlich fungible Werte gehandelt.

Fusion, → Verschmelzung.

Fusionsbilanz, → Verschmelzungsbilanz.

Future, → Terminkontrakt.

G

Gap-Analyse, *Lückenanalyse,* Instrument der strategischen → Planung und der Früherkennung von Chancen und Risiken. Wenn Strategien entwickelt und überprüft werden, wird oft eine abweichende Entwicklung (Lücke) zwischen der angestrebten Zielprojektion und dem erwarteten Vorhersagewert strategischer Entscheidungen aufgedeckt. Die Gap-Analyse zeigt durch einen Vergleich der Unternehmensziele mit den auch extern beeinflussten Gestaltungsalternativen den Handlungsbedarf zur Zukunftssicherung auf. Sie lenkt die Aufmerksamkeit auf mögliche Probleme und zeigt, dass bestehende Strategien zu ändern, neue Strategien für die Zukunftssicherung zu entwickeln und damit zukünftige → Erfolgspotenziale aufzubauen sind.

Garantie. Im Exportgeschäft weit verbreitete von Banken oder beispielsweise der Hermes-Kreditversicherungs-AG angebotene Gewährübernahme dafür, dass bestimmte Erfolge eintreten bzw. bestimmte Schäden nicht auftreten oder bestimmte Leistungen erbracht werden.

Garantiekapital, → Haftungskapital.

Garantierückstellung, gemäß § 249 (1) HGB zu bildende → Rückstellung für die in den garantiebehafteten Perioden zu erwartenden Garantiefälle. Gemäß § 249 (1) Nr. 2 HGB müssen für → Garantien, die über die gesetzlich vorgeschriebene Frist hinaus gewährt werden (sogenannte Kulanzgarantien), ebenfalls Rückstellungen gebildet werden.

Gegenstromverfahren, Kombination der → Top-Down-Planung und der → Bottom-Up-Planung, um deren jeweilige Nachteile möglichst zu vermeiden. Die → Planung beginnt mit dem Setzen von vorläufigen Oberzielen durch die Unternehmensführung, aus denen hierarchieebenenweise Unterziele deduziert und gleichzeitig Detailpläne zur Zielerreichung abgeleitet werden. Im Anschluss erfolgt in einem Rücklauf die wiederum hierarchieebenenweise Abstimmung und Bündelung der Teilpläne. Nach Beendigung dieses gegebenenfalls mehrfach zu wiederholenden Prozesses erfolgt die endgültige Entscheidung der Führungsspitze über Ziele und Pläne sowie deren verbindliche Festlegung bzw. Vereinbarung auf allen Hierarchieebenen. Nachteilig kann sich hierbei die relativ hohe Zeitintensität des Gegenstromverfahrens auswirken.

Gegenwartswert, → Buchwert.

Geldvermögensbestand, Summe des → Zahlungsmittelbestandes und der → Forderungen abzüglich der Kurzfristverbindlichkeiten zu einem bestimmten Stichtag. Die Veränderungen des Geldvermögensbestandes werden durch die Stromgrößen → Ausgaben und → Einnahmen bestimmt.

gemeiner Wert, *Verkehrswert,* zentraler steuerrechtlicher Ansatz zur → Bewertung von → Wirtschaftsgütern. Der gemeine Wert ist der Preis, der im gewöhnlichen Geschäftsverkehr bei einer Veräußerung des Wirtschaftsgutes zu erzielen wäre, wobei jegliche Umstände, die den Preis beeinflussen könnten, zu berücksichtigen sind.

Gemeinkosten, *indirekte Kosten, Overhead Costs.* → Kostenkategorie, die aus der Differenzierung der → Kosten auf Bezugsobjekte resultiert. Gemeinkosten entstehen im Gegensatz zu → Einzelkosten für mehrere oder sogar alle Bezugsobjekte gemeinsam. Daher können sie auch bei Anwendung genauester Erfassungsmethoden nur mittels einer letztlich stets willkürlichen Schlüsselung auf einzelne Kalkulationsobjekte verteilt werden. Gemeinkosten lassen sich in Abhängigkeit vom jeweils betrachteten Bezugsobjekt weiter untergliedern. Man unterscheidet vor allem zwischen → Kostenträger- und → Kostenstellengemeinkosten und darüber hinaus auch Periodengemeinkosten, wenn sich bestimmte Kosten nur mehreren Abrechnungsperioden gemeinsam zurechnen lassen. Während die → Deckungsbeitragsrechnung auf jegliche Schlüsselung von Gemeinkosten verzichtet, schlüsselt die traditionelle → Vollkostenrechnung sämtliche Gemeinkosten auf und verrechnet sie anteilig auf die einzelnen → Kostenträger.

Gemeinkostenmanagement, Aufgabenbereich der → Kostenpolitik (→ Gemeinkosten). Instrumente sind z.B. die → Gemeinkostenwertanalyse (GWA) bzw. das → Zero Base Budgeting (ZBB).

Gemeinkostensatz, → Gemeinkostenzuschlag.

Gemeinkostenschlüsselung, indirekte Zurechnung der → echten und → unechten Gemeinkosten mit Hilfe von Schlüsseln. Es werden geeignete Maßeinheiten für die Beanspruchung von → Kostenstellen identifiziert. Die Gemeinkosten werden mit Hilfe von Schlüsseln wie z.B. Stunden oder Flächen möglichst verursachungsgerecht auf die Kostenstellen verteilt.

Gemeinkostenwertanalyse (GWA), *Overhead Value Analysis (OVA),* ein ursprünglich in den 1970er-Jahren von der Unternehmensberatungsgesellschaft Mc Kinsey entwickeltes Instrument der → Kostenpolitik. Ziel der GWA ist es, in einem systematischen und kreativitätsfördernden Prozess Kosten und Nutzen von → Leistungen in Gemeinkostenbereichen (z.B. im Vertriebs- und Verwaltungsbereich) zu beurteilen und unnötige Kosten zu reduzieren. Das Wissen und die Ideen der eingebundenen Manager werden dazu genutzt, ein so niedriges Kostenniveau in Gemeinkostenbereichen zu erreichen, das gerade noch vertretbar ist. Eine besondere Ausprägung der GWA ist das → Zero Base Budgeting (ZBB).

Gemeinkostenzuschlag, prozentuale Zuschläge auf die → Einzelkosten, die eine dem → Verursachungsprinzip entsprechende Zurechnung der → Gemeinkosten auf die → Kostenträger ermöglichen sollen.

Gemeinschaftskontenrahmen (GKR), 1948 vom Bundesverband der deutschen Industrie entwickelte Gliederungssystematik für Buchführungskonten, die allgemein für alle Unternehmen verwendet werden kann und primär Zwecken der → Buchführung dient. – *Anders:* → Industriekontenrahmen (IKR).

Gemeinschaftsprüfung, → Joint Audit.

Gemeinschaftsunternehmen, → Joint Venture.

gemildertes Niederstwertprinzip, ausschließlich für das → Anlagevermögen geltendes Bewertungsprinzip. Gemäß § 253 (3) HGB besteht für → Vermögensgegenstände des Anlagevermögens, bei denen mehrere Bewertungsansätze infrage kämen, die Pflicht zur → Abwertung auf einen niedrigeren Wert nur bei einer dauerhaften → Wertminderung. Bei einer vorübergehenden Wertminderung von Finanzanlagen besteht ein Abwertungswahlrecht.

gemischte Kostenarten, → Sekundärkosten.

genehmigte Kapitalerhöhung, Kapitalerhöhung gemäß §§ 202 ff. AktG, die den Vorstand einer → Aktiengesellschaft (AG) für maximal fünf Jahre berechtigt, neue → Aktien auszugeben. Die genehmigte Kapitalerhöhung bedarf einer Dreiviertelmehrheit der Hauptversammlung. Gemäß § 202 (3) AktG darf der → Nennbetrag des genehmigten Kapitals die Hälfte des → Grundkapitals, das zur Zeit der Ermächtigung vorhanden ist, nicht übersteigen. Die neuen Aktien dürfen nur mit Zustimmung des Aufsichtsrates ausgegeben werden.

General Corporate Assets, im Rahmen der nach internationaler Rechnungslegung vorgeschriebenen → Segmentberichterstattung die → Vermögensgegenstände der Hauptverwaltung.

General Ledger, Bezeichnung für ein umfassendes Hauptbuch, das im US-amerikanischen → Einkreissystem als Datenbasis für das → Financial Accounting und das → Management Accounting dient.

Generally Accepted Accounting Principles (GAAP), → United States Generally Accepted Accounting Principles (US-GAAP).

Generally Accepted Auditing Standards (GAAS), Standards für die Prüfung von Abschlüssen, zur Sicherstellung der Qualität von Abschlussprüfungen. Die GAAS werden von dem → American Institute of Certified Public Accountants (AICPA) entwickelt. Die US-GAAS umfassen zehn allgemeine Prüfungsgrundsätze sowie spezifische Standards (→ Statements of Auditing Procedure (SAP)) und → Statements on Auditing Standards (SAS), die die allgemeinen Prüfungsgrundsätze konkretisieren und vom → Auditing Standards Board (ASB) veröffentlicht werden.

Geringwertige Wirtschaftsgüter (GWG), werden als abnutzbare bewegliche Güter des Anlagevermögens bezeichnet, die selbstständig nutzungsfähig sind und deren Anschaffungs- oder Herstellkosten einen bestimmten Betrag nicht übersteigen. Das EStG sieht für nach dem 1.1.2010 angeschaffte GWG drei mögliche Abschreibungsmethoden vor. So werden GWG bis zu einem Wert von 150 Euro sofort aufwandswirksam erfasst. Für Wirtschaftsgüter mit einem Wert über 410 bis 1.000 Euro wird ein Sammelposten gebildet der über fünf Jahre abgeschrieben wird. Ein Wahlrecht besteht bei Wirtschaftsgütern mit einem Wert zwischen 150 und 410 Euro, hierbei kann der Bilanzierende entscheiden ob sie sofort abgeschrieben werden oder dem oben genannten Sammelposten zugeordnet werden.

German Accounting Standards Board (GASB), → Deutscher Standardisierungsrat (DSR).

German Accounting Standards Committee (GASC), → Deutsches Rechnungslegungs Standards Committee (DRSC).

Gesamtabweichung, Differenz aus → Istkosten und → verrechneten Plankosten. Die Gesamtabweichung wird im → Soll-Ist-Vergleich ermittelt und im Rahmen der → Abweichungsanalyse verursachungsgemäß auf → Kostenbestimmungsfaktoren zugerechnet, um Teilabweichungen zu erhalten.

Gesamtergebnisrechnung. Für die nach IFRS erforderliche Gesamtergebnisrechnung besteht die Wahl zwischen dem „one statement approach" und dem „two statement approach". Im „two statement approach" werden die erfolgswirksamen Aufwendungen und Erträge sowie die nicht in der GuV berücksichtigten Einkommensbestandteile in einem einheitlichen Rechenwerk dargestellt. Im „one statement approach" werden → Gewinn- und Verlustrechnung sowie die sonstigen Ergebnisse getrennt dargestellt.

Gesamtkapitalrentabilität, → Rentabilität.

Gesamtkosten. Summe aller in einem bestimmten Zeitraum angefallenen → Kosten (→ Gesamtkostenverfahren). Sie setzen sich zusammen aus → fixen und → variablen Kosten bzw. der → Einzel- und → Gemeinkosten.

Gesamtkostenverfahren (GKV), im Rahmen der externen Ergebnisrechnung gemäß § 275 (1) HGB zulässige Form der → Gewinn- und Verlustrechnung zur Ermittlung des Periodenerfolgs. Den → Umsatzerlösen einer Periode werden die in einer Periode angefallenen → Aufwendungen gegliedert nach Aufwandsarten gegenübergestellt. – Vgl. auch Abb. „Gesamtkostenverfahren – GUV in Staffelform nach dem Gesamtkostenverfahren (verkürzt)". – In der internen Ergebnisrechnung ein Verfahren zur Ermittlung des → Betriebsergebnisses im Rahmen der kurzfristigen Erfolgsrechnung (→ Ergebnisrechnung) auf Basis von → Vollkosten. Es werden die gesamten → Erlöse den → Gesamtkosten eines Betriebes gegenüber-

Gesamtkostenverfahren – GuV in Staffelform nach dem Gesamtkostenverfahren (verkürzt)

1	Umsatzerlöse
2	Erhöhung oder Verminderung des Bestands an fertigen und unfertigen Erzeugnissen
3	andere aktivierte Eigenleistungen
4	sonstige betriebliche Erträge
5	Materialaufwand
6	Personalaufwand
7	Abschreibungen
8	sonstige betriebliche Aufwendungen
9	Erträge aus Beteiligungen
10	Erträge aus anderen Wertpapieren und Ausleihungen des Finanzanlagevermögens
11	sonstige Zinsen und ähnliche Erträge
12	Abschreibungen auf Finanzanlagen und auf Wertpapiere des Umlaufvermögens
13	Zinsen und ähnliche Aufwendungen
14	Ergebnis der gewöhnlichen Geschäftstätigkeit
15	außerordentliche Erträge
16	außerordentliche Aufwendungen
17	außerordentliches Ergebnis
18	Steuern vom Einkommen und vom Ertrag
19	sonstige Steuern
20	Jahresüberschuss/ Jahresfehlbetrag

gestellt. Da die Gesamtkosten nur nach Kostenarten aufgegliedert sind, können aus diesem Verfahren keine Aussagen darüber getroffen werden, welche Produkte z.B. in welchem Ausmaß zum → Betriebsergebnis beigetragen haben. Das Betriebsergebnis des Gesamtkostenverfahrens stimmt mit dem Ergebnis des → Umsatzkostenverfahrens überein.

Geschäftsanteil, abhängig von der Rechtsform:
1. die bei einer → Gesellschaft mit beschränkter Haftung (GmbH) von dem → Gesellschafter geleistete → Einzahlung auf seine → Stammeinlage;
2. der Betrag, auf den die → Einlage eines einzelnen Genossen einer → eingetragenen Genossenschaft (eG) beschränkt ist.

Geschäftsausstattung, → Betriebs- und Geschäftsausstattung.

Geschäftsbericht, *Annual Report,* von Unternehmen publizierter Bericht, der Informationen enthält, die über den gesetzlich vorgeschriebenen Publikationsumfang hinausgehen. Zumeist werden der Verlauf der letzten → Geschäftsperiode sowie die zukünftig erwartete Geschäftsentwicklung detailliert dargestellt. Unternehmen nutzen den Geschäftsbericht zur positiven Außendarstellung, nicht zuletzt mit der Intention der Investorenwerbung.

Geschäftsjahr, *Geschäftsperiode,* Periode, auf den sich der → Jahresabschluss eines Unternehmens bezieht. Ein Geschäftsjahr darf einen Zeitraum von zwölf Monaten nicht überschreiten. Kürzere Geschäftsjahre, sogenannte → Rumpfgeschäftsjahre, können bei Gründung, Erwerb oder Veräußerung eines Betriebes auftreten. Geschäftsjahre müssen nicht mit den Kalenderjahren übereinstimmen. In der → Steuerbilanz kann gemäß § 4a (1) Nr. 2 EStG ein vom Kalenderjahr abweichendes Geschäftsjahr ausschließlich in Einvernehmen mit dem Finanzamt vorgenommen werden.

Geschäftsperiode, → Geschäftsjahr.

Geschäftsplan, → Businessplan.

Geschäftsprozessoptimierung, → Business Process Reengineering (BPR).

Geschäftsvorfälle, unternehmerische Vorgänge, die sich auf das → Vermögen des Unternehmens auswirken. Gemäß den → Grundsätzen ordnungsmäßiger Buchführung (GoB) und § 239 HGB müssen Geschäftsvorfälle vollständig, richtig, zeitgerecht und geordnet verbucht werden.

Geschäftswert, → Firmenwert.

Gesellschafter, Inhaber eines Gesellschaftsanteils. Der Erwerb erfolgt je nach Gesellschaftsform durch entsprechende → Einlage (OHG, stille Gesellschaft, KG) und Eintragung im → Handelsregister (OHG, KG), Aktienkauf (AG), Erwerb eines Gesellschaftsanteils und notarielle Beurkundung (GmbH).

Gesellschaft mit beschränkter Haftung (GmbH), Handelsgesellschaft in Form einer → Kapitalgesellschaft mit Kaufmannseigenschaft kraft Rechtsform (§ 13 (3) GmbHG, § 6 HGB), die in Höhe des → Gesellschaftsvermögens haftet. Die → Gesellschafter haften mit ihrem → Privatvermögen nur bis zur Höhe ihrer → Einlage. Das → Mindestkapital beträgt 25.000 Euro, die Mindesteinlage eines Gesellschafters beträgt 100 Euro und kann in Form einer Bar- oder Sacheinlage erfolgen. Für die → Gründung ist ein notariell beurkundeter → Gesellschaftsvertrag zwischen den Gesellschaftern notwendig, auf den die Eintragung ins → Handelsregister erfolgt. Regelmäßig sind Gesellschafterversammlungen einzuberufen, die u.a. über den → Jahresabschluss, die → Gewinnverwendung oder Gesellschaftsvertragsänderungen entscheiden. Regelungsgrundlage ist das GmbHG für Firma, Satzung, Gründung, Haftung, Organisation. Die GmbH unterliegt der Körperschaftsteuer und der Gewerbesteuer → Unternehmergesellschaft.

Gesellschaftsvermögen, Gesamtheit des → Vermögens der Gesellschaft, das aus den für die Gesellschaft erworbenen Gegenständen und den → Einlagen oder → Anteilen der Gesellschafter besteht.

Gesellschaftsvertrag, Vertrag der → Gesellschafter, der vor bzw. zur Gründung der Gesellschaft geschlossen wird und der die für die Gründung maßgeblichen Grundlagen sowie weitere vereinbarte Regelungen für → Personengesellschaften und → Gesellschaften mit beschränkter Haftung (GmbHs) enthält. Für die → Offene Handelsgesellschaft (OHG) und die → stille Gesellschaft ist er Gründungsvoraussetzung und nicht an eine bestimmte Form gebunden. Für die Gesellschaft mit beschränkter Haftung (GmbH) muss er notariell beurkundet und zur Eintragung der Gesellschaft mit beschränkter Haftung (GmbH) dem → Handelsregister vorgelegt werden. Er muss Firma, Sitz und Gegenstand der Gesellschaft mit beschränkter Haftung (GmbH) sowie Höhe des → Stammkapitals und der einzelnen → Einlagen enthalten. – *Anders:* → Satzung.

gesetzliche Rücklage, → Gewinnrücklage. Gemäß § 150 AktG sind bei → Aktiengesellschaften (AGs) und → Kommanditgesellschaft auf Aktien (KGaA) jährlich fünf Prozent des um einen → Verlustvortrag aus dem Vorjahr verminderten → Jahresüberschusses in die gesetzliche Rücklage einzustellen, bis die gesetzliche Rücklage zusammen mit der → Kapitalrücklage nach § 272 (2) Nr. 1 bis 3 HGB zusammen den zehnten oder den in der → Satzung bestimmten höheren Teil des Grundkapitals erreichen.

Gesetz zur Kontrolle und Transparenz im Unternehmensbereich (KonTraG), am 1.5.1998 verabschiedetes Gesetz zur Stärkung der Kontrolle und Transparenz, insbesondere der Risikofrüherkennung, im Unternehmensbereich. Mit dem KonTraG waren diverse Änderungen im Aktiengesetz und im Handelsgesetz verbunden wie insbesondere:

- die Verpflichtung für den Vorstand ein → Frühwarnsystem einzurichten (§ 91 (2) AktG),
- die im → Lagebericht erweiterte Stellungnahme zu Risiken der zukünftigen Entwicklung (§ 289 (1) 2. Halbsatz HGB),
- die Änderung zur → Prüfung sowie der Berichterstattung darüber (§ 317 (2), (4) , § 321 (4) HGB),
- die Vervierfachung der Haftungsgrenze des → Abschlussprüfers (§ 323 (2) HGB).

gewichteter Gesamtkapitalkostensatz, → Weighted Average Cost of Capital (WACC).

Gewinn, *Betriebsgewinn, Profit,* Erfolgssaldo der in Abhängigkeit der Art der → Erfolgsrechnung unterschiedlich konkretisiert wird. In der Kostenrechnung ist der Betriebsgewinn die positive Differenz aus → Erlösen und → Kosten einer Periode. Handelsrechtlich gesehen ist der Unternehmensgewinn allgemein die positive Differenz zwischen → Erträgen und → Aufwendungen einer Periode. Es handelt sich um den Betrag, der sich in der → Bilanz ergibt, sofern das → Eigenkapital am Anfang einer Periode niedriger ist als das Eigenkapital am Ende der Periode nach Abzug von → Einlagen und zuzüglich → Entnahmen. Bei der Veräußerung von → Vermögensgegenständen entsteht ein Buch-Gewinn, wenn der → Restbuchwert des Anlagegegenstandes niedriger als der Veräußerungspreis ist. Der steuerrechtliche Gewinn lässt sich zum einen in der Einnahmenüberschussrechnung durch Gegenüberstellung der Betriebseinnahmen und Betriebsausgaben ermitteln. Zum anderen erfolgt in der Vermögensvergleichsrechnung eine Gegenüberstellung des Betriebsvermögens des laufenden Jahres mit dem des Vorjahres. – *Gegensatz:* → Verlust.

Gewinnabführungsvertrag, gemäß § 291 (1) AktG ein Unternehmensvertrag, bei dem sich eine Aktiengesellschaft (AG) oder Kommanditgesellschaft auf Aktien (KgaA) dazu verpflichtet, ihren ganzen → Gewinn an ein anderes Unternehmen abzuführen. Verpflichtet sich eine Aktiengesellschaft (AG) oder Kommanditgesellschaft auf Aktien (KgaA) dazu, ihr Unternehmen für Rechnung eines anderen Unternehmens zu führen, so gilt dies ebenfalls als Gewinnabführungsvertrag. Besteht ein solcher, so hat der andere Vertragsteil gemäß § 302 (1) AktG jeden während der Vertragsdauer sonst entstehenden → Jahresfehlbetrag auszugleichen. Der Gewinnabführungsvertrag wird mit Eintragung ins → Handelsregister wirksam. Dies gilt analog auch für → Gesellschaften mit beschränkter Haftung (GmbH).

Gewinnausschüttung, *Distribution of Income,* Auszahlung von Gewinnanteilen an → Anteilseigner. Bei → Kapitalgesellschaften erfolgt die Gewinnausschüttung im Rahmen der → Gewinnverwendung. Bei → Personengesellschaften über die → Gewinn- und Verlustrechnung.

Gewinnermittlungsverfahren. Die Ermittlung des Periodengewinns geschieht handelsrechtlich bei Anwendung der → doppelten Buchführung über die → Gewinn- und Verlustrechnung und über die → Bilanz. Steuerrechtlich ist gemäß § 4 (1) EStG der Gewinn der Unterschiedsbetrag zwischen dem Betriebsvermögen am Schluss des Wirtschaftsjahres und dem Betriebsvermögen am Schluss des vorangegangenen Wirtschaftsjahres, vermehrt um den Wert der Entnahmen und vermindert im den Wert der Einlagen. Bei Gewerbetreibenden, die aufgrund gesetzlicher Vorschriften verpflichtet sind, Bücher zu führen und regelmäßig Abschlüsse zu machen, oder die ohne eine solche Verpflichtung Bücher führen und regelmäßig Abschlüsse machen, ist gemäß § 5 (1) EStG für den Schluss des → Wirtschaftsjahrs das Betriebsvermögen anzusetzen, das nach den handelsrechtlichen → Grundsätzen ordnungsmäßiger Buchführung (GoB) auszuweisen ist (§ 4 (I) S. 1 EStG). Steuerrechtliche Wahlrechte bei der Gewinnermittlung sind in Übereinstimmung mit der handelsrechtlichen Jahresbilanz auszuüben. Im → internen Rechnungswesen erfolgt die Ermittlung des Betriebsgewinns auf Basis kostenrechnerischer Daten über die Erfolgs- bzw. → Ergebnisrechnung.

Gewinn je Aktie, → Earnings Per Share (EPS).

Gewinnpunkt, → Break-Even-Punkt (BEP).

Gewinnrealisation, Zeitpunkt, in dem ein → Gewinn als realisiert gilt. Grundsätzlich gilt ein Gewinn als realisiert, wenn die geschuldete Leistung erbracht ist.

Gewinnrücklagen, dazu gehören gemäß § 272 (3) HGB die

- gesetzliche Rücklage,
- Rücklage für eigene Anteile,
- satzungsmäßige Rücklage,
- andere Gewinnrücklagen.

Als Gewinnrücklagen dürfen grundsätzlich nur Beträge ausgewiesen werden, die im → Geschäftsjahr oder in einem früheren Geschäftsjahr aus dem Ergebnis gebildet worden sind. – *Anders:* → Kapitalrücklage.

Gewinnschwelle, → Break-Even-Punkt.

Gewinnschwellenanalyse, → Break-Even-Analyse.

Gewinn- und Verlustbeteiligung, Regelungen zur Beteiligung der Gesellschafter am → Gewinn und → Verlust von Gesellschaften, die zumeist im → Gesellschaftsvertrag festgelegt sind. Fehlt eine gesellschaftsvertragliche Bestimmung, so gelten die gesetzlichen Vorschriften:

1. Bei Offenen Handelsgesellschaften (OHGs): gemäß § 121 HGB steht jedem → Gesellschafter zunächst ein Gewinn in Höhe von vier Prozent seines → Kapitalanteils zu; der restliche Gewinn wird nach Köpfen verteilt, gleiches gilt für die Verlustbeteiligung.
2. Bei Kommanditgesellschaften (KGs): gemäß § 168 HGB wird zunächst eine Gewinnbeteiligung wie bei der OHG vorgenommen. Der verbleibende Restgewinn wird in angemessenem Verhältnis der → Anteile verteilt. Gleiches gilt für die → Verluste, wobei die Teilhafter nur bis zur Höhe ihrer → Einlage in Anspruch genommen werden können.
3. Bei stillen Gesellschaften: gemäß § 231 HGB werden die → Gewinne in angemessenem Verhältnis der Anteile verteilt.
4. Bei Kapitalgesellschaften: die Gewinnverteilung bestimmt sich nach den Anteilen der Gesellschafter am Nennkapital, abweichende Regelungen in der Satzung sind möglich (§ 60 AktG, § 29 GmbHG).

Gewinn- und Verlustrechnung, *Income Statement, Statement of Earnings, Statement of Income, Statement of Profit and Loss, Profit and Loss Statement,* Rechnung zur Ermittlung des Periodenerfolgs. Die → Erträge und → Aufwendungen eines bestimmten Abrechnungszeitraums werden einander gegenübergestellt. Gemäß § 275 (1) HGB sind → Konzernobergesellschaften zur Erstellung einer Gewinn- und Verlustrechnung in → Staffelform verpflichtet. Personengesellschaften können zwischen einer Darstellung in → Konten- oder → Staffelform wählen. Die → Grundsätze ordnungsmäßiger Bilanzierung (GoBil) und Bewertung sind zu beachten. Gemäß § 275 (1) HGB kennt das Handelsrecht das → Gesamtkostenverfahren und das → Umsatzkostenverfahren zur Ermittlung des → Periodenerfolgs. Beide Verfahren sind für Kapitalgesellschaften zulässig, wobei die in § 275 HGB festgelegten Gliederungsvorschriften zu beachten sind. Kleine und mittlere Kapitalgesellschaften können gemäß § 276 HGB bestimmte Posten zusammenfassen. Von den Gliederungsschemata kann abgewichen werden, sofern dies die Klarheit der Darstellung verbessert.

Gewinnvergleichsrechnung, statische Methode der → Wirtschaftlichkeitsanalyse. Es handelt sich um eine Erweiterung der → Kostenvergleichsrechnung um die durch die Entscheidungsalternative erzielbaren → Erlöse. Die Alternative, die den höchsten → Gewinn erzielt, ist vorteilhaft.

Gewinnverwendung, Verteilung des Unternehmensgewinns an die → Anteilseigner bzw. Einstellung in die → Gewinnrücklagen.

Gewinnverwendungsrechnung, Berechnung der im Unternehmen verbleibenden Beträge und der an → Anteilseigner auszuschüttenden Beträge. Die Gewinnverwendungsrechung ist für → Kapitalgesellschaften und eingetragene Genossenschaften (eG) relevant. Das Vorschlagsrecht für eine Gewinnverwendung liegt beim Vorstand, die Beschlussfassung liegt bei einer → Aktiengesellschaft (AG) bei der Hauptversammlung, bei einer → Gesellschaft mit beschränkter Haftung (GmbH) bei der Gesellschafterversammlung und bei der → eingetragenen Genossenschaft (eG) bei der Generalversammlung. Bei Aktiengesellschaften (AGs) sind gemäß § 150 (2) AktG fünf Prozent des um einen Verlustvortrag verminderten → Jahresüberschusses in die → gesetzliche Rücklage einzustellen. Diese Einstellung ist solange vorzunehmen, bis die gesetzliche Rücklage und die → Kapitalrücklagen nach § 272 (2) Nr. 1 bis Nr. 4 zusammen den zehnten oder den in der Satzung bestimmten höheren Teil des → Grundkapitals erreichen. Wird der → Jahresabschluss durch den Vorstand und den Aufsichtsrat festgestellt, so kann höchstens die Hälfte des verbleibenden Jahresüberschusses in die anderen Gewinnrücklagen eingestellt werden. Höhere Beträge können nur bei entsprechender Bestimmung in der → Satzung in die anderen Gewinnrücklagen eingestellt werden, dies allerdings nur so lange, wie die anderen Gewinnrücklagen die Hälfte des Grundkapitals nicht übersteigen (§ 58 (2) AktG). Die Hauptversammlung kann weitere Beträge in die anderen Gewinnrücklagen einstellen oder als → Gewinn vortragen. Bei entsprechender Satzungsbestimmung kann die Hauptversammlung auch eine andere Verwendung beschließen (§ 58 (3) AktG). Stellt die Hauptversammlung den Jahresabschluss fest, so kann die Satzung bestimmen, dass Beträge aus dem verbleibenden Jahresüberschuss in die anderen Gewinnrücklagen einzustellen sind (höchstens die Hälfte des verbleibenden Überschusses) (§ 58 (1) AktG). Bei → Personengesellschaften richtet sich die → Gewinnverwendung i.d.R. nach den diesbezüglichen Regelungen im → Gesellschaftsvertrag. Sieht der Gesellschaftsvertrag keine besondere → Gewinnverwendung vor, richtet diese sich nach der gesetzlichen Gewinnverwendung. Gemäß § 121 HGB steht jedem → Gesellschafter zunächst ein Anteil in Höhe von vier Prozent seines Kapitalanteils zu. Reicht der Jahresgewinn hierzu nicht aus, so bestimmen sich die Anteile nach einem entsprechenden niedrigeren Satz. Ist der Jahresgewinn höher, wird derjenige Teil, der die oben beschriebenen Gewinnanteile übersteigt, nach Köpfen verteilt. Hat die Gesellschaft einen → Verlust erwirtschaftet, so wird dieser ebenfalls nach Köpfen verteilt.

Gewinnvortrag, nicht ausgeschütteter → Gewinn, der auf die → Bilanz des nächsten Jahres übertragen wird.

gezeichnetes Kapital, *Capital Subscribed,* → Kapital einer → Kapitalgesellschaft, auf das die Haftung der → Gesellschafter beschränkt ist. Es wird bei der → Aktiengesellschaft (AG) als → Grundkapital und bei der → Gesellschaft mit beschränkter Haftung (GmbH) als → Stammkapital bezeichnet. In der → Bilanz steht es an erster Stelle des → Eigenkapitals, § 266 (3) HGB.

Gläubiger, juristische oder natürliche Person, die aufgrund eines Gesetzes oder eines Schuldverhältnisses ein Recht auf eine bestimmte Leistung gegenüber einem bestimmten → Schuldner hat.

Gläubigerschutz, Rechtsvorschriften und Maßnahmen zum Schutz von → Gläubigern. Diese sind sowohl im BGB als auch im Handelsrecht, Insolvenzrecht und Strafrecht festgeschrieben. Als oberster Gläubigerschutzgrundsatz kann die Generalnorm des „Treu und Glauben" gemäß § 242 BGB gelten. Durch die in Deutschland gängige Anwendung des → Vorsichtsprinzips und dem daraus resultierenden → Imparitätsprinzip soll der Ausweis und die → Ausschüttung von unrealisierten → Gewinnen an → Anteilseigner vermieden werden, so dass die Schuldentilgung und Schuldenverzinsung sichergestellt ist. Im Falle einer → Liquidation, eines → Vergleichs oder einer → Insolvenz stehen Gläubigern vorrangige Rechte zu.

Gläubigerschutzprinzip, oberstes Rechnungslegungsprinzip des deutschen

→ Handelsrechts, das im → Vorsichtsprinzip und dem → Imparitätsprinzip seinen Ausdruck findet.

Gleichordnungskonzern, Konzernart, bei der die → Konzernunternehmen einander gleich geordnet sind, d.h., es bestehen keine Mutter-Tochter-Beziehungen, obgleich ein Unternehmen die einheitliche Leitung übernimmt (§ 18 (2) AktG).

Gleichungsverfahren, Verfahren der gesamtleistungsbezogenen Abrechnung der → Kosten innerbetrieblicher → Leistungen, das die innerbetrieblichen Leistungsverflechtungen durch ein System linearer Gleichungen erfasst, in das die Leistungsmengen als bekannte Daten und die gesuchten Verrechnungspreise als unbekannte Größen (Variablen) eingehen. Diese Methode zeichnet sich durch eine umfassende Berücksichtigung wechselseitiger Leistungsverflechtungen zwischen → Kostenstellen aus.

gleitende Planung, → rollierende Planung.

Going-Concern-Prinzip, → Grundsatz ordnungsmäßiger Bilanzierung (GoBil). Gemäß § 252 (1) Nr. 2 HGB ist bei der Bewertung von → Vermögensgegenständen und → Schulden von der Unternehmensfortführung auszugehen. Sofern das Going-Concern-Prinzip nicht mehr angenommen werden kann, ist nach → Liquidationswerten zu bilanzieren. Dieser Grundsatz gilt auch nach → International Financial Reporting Standards (IFRS) und → US-GAAP.

Going Public, *Interest Public Offering, Initial Public Offering,* Bezeichnung für den erstmaligen Gang an die Börse zur Ausgabe von Anteilsscheinen.

Goldene Bilanzierungsregel, Finanzierungsregel bezüglich des → Anlagevermögens. Die enge Definition der Goldenen Bilanzierungsregel fordert, dass die Deckung des Anlagevermögens ausschließlich über das → Eigenkapital erfolgen soll, wohingegen die weite Definition zur Deckung des Anlagevermögens auch die Einbeziehung des langfristigen → Fremdkapitals zulässt.

Goodwill, → Firmenwert.

Grenzerlös, *Grenzumsatz,* Betrag, um den der → Erlös bei Erhöhung der Absatzmenge einer Produktart um eine Einheit ansteigt. Der Grenzerlös entspricht der Steigung in der sogenannten Erlöskurve.

Grenzkosten, Betrag, um den die → Gesamtkosten steigen, wenn die Beschäftigung um eine Einheit erhöht wird. Die Grenzkosten entsprechen somit den zusätzlichen → Kosten für die letzte Produktionseinheit. Im Rahmen der Preispolitik spielen die Grenzkosten eine große Rolle zur Ermittlung von Preisuntergrenzen.

Grenzplankostenrechnung, → flexible Plankostenrechnung auf Basis von → Teilkosten, die große Ähnlichkeiten zum → Direct Costing aufweist. Dieses → Kostenrechnungssystem wurde vor allem durch Plaut und auch Kilger geprägt. Im Rahmen der → Kostenstellenrechnung erfolgt hier eine strikte Trennung in → proportionale und → fixe Kosten. Nur die proportionalen Einzelkosten und proportionalen Gemeinkosten werden als verursachungsgerechte → Kosten auf die → Kostenträger verrechnet. Die Grenzplankostenrechnung unterliegt somit der Annahme, dass die Kostenträger nur proportionale Kosten verursachen. Die fixen Kosten entstehen durch das Unternehmen insgesamt und werden als Block abgerechnet. D.h., es wird von einem linearen Gesamtkostenverlauf ausgegangen, so dass die variablen → Stückkosten den

→ Grenzkosten entsprechen. Ziel der Grenzplankostenrechnung ist die Kontrolle der Kostenwirtschaftlichkeit, in dem Plan-, Soll- und Istkosten einzelner Kostenstellen einander gegenübergestellt werden. Im Rahmen der Kostenplanung werden die Plankosten in fixe und variable Bestandteile zerlegt. Die fixen Kosten werden von den Kostenstellen direkt in die → Ergebnisrechnung übernommen. Am Periodenende werden die angefallenen Istkosten erfasst. Bei den fixen Kosten entstehen annahmegemäß keine Abweichungen. Es erfolgt eine gedankliche Aufteilung der Istkosten in fixe Plankosten und Istgrenzkosten. Zwischen der → Beschäftigung und der Kurve der Sollkosten besteht völlige Proportionalität. Aus der Differenz der Istkosten und der Sollkosten lässt sich die → Verbrauchsabweichung ablesen. Da fixe Kosten separat betrachtet werden, entsprechen die (variablen) Sollkosten den → verrechneten Plankosten, so dass sich keine → Beschäftigungsabweichung bestimmen lässt. Die Abrechnung der Kosten → innerbetrieblicher Leistungen sowie die → Kalkulation erfolgen hier ausschließlich auf Basis der variablen Kosten. In der Praxis wird die Grenzplankostenrechnung häufig in Verbindung mit der → Deckungsbeitragsrechnung angewandt.

Grenzumsatz, → Grenzerlös.

Größenklassen, Klassen, in die sich → Kapitalgesellschaften entsprechend ihrer Größe gemäß § 267 HGB gliedern lassen. Es gibt kleine Kapitalgesellschaften (§ 267 (1) HGB), mittelgroße Kapitalgesellschaften (§ 267 (2) HGB) und große Kapitalgesellschaften (§ 267 (3) HGB). Die Unterteilung erfolgt anhand der drei Kriterien Bilanzsumme, Umsatz und Mitarbeiteranzahl des Unternehmens. Das HGB nennt für jede Größenklasse Höchstwerte, von denen mindestens zwei an zwei aufeinander folgenden Bilanzstichtagen nicht überschritten werden dürfen, um die Zugehörigkeit zu einer Größenklasse zu begründen. Bei Neugründung und → Umwandlung gelten diese Rechtsfolgen bereits am ersten → Bilanzstichtag. – Die Kriterien der einzelnen Größenklassen lassen sich wie folgt definieren:

	klein	mittelgroß	groß
Bilanzsumme (in TEUR)	4.840	19.250	>
Umsatz (in TEUR)	9.680	38.500	>
Arbeitnehmer	50	250	>

Größenvorteile, → Economies of Scale.

Grunderlöse, Entgelte, die einem Unternehmen für zukünftige oder schon erbrachte Leistungen von außen zufließen. Im → externen Rechnungswesen stehen den Grunderlösen → Erträge in gleicher Höhe gegenüber (→ Erlöse). – Vgl. auch → Umsatzerlöse.

Grundkapital, → gezeichnetes Kapital einer → Aktiengesellschaft (AG). Gemäß § 6 AktG muss das Grundkapital auf einen → Nennbetrag in Euro lauten. Der Mindestnennbetrag des Grundkapitals ist gemäß § 7 AktG 50.000 Euro. Gemäß § 8 (1), (2) AktG können die → Aktien entweder als Nennbetragsaktien oder als Stückaktien (Aktien) begründet werden. Nennbetragsaktien müssen auf mindestens 1 Euro lauten.

Grundkosten, Kostenkategorie, die zur Charakterisierung der Beziehung zwischen → Kosten und → Aufwendungen dient. Aufwandsgleiche Kosten bezeichnet man als Grundkosten (→ Zweckaufwendungen). – *Gegensatz:* → kalkulatorische Kosten.

Grundrechnung, zweckneutrale, universell auswertbare Datenbasis des → internen Rechnungswesens. In dieser werden die erforderlichen Basisdaten für die getrennt durchzuführenden Standard- und Sonderauswertungen zentral und zweckneutral erfasst und zusammengestellt. Der Aufbau einer Grundrechnung ist als kombinierte → Kostenarten-, → Kostenstellen- und → Kostenträgerrechnung dem → Betriebsabrechnungsbogen ähnlich. Die Kosten werden gemäß ihrer Zugehörigkeit zu vorher festgelegten Bezugsobjekten ausgewiesen. Durch die zentrale und zweckneutrale Datenerfassung wird die Grundrechnung für beliebige Abrechnungsperioden erstellt. In Analogie zu Grundrechnung der Kosten sind alle Umsätze in einer Erlösgrundrechnung zu erfassen. Des Weiteren benötigt man eine Grundrechnung, die alle verfügbaren Nutzungspotenziale und Bestände aufweist. Die Grundrechnung dient als Grundlage für die → Einzelkostenrechnung. Sie sollte nach folgenden Kriterien entwickelt werden:

1. getrennte Erfassung von Mengen- und Wertgerüst;
2. Gliederung der → Kosten in Abhängigkeit von → Kosteneinflussgrößen;
3. Erfassung aller Kosten als → Einzelkosten;
4. Verzicht auf die Schlüsselung von Kosten.

Die in der Grundrechnung gespeicherten Daten dienen als Basis für die Beurteilung unterschiedlicher betrieblicher Entscheidungen, wobei jede Entscheidung auf Basis jener Kosten und Erlöse bewertet wird, die durch die Entscheidung direkt ausgelöst wurden.

Grundsatz der Einzelbewertung, → Grundsatz ordnungsmäßiger Bilanzierung (GoBil). Gemäß § 252 (1) Nr. 3 HGB ist bei der Erstellung des → Jahresabschlusses jeder → Vermögensgegenstand und jede Schuld einzeln zu bewerten. Unter bestimmten Voraussetzungen sind → Verbrauchsfolgeverfahren, die → Gruppenbewertung und die Festwertbewertung (→ Festwert) als Ausnahmen zulässig.

Grundsatz der formellen Bilanzkontinuität, *Comparability,* → Grundsatz ordnungsmäßiger Bilanzierung (GoBil). Es soll die formale Vergleichbarkeit einzelner → Jahresabschlüsse sichergestellt werden. Dazu müssen die Wertansätze der → Eröffnungsbilanz mit den Wertansätzen der → Schlussbilanz des vorhergehenden → Geschäftsjahrs übereinstimmen (§ 252 (1) Nr. 1 HGB); die Gliederung der aufeinanderfolgenden → Bilanzen und → Gewinn- und Verlustrechnungen ist beizubehalten (§ 265 (1) HGB); ebenso der einmal gewählte → Abschlussstichtag.

Grundsatz der Klarheit und Übersichtlichkeit, → Grundsatz ordnungsmäßiger Bilanzierung (GoBil). Gemäß § 243 (2) HGB muss der → Jahresabschluss klar und übersichtlich gestaltet sein. Gemäß § 246 (2) HGB dürfen Posten der Aktivseite nicht mit Posten der Passivseite und → Aufwendungen nicht mit → Erträgen verrechnet werden. Des Weiteren sind gemäß § 247 (1) HGB das → Anlage- und → Umlaufvermögen, das → Eigenkapital und die → Schulden sowie die → Rechnungsabgrenzungsposten gesondert auszuweisen und hinreichend aufzugliedern.

Grundsatz der materiellen Bilanzkontinuität (Stetigkeit), *Consistency,* → Grundsatz ordnungsmäßiger Bilanzierung (GoBil). Es sollen die Methoden- und die Wertstetigkeit gewährleistet werden. Gemäß § 252 (1) Nr. 6 HGB sind die auf den vorhergehenden → Jahresabschluss angewandten Bewertungsmethoden beizubehalten. Nur in begründeten Ausnahmefällen darf hiervon abgewichen werden. Der Methodenwechsel ist im → Anhang anzugeben und zu begründen. Ein im vorangegangenen Abschluss bilanzierter Wert muss beibehalten werden, sofern sich die der → Bewertung zugrunde liegenden Verhältnisse nicht geändert haben.

Grundsatz der Periodenabgrenzung, *Accrual Principle, Accrual Basis Accounting,* → Grundsatz ordnungsmäßiger Bilanzierung (GoBil). Es soll die korrekte Periodenzugehörigkeit der → Aufwendungen und → Erträge gewährleistet werden. Dazu sind die Vorschriften der → Rechnungsabgrenzung zu beachten (§ 252 (1) Nr. 5 HGB).

Grundsatz der Richtigkeit und Vollständigkeit, → Grundsatz ordnungsmäßiger Bilanzierung (GoBil). Der → Jahresabschluss muss den Bilanzierungs- und Bewertungsvorschriften entsprechen und alle → Vermögensgegenstände und → Schulden sowie alle bis zum → Bilanzstichtag eingetretenen Werterhöhungen und → Wertminderungen enthalten. Außerdem müssen alle werterhellenden Informationen zwischen dem → Bilanzstichtag und dem Tag der Aufstellung der → Bilanz im Jahresabschluss berücksichtigt werden.

Grundsatz der Wirtschaftlichkeit und Wesentlichkeit, → Grundsatz ordnungsmäßiger Bilanzierung (GoBil). Die Kosten der → Rechnungslegung und der Nutzen aus den dargestellten Informationen müssen in einem angemessenen Verhältnis zueinander stehen. Der Grundsatz der Wesentlichkeit schränkt den Grundsatz der Wirtschaftlichkeit allerdings insoweit ein, dass nur dann Vereinfachungen der Rechnungslegung zulässig sind, sofern daraus keine Nachteile für die Adressaten des → Jahresabschlusses entstehen.

Grundsätze ordnungsmäßiger Bilanzierung (GoBil), sind Bestandteil der → Grundsätze ordnungsmäßiger Buchführung (GoB). Sie gelten für die → Bilanz, die → Gewinn- und Verlustrechnung und den → Anhang. Es ist zwischen den formellen und den materiellen Grundsätzen zu unterscheiden. Zu den formellen Grundsätzen zählen:

- Grundsatz der Klarheit und Übersichtlichkeit,
- Grundsatz der formellen Bilanzkontinuität,
- Grundsatz der materiellen Bilanzkontinuität (Stetigkeit).

Zu den materiellen Grundsätzen zählen alle Bilanzierungs- und Bewertungsgrundsätze sowie die folgenden ergänzenden Grundsätze:

- Grundsatz der Richtigkeit und Vollständigkeit,
- Grundsatz der Wirtschaftlichkeit,
- Going-Concern-Prinzip.

Grundsätze ordnungsmäßiger Buchführung (GoB), Vorschriften zur → Buchführung und zur Erstellung des → Jahresabschlusses. Es können kodifizierte GoB und nicht kodifizierte GoB unterschieden werden. Die kodifizierten GoB sind im Gesetz festgeschrieben. Nicht so die nicht kodifizierten GoB; soweit sie sich allerdings aus dem Gewohnheitsrecht ergeben, haben sie Rechtsnormqualität. Der Handelsbrauch und die Verkehrsanschauung gelten hingegen nicht als Rechtsnorm. Die GoB werden unterteilt in die → Grundsätze ordnungsmäßiger Inventur (GoI) und die → Grundsätze ordnungsmäßiger Bilanzierung (GoBil).

Grundsätze ordnungsmäßiger DV-gestützter Buchführungssysteme (GoBs), Weiterentwicklung der → Grundsätze ordnungsmäßiger Speicherbuchführung (GoS) aus dem Jahre 1995 zur Anpassung an die heute gängigen und zukünftigen → Informationssysteme in den Unternehmen. Die GoBs beinhalten die Anforderungen an die Kontrollen, Regelungen und Maßnahmen, die der Buchführungspflichtige vorsehen und umsetzen muss, um den → Grundsätzen ordnungsmäßiger Buchführung (GoB) beim Einsatz der DV zu genügen.

Grundsätze ordnungsmäßiger Inventur (GoI), Grundsätze zur Sicherstellung einer vollständigen und korrekten Erfassung aller → Vermögensgegenstände und → Schulden des Unternehmens. Zu den GoI gehört der → Grundsatz der Einzelbewertung und der → Grundsatz der Klarheit und Übersichtlichkeit. Gemäß § 241 HGB können neben der → Stichtagsinventur → Inventurvereinfachungsverfahren angewandt werden, sofern diese den → Grundsätzen ordnungsmäßiger Buchführung (GoB) entsprechen. Dazu gehören einerseits die vor- bzw. nachverlegte Stichtagsinventur, die permanente Inventur sowie die Stichprobeninventur.

Grundsätze ordnungsmäßiger Konsolidierung. Oberster Grundsatz der → Konzernrechnungslegung ist der → True and Fair View unter Beachtung der → Grundsätze ordnungsmäßiger Buchführung (GoB) und der → Einheitstheorie. Weitere Konzernrechnungslegungsgrundsätze sind der Grundsatz der Vollständigkeit (Einbeziehung aller Gesellschaften sowie aller Posten), der Grundsatz der Einheitlichkeit der → Bilanzierung und → Bewertung, des → Abschlussstichtags und der Währung und der → Grundsatz der Wirtschaftlichkeit und Wesentlichkeit.

Grundsätze ordnungsmäßiger Speicherbuchführung (GoS), Auslegung der → Grundsätze ordnungsmäßiger Buchführung (GoB) von 1978 für alle DV-gestützten rechnungslegungsrelevanten Verfahren.

Grundsätze ordnungsmäßiger Unternehmensbewertung, in der Literatur entwickelte verbindliche Verfahren der → Unternehmensbewertung zur Sicherung der im Verkehr notwendigen Sorgfalt des Bewerters. Die in Deutschland für → Wirtschaftsprüfer geltenden allgemeinen Grundsätze wurden vom → Institut der Wirtschaftsprüfer (IDW) in dem Standard S1 „Grundsätze zur Durchführung von Unternehmensbewertungen“ zusammengefasst.

Gründung, alle Maßnahmen, die das rechtliche Entstehen eines Unternehmens zum Ziel haben. Hinsichtlich der Kapitalaufbringung ist zu unterscheiden zwischen → Bargründung und → Sachgründung.

Gründungsbilanz, → Sonderbilanz, die bei der → Gründung eines der Buchführungspflicht unterliegenden Unternehmens aufzustellen ist. Die Gründungsbilanz muss Aufschluss über die eingebrachten → Vermögensgegenstände und über die Kapitalverhältnisse geben. Die → Bewertung ist gemäß den Vorschriften für → Jahresabschlüsse vorzunehmen.

Gründungskosten, die durch die → Gründung eines Unternehmens verursachten Kosten wie Rechts-, Beratungs- und Notarkosten. Die Gründungskosten dürfen (wie die Eigenkapitalbeschaffungskosten) grundsätzlich weder nach HGB, → International Financial Reporting Standards (IFRS) oder → US-GAAP aktiviert werden, in den internationalen Vorschriften bestehen zum Teil Sonderregeln. – *Anders:* → Aufwendungen für Ingangsetzung und Erweiterung.

Gründungsplan, → Business Plan.

Gruppenbewertung. Gemäß § 240 (4) HGB können gleichartige → Vermögensgegenstände des Vorratsvermögens sowie andere gleichartige oder annähernd gleichwertige bewegliche Vermögensgegenstände und → Schulden jeweils zu einer Gruppe zusammengefasst und mit dem gewogenen Durchschnittswert bewertet werden. – *Gegensatz:* → Einzelbewertung. – Vgl. auch → Sammelbewertungsverfahren.

H

Haben, buchhalterischer Begriff für die rechte Seite eines → Kontos. – *Gegensatz:* → Soll.

Habenzinsen, Begriff für die bei Bankeinlagen anfallenden → Zinsen. – *Gegensatz:* → Sollzinsen.

Haftung, Verpflichtung aufgrund eines Gesetzes oder aufgrund eines Schuldverhältnisses eine bestimmte Leistung zu erfüllen oder für einen Schaden oder eine → Verbindlichkeit einzustehen. Haftungsbegrenzungen gibt es bei der → Aktiengesellschaft (AG) und → der Gesellschaft mit beschränkter Haftung (GmbH) sowie bei der → Kommanditgesellschaft (KG) für Kommanditisten auf die Höhe des → Gesellschaftsvermögens und in gesetzlich geregelten oder – soweit gesetzlich gestattet – in vereinbarten Fällen auf bestimmte Beträge oder Sachverhalte.

Haftungskapital, *Garantiekapital,* Kapital eines Unternehmens, das als Sicherheit gegenüber → Gläubigern dienen soll. Bei → Personengesellschaften ist dies die geleistete → Einlage und das Privatkapital des persönlich haftenden → Gesellschafters, bei → Kapitalgesellschaften das → gezeichnete Kapital.

Haftungsverhältnisse, → Verbindlichkeiten, die nicht in der → Bilanz, sondern unter derselben darzustellen sind (§ 251 HGB). Im Gegensatz zu Einzelkaufleuten oder → Personengesellschaften dürfen → Kapitalgesellschaften die in § 251 HGB bezeichneten Haftungsverhältnisse nicht in einem Betrag angeben, sondern müssen nach § 268 (7) HGB die in § 251 HGB genannten Haftungsverhältnisse einzeln angeben. Es handelt sich insbesondere um Verbindlichkeiten aus Wechseln, Bürgschaften und Gewährleistungen. Die Gesellschaft steht für diese Verbindlichkeiten ein, es ist aber ungewiss, ob sie tatsächlich zu begleichen sein werden.

Halbeinkünfteverfahren. Im Rahmen der Unternehmenssteuerreform 2000 wurde das Anrechnungsverfahren mit Wirkung ab 2001 durch das Halbeinkünfteverfahren abgelöst. Bei der Besteuerung von → Dividenden entfällt damit die Anrechnung der von der Gesellschaft bezahlten Körperschaftsteuer auf die Einkommensteuerschuld des Dividendenempfängers. Stattdessen wird der an den Gesellschafter nach Abzug einer Körperschaftssteuer von 25 Prozent ausgeschüttete → Gewinn nur zur Hälfte besteuert, gleichzeitig ist der Werbekostenabzug auf die Hälfte begrenzt. → Ausschüttungen an andere → Kapitalgesellschaften sind bei letzteren vollständig steuerbefreit, der Betriebsausgabenabzug entfällt pauschal in Höhe von 5 Prozent der Ausschüttung, so dass effektiv 95 Prozent der Ausschüttung steuerbefreit sind. Ab 2009 wurde das Halbeinkünfteverfahren durch die → Abgeltungssteuer bzw. das → Teileinkünfteverfahren ersetzt.

Halbfabrikate, → fertige und unfertige Erzeugnisse.

Handelsbilanz, → Handelsbilanz I und → Handelsbilanz II.

Handelsbilanz I, → Bilanz, die nach den Vorschriften des Handelsgesetzbuches (HGB) erstellt wird. Sie ist Bestandteil des → Jahresabschlusses bei publizitätspflichtigen Unternehmen.

Handelsbilanz II, Im Rahmen der → Konzernrechnungslegung zu erstellende → Handelsbilanz, die eventuell abweichend von der → Handelsbilanz I gemäß konzerneinheitlichen Bewertungs-, Bilanzierungs- und Gliederungsvorschriften aufgestellt wird.

Handelskosten, → Handlungskosten.

Handelsregister, Verzeichnis gewerblicher Unternehmen und der für deren Handelsverkehr rechtlich relevanten Tatsachen. Es wird beim zuständigen Amtsgericht geführt und ist jedem zugänglich (§ 9 HGB). In das Handelsregister müssen eintragungspflichtige Tatsachen (z.B. Firma) aufgenommen werden. Eintragungsfähige Tatsachen (z.B. Handlungsvollmachten) dürfen aufgenommen werden. Hinsichtlich der Rechtswirkung der eingetragenen Tatsachen ist zwischen der deklaratorischen (rechtsbekundend) und der konstitutiven (rechtsbegründend) zu unterscheiden. Handelsregistereintragungen sind grundsätzlich öffentlich glaubwürdig; derjenige, der gutgläubig auf die Eintragungen vertraut, wird geschützt.

Handelsspanne, Differenz zwischen dem Verkaufspreis und dem → Einstandspreis eines Gutes. Die Handelsspanne (H) umfasst die → Handlungskosten und den → Gewinn. Sie wird entweder absolut als Stückspanne bzw. relativ als Prozentspanne berechnet. Die Handelsspanne wird u.a. zur Kalkulation von → Preisobergrenzen für den Einkauf bestimmter Waren bei gegebenem Verkaufspreis benötigt sowie zur Kontrolle der Rohgewinnentwicklung mit Hilfe von Istspannen und Sollspannen verwendet.

Handels- und Steuerrecht, Vorschriften des HGB im Zusammenhang mit der → Rechnungslegung, der Steuergesetze, insbesondere des EStG, sowie entsprechende Rechtsprechung und Rechnungslegungspraxis, soweit sich diese auf Fragen der → Bilanzierung und → Bewertung sowie den Ausweis beziehen.

Handlungskosten, *Handelskosten,* Werteverzehr, der zur Erbringung handelsbetrieblicher Leistungen in einem Handelsbetrieb erforderlich ist. Dazu gehören die Warenkosten (→ Kosten der Ware inkl. sämtlicher Preiskorrekturen und direkt zurechenbaren Bezugsnebenkosten) sowie die Handlungskosten i.e.S. (übrige Kosten handelsbetrieblicher Tätigkeit wie z.B. Personalkosten, Verpackungskosten, Transportkosten). Im Industriebetrieb umfassen die Handlungskosten die Summe aus Verwaltungs- und Vertriebsgemeinkosten.

Hauptprozesse, innerhalb der → Prozesskostenrechnung verwendete Bezeichnung für die über mehrere → Kostenstellen verdichteten Aktivitäten, die zur Abwicklung eines Prozesses notwendig sind. Die → Leistung, die durch einen Hauptprozess erbracht wird, wird zu den dafür anfallenden Kosten in Beziehung gesetzt.

Hedge Accounting, können unter bestimmten Voraussetzungen → derivative Finanzinstrumente klassifiziert werden. Man unterscheidet hierbei drei Absicherungszusammenhänge:

- Fair Value Hedge: Derivat zur Absicherung des Risikos eines bestehenden Aktiv- oder Passivpostens oder nicht bilanziell erfasster fester Verpflichtungen (Unrecognised Firm Commitments) oder Teile davon.
- Cash Flow Hedge: Derivat zur Absicherung antizipativer Zahlungsströme aus exakt umrissenen, fixen Grundgeschäften.

- Foreign Currency Hedge: Nettoinvestitionen in eine wirtschaftlich selbständige Teileinheit im Ausland, die gegen ein eventuelles Wechselkursrisiko abgesichert werden können.

Beim Fair Value Hedge sind Wertänderungen des Sicherungsinstruments sowie bei dem Grundgeschäft in der Periode ihrer Entstehung erfolgswirksam zu erfassen. Beim Cash Flow Hedge ist der wirksame Teil der Wertänderung beim Sicherungsinstrument im → Eigenkapital erfolgsneutral zu erfassen. Führt das Grundgeschäft bei einer beabsichtigten Transaktion zum Ansatz eines → Vermögensgegenstandes oder einer Schuld, so ist die bisher erfolgsneutrale Wertänderung bei der erstmaligen Bilanzierung des Vermögensgegenstandes oder der Schuld einzubeziehen. Resultiert aus dem Grundgeschäft kein zu bilanzierender Vermögensgegenstand bzw. keine zu bilanzierende Schuld, so ist die erfolgsneutrale Wertänderung im Eigenkapital in dem Moment erfolgswirksam zu erfassen, in dem das Grundgeschäft erfolgswirksam wird. Wertänderungen der Hedges of a Net Investment in a Foreign Entity werden analog erfasst. Marktpreisänderungen des derivativen Finanzinstruments werden bei einem Fair Value Hedge unmittelbar erfolgswirksam erfasst. Gleichzeitig werden die Wertänderungen des Vermögensgegenstandes bzw. der → Verbindlichkeit um den Betrag, der auf das spezifisch abgesicherte Risiko zurückzuführen ist, durch → Zuschreibung bzw. → Abschreibung ergebniswirksam verrechnet. Kommt es zu Hedge-Ineffizienzen, d.h. ist die Gewinn- bzw. Verluständerung des derivativen Finanzinstruments geringer (Underhedge) oder höher (Overhedge) als die Gewinn- bzw. Verluständerung des Grundgeschäfts, so kommt es zu einer Änderung des Periodenergebnisses in Höhe des nicht ausgeglichenen Betrags. Beim Cash Flow Hedge werden die Marktpreisänderungen, die zukünftig niedrigere oder höhere Zahlungen aus dem Grundgeschäft ausgleichen, nicht erfolgswirksam, sondern als Other → Comprehensive Income im Eigenkapital abgegrenzt. Kommt es durch den Cash Flow Hedge nicht zum Ausgleich, sind die ineffektiven Beträge erfolgswirksam zu erfassen. Beim Foreign Currency Hedge unterscheidet → US-GAAP in:

- Foreign Currency Fair Value Hedges: Derivat zur Absicherung des Risikos von Marktwertänderungen aufgrund von Währungsschwankungen bei „available-for-sale securities".
- Foreign Currency Hedges: Derivat zur Absicherung von nicht in der funktionalen Währung erfassten Zahlungsströmen.
- Hedges of the Foreign Currency Exposure of a Net Investement in a Foreign Operation: Derivat zur Absicherung von Währungsrisiken bei Auslandsbeteiligungen.

Die bilanzielle Behandlung des Foreign Currency Fair Value Hedges ist identisch mit der des Fair Value Hedges und die bilanzielle Behandlung des Foreign Currency Hedges ist identisch mit der des Cash Flow Hedges. Bei einem Hedge of the Foreign Currency Exposure of a Net Investment werden die effektiven Wertänderungen sowie die Währungsschwankungen der → Beteiligung erfolgsneutral als Other → Comprehensive Income erfasst.

Hedging, *Kompensationsgeschäft,* Absicherung gegen mögliche Kurs- und Zinsverluste auf dem Terminmarkt oder gegen mögliche künftige Preisänderungen auf dem Kassamarkt durch den Abschluss von Gegengeschäften.

Held to Maturity, gemäß → International Financial Reporting Standards (IFRS) und → US-GAAP bis zur Endfälligkeit gehaltene Finanzinvestitionen. Gemäß IFRS sind dies finanzielle → Vermögensgegenstände mit festen oder bestimmbaren Zahlungen sowie einer festen Laufzeit, die das Unternehmen bis zur Endfälligkeit halten will. Davon ausgenommen sind vom Unternehmen ausgereichte → Kredite und → Forderungen (IAS 39). Gemäß → US-GAAP sind dies fremdkapitalverbriefte → Wertpapiere, hinsichtlich derer die Absicht und die Fähigkeit besteht, sie bis zu ihrem Fälligkeitsdatum zu halten – *Anders:* → Available for Sale.

Herstellkosten, Begriff aus der → Kostenrechnung für die durch die Herstellung entstandenen → Kosten. Herstellkosten sind i.d.R. die Summe der → Materialeinzel- und → Materialgemeinkosten sowie → Fertigungseinzel- und → Fertigungsgemeinkosten. Herstellkosten bilden die Basis für die Verrechnung von Verwaltungs- und Vertriebsgemeinkosten im Rahmen der → Zuschlagskalkulation. – *Anders:* → Herstellungskosten.

Herstellungskosten, Bewertungsmaßstab nach HGB und Steuerrecht für → fertige und unfertige Erzeugnisse und selbst erstellte → Vermögensgegenstände des → Anlagevermögens. Gemäß § 255 (2) HGB beinhalten die Herstellungskosten die → Aufwendungen, die durch den Verbrauch von Gütern und die Inanspruchnahme von Diensten für die Herstellung eines Vermögensgegenstandes, seine Erweiterung oder für eine über seinen ursprünglichen Zustand hinausgehende wesentliche Verbesserung entstehen. Die → Aktivierungspflichten und → Aktivierungswahlrechte sind nach HGB und Steuerrecht geregelt. – Vgl. auch Abb. „Herstellungskosten – Aktivierung nach HGB und EStG“. – Für Vertriebskosten besteht ein generelles → Aktivierungsverbot. Fremdkapitalzinsen sind dann aktivierungsfähig, wenn sie aus einer herstellungsbezogenen Fremdkapitalaufnahme resultieren. Im Gegensatz zum betrieblichen Rechnungswesen in anderen Ländern dürfen in die Herstellungskostenbewertung keine → kalkulatorischen Zinsen und → kalkulatorischen Wagnisse (→ kalkulatorische Kosten ohne Aufwandsentsprechung) eingerechnet werden.

Hifo-Verfahren, → Verbrauchsfolgeverfahren.

Hilfskostenstelle, *Vorkostenstelle,* Kostenstellentyp, der abrechnungstechnisch den Endkostenstellen vorgelagert ist. Hier werden ausschließlich → innerbetriebliche Leistungen erstellt. Die entstandenen Leistungen der Vorkostenstellen werden über die diese empfangenden Vor- bzw. Endkostenstellen abgerechnet. Es lassen sich allgemeine Hilfskostenstellen (z.B. Gebäude, Energie) und unternehmensbereichsbezogene Hilfskostenstellen (z.B. Arbeitsvorbereitung) differenzieren.

Hilfsstoffe, Materialart, die zwar substanziell in Endprodukte eingeht, aber im Gegensatz zu Rohstoffen mengen- und wertmäßig von untergeordneter Bedeutung ist. Bei Hilfsstoffen verzichtet man

Herstellungskosten – Aktivierung nach HGB und EStG

Herstellungskosten	HGB	EStG
Materialeinzelkosten	Aktivierungspflicht	Aktivierungspflicht
Fertigungseinzelkosten	Aktivierungspflicht	Aktivierungspflicht
Sondereinzelkosten der Fertigung	Aktivierungspflicht	Aktivierungspflicht
Materialgemeinkosten	Aktivierungswahlrecht	Aktivierungspflicht
Fertigungsgemeinkosten	Aktivierungswahlrecht	Aktivierungspflicht
Verwaltungskosten	Aktivierungswahlrecht	Aktivierungswahlrecht
Vertriebskosten	Aktivierungsverbot	Aktivierungsverbot

aus Wirtschaftlichkeitsgründen häufig auf kostenträgerbezogene Erfassung und erhebt den Verbrauch nur monatlich für die Gesamtleistung einzelner → Kostenstellen.

Hip-Roof-Chart, *Hip-Roof-Profit, Volume Chart,* grafische Darstellung der → Break-Even-Analyse für Mehrproduktunternehmen. Statt der Beschäftigungsmenge wird auf der Abszisse der → Umsatz bzw. die → Nettoerlöse abgetragen. Auf der Ordinate werden die → fixen Kosten und das → Betriebsergebnis abgetragen. In das Koordinatensystem wird zunächst die Betriebsergebnisgerade als zentraler Pfad eingezeichnet. Die Gewinnschwelle befindet sich im Schnittpunkt mit dem Deckungsumsatz der Abszisse. Die Steigung der Betriebsergebnisgeraden entspricht der durchschnittlichen → Erfolgsstärke des Sortiments. Die Gerade unterliegt der Annahme, dass das Sortiment in der geplanten mengenmäßigen Zusammensetzung abgesetzt wird. Zusätzlich werden noch ein optimistischer und pessimistischer Pfad eingetragen. Im optimistischen Pfad geht man davon aus, dass die ertragsstärksten Produkte zuerst verkauft werden. Beim pessimistischen Pfad wird angenommen, dass zuerst die ertragsschwachen Produkte verkauft werden. Der Deckungsumsatz ist folglich beim optimistischen Pfad am geringsten. Das Intervall der drei verschiedenen Gewinnschwellen gibt die Schwankungsbreite des Umsatzes des Sortiments an und ermöglicht somit eine horizontale Risikoanalyse des Sortiments. Des Weiteren ist eine vertikale Risikoanalyse möglich, indem die Schwankungen des Betriebsergebnisses für einen bestimmten Umsatz abgelesen werden können. – Vgl. auch Abb. „Hip-Roof-Chart“.

Historical Costs, → Anschaffungskosten.

Höchstwertprinzip, → Bewertungsmaßstab für → Verbindlichkeiten, der sich aus dem → Vorsichtsprinzip ableitet und damit Bestandteil der → Grundsätze ordnungsmäßiger Buchführung (GoB) ist. Das Höchstwertprinzip ist insbesondere

Hip-Roof-Chart

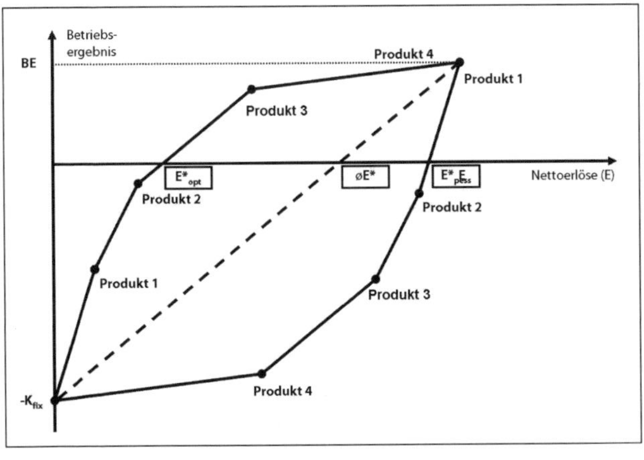

bei → Fremdwährungsverbindlichkeiten mit einer Restlaufzeit von mehr als einem Jahr anzuwenden, wenn der Stichtagskurs höher als der Fremdwährungskurs zum Zeitpunkt der Anschaffung ist. Die Fremdwährungsverbindlichkeiten sind zu dem höheren Stichtagskurs zu bilanzieren.

Holding, → Muttergesellschaft, deren wirtschaftliche Tätigkeit sich auf die Verwaltung der von ihr beherrschten Unternehmen erstreckt. Die Finanzplanung geht auf die Holding über. Man unterscheidet reine Kontrollgesellschaften, bei der die allgemeine Weisungsbefugnis gegenüber den zugehörigen Unternehmen nicht ausgenutzt wird, von Dachgesellschaften, die davon Gebrauch machen. Jede Holding ist gemäß § 18 AktG ein → Konzern.

I

IAS, Abk. für → International Accounting Standards (IAS).

IAS-Conversion, Umstellung der → Rechnungslegung auf internationale Rechnungslegung.

Identifiable Assets, nach → US-GAAP sind dies materielle und → immaterielle Vermögensgegenstände, die von einem Segment oder mehreren genutzt werden und in letzterem Fall entsprechend aufzuteilen sind.

Identitätsprinzip, spezielles Kostenzurechnungsprinzip, nach dem → Kosten und → Leistungen gekoppelte Wirkungen einer Entscheidung sind. D.h., die Zurechnung wird dadurch begründet, dass Kosten und Leistungen einen gemeinsamen dispositiven Ursprung besitzen. Somit können z.B. nach dem Identitätsprinzip einem Auftrag nur Kosten zugerechnet werden, wenn sie durch die Entscheidung, den Auftrag anzunehmen, ausgelöst wurden. D.h., unternehmerische Entscheidungen stellen → Kosteneinflussgrößen dar. Diese Auffassung entspricht weitgehend dem Ziel der → entscheidungsorientierten Kostenrechnung.

IGC, Abk. für → International Group of Controlling.

Illiquidität, *Zahlungsunfähigkeit,* aufgrund fehlender → liquider Mittel eintretendes Unvermögen Zahlungsverpflichtungen nachzukommen. – *Gegensatz:* Liquidität.

immaterielle Anlagegüter, *Intangible Assets, immaterielle Vermögensgegenstände,* nichtmaterielle → Vermögensgegenstände eines Unternehmens. Diese sind in der → Bilanz von → Kapitalgesellschaften vor dem → Sachanlagevermögen auszuweisen. Für alle erworbenen immateriellen Anlagegüter sowie für die Aktivierung des derivativen → Firmenwertes gilt → Aktivierungspflicht. Für selbst erstellte immaterielle Anlagegüter gilt ein Aktivierungswahlrecht. Lediglich für selbst erstellte Marken, Drucktitel, Verlagsrechte, Kundenlisten oder vergleichbare immaterielle Vermögensgegenstände gilt ein Aktivierungsverbot. Stellen die immateriellen Anlagegüter die Produkte des Unternehmens dar mit denen dieses handelt, so besteht Aktivierungspflicht im → Umlaufvermögen. Zu den immateriellen Anlagegütern zählen beispielsweise Lizenzen, Software oder sonstige Rechte.

immaterielle Vermögensgegenstände, → immaterielle Anlagegüter.

Immobilien, nicht-mobile Güter wie z.B. Grundstücke und Gebäude. Als → Vermögensgegenstände sind sie gemäß § 246 (1) HGB in den → Jahresabschluss aufzunehmen. Gemäß § 266 (2) HGB sind sie Bestandteil des → Anlagevermögens.

Imparitätsprinzip, *Verlustantizipation,* → Grundsatz ordnungsmäßiger Buchführung (GoB). Das Imparitätsprinzip leitet sich aus dem → Vorsichtsprinzip ab und schränkt das → Realisationsprinzip ein. Gemäß § 252 (1) Nr. 4 HGB ist vorsichtig zu bewerten; alle vorhersehbaren Risiken und → Verluste, die bis zum → Abschlussstichtag entstanden sind, sind zu berücksichtigen, auch wenn sie erst zwischen dem Abschlussstichtag und dem Tag der Aufstellung des → Jahresabschlusses bekannt geworden sind. → Gewinne hingegen sind nur zu berücksichtigen, wenn sie am Abschlussstichtag realisiert sind.

Imputed Costs, → kalkulatorische Kosten.

Income Statement, → Gewinn- und Verlustrechnung.

Incremental Costs, → relevante Kosten.

Independence, → Unabhängigkeit.

Indexzahlen, → Indexziffern.

Indexziffern, *Indexzahlen,* → Kennzahlen, bei denen gleichartige Werte, die aber zu unterschiedlichen Zeitpunkten angefallen sind, zu einem normierten Basiswert in Beziehung gesetzt werden. Indexziffern bringen prozentuale Preis- oder Mengenveränderungen verschiedener Perioden zum Ausdruck und beziehen sich immer auf ein Basisjahr mit dem Index 100 Prozent.

indirekte Kosten, → Gemeinkosten.

Industriekontenrahmen (IKR), Gliederungssystematik für Buchführungskonten. Der Industriekontenrahmen lässt eine Unterscheidung zwischen → Finanzbuchhaltung und → Kosten- und → Erlösrechnung zu. – *Anders:* → Gemeinschaftskontenrahmen (GKR).

Informationen, stellen zweckorientiertes Wissen zur Vorbereitung unternehmerischen Handelns dar. Die Basis für Informationen bilden Daten, die durch ihren Zweckbezug zu Informationen werden. Die Qualität der Führung wird erheblich durch den Informationsgehalt, die Prüfbarkeit, die Wahrheit, die Aktualität sowie die Vertrauenswürdigkeit von Informationen beeinflusst.

Informationskosten, → Kosten für die Gewinnung von → Informationen zur Entscheidungsfundierung. Informationskosten bilden einen wesentlichen Bestandteil von Informationsentscheidungen, da sie den Wert zusätzlicher Informationen beeinflussen (→ Transaktionskosten). Die Kostenermittlung extern gewonnener Informationen ist meist unproblematisch, da ihnen mehrheitlich direkte Zahlungen gegenüberstehen. Der exakten Kostenermittlung innerbetrieblich gewonnener Informationen steht das Zurechnungsproblem entgegen, da innerbetriebliche Informationen i.d.R. nicht in einer → Kostenstelle gewonnen werden, sondern an ihrer Entstehung mehrere betriebliche Bereiche beteiligt sind.

Informationsmanagement, Management des zielgerichteten und wirtschaftlichen Einsatzes von → Informationen in Unternehmen. D.h., es umfasst die zielgerichtete Gewinnung, Speicherung, Verarbeitung, Übermittlung und Verwendung von Informationen. Für das Lösen von Problemen der Führung und Ausführung ist eine Abstimmung zwischen dem Informationsbedarf, dem Informationsangebot und der Informationsnachfrage erforderlich. Die von einem Entscheidungsträger benötigten Informationen unterscheiden sich hinsichtlich Art, Menge und Qualität. Man differenziert zwischen dem objektiven und subjektiven Informationsbedarf:

- Der objektive Informationsbedarf leitet sich aus den zu erfüllenden Aufgaben ab und gibt an, welche Informationen ein Entscheidungsträger verwenden sollte.
- Der subjektive Informationsbedarf umfasst jene Informationen, die dem

Entscheidungsträger zur Erfassung und Handhabung von Problemen relevant erscheinen.

Zur Schaffung von weitgehender Informationskongruenz sind auch entsprechende Wirtschaftlichkeitsaspekte zu berücksichtigen. Darüber hinaus spielen auch Verhaltensaspekte eine Rolle (→ Behavioral Accounting). Die bewusste Schaffung und Erhaltung eines informationswirtschaftlichen Gleichgewichts ist als ein Funktionsbereich des Controllings zu sehen und kann durch entsprechende → Management-Unterstützungssysteme bzw. → Controlling-Informationssysteme unterstützt werden.

Informationssystem, soziotechnische Systeme, d.h. Systeme mit menschlichen und technischen Komponenten, die der Verarbeitung, Erfassung, Übertragung, Transformation, Speicherung und Bereitstellung von → Informationen dienen. – Vgl. auch → Management-Unterstützungssystem, → Controlling-Informationssystem.

Initial Public Offering, → Going Public.

Inkasso-Risiko, → Delkredere.

innerbetriebliche Leistung, selbsterstellte → Leistungen eines Unternehmens, die nicht für den Absatz bestimmt sind und wieder im Unternehmen verwendet werden. Dazu zählen z.B. die Leistungen aus Forschung und Verwaltung. Die Verrechnung erfolgt im Rahmen der → innerbetrieblichen Leistungsverrechnung. – Vgl. auch → Wiedereinsatzleistung.

innerbetriebliche Leistungsverrechnung, *Sekundärkostenrechnung,* Erfassung und Bewertung der → innerbetrieblichen Leistungen der → Kostenstellen und deren Weiterverrechnung als sekundäre → Gemeinkosten auf die empfangenden Kostenstellen. Verschiedene Verfahren können zum Einsatz kommen:

- Die Abrechnung einseitiger innerbetrieblicher Leistungsströme mit mehrstufiger Leistungsabgabe erfolgt über eine Umlage bzw. – falls die Leistungen direkt gemessen werden – Verrechnung sämtlicher für → Hilfskostenstellen erfassten Kosten auf nachgelagerte, innerbetriebliche Leistungen empfangende Kostenstellen (→ Anbauverfahren, → Stufenleiterverfahren).
- Die Abrechnung wechselseitiger innerbetrieblicher Leistungsströme mit mehrstufiger Leistungsabgabe erfolgt über eine simultane, den gegenseitigen Leistungsaustausch berücksichtigende Verrechnung der Kosten innerbetrieblicher Leistungsströme (→ Gleichungsverfahren, → Iterationsverfahren).
- Die Abrechnung einzelner innerbetrieblicher Leistungsströme erfolgt über die Erfassung der innerhalb einer Periode nicht gleichartigen und/ oder nicht aktivierbaren innerbetrieblichen Leistungen sowie der einzelleistungsbezogenen Verrechnung der dafür anfallenden Kosten (→ Kostenartenverfahren, → Kostenstellenausgleichsverfahren, → Kostenträgerverfahren).

innerbetriebliches Rechnungswesen, → internes Rechnungswesen.

Insider Trading, Gesellschaftsanteile betreffende Rechtsgeschäfte, die von Insidern durchgeführt werden. Ein Insider ist gemäß § 13 WpHG eine Person, die konkrete Informationen über nicht öffentlich bekannte Umstände hat, die sich auf einen oder mehrere Emittenten von Insiderpapieren oder auf die Insiderpapiere selbst beziehen und die geeignet sind, im Falle ihres öffentlichen Bekanntwerdens den Börsen- und Marktpreis der Insiderpapiere erheblich zu beeinflussen.

Insolvenz, Rechtsfolge bei Vorliegen von → Zahlungsunfähigkeit oder → Überschuldung bei juristischen Personen. Gemäß § 17 InsO ist ein → Schuldner zahlungsunfähig, wenn er nicht in der Lage ist, seine fälligen Zahlungspflichten zu erfüllen. Zahlungsunfähigkeit ist anzunehmen, wenn der → Schuldner seine Zahlungen eingestellt hat. Beantragt der Schuldner die Insolvenz kann gemäß § 18 InsO auch die drohende → Zahlungsunfähigkeit ein Insolvenzgrund sein. Gemäß § 19 InsO in der bis zum 31.12.2013 folgenden Fassung liegt Überschuldung dann vor, wenn das Vermögen des Schuldners die bestehenden Verbindlichkeiten nicht mehr deckt, es sei denn, die Fortführung des Unternehmens ist nach den Umständen überwiegend wahrscheinlich.

Insolvenzrecht, seit 1.1.1999 gültiges neues Regelwerk, das für → Insolvenzverfahren gilt, die nach dem 31.12.1998 beantragt wurden. Das Insolvenzrecht löst das Konkursrecht ab. Es besteht aus der Insolvenzordnung und dem Einführungsgesetz zur Insolvenzordnung. Diese führen zu einem einheitlichen Insolvenzrecht für Unternehmen und Verbraucher. Ein Insolvenzverfahren kann demnach über das → Vermögen von natürlichen und juristischen Personen sowie nichtrechtsfähigen Vereinen und Gesellschaften ohne Rechtspersönlichkeit eröffnet werden.

Insolvenzverfahren, rechtliches Verfahren, das gemäß Insolvenzordnung nach Vorliegen eines Eröffnungsgrundes eingeleitet werden kann. Die Eröffnungsgründe sind in den §§ 17 bis 19 InsO genannt.

Instandhaltungscontrolling, Teilbereich des → Anlagencontrollings.

Instandhaltungskosten, → Kosten, die zur Erhaltung der betrieblichen → Anlagen in einem einsatzfähigen Zustand anfallen. Diese umfassen Wartungs-, Inspektions-, Reparatur- und Instandsetzungskosten. Fremdinstandhaltungskosten werden als primäre → Kostenart in der → Kostenartenrechnung erfasst und i.d.R. den die → Leistung nachfragenden → Kostenstellen zugeordnet. Die Eigeninstandhaltung wird im Rahmen der → innerbetrieblichen Leistungsverrechnung pro Auftrag oder per Umlage weiterverrechnet.

Institut der deutschen Wirtschaftsprüfer (IDW), freiwillige berufsständische Vereinigung der → Wirtschaftsprüfer und Wirtschaftsprüfungsgesellschaften in Deutschland. Zu den Aufgaben des IDW gehören die Förderung der Facharbeit und die Interessenvertretung für den Wirtschaftsprüferberuf. Zur Sicherung einer einheitlichen Berufsausübung auf qualitativ hohem Niveau sind die Mitglieder des IDW zur Anwendung bestimmter Normen verpflichtet, die in Stellungnahmen und Gutachten festgelegt sind. Im Einzelnen handelt es sich um folgende Verlautbarungen:

- IDW Fachgutachten (IDW FG),
- IDW Prüfungsstandards (IDW PS),
- IDW Stellungnahmen zur Rechnungslegung (IDW RS),
- IDW Standards (IDW S).

Abweichungen von diesen Grundsätzen sind von den Berufsangehörigen deutlich hervorzuheben und schriftlich zu besprechen (z.B. im → Prüfungsbericht). Zurzeit sind im IDW rund 13.100 Mitglieder zusammengeschlossen.

Intangible Assets, → immaterielle Anlagegüter.

Interest Cost Capitalized, → Fremdfinanzierungskosten.

Interest Public Offering, → Going Public.

Interests, → Zinsen.

Interimsbilanzen, *Zwischenbilanzen,* → Bilanzen, die während des → Geschäftsjahres erstellt werden, wie Halbjahres-, Quartals-, Monats- oder Tagesbilanzen. Bilanzen, die zu bestimmten Zeitpunkten unabhängig vom → Abschlussstichtag erstellt werden, wie → Sonderbilanzen.

Interimsdividende, → Quarter Dividend.

Internal Accounting, Management Accounting.

International Accounting Standards Board (IASB). Bezeichnung für das International Accounting Standards Committee (IASC), die seit der Restrukturierung des International Accounting Standards Committee (IASC) mit Wirkung vom 1.4.2001 gebräuchlich ist. Die von dem IASB zukünftig herausgegebenen Standards werden nicht wie bisher als → International Accounting Standards (IAS), sondern als International Financial Reporting Standards (IFRS) bezeichnet, insbesondere um zu verdeutlichen, dass die Standards sich nicht auf Bilanzierungsaspekte beschränken, sondern vielmehr sich auf jegliche Form der Finanzberichterstattung beziehen.

International Accounting Standards Committee (IASC), 1973 in London gegründeter privater Zusammenschluss von Berufsverbänden aus mehr als 100 Ländern. Die Aufgabe des IASC besteht darin, internationale Rechnungslegungsvorschriften zu formulieren, zu veröffentlichen und deren weltweite Akzeptanz zu fördern.

International Accounting Standards (IAS), geschlossenes Regelwerk internationaler Rechnungslegungsvorschriften, das vom → International Accounting Standards Committee (IASC) mit dem Ziel erarbeitet wurde, die → Rechnungslegung weltweit zu harmonisieren und die Vergleichbarkeit von → Jahresabschlüssen von Unternehmen verschiedener Nationen zu gewährleisten. Werden die IAS durch nationale Gesetzgebungen anerkannt, erhalten sie Rechtsnormqualität. In seiner Sitzung vom 18.4. bis 20.4.2001 beschloss das International Accounting Standards Committee (IASC), die künftig von ihm entwickelten und veröffentlichten Rechnungslegungsstandards → International Financial Reporting Standards (IFRS) zu nennen.

International Auditing Practice Committee (IAPC), Fachausschuss der → International Federation of Accountants (IFAC). Der IAPC befasst sich mit Fragen der Abschlussprüfung und prüfungsnaher Dienstleistungen mit der Zielsetzung der weltweiten Harmonisierung von Prüfungsstandards. Die vom IAPC erarbeiteten Prüfungsstandards (→ International Standards on Auditing (ISA)) und Stellungnahmen (→ International Auditing Practice Statements (IAPS)) werden zunehmend international anerkannt.

International Auditing Practice Statements (IAPS), ergänzende Stellungnahmen zu den → International Standards on Auditing (ISA), die empfehlenden Charakter haben. Die IAPS dienen der Förderung der Qualität der Arbeit der → Abschlussprüfer.

International Federation of Accountants (IFAC), 1977 gegründete Föderation der wirtschaftsprüfenden Berufe mit Sitz in New York. Ihr gehören ca. 163 Mitgliedsorganisationen aus 120 Ländern an. Deutschland ist über das → Institut der Wirtschaftsprüfer (IDW) und über die → Wirtschaftsprüferkammer vertreten. Zielsetzungen der IFAC sind:

1. Schaffung eines koordinierten Berufsstandes mit weltweit harmonisierten Standards,
2. Gegenseitige Anerkennung von Qualifikationen für die Berufsausübung.

International Financial Reporting Interpretations Committee (IFRIC), Teil des institutionellen Rahmens der → International Financial Reporting Standards (IFRS). Im Rahmen der Neuorganisation des → International Accounting Standards Committee (IASC) wurde es im Dezember 2001 als Nachfolger des → Standing Interpretations Committee (SIC) gegründet. Das IFRIC umfasst zwölf Mitglieder. Zu den Aufgaben des IFRIC gehört u.a. die Interpretation der Anwendung der International Accounting Standards (IAS) und der International Financial Reporting Standards (IFRS). Des Weiteren leistet es Hilfestellungen in Fragen der Rechnungslegung, die nicht explizit in den IFRS angesprochen werden. Das IFRIC arbeitet grundsätzlich eng mit den nationalen Standardsettern, wie z.B. dem → Deutschen Rechnungslegungs Standard Committee (DRSC) zusammen, um eine Konvergenz in den Rechnungslegungsfragen zu erreichen und eine hohe Qualität der verabschiedeten Vorschriften sicherzustellen. Das IFRIC tagt alle sechs Wochen und veröffentlicht zunächst seine Interpretationen als Entwurf, damit die interessierte Öffentlichkeit Stellung nehmen kann. Diese Stellungnahmen sind vom IFRIC bei der Verabschiedung der endgültigen Interpretation zu berücksichtigen.

International Financial Reporting Standards (IFRS), internationale → Rechnungslegungsvorschriften. Sie umfassen die Standards des International Accounting Standards Committee (IASB), die International Accounting Standards (IAS) des International Reporting Standards Interpretations Committee (IFRIC) bzw. des ehemaligen Standing Interpretation Committee (SIC). Die IFRS sind eine Sammlung von Regeln für die → Rechnungslegung erwerbswirtschaftlicher Unternehmen. Mit IFRS werden sowohl die einzelnen Standards bezeichnet, als auch die Gesamtheit der Standards und Interpretationen. Die IFRS sollen

- die Vergleichbarkeit der Abschlüsse kapitalmarktorientierter Unternehmen weltweit erleichtern und damit den Aufbau eines integrierten Kapitalmarktes gewährleisten, der wirksam, reibungslos und effizient funktioniert,
- den Schutz der Anleger verbessern,
- das Vertrauen in die Finanzmärkte und den freien Kapitalverkehr im Binnenmarkt stärken,
- für grenzüberschreitende Geschäfte oder für die Zulassung an allen Börsen den Wert nutzbar machen.

Seit 2005 sind Gesellschaften, die dem Recht eines Mitgliedsstaats unterliegen und deren Wertpapiere zum Handel in einem geregelten Markt in einem der Mitgliedsstaaten zugelassen sind (kapitalmarktorientierte Unternehmen) verpflichtet, ihre konsolidierten Abschlüsse nach IFRS aufzustellen. Der wesentliche Unterschied zu den → Rechnungslegungsvorschriften des HGB ist, dass nicht mehr → Gläubigerschutz, → Kapitalerhaltung und nachgelagert auch Informationen für → Stakeholder im Vordergrund stehen. Vielmehr sollen den Investoren Informationen zur Verfügung gestellt werden, die ein den tatsächlichen Verhältnissen entsprechendes Bild der → Vermögens-, Finanz- und Ertragslage des Unternehmens („true and fair presentation") vermittelt. Dieses „overriding principle" führt in Deutschland im Unterschied zur HGB-Bilanz in fast allen Fällen zu einer Erhöhung der Bilanzsumme sowie des → Jahresüberschusses. → Einzelabschlüsse nach IFRS sind nicht befreiend, es muss also in Deutschland eine zusätzliche → Handelsbilanz aufgestellt werden, die als Grundlage für die → Steuerbilanz und damit die Besteuerung dient.

International Group of Controlling (IGC), internationale Kooperation von Institutionen, die auf dem Gebiet des →

Controlling tätig sind. Ziel dieser Kooperation ist es, ein gemeinsames Controlling-Verständnis zum Berufsbild des → Controllers, der Terminologie und der Ausbildung zu entwickeln. Im Einzelnen verfolgt die IGC folgende Ziele:

- Profilierung der Berufs- und Rollenbildes des Controllers.
- Forum für fachlichen Meinungs- und Gedankenaustausch.
- Plattform für die Abstimmung und Weiterentwicklung einer übereinstimmen getragenen Controlling-Konzeption sowie einer einheitlichen Controlling-Terminologie.
- Pflege der Schnittstellen zur Wissenschaft und themenverwandten Fachgebieten.
- Erhöhung der Markttransparenz und Qualitätssicherung in Bezug auf Controlling-Ausbildungsprogramme.
- Definition von Qualitätsstandards für die Mitglieder der Interessengemeinschaft, verbunden mit der Vergabe eines Qualitätssiegels.
- Erarbeitung von Grundlagen für eine spätere Zertifizierung von Controllern und Controllerinnen.

International Organization of Securities Commissions (IOSCO), 1934 gegründete internationale Organisation der grenzüberschreitenden Aufsicht über die Wertpapiermärkte mit Sitz in Montreal. Nationale Wertpapieraufsichtsbehörden, Verbände und Börsen sowie weitere Institutionen aus mehr als 150 Ländern sind Mitglieder der IOSCO.

International Standards on Auditing (ISA), internationale Prüfungsnormen, die von der → International Federation of Accountants (IFAC) herausgegeben werden und im Rahmen von Abschlussprüfungen und bei prüfungsnahen Dienstleistungen zu beachten sind. Die ISA müssen von den nationalen Mitgliedsorganisationen der International Standards on Auditing (ISA) in nationale Prüfungsstandards umgesetzt werden.

Internes Kontrollsystem (IKS), Gesamtheit der in einem Unternehmen implementierten Mechanismen zwecks Sicherung und Schutz betrieblicher Werte, Gewährleistung genauer, zutreffender und zeitnaher Informationen sowie schlechthin Steigerung der betrieblichen Effizienz. Dazu zählen im Einzelnen Maßnahmen wie eine ausgeprägte Funktionstrennung, automatisch wirkende Kontrollen und ausreichende organisatorische Vorgaben. Im Rahmen der → Jahresabschlussprüfung wird auch das IKS untersucht, um Art und Umfang bilanzpostenbezogener Einzelfallprüfungen bestimmen und gegebenenfalls reduzieren zu können. Diese Vorgehensweise ist Ausdruck eines risikoorientierten Prüfungsansatzes.

internes Rechnungswesen, *innerbetriebliches Rechnungswesen,* dient der Abbildung von wirtschaftlich bedeutsamen Vorgängen eines Unternehmens für interne Adressaten. Die internen Informationsempfänger sollen in die Lage versetzt werden, auf Grundlage der vorliegenden Daten Entscheidungen über die Gestaltung und Lenkung eines Betriebes zu treffen. Aufgabe ist insbesondere die mengenmäßige und wertmäßige Erfassung, Planung, Überwachung und Steuerung der betrieblichen Leistungsprozesse. Die Bestandteile des internen Rechnungswesens sind: die Kosten-, Leistungs- bzw. → Erlös- und Ergebnisrechnung, → Investitionsrechnung, → Planungsrechnung sowie die Betriebsstatistik. Das interne Rechnungswesen dient als Ergänzung zum → externen Rechnungswesen und als bedeutende Informationsgrundlage für das → Controlling.

interne Zinsfußmethode, dynamisches Verfahren der → Investitionsrechnung. Sie gibt für ein Investitionsprojekt den Zinssatz an, bei dem der → Kapitalwert der

Einzahlungsüberschüsse gerade den Wert Null hat (interner Zinssatz). Verglichen mit dem → Kalkulationszinssatz des Investors ist eine Investition dann lohnend, wenn ihr interner Zinssatz mindestens so hoch ist wie der Kalkulationszinssatz des Investors. In der Praxis wird der interne Zinsfuß oft als Maß für die → Rentabilität interpretiert.

Interpolationsverfahren, Verfahren zur Vereinfachung von Zeitstudien. Das Interpolationsverfahren wird insbesondere bei der Herstellung von Produkten angewandt. Falls z.B. die Herstelldauer eines kleinen und eines großen Produktes bekannt ist, ist es unter Annahme bekannter Beziehungen zwischen Fertigung und Einflussgrößen möglich, die Fertigungszeit eines Produkts mittlerer Größe aus den Fertigungszeiten des kleinen und des großen Produkts durch rechnerische oder grafische Interpolation zu ermitteln, die i.d.R. zwischen den Eckzeiten liegt.

intervallfixe Kosten, → sprungfixe Kosten.

Inventar, Verzeichnis der Gesamtheit aller in einem Unternehmen vorhandenen → Vermögensgegenstände und → Schulden ihrer Art, Menge und ihrem Wert nach. Es muss zu Beginn der Kaufmannstätigkeit sowie einmal jährlich erstellt werden (§ 240 HGB), es sei denn der Kaufmann weist an zwei aufeinanderfolgenden Abschlussstichtagen nicht mehr als 500.000 Euro Umsatzerlöse und 50.000 Euro Jahresüberschuss auf.

Inventories, → Vorratsvermögen.

Inventory Cost Accounting, Bezeichnung für die Bestandsbewertung von → fertigen und unfertigen Erzeugnissen im US-amerikanischen Rechnungswesen.

Inventur, Aufnahme aller → Vermögensgegenstände zum → Bilanzstichtag zur Erstellung des → Inventars. Sie muss von jedem Kaufmann zu Beginn seiner Tätigkeit und dann einmal jährlich durchgeführt werden (§ 240 HGB), es sei denn der Kaufmann weist an zwei aufeinanderfolgenden Abschlussstichtagen nicht mehr als 500.000 Euro Umsatzerlöse und 50.000 Euro Jahresüberschuss auf. Dies erfolgt im Normalfall durch die → Stichtagsinventur oder durch ein gesetzlich geregeltes → Inventurvereinfachungsverfahren zum → Bilanzstichtag (§ 241 (2) HGB).

Inventurrichtlinien, für die → Inventur aufgestellte Richtlinien von → Konzernen oder Großunternehmen, die eine ordnungsgemäße und einheitliche Inventur gewährleisten sollen.

Inventurvereinfachungsverfahren, Inventurverfahren, die anstatt der → Stichtagsinventur durchgeführt werden, um nicht zwingend am Stichtag alle Bestände erfassen zu müssen. Vorgesehen sind drei Arten der Inventurvereinfachung:

1. Die vor- oder nachgelagerte Inventur wird innerhalb der letzten drei Monate vor oder innerhalb der ersten zwei Monate nach dem → Bilanzstichtag durchgeführt (§ 241 (3) HGB). Voraussetzung ist, dass der Bestand aufgrund einer innerhalb dieses Zeitraumes durchgeführten Aufnahme verzeichnet wurde und durch ein den → Grundsätzen ordnungsmäßiger Buchführung (GoB) entsprechendes Verfahren zum Stichtag fortgeschrieben oder zurückgerechnet werden kann.
2. Bei der permanenten Inventur wird der Bestand am Stichtag ohne körperliche Bestandsaufnahme dadurch ermittelt, dass durch ein anderes den → Grundsätzen ordnungsmäßiger Buchführung (GoB) entsprechendes Verfahren Art, Menge und Wert der Vermögensgegenstände bestimmt werden können (§ 241 (2) HGB).

3. Die Stichprobeninventur wird durchgeführt, indem der Bestand nach Stichprobenzählung mittels mathematisch-statistischer Berechnung bestimmt wird (§ 241 (1) HGB). Voraussetzung hierfür ist, dass es sich um ein anerkanntes, den Grundsätzen ordnungsmäßiger Buchführung (GoB) entsprechendes Verfahren handelt und der so ermittelte Bestand dem Aussagewert einer → körperlichen Bestandsaufnahme gleichkommt. Bei allen Inventurvereinfachungsverfahren muss eine körperliche Bestandsaufnahme aller → Vermögensgegenstände einmal im Jahr erfolgen.

Investition, → Kapitalverwendung.

Investitionscontrolling, *Capital Budgeting,* Teilgebiet des → Controllings, welches sich auf die wertschöpfungsorientierte Planung, Entscheidung und → Kontrolle der Investitionstätigkeiten eines Unternehmens bezieht. Das Aufgabenfeld reicht von der Abstimmung langfristiger Investitionsstrategien bis zu investitionsphasenspezifischen Einzelaufgaben und umfasst:

- die Investitions- und Kapazitätsplanung,
- die Abstimmung des Investitionsprozesses mit den Unternehmensbereichen Organisation und Personal,
- die Durchführung, Nutzung und Kontrolle der Investitionen.

Im Unterschied zum → Finanzcontrolling rückt das Investitionscontrolling die realwirtschaftlichen Aspekte der Investitionen in den Vordergrund.

Investitionsplanung, Bereitstellung von Informationen über mögliche Investitionsvorhaben und deren Wirkungen zur Entscheidungsvorbereitung.

Investitionsrechnung, Hilfsmittel zur Ermittlung der → Wirtschaftlichkeit von Entscheidungsalternativen. Im Rahmen der Investitionsrechnung wird die Vorteilhaftigkeit einer Investition an sich (absolute Vorteilhaftigkeit) und von Investitionen im Alternativenvergleich (relative Vorteilhaftigkeit) ermittelt. Statische Verfahren umfassen die einperiodigen Gewinn- und Rentabilitätsrechnungen, die den zeitlichen Anfall der Zahlungen vernachlässigen. Dazu gehören die → Kosten-, die → Gewinn- und die → Rentabilitätsvergleichsrechnung. Dynamische Verfahren berücksichtigen den zeitlichen Anfall von Zahlungen durch die Anwendung eines Diskontierungsfaktors. Sie basieren entweder auf dem Modell eines vollkommenen Kapitalmarktes (→ Kapitalwertmethode, → Interne Zinsfußmethode und → Annuitätenmethode) oder auf dem realistischeren Modell eines unvollkommenen Kapitalmarktes. → Amortisationsrechnungen können sowohl den statischen als auch dynamischen Verfahren zugeordnet werden. → Wirtschaftlichkeitsanalyse.

Investment Center, organisatorischer Teilbereich eines Unternehmens, dessen Leiter Renditeverantwortung haben und somit auch Investitions- und Desinvestitionentscheidungen treffen.

Investor Relations, alle Maßnahmen zur Schaffung einer positiven Aktionärsbindung, einerseits zur Bindung der → Anteilseigner an das Unternehmen und andererseits zur Werbung potenzieller Investoren. Zu den Investor Relations gehören eine bewusste Dividenden- und Emissionspolitik sowie eine positive Publizität gegenüber den → Anteilseignern in Form von → Geschäftsberichten, Zwischenberichten, Aktionärsbriefen und ähnlichem.

irrelevante Kosten, die von einer Entscheidung nicht beeinflussten Kosten. – *Gegensatz:* → entscheidungsrelevante Kosten.

Istbeschäftigung, effektive → Beschäftigung eines Betriebes während einer bestimmten Abrechnungsperiode. Die Messung kann z.B. anhand der erzeugten Leistungseinheiten oder der in Anspruch genommenen Maschinenstunden erfolgen. Die Istbeschäftigung bildet häufig die Grundlage für die → Fixkostenproportionalisierung.

Ist-Ist-Vergleich, ex-post Vergleich von realisierten Größen. Diese Form der → Kontrolle kommt z.B. bei Betriebsvergleichen und bei mehrperiodischen Kostenvergleichen zur Anwendung.

Istkosten, innerhalb der laufenden → Abrechnungsperiode oder während eines zurückliegenden Abrechnungszeitraums effektiv angefallene → Kosten. Sie ergeben sich aus der Multiplikation der tatsächlichen Istverbräuche und der Istpreise. Zu → Festpreisen bewertete Istverbrauchsmengen, die im Rahmen von → Soll-Ist-Vergleichen den → Sollkosten gegenübergestellt werden, bezeichnet man auch als Istkosten (zu Festpreisen). Die Ermittlung von Istkosten ist bei kurzen Perioden häufig mit Schwierigkeiten verbunden, da vor allem große Teile der Fixkosten den Charakter von Periodengemeinkosten haben. Im Rahmen der → Vollkostenrechnung wird dies dadurch gelöst, dass den kurzen Perioden anteilige Istkosten größerer Zeiträume angelastet werden (→ Abschreibungen). Die Erfassung und Abrechnung von Istkosten erfolgt in → Istkostenrechnungen zu Dokumentationszwecken. – *Gegensatz:* → Plankosten.

Istkostenrechnung, vergangenheitsorientiertes Kostenrechnungskonzept, ohne den Ansatz von → Plankosten. Es werden nur die effektiv angefallenen → Istkosten ausgewiesen. Die Istkosten basieren auf historischen Werten und bilden die Einmaligkeit und Zufälligkeit der Leistungserstellung und -verwertung ab. D.h., Beschäftigungsschwankungen, Änderungen der Beschaffungspreise oder Qualitätsschwankungen von Rohstoffen bewirken Schwankungen der effektiven Verbrauchsmengen und somit der Höhe der Istkosten. Deshalb kommt den Istkosten und der Istkostenrechnung nur eine begrenzte Aussagekraft zu. Die Istkostenrechnung bildet aber die Datenbasis für Betriebs- und Zeitvergleiche, mit denen sich das Betriebsgeschehen zumindest ansatzweise überwachen lässt.

IT-Controlling, → Controlling der Informationstechnologie. Dieser Teilbereich des Controllings umfasst aufgrund der inzwischen hohen Bedeutung der Informationstechnologie nicht nur die IT-Abteilung sondern alle Bereiche eines Unternehmens. In der betrieblichen Praxis weist das IT-Controlling insbesondere folgende Schwerpunkte auf:

- Vorbereitung strategisch relevanter IT-Entscheidungen (z.B. → Make or Buy),
- Wirtschaftlichkeitskontrolle der IT,
- Begleitung von IT-Projekten,
- Qualitätssicherung (interner) IT-Dienstleistungen.

Relevante Informationen für das IT-Controlling sind z.B. Entwicklungskosten eines Anwendungsprogramms, Kosten einer Datenbanktransaktion, Netz- und System-Ausfallzeiten, Antwortzeitverhalten sowie Informationen über die Akzeptanz von Anwendungssystemen.

Iterationsverfahren. Verfahren der gesamtleistungsbezogenen Abrechnung der → Kosten → innerbetrieblicher Leistungen, das zunächst – unter Außerachtlassung der wechselseitigen Leistungsverflechtungen – mit vorläufigen → Verrechnungspreisen eine unvollständige Verrechnung der Kosten der → Hilfskostenstellen vornimmt, um dann durch Einbeziehung der entstehenden Verrechnungsdifferenzen schrittweise – bis keine Differenzen mehr entstehen – zur vollständigen

Verrechnung sämtlicher Kosten zu gelangen.

IT-Kosten, → Kosten der Bereitstellung und Bereithaltung der IT-Infrastruktur, Kosten der Softwareentwicklung und Softwarepflege etc. Gegebenenfalls können auch entsprechende Schulungskosten mit zu den IT-Kosten zählen. i.d.R. weist diese → Kostenart den Charakter von → Gemeinkosten auf. Ein großes Problem von IT-Kosten ist daher deren verursachungsnahe auf leistungsbeziehende Unternehmensbereiche abgestimmte Verrechnung. Abhilfe kann die Einführung eines entsprechend auf das Unternehmen ausgerichteten Verrechnungspreissystems bieten.

J

Jahresabschluss, Darstellung der → Vermögens-, Finanz- und Ertragslage für das → Geschäftsjahr. Der Jahresabschluss setzt sich gemäß § 242 (3) HGB aus der → Bilanz und der → Gewinn- und Verlustrechnung zusammen. Bei → Kapitalgesellschaften, → kapitalistischen Personengesellschaften und Unternehmen, die dem Publizitätsgesetz unterliegen, ist zusätzlich ein → Anhang zu erstellen, der Pflichtbestandteil des Jahresabschlusses dieser Gesellschaften ist (§ 264 (1) HGB). Der → Lagebericht nach § 289 HGB gilt nicht als Bestandteil des Jahresabschlusses. Gemäß § 242 (1) HGB ist jeder Kaufmann verpflichtet, für den Schluss eines jeden Geschäftsjahres einen Jahresabschluss zu erstellen.

Jahresabschlussanalyse, → Bilanzanalyse.

Jahresabschlussprüfung, dient der → Prüfung der Einhaltung der gesetzlichen Vorschriften und ergänzenden Bestimmungen des → Gesellschaftsvertrags bezüglich der → Buchführung, des → Jahresabschlusses und gegebenenfalls des → Lageberichts. Geprüft werden müssen gemäß § 316 HGB → Kapitalgesellschaften mit ihren Einzel- und Konzernabschlüssen. Kleine Kapitalgesellschaften sind gemäß § 316 (1) HGB von dieser Regelung ausgenommen. Jahresabschlussprüfungen werden von → Wirtschaftsprüfern und → Vereidigten Buchprüfern bzw. von Wirtschaftsprüfungsgesellschaften vorgenommen (§ 319 (1) HGB). Ergebnis der Jahresabschlussprüfung ist der sogenannte → Bestätigungsvermerk. Über Art und Umfang der Abschlussprüfung und sonstige Feststellungen ist ein → Prüfungsbericht zu fertigen (§ 321 HGB).

Jahreseinzelkosten, → Periodeneinzelkosten.

Jahresfehlbetrag, *Net Loss,* erwirtschafteter → Verlust einer Periode, der zu einer Minderung des Eigenkapitals in der → Bilanz führt.

Jahresüberschuss, *Reinertrag, Net Income, Net Profit,* erwirtschafteter → Gewinn einer Periode, der bei → Thesaurierung zu einer Mehrung des Eigenkapitals in der → Bilanz führt und bei → Gewinnausschüttung den Anteilseignern zufließt.

Joint Audit, *Gemeinschaftsprüfung,* → Prüfung des → Jahresabschlusses und → Lageberichts von Unternehmen durch mehrere voneinander unabhängige Abschlussprüfer. In Deutschland ist das Joint Audit keine gesetzliche Pflicht, sondern erfolgt teilweise auf freiwilliger Basis.

Joint Costs, → verbundene Kosten.

Joint Venture, *Gemeinschaftsunternehmen,* Form des Unternehmenszusammenschlusses, bei dem eine dritte Gesellschaft gegründet wird, an der sich die kooperierenden Unternehmen beteiligen.

Just-In-Time (JIT), Gestaltung der Produktions- und Materialwirtschaft auf Abruf, damit sich keine großen Lagerbestände aufbauen und die Lagerkosten somit gesenkt werden. Die Produktion kann kurzfristiger auf Änderungen reagieren. Es wird nach dem Prinzip gehandelt, dass das richtige Teil mit der gewünschten Qualität zur richtigen Zeit am richtigen Ort sein muss. Das JIT-Prinzip kann aber auch sehr störanfällig auf Lieferverzögerungen reagieren.

K

Kalkulation, allgemein jede Art der rechnungsbezogenen Zusammenfassung von Kosteninformationen. Objekte der Kalkulation können Abrechnungsperioden (→ Kostenträgerzeitrechnung), Aufträge, Prozesse, Leistungseinheiten (→ Kostenträgerstückrechnung) und Bestände sein. Nach dem Zeitpunkt der Durchführung der Kalkulation unterscheidet man die Vor-, Zwischen- und Nachkalkulation. In der Praxis kommen je nach Rechenzweck, Leistungsprogramm und Fertigungstyp verschiedene → Kalkulationsverfahren zur Anwendung. Die Kalkulation öffentlicher Aufträge und Leistungen erfolgt nach den → LSP.

Kalkulationsverfahren, Verfahren, die im Rahmen der → Kalkulation zum Einsatz kommen. Die Art des verwendeten Kalkulationsverfahrens hängt v.a. von der Art der Fertigung sowie der Anzahl der hergestellten Produkte ab.

- Bei der Massenfertigung homogener oder nur geringfügig differenzierter Produkte lassen sich Verfahren der Divisionskalkulation heranziehen.
- Bei äquivalenten Leistungen der Serien- und Sortenfertigung ist das Verfahren der → Äquivalenzziffernkalkulation heranzuziehen.
- Bei heterogenen Leistungsstrukturen werden Verfahren der → Zuschlagskalkulation oder der → Verrechnungssatzkalkulation angewendet.
- Das Vorliegen von leistungswirtschaftlicher Verbundenheit in Form von Kuppelproduktion macht andere Kalkulationsverfahren erforderlich (→ Schlüsselungsverfahren, → Restwertrechnung).

Vgl. auch Abb. „Kalkulationsverfahren – Methoden."

Man unterscheidet bezüglich des Um-

Kalkulationsverfahren – Methoden

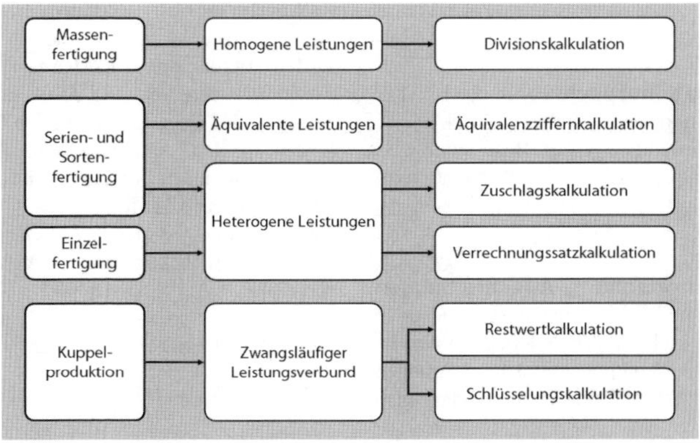

fangs der insgesamt auf die einzelnen Kostenträgereinheiten verrechneten → Kosten → Vollkostenkalkulationen und → Teilkostenkalkulationen. Jedes Verfahren kann grundsätzlich als Vor-, Zwischen- oder Nachkalkulation angewendet werden.

Kalkulationswert, wertmäßige Angabe des bei der betrieblichen Leistungserstellung auftretenden mengenmäßigen Verbrauchs an → Produktionsfaktoren entsprechend der Markt- und Betriebslage für die Zwecke der → Kostenrechnung. Der Kalkulationswert bezieht sich zum einen auf die genaue Ermittlung der tatsächlich angefallenen → Kosten (→ Selbstkosten) und zum anderen auf die wertmäßige Beurteilung der fertigen Produkte, d.h. die dem Markt entsprechende Aufstellung des Verkaufspreises und der → Preisuntergrenze.

Kalkulationszinsfuß, Zinssatz, der im Rahmen der Bestimmung des → Kapitalwertes herangezogen wird, um die → Einzahlungen und → Auszahlungen, die zu verschiedenen Zeitpunkten anfallen, auf einen gemeinsamen Bezugspunkt (Kalkulationszeitpunkt t) abzuzinsen (zu diskontieren). Dabei entspricht er häufig dem Zinssatz einer Alternativanlage, d.h., die Investition wird mit dem Zinssatz diskontiert, der beim Einsatz der Gelder an anderer Stelle hätte erzielt werden können (→ Opportunitätskosten).

Kalkulationszuschlag, in der Handelskalkulation angewendeter Zuschlag auf den Einstandswert zur Bestimmung des Verkaufspreises. Der Kalkulationszuschlag soll die → Handlungskosten und den → Gewinn abdecken.

kalkulatorische Abschreibungen, betriebsbedingter, leistungsbezogener → Werteverzehr. Es handelt sich um eine bedeutsame Komponente der → Anlagenkosten. Vergleichbar zu den bilanziellen Abschreibungen verteilen auch die kalkulatorischen Abschreibungen die einmalig für die Anschaffung oder Herstellung eines Anlagegutes anfallenden Ausgaben bzw. Auszahlungen auf die einzelnen Teilperioden auf die wirtschaftliche Nutzungsdauer. Aufgrund der Ausrichtung auf unterschiedliche → Rechnungszwecke ergeben sich in der Wirtschaftspraxis i.d.R. Unterschiede zwischen bilanziellen und kalkulatorischen Abschreibungen. Kalkulatorische Abschreibungen haben den Charakter von → Anderskosten. Die Höhe der kalkulatorischen Abschreibungen ist im Einzelfall von den unternehmensspezifischen Gewinnvorstellungen und von den Kapital- und Finanzierungsregeln abhängig. Die kalkulatorischen Abschreibungen sind in Zusammenhang mit den kalkulatorischen Zinsen als das in Anlagen gebundene Kapital zu sehen (→ Kapitaldienst).

kalkulatorische Erlöse, Erlöse, bei denen der erbrachten Marktleistung kein eindeutiger Marktpreis gegenübersteht. Darunter fallen leistungserstellungsbedingte Wertzuwächse, wie z.B. Erlöse aus der innerbetrieblichen Leistungsverrechnung, Bestandsveränderungen oder auch → Opportunitätserlöse. → Anderserlöse und → Zusatzerlöse gehören zu den kalkulatorischen Erlösen.

kalkulatorische Kosten, *Imputed Costs,* Kostenkategorie, die aus der Differenzierung der → Kosten nach ihrem Zusammenhang mit → Aufwendungen resultiert. Im Gegensatz zu den → Grundkosten stellen kalkulatorische Kosten aufwandsungleiche Kosten dar. Ihr Ansatz ist darauf zurückzuführen, dass die → Kostenrechnung anderen Zwecken dient als die rechtlich normierte → Aufwandsrechnung. → Anderskosten und → Zusatzkosten stellen spezielle Ausprägungsformen kalkulatorischer Kosten dar.

kalkulatorische Miete, *Eigenmiete,*

wird in der → Kostenrechnung als Gegenwert für die betriebliche Nutzung von Räumen erfasst, die sich im Privatvermögen des Unternehmers befinden (→ Zusatzkosten).

kalkulatorischer Ausgleich, *preispolitischer Ausgleich, Mischkalkulation, Kompensations- oder Ausgleichskalkulation,* Verfahren der Kalkulation im Handel, bei dem die Artikel, die einer starken Konkurrenz ausgesetzt sind, gegebenenfalls so kalkuliert werden, dass die Stückerlöse auch knapp unterhalb der → Stückkosten liegen. Zum Ausgleich werden andere Artikel des Sortiments, bei denen der Preiskampf weniger stark ausgeprägt ist, mit entsprechend höheren Zuschlägen kalkuliert, um die Verluste der anderen Produkte zu kompensieren. Durch dieses Vorgehen soll eine Maximierung des Gesamterfolges des Sortiments erreicht werden.

kalkulatorischer Gewinn, → Gewinn, der das allgemeine → Unternehmerwagnis abbildet und bei Vorliegen einer besonderen unternehmerischen → Leistung einen Leistungsgewinn (nur bei vorheriger Vereinbarung zwischen Arbeitgeber und -nehmer) umfasst. – Vgl. auch → LSP.

kalkulatorischer Gewinnzuschlag, bestimmter Prozentsatz, der auf die → Selbstkosten aufgeschlagen wird. Voraussetzung für die Angabe eines solchen Prozentsatzes ist, dass der erzielbare Preis in etwa bekannt ist. Je nachdem, ob der Gewinnzuschlag noch Kostenbestandteile enthält oder nicht, kann man von einem Bruttogewinnzuschlag (z.B. bei → Grenzplankostenrechnung) oder Nettogewinnzuschlag sprechen.

kalkulatorischer Unternehmerlohn, Zusatzkostenart (→ Zusatzkosten), mit der das Entgelt für die leitende Tätigkeit des Unternehmers, der ohne feste Entlohnung ist (z.B. bei Einzelkaufleuten und Gesellschafter-Geschäftsführern in Personengesellschaften), erfasst werden soll. Auch für Angehörige des Unternehmers, die ohne feste Entlohnung mitarbeiten, kann ein entsprechendes Entgelt kalkulatorisch verrechnet werden. Mit dem Ansatz eines kalkulatorischen Unternehmerlohns soll der Nutzenentgang des Einsatzes des Unternehmers in einem anderen Tätigkeitsfeld berücksichtigt werden (→ Opportunitätskosten, → wertmäßige Kosten). Gemäß den Leitsätzen für die Preisbildung aufgrund von Selbstkosten (→ LSP) ist der kalkulatorische Unternehmerlohn in Höhe des durchschnittlichen Gehaltes eines Angestellten mit gleichwertiger Tätigkeit in einem Unternehmen gleichen Standorts, gleichen Geschäftszweiges und gleicher Bedeutung zu bemessen.

kalkulatorische Wagnisse, *Einzelwagnisverluste.* Der Ansatz kalkulatorischer Wagnisse bedeutet eine Periodisierung in unregelmäßiger Höhe und zu unregelmäßigen Zeitpunkten anfallender → Kosten. Man unterscheidet verschiedene Arten kalkulatorischer Wagnisse:

- Ausschusswagnis: z.B. durch Fehlarbeiten oder fehlerhafte bzw. minderwertige Rohstofflieferungen hervorgerufen; Berechnung aufgrund von Erfahrungssätzen über die durchschnittlich anfallenden Verluste vom Hundert des Warenumsatzes.
- Beständewagnis: entsteht durch Schwund, Diebstahl, Verrosten, Veralten, Modeänderung, Güteminderung, Maßänderung, Inventur- und Kassendifferenzen etc.; Berechnung vom Hundert des Warenumschlags.
- Debitoren- oder Vertriebswagnis: entsteht durch Ausfälle an Forderungen aus Warenlieferungen und Leistungen; Berechnung vom Hundert des mittleren Forderungsbestandes.
- Entwicklungswagnis: Aufwendungen für fehlgeschlagene Entwicklungsarbeiten, soweit nicht bereits als → Ge-

meinkosten verrechnet; Berechnung vom Hundert der → Herstellkosten.

- Gewährleistungswagnis: Aufwendungen für Nacharbeiten an nicht vertragsmäßig gelieferten Erzeugnissen, Minderung der → Forderungen durch Gutschrift etc.; Berechnung vom Hundert der Herstellkosten.

kalkulatorische Zinsen, → Kosten für die Bereitstellung → betriebsnotwendigen Kapitals, die in die → Kostenrechnung eingehen. Es wird nicht zwischen → Eigenkapital und → Fremdkapital unterschieden, wodurch das Verhältnis zwischen Eigen- und Fremdkapital und die Änderung der Finanzierung kalkulatorisch bedeutungslos wird. Tatsächlich anfallende Zinsen für Fremdkapital werden kostenrechnerisch und kalkulatorisch „neutralisiert", d.h. abgegrenzt (→ Abgrenzungen). Die Grundlage zur Berechnung der kalkulatorischen Zinsen sind daher die Werte aller Vermögensteile, die dem Betriebszweck des Unternehmens dienen. Die kalkulatorischen Zinsen ergeben sich durch Multiplikation des → Kalkulationszinsfußes mit den ermittelten Bezugsgrößen.

Kameralistische Buchführung, → Buchführungsverfahren.

Kapazität, Fähigkeit eines Unternehmens bzw. Betriebes, innerhalb eines bestimmten Zeitraums eine bestimmte Leistung zu erstellen. Sie verursacht i.d.R. → fixe Kosten. Je besser die Kapazität ausgenutzt wird, umso niedriger sind die fixen Kosten pro Leistungseinheit. Die Bereitstellung von Kapazität verursacht → Kosten.

Kapazitätsabweichung, → Beschäftigungsabweichung.

Kapazitätsauslastungsgrad, → Beschäftigungsgrad.

Kapital, allgemeiner betriebswirtschaftlicher Begriff für Finanzierungsmittel, die einem Unternehmen zur Verfügung stehen. Es wird unterschieden in Eigen- und Fremdkapital.

Kapitalanteil, wirtschaftliche → Beteiligung eines → Gesellschafters am → Gesellschaftsvermögen einer → Personengesellschaft oder einer → Kapitalgesellschaft, wobei die Bezeichnung für einen Kapitalanteil an einer → Gesellschaft mit beschränkter Haftung (GmbH) der Geschäftsanteil und an einer → Aktiengesellschaft (AG) die Aktie ist. Der Kapitalanteil eines Gesellschafters dient als Grundlage zur Berechnung seines Gewinnanspruchs. Buchhalterisch wird der Kapitalanteil bei Personengesellschaften auf einem separaten → Kapitalkonto des Gesellschafters geführt. Bei Gesellschaften mit beschränkter Haftung (GmbHs) und bei Aktiengesellschaften (AGs) spiegeln sich die Kapitalanteile im → Stammkapital bzw. dem → Grundkapital wieder.

Kapitalanteilsmethode. Nach Einführung des → BilMoG ist diese Konsolidierungsmethode nicht mehr zulässig. Somit ist nach § 312 (1) HGB eine Beteiligung an einem assoziierten Unternehmen mit dem Buchwert anzusetzen. → Buchwertmethode

Kapitalbedarf, Finanzmittelbedarf eines Unternehmens. Der Kapitalbedarf resultiert aus diversen Bereichsplanungen, wie z.B. der Produktionsprogrammplanung, der Absatzplanung, der Investitionsplanung und ähnlichem. Des Weiteren beeinflusst der → Liquiditätsplan zur Gewährleistung der ständigen Zahlungsbereitschaft eines Unternehmens wesentlich den Kapitalbedarf.

Kapitalbedarfsrechnung, → Liquiditätsplan.

Kapitalbindung, Ausdruck für langfristig nicht oder nur schwerlich freisetzbares → Kapital. Die Kapitalbindung entsteht insbesondere im → Anlagevermögen.

Kapitaldienst, aus Zins und Tilgung bestehende Rückzahlung eines → Darlehens, die ein → Schuldner seinem → Gläubiger zu leisten hat.

Kapitaleinlage, → Einlage in Form von → Kapital, die ein → Gesellschafter bei der → Beteiligung an einer → Kapitalgesellschaft oder → Personengesellschaft leistet.

Kapitalerhaltung, bilanztheoretischer Begriff, der eine Aussage dazu enthält, in welchem Umfang innerhalb einer → Rechnungsperiode das in einem Unternehmen investierte (Eigen- und Fremd-) → Kapital erhalten wurde. Bei dem Prinzip der nominellen Kapitalerhaltung wird das Kapital im Unternehmen gebunden (und nicht ausgeschüttet), das eine Wiederbeschaffung der verbrauchten Produktionsfaktoren zu historischen → Anschaffungskosten und ohne Berücksichtigung von Preissteigerungen erlaubt. Bei dem Prinzip der substanziellen Kapitalerhaltung (Substanzerhaltung) müssen die Mittel im Unternehmen verbleiben, die eine Wiederbeschaffung zum aktuellen → Wiederbeschaffungswert ermöglichen. Bei Inflation führt das in der nationalen und internationalen → Rechnungslegung vorherrschende Prinzip der nominellen Kapitalerhaltung zur Besteuerung und → Ausschüttung von → Scheingewinnen.

Kapitalerhöhung, Finanzierungsform, bei der das → Eigenkapital von Unternehmen erhöht wird. Die Form der Kapitalerhöhung hängt von der Rechtsform des Unternehmens ab:

- Kapitalerhöhung bei → Einzelunternehmungen: durch private → Einlage oder Aufnahme eines → stillen Gesellschafters;
- Kapitalerhöhung bei → Personengesellschaften: durch weitere Einlagen der Altgesellschafter oder Aufnahme neuer → Gesellschafter;
- Kapitalerhöhung bei Gesellschaften mit beschränkter Haftung (GmbHs): durch Erhöhung der → Stammeinlagen der Gesellschafter, durch Aufforderung zu Nachschüssen von beteiligten Gesellschaftern, durch → Kapitalerhöhung aus Gesellschaftsmitteln, durch Aufnahme von neuen Gesellschaftern;
- Kapitalerhöhung bei → Aktiengesellschaften (AGs): Kapitalerhöhung aus Gesellschaftsmitteln, → bedingte Kapitalerhöhung, → genehmigte Kapitalerhöhung, → ordentliche Kapitalerhöhung.

Gegensatz: → Kapitalherabsetzung.

Kapitalerhöhung aus Gesellschaftsmitteln, → Kapitalerhöhung gemäß §§ 207 bis 220 AktG bei → Aktiengesellschaften (AGs) und gemäß §§ 55 bis 57 GmbHG für → Gesellschaften mit beschränkter Haftung (GmbHs), bei der nicht zweckgebundene → Rücklagen (z.B. kein → Sonderposten mit Rücklageanteil) in → Grundkapital umgeschichtet werden. Bei einer Kapitalerhöhung aus Gesellschaftsmitteln bei Aktiengesellschaften (AGs) müssen Altaktionäre mit Zusatz- bzw. Gratisaktien ausgestattet werden, so dass sich deren → Anteile vermehren, ohne dass sich ihr Anteilswert am Eigentum erhöht. Voraussetzung für eine Kapitalerhöhung aus Gesellschaftsmitteln ist eine Dreiviertelmehrheit der Hauptversammlung bzw. ein entsprechender Gesellschafterbeschluss. Der Beschluss der Kapitalerhöhung ist in das → Handelsregister einzutragen.

Kapitalflussrechnung, *Statement of Sources and Uses of Cash, Statement of Cash Flows, Statement of Source and Application of Funds, Funds Statement, Cash Flow Statement, Finanzflussrechnung,* Rechnung zur Darstellung der

Investitions- und Finanzierungsströme und ihrer Auswirkungen auf die → Liquidität des Unternehmens innerhalb einer → Geschäftsperiode. Die Kapitalflussrechnung kann auch als finanzwirtschaftliche → Bewegungsbilanz interpretiert werden. Verwandte → Aktiva und → Passiva werden zu Mittelgesamtheiten bzw. Fonds zusammengefasst, deren Veränderungen im Zeitablauf dargestellt werden. I.d.R. werden in der Kapitalflussrechnung drei Bereiche unterschieden:

- laufende Geschäftstätigkeit,
- Investitionstätigkeit,
- Finanzierungstätigkeit.

Im Ergebnis stellt die Kapitalflussrechnung eine zahlenmäßige Überleitung zu den Veränderungen der in der → Bilanz ausgewiesenen → liquiden Mittel am Jahresende dar. Wird die Kapitalflussrechnung aus dem → Jahresabschluss abgeleitet, so ist ihre Aussagekraft insofern begrenzt, dass nicht abschließend zwischen liquiditätswirksamen und liquiditätsunwirksamen Bewegungen getrennt werden kann.

Kapitalgeber, natürliche und juristische Personen, die Unternehmen → Kapital in Form von Eigen- oder → Fremdkapital für Finanzierungszwecke zur Verfügung stellen.

Kapitalgesellschaft, juristische Person in Form einer Handelsgesellschaft, an der sich die Gesellschafter durch eine → Kapitaleinlage beteiligen. Ihre Haftung ist i.d.R. auf die Kapitaleinlage begrenzt. Die Einlage kann an neue oder andere Gesellschafter weitergegeben oder verkauft werden, ohne dass dies den Fortbestand der Gesellschaft gefährdet. Im Unterschied dazu ist die Beteiligung an einer → Personengesellschaft an die (natürliche oder juristische) Person des Gesellschafters gebunden. Kapitalgesellschaften sind: → Aktiengesellschaften (AGs), → Gesellschaften mit beschränkter Haftung (GmbHs), → Kommanditgesellschaften auf Aktien (KGaA). – *Anders:* Personengesellschaft

Kapitalherabsetzung, Verminderung des → Eigenkapitals eines Unternehmens, z.B. zur Deckung von Entnahmen des Gesellschafters sowie zur Finanzierung von Abfindungen beim Ausscheiden von Gesellschaftern oder zur Verlustverrechnung. Die Form der Kapitalherabsetzung hängt von der Rechtsform des Unternehmens ab:

1. Kapitalherabsetzung bei Einzelunternehmungen und Personengesellschaften: durch Entnahmen der Gesellschafter;
2. Kapitalherabsetzung bei Gesellschaften mit beschränkter Haftung (GmbHs): gemäß § 58 GmbHG, → vereinfachte Kapitalherabsetzung;
3. Kapitalherabsetzung bei Aktiengesellschaften (AGs): Kapitalherabsetzung durch Einzug von Aktien, → ordentliche Kapitalherabsetzung, vereinfachte Kapitalherabsetzung.

Gegensatz: → Kapitalerhöhung.

Kapitalherabsetzung durch Einzug von Aktien, Kapitalherabsetzung gemäß §§ 237 bis 239 AktG bei Aktiengesellschaften (AGs) durch den Erwerb → eigener Aktien oder durch die Zwangseinziehung von Aktien. Der Erwerb eigener Aktien ist nur unter bestimmten Voraussetzungen, die in § 71 AktG geregelt sind, möglich. Eine Zwangseinziehung von Aktien ist nur zulässig, wenn sie in der ursprünglichen Satzung oder durch eine Satzungsänderung vor Übernahme oder Zeichnung der Aktien angeordnet oder gestattet war (§ 237 AktG).

kapitalistische Personengesellschaft, Kommanditgesellschaft (KG), deren persönlich haftender Gesellschafter eine Kapitalgesellschaft, i.d.R. eine Gesellschaft mit beschränkter Haftung (GmbH) ist. Für die kapitalistische Personengesellschaft gelten die gleichen Rechnungslegungsvorschriften wie für die Kapitalgesellschaften (§ 264a HGB).

Kapitalkonsolidierung. Gemäß § 301 (1) HGB wird bei Aufstellung des → Konzernabschlusses der Wertansatz der dem → Mutterunternehmen gehörenden Anteile an einem in den Konzernabschluss einbezogenen → Tochterunternehmen mit dem auf diese Anteile entfallenden Betrag des Eigenkapitals des Tochterunternehmens verrechnet. Bei der Kapitalkonsoldierung war vor Einführung des → BilMoG die Erwerbsmethode, auch Purchase Accounting genannt, in Form der → Buchwertmethode und der → Neubewertungsmethode sowie die Pooling-of-Interests-Methode, d.h. die Interessenzusammenführungsmethode, zu unterscheiden. Nach Einführung des BilMoG ist im Rahmen der Kapitalkonsolidierung gemäß § 301 (1) HGB lediglich die Neubewertungsmethode zulässig

Kapitalkonto, Eigenkapitalkonto von → Einzelunternehmungen und von → Personengesellschaften. Veränderungen des Kapitalkontos ergeben sich aus folgenden Sachverhalten:

- durch geleistete Einlagen der Gesellschafter und durch eventuelle Gewinngutschriften am Ende der Rechnungsperiode (Erhöhung),
- auf der Sollseite durch Belastung mit eventuellen aus der Gewinn- und Verlustbeteiligung resultierenden Verlusten (Verminderung),
- durch Saldoübernahme des → Privatkontos am Ende der Rechnungsperiode (Erhöhung oder Verminderung).

I.d.R. wird bei Personengesellschaften für jeden voll haftenden Gesellschafter ein Kapitalkonto geführt.

Kapitalrücklage, *Paid-in-Surplus, Capital Surplus, Capital Reserves,* Von Kapitalgesellschaften zu bildende Rücklage, in die gemäß § 272 (2) HGB die folgenden Beträge einzustellen sind:

1. der Betrag, der bei der Ausgabe von Anteilen einschließlich von Bezugsanteilen über den Nennbetrag oder, falls ein Nennbetrag nicht vorhanden ist, über den rechnerischen Wert hinaus erzielt wird,
2. der Betrag, der bei der Ausgabe von Schuldverschreibungen für Wandlungsrechte und Optionsrechte zum Erwerb von Anteilen erzielt wird,
3. der Betrag von Zuzahlungen, die Gesellschafter gegen Gewährung eines Vorzugs für ihre Anteile leisten,
4. der Betrag von anderen Zuzahlungen, die Gesellschafter in das Eigenkapital leisten.

Anders: → Gewinnrücklagen.

Kapitalstruktur, Zusammensetzung des Kapitals eines Unternehmens. Bei einer Analyse der Kapitalstruktur wird in → Eigen- und → Fremdkapital unterschieden. Zur Beurteilung der Finanzierung einer Unternehmung ist die Kenntnis der Kapitalstruktur unabdingbar.

Kapitalverwendung, → Investition.

Kapitalwert, rechnerisches Ergebnis der Kapitalwertmethode, dass die Summe aller einer Investition zurechenbaren auf den Kalkulationszeitpunkt t diskontierten Nettozahlungen (Einzahlungen minus Auszahlungen) darstellt. Die Diskontierung erfolgt mit Hilfe eines Kalkulationszinsfusses. Der Kapitalwert lässt sich folgendermaßen ermitteln:

$$KW = -A_0 + \left(\sum_{t=1}^{n} \frac{ZS_t}{(1+i)^t} \right) + \frac{LS}{(1+i)^n}$$

(KW = Kapitalwert, A0 = Anschaffungsauszahlung, ZS = Zahlungssalden, LS = Liquidationssaldo, i= Kalkulationszinssatz).

Ein positiver Kapitalwert (Barwert Einzahlungen > Barwert Auszahlungen) gibt an, dass über die Auszahlungen und die geforderte Mindestverzinsung noch ein zusätzlicher Zahlungsüberschuss mit den Einzahlungen erwirtschaftet wurde. Er gibt den Betrag an, der einem Investor im Zeitpunkt t geboten werden müsste, um ihn dazu zu bewegen, auf das Investitionsprojekt zu verzichten, ohne dass er dadurch schlechter gestellt werden würde als bei Durchführung der Investition. Bei einem Kapitalwert von Null (Barwert Einzahlungen = Barwert Auszahlungen) entsprechen die Einzahlungen gerade den Auszahlungen und der geforderten Mindestverzinsung. Der Investor ist bei Realisierung der Investition genauso gut gestellt wie im Falle des Unterlassens der Investition. Ein negativer Kapitalwert (Barwert Einzahlungen < Barwert Auszahlungen) repräsentiert den Teil der Auszahlungen, der durch die Einzahlungen nicht gedeckt und getilgt werden konnte. Er gibt den Betrag an, der einem Investor im Zeitpunkt t geboten werden müsste, um ihn zur Durchführung des Investitionsprojektes zu bewegen, ohne dass er schlechter gestellt wäre, als im Falle des Unterlassens der Investition.

Kapitalwertmethode, dynamische Methode zur Beurteilung der → Wirtschaftlichkeit von Entscheidungsalternativen. Die zeitliche Struktur von Zahlungen wird berücksichtigt, indem alle mit einer Entscheidungsalternative verbundenen → Einzahlungen und → Auszahlungen eines Investitionsobjektes auf den Kalkulationszeitpunkt abgezinst werden (→ Barwert einer Zahlungsreihe). Der → Kapitalwert stellt den Anschaffungsauszahlungen die kumulierten Barwerte der Zahlungssalden gegenüber. Zusätzlich kann ein gegebenenfalls anfallender Liquidationssaldo mit seinem Barwert berücksichtigt werden. Die Entscheidungsalternative ist vorteilhaft, wenn der Kapitalwert mindestens den Wert Null erreicht.

Kassageschäft, *Kassengeschäft,* börsengeschäfte mit sofortigem oder sehr kurzfristigem Erfüllungstermin. – *Anders:* → Termingeschäft.

Kassengeschäft, → Kassageschäft.

Kausalprinzip, spezielles → Kostenzuordnungsprinzip. Nach diesem Prinzip, dem die Vorstellung einer Ursache-Wirkungs-Beziehung zwischen Leistungen und Kosten zugrunde liegt, sollen Bezugsobjekte diejenigen Kosten tragen, die sie verursacht haben.

Kennzahlen, Größen zur quantitativen Darstellung betriebswirtschaftlicher Sachverhalte. Sie dienen dazu, komplexe Vorgänge schneller erfassbar zu machen. Es werden mehrere Einzeldaten auf wenige Zahlen oder nur eine Zahl verdichtet. Diese Informationen können sich auf unterschiedliche Aspekte, z.B. einen Zeitraum, eine Situation, ein Produkt oder eine Region beziehen. Das Management kann sich mit Hilfe von Kennzahlen in komprimierter Form z.B. über den jeweiligen Erfolg der einzelnen Produkte informieren und diese schneller miteinander vergleichen. Kennzahlen lassen sich in absolute Kennzahlen und Verhältniszahlen differenzieren. Bei Verhältniszahlen handelt es sich um Gliederungszahlen, Beziehungszahlen oder Indexziffern. Bestandsorientierte Kennzahlen ermittelt man mit Hilfe der Bilanz. Stromgrößenorientierte Kennzahlen beziehen zusätzlich die Gewinn- und Verlustrechnung mit ein.

Kennzahlensystem, geordnete Gesamtheit von → Kennzahlen, die zueinander in einer logischen Beziehung stehen, wobei die einzelnen Elemente sich gegenseitig ergänzen und miteinander vernetzt sind. Zu unterscheiden sind Ordnungssysteme, in denen betriebswirtschaftliche Sachverhalte sachlogisch aufgespaltet werden, ohne dass eine rechnerische Verknüpfung der relevanten Kennzahlen erfolgt und Rechensysteme, bei denen eine rechnerische Zerlegung von Kennzahlen erfolgt. In Literatur und Praxis werden sehr häufig die DuPont-Pyramide, → ZVEI-Kennzahlensystem und das → RL-Kennzahlensystem diskutiert und angewendet. – Vgl. auch Abb. „Kennzahlensystem".

kleine Aktiengesellschaft. Es handelt sich nicht um eine besondere oder anderweitig geregelte Rechtsform, sondern um eine normale Aktiengesellschaft (AG), die aufgrund eines überschaubaren Aktionärskreises bestimmte gesetzliche Erleichterungen erhält. Nicht maßgeblich ist die Größe der Aktiengesellschaft (AG). Eine Einpersonen-Aktiengesellschaft ist möglich; weiterhin gibt es eine erweiterte Satzungsautonomie, die mehr Rechte bzgl. Rückstellungen und Ausschüttungen gewährt und Erleichterungen bei der Hauptversammlung, durch die eine öffentliche Bekanntmachung bei der Einberufung sowie bei Mitteilungen entfällt, und bei Versammlung aller → Aktionäre Beschlüsse ohne Einhaltung der gesetzlichen Einberufungsregeln gefasst werden können. – Vgl. auch → Aktiengesellschaft (AG).

Kommanditgesellschaft auf Aktien (KGaA), Mischform aus → Kommanditgesellschaft (KG) und → Aktiengesellschaft (AG), deren rechtliche Grundlagen in den Paragraphen §§ 278 bis 290 AktG geregelt sind und für die weitestgehend die Vorschriften für Aktiengesellschaften (AGs) gelten. Mindestens ein Gesellschafter haftet persönlich als Komplementär der KGaA, die Kommanditisten bzw. die Kommandit-Aktionäre der KGaA haften in Höhe ihrer Einlage, die sie durch den Erwerb von Aktien getätigt haben.

Kommanditgesellschaft (KG), Handelsgesellschaft in Form einer → Personengesellschaft, die zwei Arten von Gesellschaftern hat. Zum einen persönlich haftende Gesellschafter (Komplementäre), die sich durch eine Einlage beteiligen und zusätzlich mit ihrem Privatvermögen haften. Komplementäre sind vertretungsbefugt und ihnen können im Gesellschaftsvertrag weitergehende Rechte eingeräumt werden. Zum anderen hat die KG mindestens einen, nur in Höhe der einzulegenden Einlage haftenden Gesellschaf-

Kennzahlensystem

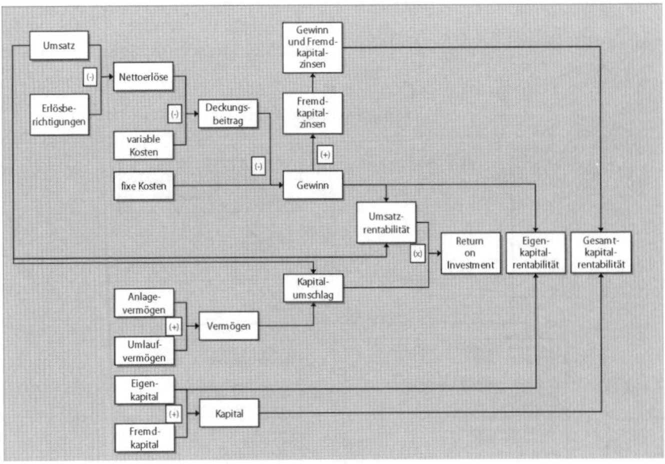

ter (Kommanditist). Die Einlage ist in Form von Kapital- oder Sacheinlagen möglich. Die Rechtsgrundlagen sind in §§ 161 ff. HGB geregelt. Die KG benötigt einen Gesellschaftsvertrag und muss im Handelsregister eingetragen werden. Wird sie vor ihrer Eintragung tätig, haften auch Kommanditisten, die der Geschäftstätigkeit zugestimmt haben, persönlich.

Kompatibilitäts- und Konfliktanalyse, Prüfung der Realisierbarkeit von Zielen in einem Zielsystem. Einzelne Ziele eines Zielsystems müssen verträglich (kompatibel) zueinander sein. Kompatibilität besteht dann, wenn Ziele identisch, neutral oder komplementär sind. Diese Frage beantwortet die Kompatibilitätsanalyse. Die Konflikt- oder Konkurrenzanalyse zeigt auf, welche Zielkonflikte bestehen und welche Ansatzpunkte zur Konfliktlösung existieren. Als Hilfsmittel werden oft Matrixdarstellungen genutzt, in denen die einzelnen Ziele gegenüber gestellt werden.

Kompensationsgeschäft, → Hedging.

Kompensations- oder Ausgleichskalkulation, → kalkulatorischer Ausgleich.

Komplexität, entsteht durch zunehmende Differenziertheit und Dynamik der unternehmerischen Umwelt. Im situativen Kontext des unternehmerischen Handelns resultieren daraus für die Unternehmensführung die Anforderungen der Selektion von Handlungsfeldern, der Kompensation von Risiken sowie der Generierung von Chancen.

Komplexitätskosten, Mehrkosten, die aufgrund der Vielfalt an Teilen und Komponenten eines Produktes oder dem Variantenreichtum eines Produktprogramms in den verschiedenen Wertschöpfungsbereichen durch einen vergleichsweise hohen Anteil an gemeinkostentreibenden Aktivitäten entstehen. Durch die größere Teile- und Produktvielfalt entsteht Komplexität in Führung und Ausführung, aufgrund der Anzahl, der Häufigkeit, des Wiederholungsgrades, der zeitlichen Reichweite und des inhaltlichen Umfangs der zu treffenden Dispositionen. Die Kosten der dispositiven Faktoren, d.h. die Kosten der Führung, steigen aufgrund des erhöhten Koordinations-, Informations-, Planungs-, Steuerungs-, Entscheidungs- und Kontrollbedarfs progressiv an. Die durch den → Erfahrungskurveneffekt bedingt degressiv verlaufenden Stückkosten der elementaren Faktoren und der Ausführungskosten wandeln sich aufgrund erhöhter Beschaffungs-, Entwicklungs-,

Komplexitätskosten

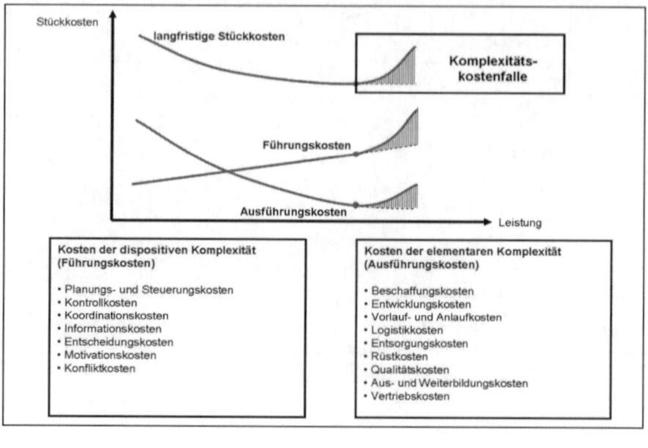

Rüst-, Qualitäts- und Logistikkosten zu progressiven Stückkosten. Die progressiven Kostenverläufe der dispositiven und elementaren Faktoren bedingen die für Komplexitätskosten typische U-förmige Stückkostenkurve. – Vgl. auch Abb. „Komplexitätskosten“.

Komponentenansatz, *Component Accounting, Component Approach.* Gemäß dem Komponentenansatz ist eine Aufteilung des Vermögenswertes in seine Bestandteile vorgeschrieben, wenn die Nutzungsdauern der Bestandteile unterschiedlich sind (IAS 16.113). Diese Vorschrift ist auf wesentliche Bestandteile eines Vermögenswertes mit wesentlichen Auswirkungen auf die Vermögens- und Ertragslage anzuwenden, i.d.R. bei Großanlagen.

Konsolidierung, durchzuführende Maßnahmen zur Erstellung des → Konzernabschlusses. Die → Handelsbilanzen I der → Konzernunternehmen, die nach nationalem Recht erstellt wurden, müssen in die sogenannten → Handelsbilanzen II überführt werden, die die Einzelabschlüsse konzerneinheitlich darstellen. Unter anderem bestehen die Überleitungsmaßnahmen in der Vereinheitlichung der Gliederung des Jahresabschlusses, der Währung des Jahresabschlusses und der Bilanzierungs- und Bewertungsmethoden. Nach einer Addition aller Einzelabschlüsse zur sogenannten → Summenbilanz müssen zur Konzernabschlusserstellung noch die konzerninternen Vorgänge eliminiert werden. Dazu dienen → Kapitalkonsolidierung, → Schuldenkonsolidierung, → Aufwands- und Ertragskonsolidierung und Zwischenergebniseliminierung.

Konsolidierungskreis, *Basis of Consolidation,* Gesamtheit der in den → Konzernabschluss einbezogenen Unternehmen eines → Konzerns. Gemäß § 294 HGB besteht grundsätzlich die Pflicht zur → Konsolidierung aller in- und ausländischen → Konzernunternehmen, zwischen denen ein Mutter-Tochter-Verhältnis besteht („beherrschender Einfluss“). Dies gilt nach Einführung des → BilMoG auch für Zweckgesellschaften an denen keine Beteiligung gehalten wird, sofern bei wirtschaftlicher Betrachtung das übergeordnete Unternehmen die Mehrheit der Risiken und Chancen trägt. Eine Einbeziehung kann lediglich gemäß § 296 HGB unterbleiben. Gemäß § 296 HGB braucht ein Tochterunternehmen nicht in den Konzernabschluss einbezogen zu werden, wenn:

- erhebliche und andauernde Beschränkungen die Ausübung der Rechte des Mutterunternehmens in Bezug auf das Vermögen oder die Geschäftsführung des Unternehmens nachhaltig beeinträchtigen;
- die für die Aufstellung des Konzernabschlusses erforderlichen Angaben nicht ohne unverhältnismäßige Kosten oder Verzögerungen zu erhalten sind;
- die Anteile des Tochterunternehmens ausschließlich zum Zwecke ihrer Weiterveräußerung gehalten werden;
- das Tochterunternehmen für die Verpflichtung, ein den tatsächlichen Verhältnissen entsprechendes Bild der Vermögens-, Finanz- und Ertragslage des Konzerns zu vermitteln, von untergeordneter Bedeutung ist.

Kontenarten, Typisierung verschiedener Konten der Buchführung in Bilanz- bzw. Bestandskonten und Erfolgskonten sowie Sach- und Personenkonten. Bilanz- bzw. Bestandskonten dienen der Erfassung der Veränderungen der Bilanzposten. Sie werden in Aktivkonten, wenn sie die Aktivposten der Bilanz betreffen, und Passivkonten, wenn sie die Passivposten der Bilanz betreffen, unterschieden. Erfolgskonten dienen der Erfassung von Aufwendungen und Erträgen in der Gewinn- und Verlustrechnung. Als Sachkonten werden die Konten des Hauptbuchs bezeichnet. Personenkonten erfassen innerhalb der Debitoren- und Kreditorenbuchhaltung (Nebenbuchhaltung) die Kontenbewegungen der Kunden und Lieferanten. – Vgl. auch → Buchhaltung.

Kontenform, Darstellungsweise der Bilanz oder Gewinn- und Verlustrechnung, bei der alle Posten mit Sollsaldo untereinander auf der linken Seite, alle Posten mit Habensaldo untereinander auf der rechten Seite analog der Darstellung auf einem T-Konto aufgeführt werden. Die Kontenform ist für die Bilanz aller Kaufleute verbindlich (§ 266 (1) S. 1 HGB), aber nur alternativ zur Staffelform für die Gewinn- und Verlustrechnung (§ 275 (1) S. 1 HGB) von Kreditinstituten zulässig. – *Anders:* → Staffelform.

Kontengruppe, → Kontenrahmen.

Kontenklasse, → Kontenrahmen.

Kontenplan, → Kontenrahmen.

Kontenrahmen, Gliederungen der Konten einer → Buchführung nach sachlichen Kriterien, die von Wirtschaftsverbänden empfohlen werden. Bekannt sind vor allem der → Gemeinschaftskontenrahmen und der → Industriekontenrahmen. Sie sollen der übersichtlichen Darstellung und der Erfassung von Geschäftsvorfällen gemäß den Grundsätzen ordnungsmäßiger Buchführung (GoB) dienen. Unternehmen orientieren sich bei der Gliederung ihrer unternehmensspezifischen Konten in sogenannten Kontenplänen oftmals an den genannten offiziellen Kontenrahmen. Dabei werden die einzelnen Bestandskonten und Erfolgskonten (→ Kontenarten) in zehn Kontenklassen eingeteilt, die je nach Erfordernissen im Zehnersystem weiter in sogenannte Kontengruppen, Kontenarten und Kontenunterarten eingeteilt werden können.

Kontenunterarten, → Kontenrahmen.

Konto, Darstellungsmittel der → Buchführung. Ein Konto dient der systematischen, vollständigen und ordnungsmäßigen Erfassung von Geschäftsvorfällen. Gemäß der Bilanzzuordnung kann in Aktivkonten und Passivkonten bzw. gemäß der Gewinn- und Verlustzuordnung in Aufwands- und Ertragskonten unterschieden werden. Die linke Seite eines Kontos wird als Sollseite und die rechte als Habenseite bezeichnet. Bei Aktiv- und Aufwandskonten werden Zugänge im Soll gebucht, bei Passiv- und Erfolgskonten werden Zugänge im Haben gebucht.

KonTraG, → Gesetz zur Kontrolle und Transparenz im Unternehmensbereich.

Kontrolle, Führungsinstrument, das auf das Erkennen und Analysieren voraussehbarer und/ oder eingetretener Abweichungen im Rahmen der geplanten und/oder vollzogenen Realisation unternehmerischen Handelns gerichtet ist und auf systematisch-methodischen Informationsverarbeitungsprozessen basiert. Die Kontrolle ist eine an sich eigenständig neben der Planung stehende, jedoch mit dieser besonders eng verbundenen Führungsfunktion. Als Kontrolltypen werden unterschieden:

- Prämissenkontrolle,
- Verfahrenskontrolle und
- Ergebniskontrolle.

Zusätzlich ist es sinnvoll, im Sinne einer strategischen Überwachung schwache Signale der Unternehmensumwelt immer aufzunehmen.

Konzern, Zusammenschluss rechtlich selbstständiger Unternehmen zu einer wirtschaftlichen Gesamtheit, die unter einheitlicher Leitung steht. Gemäß § 290 HGB gelten die Unternehmenszusammenschlüsse als Konzern, bei denen die Unternehmen unter beherrschenden Einfluss einer Kapitalgesellschaft (→ Muttergesellschaft) mit Sitz im Inland stehen. Gemäß § 290 (2) HGB besteht beherrschender Einfluss eines Mutterunternehmens stets, wenn:

1. ihm bei einem anderen Unternehmen die Mehrheit der Stimmrechte der Gesellschaft zusteht;
2. ihm bei einem anderen Unternehmen das Recht zusteht, die Mehrheit der Mitglieder des Verwaltungs-, Leitungs- oder Aufsichtsorgans zu bestellen oder abzuberufen, und sie gleichzeitig Gesellschafterin ist,
3. ihm das Recht zusteht, die Finanz- und Geschäftspolitik aufgrund eines mit einem anderen Unternehmen geschlossenen Beherrschungsvertrags oder aufgrund einer Satzungsbestimmung dieses Unternehmens auszuüben, oder
4. es bei wirtschaftlicher Betrachtung die Mehrheit der Risiken und Chancen eines Unternehmens trägt, das zur Erreichung eines eng begrenzten und genau definierten Ziels des Mutterunternehmens dient (Zweckgesellschaft).

Bei Konzernen, die aus Mutter-Tochter-Beziehungen (Konzernmutter = Unternehmen, das den beherrschenden Einfluss ausübt, Konzerntöchter = Unternehmen, die unter beherrschendem Einfluss der Mutter stehen) bestehen, zwischen den faktischen Konzern, dem Vertragskonzern und dem Eingliederungskonzern unterschieden. Ein faktischer Konzern entsteht über die Ausübung der einheitlichen Leitung. Obwohl dieser Begriff im Gesetz nicht definiert ist, ist eine einheitliche Leitung gemäß § 17 (2) AktG i.V.m. § 18 (1) S. 3 AktG zu vermuten, wenn ein Unternehmen im Mehrheitsbesitz eines anderen Unternehmens steht. Ein Vertragskonzern entsteht bei Abschluss eines Beherrschungsvertrags. Ein Eingliederungskonzern entsteht gemäß §§ 319 ff. AktG, wenn die Hauptversammlung einer Aktiengesellschaft (AG) die Eingliederung der Gesellschaft in eine andere → Aktiengesellschaft (AG) beschließt. Die Hauptgesellschaft ist danach gemäß §323 AktG berechtigt, dem Vorstand der eingegliederten Gesellschaft hinsichtlich der Leitung der Gesellschaft Weisungen zu erteilen. Bezüglich der Rechnungslegung gelten für Konzerne Sonderregelungen, die in den §§290 bis 315a HGB und im Publizitätsgesetz (PublG) festgeschrieben sind.

Konzernabschluss, besteht aus → Bilanz und → Gewinn- und Verlustrechnung, → Anhang, Kapitalflussrechnung und Eigenkapitalspiegel. Er kann um eine Segmentberichterstattung erweitert werden (§ 297 (1) HGB). Grundsätzlich sind auf den Konzernabschluss die Vorschriften für den Einzelabschluss für große Kapitalgesellschaften anzuwenden (§ 298 (1) HGB). Allerdings finden sich im § 298 (2) und (3) HGB einige Erleichterungen für die Aufstellung des Konzernabschlusses. Im Gegensatz zum Einzelabschluss hat der Konzernabschluss keine Ausschüttungsbemessungsfunktion, keine Besteuerungsfunktion und keine Feststellungs- und Haftungsfunktion. Er dient als reines Informationsinstrument zur ordnungsmäßigen Darstellung der Vermögens-, Finanz- und Ertragslage des Konzerns. Stehen Unternehmen unter beherrschenden Einfluss einer Kapitalgesellschaft mit Sitz im Inland so haben die gesetzlichen Vertreter des Mutterunternehmens in den ersten fünf Monaten des Konzerngeschäftsjahres für das vergangene Konzerngeschäftsjahr einen Konzernabschluss und einen Konzernlagebericht aufzustellen. Zusätzlich werden Konzerne zur Konzernrechnungslegung verpflichtet, die die Kriterien des § 11 PublG erfüllen. Das HGB sieht unter bestimmten Voraussetzungen Befreiungen von der Erstellung und Veröffentlichung eines Konzernabschlusses vor. Dies gilt z.B. gemäß § 293 HGB für Kleinkonzerne, die nicht börsennotiert sind bzw. gemäß §§ 291, 292 HGB für mehrstufige Konzerne (Mutterunternehmen ist zugleich Tochterunternehmen eines anderen Mutterunternehmens), bei denen eine bzw. die oberste Konzernmuttergesellschaft einen Abschluss nach den für den entfallenden Konzernabschluss maßgeblichen Vorschriften in deutscher Sprache offen legt und dieser bestimmte Kriterien erfüllt. In den Konzernabschluss sind grundsätzlich gemäß § 294 HGB das Mutterunternehmen und alle Tochterunternehmen einzubeziehen. Gemäß § 296 HGB braucht ein Tochterunternehmen nicht in den Konzernabschluss einbezogen zu werden, wenn die Ausübung der Rechte des Mutterunternehmens in Bezug auf das Vermögen oder die Geschäftsführung nachhaltig beeinträchtigt sind; die für die Aufstellung des Konzernabschlusses erforderlichen Angaben nicht oder nur durch unverhältnismäßig hohe Kosten oder Verzögerungen zu erhalten sind oder die Anteile an der Tochtergesellschaft lediglich zur Weiterveräußerung gehalten werden. Ein Tochterunternehmen braucht ferner nicht einbezogen zu werden, sofern es für die Darstellung der Vermögens-, Finanz- und Ertragslage unbedeutend ist. – *Anders:* → Einzelabschluss.

Konzernanhang, gemäß § 297 (1) HGB Bestandteil des → Konzernabschlusses. Der Konzernanhang enthält Erläuterungen zur → Konzernbilanz und der → Konzern-Gewinn- und Verlustrechnung sowie Angaben zum Beteiligungsbesitz. Gemäß § 313 HGB sind die angewandten Bilanzierungs-, Bewertungs- und Konsolidierungsmethoden sowie eventuelle Abweichungen hiervon darzustellen; die Fremdwährungsumrechnung ist zu erläutern und der → Konsolidierungskreis ist anzugeben. § 314 HGB schreibt u.a. als Pflichtangaben die folgenden vor:

- die im Konzernabschluss ausgewiesenen Verbindlichkeiten mit ihren Restlaufzeiten und Besicherungen sind darzustellen;
- über die nicht in der Bilanz ausgewiesenen Haftungsverhältnisse ist zu berichten;
- die Umsatzerlöse sind nach Tätigkeitsbereichen und nach geografisch bestimmten Märkten zu gliedern;
- die durchschnittliche Arbeitnehmeranzahl ist zu nennen;
- das Ausmaß steuerlicher Vorschriften ist anzugeben;
- die Bezüge der Leitungsorgane sind offen zu legen.

Darüber hinaus können im Konzernanhang freiwillige Angaben gemacht werden, soweit sie das Bild der Vermögens-, Finanz- und Ertragslage nicht verfälschen.

Konzernbilanz, gemäß § 297 (1) HGB Bestandteil des → Konzernabschlusses. Nach den Vorschriften für große Kapitalgesellschaften (§§ 266 bis 274 HGB) und den Konzernrechnungslegungsvorschriften (§§ 290 bis 312 HGB) aufzustellende → Bilanz.

Konzernbilanzrichtlinie, *Siebte EU-Richtlinie,* Richtlinie zur Harmonisierung der Vorschriften zur → Konzernrechnungslegung in den Mitgliedsstaaten der EU als Ergänzung zur vierten EU-Richtlinie, die nur für Einzelabschlüsse gilt.

Konzerncashflow, → Cashflow, der sich aus dem nach → International Financial Reporting Standards (IFRS), HGB und → US-GAAP vorgeschriebenen → Cash Flow Statement für den → Konzern ergibt.

Konzern-Cash Flow Statement, → Cash Flow Statement für den → Konzern, das gemäß HGB, → International Financial Reporting Standards (IFRS) und → US-GAAP Pflichtbestandteil des → Konzernabschlusses ist.

konzerneinheitliche Bilanzierung und Bewertung, Vereinheitlichung der Rechnungslegung in den → Handelsbilanzen II der Einzelabschlüsse im Rahmen der Konzernabschlusserstellung. Gemäß § 308 (1) HGB sind die in den Konzernabschluss nach § 300 (2) HGB übernommenen Vermögensgegenstände und Schulden einheitlich zu bewerten. Nach dem Recht des Mutterunternehmens zulässige Bewertungswahlrechte können im Konzernabschluss unabhängig von ihrer Ausübung in den Einzelabschlüssen der Tochterunternehmen ausgeübt werden. Abweichungen von den auf den Jahresabschluss des Mutterunternehmens angewandten Bewertungsmethoden sind im → Konzernanhang anzugeben und zu begründen.

Konzern-Gewinn- und Verlustrechnung, gemäß § 297 (1) HGB Bestandteil des → Konzernabschlusses. Nach den Vorschriften für große Kapitalgesellschaften (§§ 275 bis 278 HGB) und den → Konzernrechnungslegungsvorschriften (§§ 290 bis 312 HGB) aufzustellende → Gewinn- und Verlustrechnung.

Konzernlagebericht, Geschäftsbericht für den → Konzern. Gemäß § 315 HGB soll der Konzernlagebericht den Geschäftsverlauf und die Lage des Konzerns so darstellen, dass ein den tatsächlichen Verhältnissen entsprechendes Bild vermittelt wird, wobei auch auf die Risiken der zukünftigen Entwicklung einzugehen ist. Zusätzlich sollte der Konzernlagebericht u.a. eingehen auf Vorgänge, die von besonderer Bedeutung sind und nach dem Schluss des Konzerngeschäftsjahres eingetreten sind, die Risikomanagementziele und -methoden des Konzerns, die wesentlichen Risiken denen der Konzern ausgesetzt ist sowie den Bereich Forschung und Entwicklung, Für börsen- bzw. kapitalmarktorientierte Unternehmen ergeben sich weitere Berichtspflichten.

Konzernobergesellschaft, → Muttergesellschaft an der Spitze eines → Konzerns.

Konzernrechnungslegung, Rechnungslegung speziell für Konzernunternehmen, die in den §§ 290 bis 315 HGB geregelt ist.

Konzernunternehmen, gemäß § 18 AktG die Unternehmen, die einem → Konzern angehören.

Konzernverrechnungspreise, → Transferpreise.

Koordinationskosten, → Transaktionskosten.

körperliche Bestandsaufnahme, Begriff für die physische Bestandsaufnahme von Vermögensgegenständen durch Zählen, Wiegen oder Messen.

Kosten, Rechengröße, die bestimmte Güterbewegungen im Betrieb abbildet. Über den Inhalt des Kostenbegriffs herrscht in der Betriebswirtschaftslehre keine einheitliche Meinung. Überwiegend lässt er sich aber durch drei Wesensmerkmale charakterisieren:

1. Es liegt ein mengenmäßiger Güterverzehr vor. Ein Verzehr drückt sich in dem Verlust bzw. der Minderung der Fähigkeit eines Gutes aus, zur (alternativen) betrieblichen Leistungserstellung beizutragen. Grundsätzlich kann dieser bei allen Arten von Wirtschaftsgütern (materiellen und immateriellen → Realgütern sowie → Nominalgütern) auftreten.
2. Der Güterverzehr bezieht sich auf Aktivitäten der Leistungserstellung und -verwertung. Zum Ansatz von Kosten führen also nur jene Güterverzehre, die im Zusammenhang mit der Erreichung des betrieblichen Sachziels stehen.
3. Der mengenmäßige Güterverzehr ist monetär zu bewerten. Diese Überführung von Mengengrößen in Geldbeträge ist notwendig, um die im Leistungsprozess verzehrten verschiedenartigen Güter rechnerisch gleichnamig zu machen. Der Wertansatz kann sich

in Abhängigkeit vom jeweiligen Rechenzweck verändern.

Diese drei Merkmale sind je nach konkreter Begriffsabgrenzung der Kosten unterschiedlich ausgeprägt bzw. spezifiziert. Als bedeutsame Kostenauffassungen stehen sich die Begriffe der wertmäßigen, der → pagatorischen sowie der entscheidungsorientierten Kosten gegenüber. – *Gegensatz:* → Erlöse.

Kostenabweichung, Differenz zwischen → Sollkosten und → Istkosten, die mit Hilfe der → Abweichungsanalyse hinsichtlich der → Preisabweichung, gegebenenfalls der → Verbrauchsabweichung und der → Beschäftigungsabweichung analysiert werden kann.

Kostenanalyse, systematische Untersuchung der Kostenhöhe, der Kostenstruktur und des Kostenverhaltens bei Beschäftigungsschwankungen und Ermittlung der Ursachen von Kostenänderungen. Die Kostenanalyse konzentriert sich insbesondere auf die Analyse der strategisch bedeutsamen → Kostentreiber innerhalb der Wertschöpfungskette eines Unternehmens. Sie ist Grundlage der → Kostenpolitik. Die Kostenanalyse umfasst folgende Schritte:

- Kostenpolitische Disaggregation der Leistungs- und Wertkette,
- Analyse der Kostenstrukturen, d.h. Aufdeckung von Zurechenbarkeiten und Abhängigkeiten von Kosten,
- Analyse der Kostenverläufe unter besonderer Berücksichtigung der Ermittlung und Beeinflussung der Kostentreiber,
- Ausdehnung der Analyse auf bedeutsame Vorstufen der Leistungs- und Wertkette,
- Identifikation faktischer und potenzieller Kostentreiber,
- Ausdehnung der Betrachtung auf konkurrierende und andere Unternehmen (→ Cost-Benchmarking),
- Analyse der erfolgswirtschaftlichen Konsequenzen.

Vgl. auch Abb. „Kostenanalyse".

Kostenantriebskräfte, → Kosteneinflussgrößen.

Kostenart, beschreibt und umfasst den für einen bestimmten Produktionsfaktortyp festzustellenden Werteverzehr. Primäre Kostenarten leiten sich vom Verbrauch bzw. von der Inanspruchnahme solcher Produktionsfaktoren ab, die von Dritten bereitgestellt wurden (z.B. fremdbezogene Roh-, Hilfs- und Betriebsstoffe oder Dienstleistungen). Im Gegensatz dazu resultieren sekundäre Kostenarten aus der

Kostenanalyse

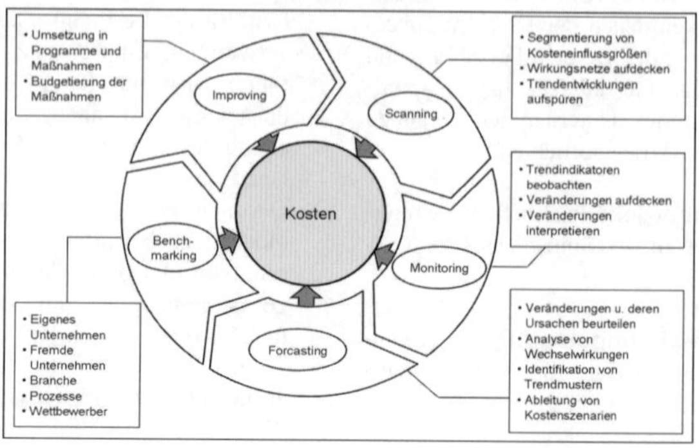

Inanspruchnahme bzw. dem Verbrauch selbst erstellter Wiedereinsatzleistungen.

Kostenartenplan, systematische Übersicht über die → Kostenarten eines Unternehmens. Dieser Plan gibt unternehmensspezifisch an, welche unterschiedlichen Güterverzehre getrennt zu erfassen sind. Es handelt sich um einen strukturierten Katalog, bei dem jeder Kostenart eine Kostenartenbezeichnung und eine Kostenartennummer zugeordnet wird. Als Orientierung für die Konzipierung können Vorschläge von Verbänden und Wirtschaftsinstituten wie Gesamtkontenrahmen und → Industriekontenrahmen herangezogen werden. – Vgl. auch Abb. „Kostenartenplan".

Kostenartenrechnung, Teilgebiet der → Kostenrechnung, das sämtliche innerhalb einer Periode für die Erstellung und Verwertung betrieblicher Leistungen anfallenden → Kosten vollständig, eindeutig und überschneidungsfrei nach einzelnen → Kostenarten gegliedert erfasst und ausweist. Sie vermittelt einen strukturierten Überblick über die Werte der innerhalb eines bestimmten Abrechnungszeitraumes von Dritten bereitgestellten und im Betrieb verzehrten unterschiedlichen Arten von Produktionsfaktoren.

Kostenartenverfahren, *Einzelkostenverfahren, Teilkostenrechnung,* Verfahren der einzelleistungsbezogenen Abrechnung der → Kosten innerbetrieblicher Leistungen, das auf eine anteilige Weiterwälzung

Kostenartenplan

- Personalkosten
  - Lohnkosten
    - Löhne
      - Grundlöhne
      - Zusatzentgelte
    - Lohnnebenkosten
      - Arbeitgeberanteile Sozialversicherung
      - Beiträge zur Berufsgenossenschaft
      - sonstige Lohnnebenkosten
  - Gehaltskosten
    - Gehälter
    - Gehaltsnebenkosten
  - Sonderentgelte
  - Personalleasing
- Anlagenkosten
  - Grundstücke und Gebäude
    - Anlagenvorhaltungskosten
      - Planmäßige Abschreibungen
      - Grundstückspachten und Raummieten
    - Instandhaltungskosten
    - Grundstück- und Gebäudeversicherung
    - Gebühren und Steuern
  - Maschinenkosten
    - Anlagenvorhaltungskosten
      - planmäßige Abschreibungen
      - geringwertige Wirtschaftsgüter
      - Maschinenmieten und -leasing
    - Instandhaltungskosten
    - Maschinenversicherung
    - Gebühren und Steuern
  - Kosten sonstiger Anlagen
- Materialkosten
  - Handelswaren
  - Fertigungsmaterial
  - Fertigungsstoffe
  - Instandhaltungsmaterial
  - Büromaterial
  - sonstige Materialien
- Energiekosten
  - Energieträger
  - Strom
- Dienstleistungskosten
  - Fremdfertigung
  - Fremdtransporte
  - Fremdakquisition
    - Bewirtungs- und Reisekosten
    - Vertreterkosten
  - sonstige Dienstleistungen
- Versicherungskosten
  - Produkthaftpflicht
  - Warenkreditversicherung
  - sonstige Versicherungen
- Kosten fremder Rechte
  - Lizenzgebühren
  - Konzessionen und Patentgebühren
  - Kosten sonstiger fremder Rechte
- Beiträge, Gebühren, Zölle, Steuern
- Kapitalkosten
  - Eigenkapitalzinsen
  - Fremdkapitalzinsen
  - Kosten des Kapitalverkehrs
  - sonstige Kapitalkosten
- Sonstige Kosten

von → Gemeinkosten verzichtet und insofern allein die als → Einzelkosten erfassbaren primären Kostenarten einzelner Leistungen ermittelt und auf diese Leistungen empfangenden → Kostenstellen verrechnet.

Kostenauflösung, → Kostenspaltung.

Kostenbeeinflussung, Teilbereich der → Kostenpolitik, welcher strategische und operative Aufgabenfelder sowie sach- und verhaltensbezogene Aspekte umfasst. Es lassen sich schwerpunktmäßig die folgenden Aufgabenfelder differenzieren:

- Gestaltung der unternehmerischen Kostensphäre im Rahmen einer markt- und rentabilitätsorientierten Kostenkonfiguration,
- Anpassung der unternehmerischen Kostensphäre an die entsprechenden Wettbewerbsbedingungen innerhalb einer Branche durch relative Kostenpositionierung,
- Lenkung der unternehmerischen Kostensphäre in Bezug auf zeitliche Aspekte durch eine lebenszyklusübergreifende Dynamisierung der Kostenbeeinflussung,
- Erzeugung von Kostenbewusstsein für die unternehmerische Kostensituation durch mitarbeiterbezogene Bereitstellung von Kosteninformationen.

Kostenbestimmungsfaktoren, → Kosteneinflussgrößen.

Kostenbestimmungsgrößen, → Kosteneinflussgrößen.

Kostenbudget, Teilplan des Budgets im Rahmen des → internen Rechnungswesens. Das Kostenbudget gibt für ein bestimmtes Bezugsobjekt eine periodenbezogen (z.B. monatlich) vorgegebene, nicht zu überschreitende Kostensumme vor.

Kosteneinflussgrößen, *Kostenbestimmungsgrößen, Kostenfaktoren, Kostenbestimmungsfaktoren,* Bestimmungsfaktoren der Kostenhöhe eines Betriebes innerhalb eines Zeitraumes. Ihre Kenntnis dient der systematischen Beschreibung, Erklärung und Prognose von Kostenphänomenen sowie der Entwicklung von Instrumenten zur Gestaltung und Lenkung der Kostensphäre von Betrieben. Im Rahmen ihrer Erklärungsaufgabe werden sie zur Formulierung von theoretischen Aussagen über kostenbezogene Ursache-Wirkungszusammenhänge genutzt. Durch → Kostenfunktionen wird ein allgemeiner Zusammenhang zwischen den Ausprägungen von Kosteneinflussgrößen als unabhängiger Variable und der Kostenhöhe quantitativ präzise formuliert. In der Literatur sind verschiedene Kosteneinflussgrößen-Systeme entwickelt worden. Gutenberg z.B. unterscheidet fünf Hauptkosteneinflussgrößen:

- Beschäftigung,
- Faktorqualitäten,
- Faktorpreise,
- Betriebsgröße und
- Fertigungsprogramm.

Kostenelastizität, Verhältnis zwischen einer infinitesimal kleinen relativen Änderung des Kostenniveaus und des diese Änderung bewirkenden zusätzlichen Einsatzes eines → Kostentreibers. Ist die Relation Null, so handelt es sich um fixe Kosten (falls Kostentreiber mit Beschäftigung gleichgesetzt sind), da sie bei Änderung der Ausbringungsmenge keiner kurzfristigen Änderung unterliegen.

Kostenerfassung, Aufzeichnen der → Kosten nach → Kostenarten. Die angewandten Techniken umfassen die Erfassung der Mengenkomponente und/ oder der Wertkomponente. Die Erfassung der Mengenkomponente stützt sich entweder auf die direkte Erfassung durch Messen, Zählen oder Wiegen oder auf die indirekte Erfassung der Verbrauchsmengen (z.B.

durch Ableitung der Materialverbräuche anhand von Stücklisten). Die Erfassung der Wertkomponente erfolgt durch eine direkte Übernahme aus der Finanzbuchhaltung (→ Grundkosten), durch eine Umbewertung aufgrund unterschiedlicher Bewertungsprinzipien (→ Anderskosten) oder durch Neubewertung (→ Zusatzkosten).

Kostenfaktoren, → Kosteneinflussgrößen.

Kostenfunktion, Hilfsmittel zur Ermittlung der → Kosten. die mindestens anfallen, wenn eine bestimmte Menge eines Produktes bei gegebenen Faktorpreisen produziert wird. Die Abbildung der Kostenfunktion weist z.B. einen S-förmigen Verlauf der Gesamtkostenkurve (→ Kostenverlauf) auf. Dieser wird aus Vereinfachungsgründen häufig linearisiert. – Vgl. auch Abb. „Kostenfunktion".

Kostenkategorie, spezieller Kostenbegriff, der aus der Differenzierung des allgemeinen Kostenbegriffs nach bestimmten Merkmalen hervorgeht. In einer Kostenkategorie werden jeweils gleichartige Kostenelemente zusammengefasst. Besonders bedeutsame Kriterien zur Operationalisierung des allgemeinen Kostenbegriffs stellen die Zurechenbarkeit der → Kosten auf Bezugsobjekte sowie die Abhängigkeit der Kosten von Einflussgrößen dar. In diesem Kontext unterscheidet man einerseits zwischen → Einzelkosten und → Gemeinkosten, andererseits zwischen → variablen Kosten und → fixen Kosten.

Kostenkontrolle, Teilbereich der → Kostenpolitik. Die operative Grundlage für die Kostenkontrolle bildet insbesondere das Instrument der → Plankostenrechnung. Es handelt sich hier um die laufende Kontrolle des Kostenniveaus in den einzelnen Leistungsbereichen zur Überprüfung der → Wirtschaftlichkeit. Die strategische Kostenkontrolle bezieht sich auf eine ganzheitliche Überwachung der Kostensphäre des Unternehmens. Die im Rahmen von → Kostenanalysen bearbeiteten Problemfelder sind bezüglich ihrer Gültigkeit der jeweiligen Bedingungskonstellationen kontinuierlich zu kontrollieren (→ Prämissenkontrolle). Des Weiteren ist die Durchführung der Kostenbeeinflussung einer regelmäßigen Kontrolle zu unterziehen. Dies bezieht sich auf die Aufgabenfelder, die im Rahmen der Beeinflussung der Kostensituation zu bearbeiten sind. Zusätzlich sollte neben diesen Kontrollbereichen auch eine ungerichtete strategische Überwachung zur Risikokompensation erfolgen.

Kostenfunktion

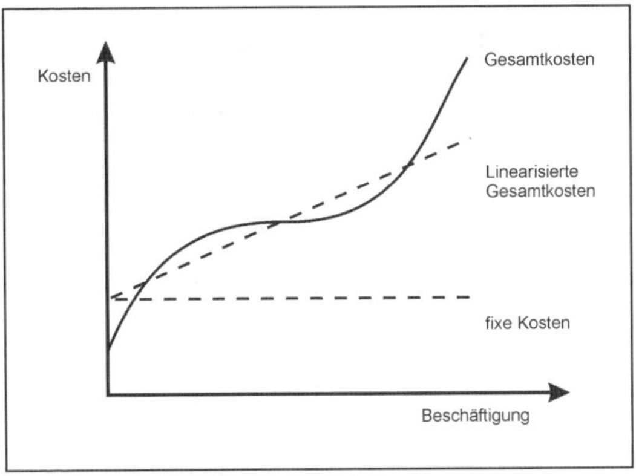

Kostenlehre, Überbegriff für die Bereiche der → Kostentheorie, der → Kostenrechnung und der → Kostenpolitik.

Kostenmanagement, → Kostenpolitik.

Kosten-Nutzen-Analyse (KNA), *Nutzen-Kosten-Analyse, Cost-Benefit-Analyse, Cost-Gain-Analyse,* Gruppe von Verfahren zur Bewertung von Investitionsalternativen, bei denen nicht monetär bewertbare und qualitative Einflussfaktoren in quantitative Größen überführt werden. Im Gegensatz zur traditionellen → Kosten- und Leistungsrechnung ist die KNA nicht perioden-, sondern objekt- bzw. projektbezogen. Sie dient z.B. dazu, die Vorteilhaftigkeit eines geplanten Projekts zu ermitteln oder eine Auswahl unter mehreren Handlungsalternativen zu treffen.

Kosten-Nutzen-Matrix, Instrument zur Unterstützung von Entscheidungen, bei dem das quantitative Kriterium der → Kosten dem qualitativen Kriterium des Nutzens gegenübergestellt wird. In der Matrix werden monetäre Restriktionen wie die Budgetgrenze sowie qualitative Anforderungen und Restriktionen bzgl. des Nutzens integriert. Die Entscheidungsalternativen können dann entsprechend ihrer Position im Entscheidungsraum klassifiziert werden.

Kostenplatz, elementare Abrechnungseinheit innerhalb einer → Kostenstelle. Kostenplätze werden i.d.R. dann eingerichtet, wenn unterschiedliche Leistungsarten erbringende Leistungsstellen wie z.B. einzelne Anlagen oder Arbeitsplatzbereiche innerhalb einer Kostenstelle existieren, die gesondert kalkuliert werden sollen. Diese werden im Rahmen einer Kostenplatzrechnung als weitere Differenzierung der → Kostenstellenrechnung berücksichtigt.

Kostenpolitik, spezieller Teilbereich der Unternehmenspolitik. Auf der Basis unternehmensexterner und -interner → Kostenanalysen sowie unter Nutzung von systematisch-methodischen Verfahren wird eine ganzheitliche Beeinflussung und Kontrolle der Kostensphäre im Sinne eines Total Cost Management angestrebt. Die Aktivitäten der Kostenpolitik umfassen daher die miteinander zusammenhängenden Phasen der → Kostenanalyse, -beeinflussung und -kontrolle. Zielsetzungen der Kostenpolitik sind:

- Vermeidung von Kosten bestimmter Art (z.B. Komplexitätskosten),
- Deckung der Kosten durch entsprechende Erlöse,
- Reduzierung von Kosten,
- Flexibilisierung von Kosten im Sinne des Erreichens einer höheren Kostenelastizität,
- Verlagerung von Kosten in lenkbare Bereiche der Wertschöpfungskette des unternehmerischen Handelns.

Die kostenpolitische Prägung der Unternehmensführung und des → Controllings ist angesichts der regelmäßig sehr engen Vernetzung von Handlungen in der Leistungssphäre sowie der dadurch ausgelösten Wirkungen in der Wertsphäre (speziell: Kostensphäre) unabdingbar. Die Kostenpolitik umfasst nicht nur die unternehmens- sondern auch die marktbezogene Perspektive. Beide sind integriert zu betrachten. Unternehmensbezogene Kostenbetrachtungen beschränken sich grundsätzlich auf die unternehmensinterne Diagnose und Prognose des Kostenstatus (Out of Company-Costing). Grundlage für derartige Analysen sind z.B. Informationen der klassischen → Kostenrechnung, Sonderrechnungen oder der → Prozesskostenrechnung. Marktbezogene Kostenbetrachtungen beziehen zusätzlich unternehmensexterne Informationen in die Bestimmung des Kostenstatus eines Unternehmens ein (Out of Market-Costing).

Kostenpräkurrenz, zeitliches Vorauseilen der Kosten. Dieses Phänomen ist z.B. über Lernprozesse zu erklären. – *Gegensatz:* → Kostenremanenz.

Kostenreagibilität, Veränderung des Kostenniveaus in Abhängigkeit von → Kosteneinflussgrößen.

Kostenrechnung, freiwillig aufgestellte und insofern rechtlich nicht normierte Rechnung, die erfolgsorientiert ausgerichtet und grundsätzlich kurzfristig angelegt ist. Sie dient internen Zwecken von Unternehmensführung und → Controlling. Die Kostenrechnung beinhaltet kalkulatorische Bestandteile und ist in Bezug auf das betriebliche Handeln eine voraus-, mit- und/ oder nachlaufende Rechnung. Sie ist Bestandteil des → internen Rechnungswesens.

Kostenrechnungssystem, Gestaltungsformen der → Kostenrechnung, die auf das Erfüllen bestimmter Rechnungszwecke ausgerichtet sind. Die Elemente des Kostenrechnungssystems sind z.B. die → Kostenarten, → Kostenstellen und → Kostenträger, die bestimmte abrechnungstechnische Beziehungen aufweisen. Dabei spielt das jeweilige → Kostenzurechnungsprinzip eine große Rolle. Jedes Kostenrechnungssystem sollte auf einem in sich schlüssigen, theoretisch abgesicherten Kostenrechnungskonzept basieren, das möglichst weitgehend den spezifischen Belangen der Praxis gerecht werden muss und demzufolge auch von seinem Anwendungsbereich (so vor allem von der Branche sowie von leistungswirtschaftlichen und organisatorischen Besonderheiten) geprägt wird. Im geschichtlichen Zeitablauf entwickelten sich unterschiedliche Kostenrechnungssysteme. – Vgl. auch Abb. „Kostenrechnungssysteme – Entwicklungsgeschichte“.

Kostenremanenz, *Kostenresistenz,* empirisch feststellbares Phänomen, nach dem sich die Kosten an Beschäftigungsänderungen in manchen Fällen nur mit einer zeitlichen Verzögerung anpassen können. Bei Expansion können zusätzlich anfallende → variable Kosten bzw. → sprungfixe Kosten bei Beschäftigungsrückgängen nicht unmittelbar wieder auf

Kostenrechnungssysteme – Entwicklungsgeschichte

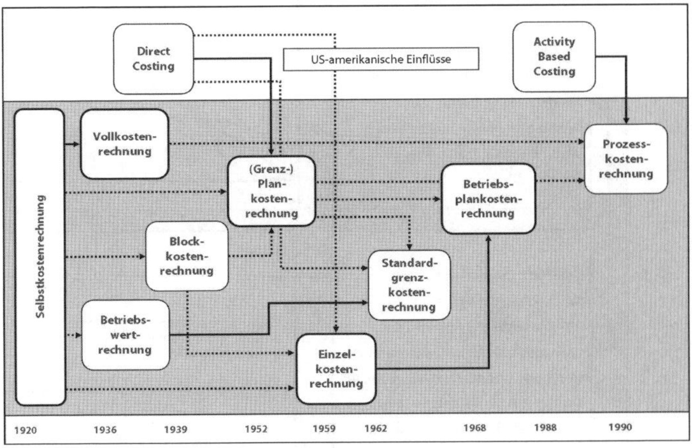

die ursprüngliche Höhe reduziert werden. Kostenremanenzen sind insbesondere darauf zurückzuführen, dass die → Kosteneinflussgrößen aus unternehmenspolitischen, personalpolitischen oder rechtlichen Gründen konstant gehalten werden. Z.B. kann die Einstellung eines Mitarbeiters bei Beschäftigungsrückgang aufgrund vertraglich fixierter Kündigungsfristen nicht unmittelbar rückgängig gemacht werden. – *Gegensatz:* → Kostenpräkurrenz.

Kostenresistenz, → Kostenremanenz.

Kostenschlüsselung, willkürliche Aufteilung der nur mehreren Bezugsgrößen gemeinsam zurechenbaren → Kosten (→ Gemeinkosten) auf die einzelnen Bezugsobjekte.

Kostenschwelle, → Break-Even-Punkt.

Kostenspaltung, *Kostenauflösung,* Vorgang der Zerlegung der → Kosten in mindestens zwei → Kostenkategorien. Üblicherweise wird entweder das Kriterium „Zurechenbarkeit auf Bezugsobjekte" oder „Verhalten bei Änderung der → Kosteneinflussgröße Beschäftigung zugrunde gelegt. Die Kostenspaltung ist Voraussetzung für die Anwendung von → Teilkostenrechnungen. In der Vollkostenrechnung erfolgt keine Kostenspaltung. – Vgl. auch Abb. „Kostenspaltung – Differenzierung der Kosten nach ihrem Verhalten".

Kostenstelle, nach bestimmten Zweckmäßigkeitsgesichtspunkten gebildete organisatorische Bereiche eines Unternehmens, die aus kostenrechnerischer Sicht die Orte der Kostenentstehung darstellen. Kriterien der Kostenstellenbildung stehen neben funktionalen, abrechnungstechnischen, räumlichen, geografischen und absatzleistungsbezogenen Merkmalen insbesondere Verantwortungsgesichtspunkte dar. Für jede Kostenstelle werden die von ihr verursachten → Kostenarten erfasst und ausgewiesen, gegebenenfalls auch geplant und kontrolliert.

Kostenspaltung – Differenzierung der Kosten nach ihrem Verhalten

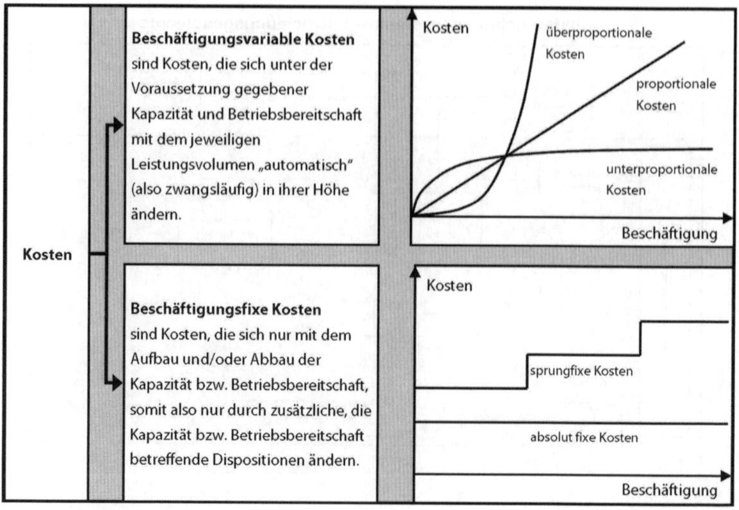

Kostenstellenausgleichsverfahren, Verfahren der einzelleistungsbezogenen Abrechnung der → Kosten → innerbetrieblicher Leistungen. Entgegen dem → Kostenartenverfahren werden nicht nur die → Einzelkosten, sondern zusätzlich auch die anteiligen → Gemeinkosten einzelner Leistungen verrechnet. Es kommt in der Praxis vor allem dann zur Anwendung, wenn ausnahmsweise auch → Endkostenstellen Leistungen für andere → Kostenstellen eines Unternehmens erbringen.

Kostenstelleneinzelkosten, *Stelleneinzelkosten,* → Kosten, deren exakte Erfassung für einzelne → Kostenstellen möglich ist, z.B. Kosten des Kostenstellenleiters. – *Gegensatz:* → Kostenstellengemeinkosten.

Kostenstellenfixkosten, spezielle → fixe Kosten, die einer → Kostenstelle direkt zuordenbar sind (z.B. Raumkosten und Meisterlöhne einer Kostenstelle).

Kostenstellengemeinkosten, *Stellengemeinkosten,* → Kosten, die nicht einzelnen → Kostenstellen exakt, sondern nur mehreren Kostenstellen gemeinsam zugerechnet werden können. Eine Umlegung auf die einzelnen Kostenstellen erfolgt durch → Kostenschlüsselung. – *Gegensatz:* → Kostenstelleneinzelkosten.

Kostenstellenplan, Ergebnis der Aufgliederung eines Unternehmens in → Kostenstellen.

Kostenstellenrechnung, Teilgebiet der → Kostenrechnung, das als abrechnungstechnisches Bindeglied zwischen der → Kostenartenrechnung und der → Kostenträgerrechnung gilt. Sie hat die Aufgabe, die Kosten am Ort ihrer Entstehung zu planen, zu erfassen, zu dokumentieren und zu kontrollieren. Darüber hinaus hat sie in Mehrproduktbetrieben die Abrechnung sämtlicher (einzelnen → Kostenträgern nicht direkt als Einzelkosten zurechenbaren) → Kostenarten sicherzustellen. Die Kostenstellenrechnung erfasst alle → Kostenträgergemeinkosten und weist diese für jene → Kostenstellen aus, die sie ausgelöst (verursacht) haben. Daran schließt sich die Abrechnung der Kosten → innerbetrieblicher Leistungen an, die bei den → Wiedereinsatzleistungen empfangenden Kostenstellen zum Anfall von → Sekundärkosten führt. Kostenstellenberichte dokumentieren für die einzelnen Kostenstellen nicht nur die Struktur der Primär- und Sekundärkosten als → Istkosten und darüber hinaus möglicherweise auch als → Plankosten, sondern weisen auch die von den Kostenstellen erbrachten Leistungen aus. Die Erfassung kostenstellenbezogener Kosten-Leistungs-Relationen ermöglicht die Ermittlung von Verrechnungs- und/ oder → Zuschlagssätzen, die die Kostenträgerrechnung zur → Kalkulation der Endprodukte bzw. -leistungen heranzieht.

Kostentheorie, Teilgebiet der → Kostenlehre, das eine Erklärungs- und Prognosefunktion hat. Sie bildet die theoretische Fundierung für die Ableitung von → Kostenfunktionen.

Kostenträger, Zwischen- oder Endprodukte (bzw. -leistungen) als traditionelle Kalkulationsobjekte, deren Her- bzw. Erstellung (und sofern sie bereits abgesetzt sind, auch deren Vertrieb) Güter- und Dienstleistungsverzehre ausgelöst haben, die sie konsequenterweise auch „tragen" sollen. Absatzleistungen sollten folglich zumindest in Höhe dieser von ihnen verursachten → Kosten entsprechende → Erlöse bringen.

Kostenträgerblatt, Arbeitsformular für die statisch-tabellarische Durchführung der → Kostenträgererfolgsrechnung.

Kostenträgereinzelkosten, spezielle Einzelkostenart, wobei die → Kosten den

→ Kostenträgern direkt zuordenbar sind.

Kostenträgererfolgsrechnung, Teilbereich der → Kostenrechnung zur Ermittlung periodenbezogener → Erfolge für die → Kostenträger, um darauf aufbauend Erfolgsanalysen und Sortimentssteuerungsentscheidungen vornehmen zu können. Als methodische Prinzipien können das Gesamt- bzw. das Umsatzkostenverfahren, das → Direct Costing sowie ein- und mehrstufige → Deckungsbeitragsrechnungen eingesetzt werden.

Kostenträgergemeinkosten, spezielle → Gemeinkosten, die nur mehreren → Kostenträgern gleichsam zugeordnet werden können und die in der → Kostenstellenrechnung durch Schlüsselung auf einzelne → Kostenträger verrechnet werden.

Kostenträgerkalkulation, → Kostenträgerstückrechnung.

Kostenträgerrechnung, Teilgebiet der → Kostenrechnung, das die Vor- und Nachkalkulation der für die Herstellung und den Vertrieb der einzelnen → Kostenträger entstandenen → Kosten übernimmt. Die → Kostenträgereinzelkosten entnimmt sie der → Kostenartenrechnung, die → Kostenträgergemeinkosten der → Kostenstellenrechnung. Ausgangspunkt der Kostenträgerrechnung sind – vornehmlich in Abhängigkeit vom Fertigungstyp – die von einer Produktart innerhalb einer Periode insgesamt hergestellten Mengen, die einzelnen Fertigungs- und Kundenaufträge, die in → Einzelfertigung hergestellten Erzeugnisse oder auch größere Projekte. Für die darauf abstellende → Kalkulation stehen unterschiedliche → Kalkulationsverfahren zur Verfügung. Perioden- bzw. auftragsbezogen kalkulierte Kosten werden in der → Kostenträgerstückrechnung in → Stückkosten umgerechnet. Diese Kosteninformationen sind insbesondere zur Bewertung von Teilmengen, die vorübergehend gelagert werden müssen oder die an unterschiedliche Abnehmer ausgeliefert werden, erforderlich. Die → Kostenträgerzeitrechnung erfasst die für einzelne Arten von Kostenträgern innerhalb einer Abrechnungsperiode insgesamt angefallenen Kosten.

Kostenträgerstückrechnung, Teilgebiet der → Kostenrechnung, das die für eine einzelne Leistungseinheit einer Erzeugnisart anfallenden → Kosten ermittelt. → Einzelkosten können direkt zugerechnet werden. Die → Gemeinkosten werden mit Hilfe von Kalkulationssätzen verrechnet. Somit werden die Herstellkosten und Selbstkosten pro Kostenträgereinheit ermittelt. Als stückbezogene → Vorkalkulation weist sie die für die Produktion und den Absatz einer einzelnen Mengeneinheit der Planung gemäß voraussichtlich anfallenden Kosten aus. Stückbezogene → Nachkalkulationen bereiten in der Praxis deshalb große Schwierigkeiten, weil sich viele → Kostenarten entweder überhaupt nicht (wie z.B. fixe Kosten) oder nur dann, wenn man einen sehr hohen Erfassungsaufwand hinnehmen würde, für einzelne Mengeneinheiten bestimmen lassen.

Kostenträgerverfahren, Verfahren, das einzelne → innerbetriebliche Leistungen als eigenständige → Kostenträger auffasst, kumuliert und abrechnet. Dieses Verfahren findet insbesondere bei einer Beurteilung der → Wirtschaftlichkeit Anwendung, d.h. bei der Entscheidung zwischen Eigenfertigung und Fremdbezug oder der Aktivierung innerbetrieblicher Leistungen.

Kostenträgerzeitrechnung, Teilgebiet der → Kostenrechnung, das die für einzelne Arten von → Kostenträgern innerhalb einer Abrechnungsperiode insgesamt anfallenden → Kosten ausweist. In Betrieben mit → Einzelfertigung ist sie stets zugleich auch eine → Kostenträgerstückrechnung. Dagegen muss sie in Unternehmen, die einzelne Produktarten innerhalb eines Abrechnungszeitraums nacheinander in mehreren Aufträgen produzieren und absetzen, die zunächst auftragsbezogen erfassten Kosten periodenweise summieren. Den innerhalb eines Abrechnungszeitraumes für eine Kostenträgerart insgesamt erfassten Kosten stellt man regelmäßig die für diese Kostenträgerart erzielten → Erlöse gegenüber. Auf diese Weise lässt sich bestimmen, in welchem Umfang einzelne Kostenträger zum → Betriebsergebnis beigetragen haben. Diese Fortführung der Kostenträgerzeitrechnung zur Kostenträgerergebnisrechnung mündet in die → Betriebsergebnisrechnung.

Kostentragfähigkeitsprinzip, → Tragfähigkeitsprinzip.

Kostentreiber, *Cost Driver,* diejenigen → Kosteneinflussgrößen, die eine signifikante Auswirkung auf den Zuwachs von → Stückkosten haben. Im Rahmen der → Prozesskostenrechnung stellen Kostentreiber die Bezugsgröße zur Ermittlung der Prozesskostensätze dar.

Kostenüberdeckung, die in einer Abrechnungsperiode innerhalb der → Kostenrechnung weiter verrechneten → Kosten sind höher als die tatsächlich entstandenen Kosten. Eine Überdeckung entsteht in Hilfs- und Nebenkostenstellen, wenn bei der → innerbetrieblichen Leistungsverrechnung der → Verrechnungssatz einer innerbetrieblichen Leistungsart über dem betreffenden Istkostensatz liegt. I.d.R. werden Überdeckungen nicht weiter verrechnet, sondern in das → Betriebsergebnis übernommen. Im Rahmen der → Vollkostenrechnung werden bei Ist-→ Beschäftigungsgraden, die höher sind als die Planbeschäftigung zu viele → fixe Kosten verrechnet, wodurch eine sogenannte → Fixkostenüberdeckung entsteht.

Kostenüberwälzungsrechnung, → Vollkostenrechnung.

Kosten- und Leistungsrechnung, → Kostenrechnung, → Leistungsrechnung.

Kostenvergleichsrechnung, Methode der statischen Wirtschaftlichkeitsbeurteilung. Es werden alle → entscheidungsrelevanten Kosten gegenübergestellt und miteinander verglichen. Die Entscheidungsalternative, die die geringeren

Kostenvergleichsrechnung

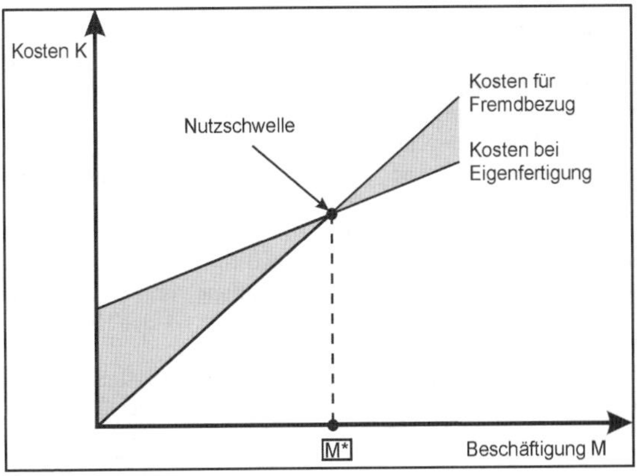

durchschnittlichen Kosten pro Zeiteinheit bzw. Leistungseinheit aufweist, ist die vorteilhaftere. Es werden nur die Beträge berücksichtigt, die bei der Verwirklichung der betreffenden Alternative zusätzlich anfallen und ansonsten nicht entstehen würden. – Vgl. auch Abb. „Kostenvergleichsrechnung".

Kostenverlauf, Abhängigkeit der Kostenentwicklung von den → Kosteneinflussgrößen. Der Kostenverlauf wird durch entsprechende → Kostenfunktionen beschrieben, die der Annahme konstanter → Faktorpreise unterliegen. Im Rahmen von → variablen Kosten kann insbesondere zwischen einem → proportionalen, → unterproportionalen und → überproportionalen Kostenverlauf unterschieden werden.

Kostenverteilungsprinzipien, *Kostenanlastungsprinzip,* spezielle → Kostenzuordnungsprinzipien, die im Gegensatz zu den Kostenzurechnungsprinzipien Verfahrensgrundsätze zur anteiligen Anlastung von → Gemeinkosten auf Bezugsobjekte beinhalten. Spezielle Verteilungsregeln stellen das → Durchschnittsprinzip und das → Tragfähigkeitsprinzip dar.

Kostenverursachungsprinzip, → Kausalprinzip.

Kostenzerlegung, → Kostenspaltung.

Kostenzuordnungsprinzipien, Verfahrensgrundsätze, die begründen und festlegen, wie die → Kosten einzelnen Bezugsobjekten zuzuordnen sind. Die Leitidee ist es, Ursache-Wirkungsbeziehungen zwischen den Bezugsobjekten und Kosten abzuleiten. Man unterscheidet zwei generelle Klassen von Kostenzuordnungsprinzipien:

- Kostenzurechnungsprinzipien streben eine möglichst wirklichkeitsgetreue Abbildung der tatsächlichen Zusammenhänge zwischen Kosten und Bezugsobjekten an.
- Kostenverteilungspinzipien formulieren dagegen Regeln, wie auch solche Kosten(-bestandteile) untergeordneten Bezugsobjekten angelastet werden können, für die sie trotz größten Bemühens nicht eindeutig erfassbar sind. Die daraus folgenden Verteilungsgrundsätze bewirken eine Aufteilung echter Gemeinkosten.

Die Wahl des jeweiligen Kostenzuordnungsprinzips ist abhängig von den Rechenzwecken der → Kostenrechnung. Es gibt keine Kostenzurechnungsregel, die für alle mit der Kostenrechnung verfolgten Zwecke generelle Gültigkeit hat.

Kostenzurechnungsprinzipien, → Kostenzuordnungsprinzipien, die im Gegensatz zu den → Kostenverteilungsprinzipien auf real nachweisbare, sachlich erklärbare Zusammenhänge abstellen und damit eine möglichst wirklichkeitsgetreue Abbildung des Kostenanfalls anstreben. Es sind ihrem Anspruch nach wissenschaftlich abgesicherte Prinzipien zur Lösung des Problems der Zuordnung von → Kosten auf Bezugsobjekte. Spezielle Zuordnungsregeln beinhalten in diesem Zusammenhang das → Kausalprinzip i.e.S. und sowie das → Identitätsprinzip und das → Marginalprinzip.

Kredit, i.d.R. entgeltliche Überlassung von Geld oder Waren durch einen → Gläubiger an einen → Schuldner. Man unterscheidet Kredite hinsichtlich ihrer Laufzeit in kurz- (kleiner ein Jahr), mittel- (ein bis fünf Jahre) und langfristige (größer fünf Jahre) Kredite.

Kreditor, Konto der → Buchhaltung zur Ermittlung von → Verbindlichkeiten. – *Gegensatz:* → Debitor.

Kreditsicherheiten, die von → Gläubigern bei Kreditvergabe vom → Schuldner verlangten Sicherheiten in Form von

Realsicherheiten (Pfand, Grundschuld, Hypothek und ähnlichem) oder Personalsicherheiten (Bürgschaft, Garantie und ähnlichem) zur Absicherung des Kreditausfallrisikos.

kritische Erfolgsfaktoren, → Erfolgsfaktoren.

kumulierte Abschreibungen, Summe der seit Anschaffung des → Vermögensgegenstandes vorgenommenen → Abschreibungen.

Kuppelproduktion, Produktionsverfahren, das sich durch eine besonders enge produktionswirtschaftliche Leistungsverflechtung auszeichnet. Diese lässt sich dadurch charakterisieren, dass aus demselben Produktionsprozess technisch zwangsläufig mehrere verschiedenartige Erzeugnisse in einem meist sogar starren Mengenverhältnis hervorgehen. Insofern lassen sich → Kosten von Kuppelproduktionsprozessen eindeutig nur sämtlichen daraus entstehenden Erzeugnissen gemeinsam zurechnen (→ Schlüsselungsverfahren, → Restwertrechnung).

Kurs-Gewinn-Verhältnis (KGV), *Price Earnings Ratio (PER),* Kennzahl, die sich aus dem Börsenkurs einer → Aktie dividiert durch den von der → Aktiengesellschaft (AG) ausgewiesenen Gewinn je Aktie ergibt. Das KGV sagt im Falle von Gewinnthesaurierung bei der → Gewinnverwendung mehr über die Werthaltigkeit eines Anteilsscheins aus als die → Dividende je Aktie. – *Anders:* → Earnings Per Share (EPS).

kurzfristige Erfolgsrechnung (KER), → Betriebsergebnisrechnung, → Ergebnisrechnung.

Kurzfristverbindlichkeiten, *Current Liabilities,* → Verbindlichkeiten mit einer Laufzeit bis zu einem Jahr.

L

Lagebericht, zusätzlicher Bericht über die wirtschaftliche Situation, der von der Geschäftsführung zu erstellen ist. Der Lagebericht ist nicht Bestandteil des → Jahresabschlusses. Der Lagebericht ist von Kapitalgesellschaften, eingetragenen Genossenschaften (eG) und Unternehmen mit Ausnahme von Personenhandelsgesellschaften und Einzelkaufleuten, sowie von Konzernen zu erstellen. Gemäß § 289 HGB sind zumindest der Geschäftsverlauf einschließlich des Geschäftsergebnisses und die Lage der Kapitalgesellschaft so darzustellen, dass ein den tatsächlichen Verhältnissen entsprechendes Bild vermittelt wird. Er hat eine ausgewogene und umfassende, dem Umfang und der Komplexität der Geschäftstätigkeit bedeutsamen finanziellen Leistungsindikatoren einzubeziehen und unter Bezugnahme auf die im Jahresabschluss ausgewiesenen Beträge und Angaben zu erläutern. Ferner ist im Lagebericht die voraussichtliche Entwicklung mit ihren wesentlichen Chancen und Risiken zu beurteilen und zu erläutern; zugrunde liegende Annahmen sind anzugeben. – Der Lagebericht soll eingehen auf:

1. Vorgänge von besonderer Bedeutung, die nach dem Geschäftsjahr eingetreten sind;
2. Risikomanagementziele und -methoden der Gesellschaft einschließlich ihrer Methoden zur Absicherung aller wichtigen Arten von Transaktionen, die im Rahme der Bilanzierung von Sicherungsgeschäften erfasst werden;
3. Preisänderungs-, Ausfall- und Liquiditätsrisiken sowie die Risiken aus Zahlungsstromschwankungen, denen die Gesellschaft ausgesetzt ist, jeweils in Bezug auf die Verwendung der Lage oder der voraussichtlichen Entwicklung;
4. den Bereich der Forschung und Entwicklung;
5. bestehende Zweigniederlassungen der Gesellschaft.

Darüber hinaus sind börsen- bzw. kapitalmarktorientierte Kapitalgesellschaften verpflichtet, im Lagebericht weitere Angaben zu machen, so beispielsweise zu den wesentlichen Merkmalen des internen Kontroll- und des Risikomanagementsystems im Hinblick auf die Rechnungslegungsprozesse.

Langfristfertigung, i.d.R. auftragsbezogene Fertigung, die sich über einen Zeitraum erstreckt, der eine oder mehrere → Rechnungsperioden umfasst. Zur Realisierung von → Gewinnen aus Langfristfertigung gibt es folgende Möglichkeiten:

- Completed-Contract-Methode,
- Percentage-of-Completion-Methode,
- Teilgewinnrealisierung.

Langfristverbindlichkeiten, *Long-Term Debts, Long-Term Liabilities, Non Current Liabilities,* → Verbindlichkeiten mit einer Laufzeit länger als fünf Jahre.

latente Steuern, *Deferred Taxes,* bestehen zwischen den handelsrechtlichen Wertansätzen von Vermögensgegenständen, Schulden und Rechnungsabgrenzungsposten und ihren steuerlichen Wertansätzen Differenzen, die sich in späteren Geschäftsjahren voraussichtlich abbauen, so ist eine sich daraus insgesamt ergebende Steuerbelastung als passive latente Steuern (§ 266 Abs. 3 E.) in der Bilanz anzusetzen. Eine sich daraus insgesamt ergebende Steuerentlastung kann unter dem Punkt aktive latente Steuern (§ 266 Abs. 2 D.) in der Bilanz angesetzt werden. Die sich ergebende Steuerbe- und Steuerentlastung kann auch unverrechnet angesetzt werden. Steuerliche Verlustvorträge sind bei der Berechnung aktiver latenter Steuern in Höhe der innerhalb der nächsten fünf Jahre zu erwartenden Verlustverrechnung zu berücksichtigen (§ 274 (1) HGB). Die Beträge der sich ergebenden Steuerbe- und Steuerentlastung sind mit den unternehmensindividuellen Steuersätzen im Zeitpunkt des Abbaus der Differenzen zu bewerten und nicht abzuzinsen. Die ausgewiesenen Posten sind aufzulösen, sobald die Steuerbe- oder Steuerentlastung eintritt oder mit ihr nicht mehr zu rechnen ist. Der Aufwand oder Ertrag aus der Veränderung bilanzierter latenter Steuern ist in der Gewinn- und Verlustrechnung gesondert unter dem Posten "Steuern vom Einkommen und vom Ertrag" auszuweisen (§ 274 (2) HGB).

Leasing, spezielle Form der Miete. Man unterscheidet das sogenannte → Finance Leasing vom → Operate Leasing. Gemäß Steuererlass vom 19.4.1971, der auch für die handelsbilanzielle Behandlung von Leasingobjekten gilt, sind bewegliche Leasingobjekte wie folgt zu bilanzieren:

1. Bei Finance Leasing-Verträgen ohne Optionsrecht: Beträgt die festgelegte Grundmietzeit des Leasingobjektes unter 40 Prozent bzw. über 90 Prozent seiner → betriebsgewöhnlichen Nutzungsdauer, so ist das Leasingobjekt beim Leasingnehmer zu bilanzieren. Liegt die vereinbarte Grundmietzeit zwischen 40 Prozent bis 90 Prozent der betriebsgewöhnlichen Nutzungsdauer, so hat der Leasinggeber das Leasingobjekt zu bilanzieren.
2. Bei Finance Leasing-Verträgen mit Optionsrecht: Liegt die vereinbarte Grundmietzeit zwischen 40 Prozent und 90 Prozent der betriebsgewöhnlichen Nutzungsdauer, und unterschreitet der Kaufpreis im Fall der Ausübung der Option weder den durch → lineare Abschreibung ermittelten → Buchwert noch den niedrigeren → gemeinen Wert im Veräußerungszeitpunkt, so hat der Leasinggeber das Leasingobjekt zu bilanzieren.

Gemäß Steuererlass vom 21.3.1972 wird bei Leasingverträgen über unbewegliche → Wirtschaftsgüter eine getrennte Zurechnung von Grund und Boden einerseits und dem Gebäude andererseits vorgenommen. Wie bei den beweglichen Wirtschaftsgütern wird die Zuordnung der beiden Leasingbestandteile nach der Vertragsgestaltung und deren tatsächlicher Durchführung vorgenommen, es werden jedoch typisierte Kriterien wie bei Leasingverträgen über bewegliche Wirtschaftsgüter vorgegeben. Im Einzelfall kann es zu einer unterschiedlichen → Bilanzierung von Grund und Boden bzw. Gebäuden kommen. Bei Operate Leasing-Verträgen wird das Leasingobjekt stets beim Leasinggeber bilanziert. Die monatlich zu entrichtenden Leasingraten sind als → Betriebsausgaben steuerlich abzugsfähig. Leasingunternehmen müssen als Finanzdienstleister i.d.R. die für sie geltenden Vorschriften des Kreditwesengesetzes beachten.

Leerkapazität, nicht genutzte (Produktions-)kapazität. – Vgl. auch → Kapazität.

Leerkosten, der Teil der → fixen Kosten, der auf nicht genutzte → Kapazität entfällt. D.h., es handelt sich um den Teil der fixen Kosten, der durch die Ist-Beschäftigung im Verhältnis zur maximalen → Beschäftigung (= Kapazität) nicht ausgenutzt wird. Die Leerkosten (KL) werden wie folgt berechnet:

$$K_L(x)=(x_m-x)\frac{K_f}{x_m}$$

(x_m = Maximalausbringung = Kapazität, x = Istausbringung, K_f = fixe Kosten)

Die Leerkosten fallen proportional von ihrem Höchstwert K_f für x = 0 linear bis zum Wert Null für $x = x_m$. – *Gegensatz:* → Nutzkosten.

Leistung, bezeichnet i.d.R. die mengenmäßige Ausbringung der Produktionsprozesse, die in Form von materiellen oder immateriellen Gütern, aber auch in deren Kombinationen vorliegen kann. Die Produktionsleistung eines Betriebes ist weiter differenzierbar in für den Markt bestimmte Absatzleistungen und → Wiedereinsatzleistungen. Als Leistung wird häufig auch die in Geldeinheiten bewertete Ausbringung bezeichnet (→ Erlös).

Leistungskette, → Wertschöpfungskette.

Leistungskosten, → Kosten, deren Höhe von den tatsächlich realisierten Leistungen bzw. dem Leistungsprogramm abhängt.

leistungsmengeninduzierte Kosten, im Rahmen der → Prozesskostenrechnung betrachtete → Kosten, die für die Durchführung von Prozessen anfallen und die einzelnen → Kostentreibern (z.B. Anzahl an Kundenaufträgen) zugerechnet werden können.

leistungsmengenneutrale Kosten, im Rahmen der → Prozesskostenrechnung betrachtete Kosten, die einzelnen → Kostentreibern nicht zugerechnet werden können und mit Hilfe eines Umlageverfahrens den → leistungsmengeninduzierten Kosten hinzugefügt werden.

Leistungsrechnung, Erfassungssystem, das periodenbezogen, nach Leistungsarten und -varianten differenzierend, die Ausbringung der einzelnen → Kostenstellen eines Unternehmens aufzeichnet. Diese Definition verdeutlicht zugleich, dass → Kostenstellen stets auch Leistungsstellen sind, wenn sich auch die Leistungsmessung für einige Unternehmensbereiche (wie etwa für den Verwaltungsbereich) schwierig gestaltet. Die Leistungsrechnung umfasst häufig nicht nur eine mengenmäßige Betrachtung, wie man den Begriff → Leistung assoziieren könnte, sondern auch eine wertmäßige Betrachtung. Daher ist die Bezeichnung → Erlösrechnung gegebenenfalls präziser.

Leistungs- und Wertkette, → Wertschöpfungskette.

Lenkungspreise, → Verrechnungspreise.

Lernkurveneffekt, Teilaspekt des → Erfahrungskurveneffekts.

Letter of Comfort, → Patronatserklärung.

Liabilities, Begriff der internationalen → Rechnungslegung für → Verbindlichkeiten, der neben den Verbindlichkeiten, die nach Grund und Höhe gewiss sind, auch diejenigen umfasst, die nach Grund und/ oder Höhe ungewiss sind. Zuletzt genannte werden im deutschen Handelsrecht als → Rückstellungen behandelt. Voraussetzung für die Existenz von Liabilities ist die zugrunde liegende gegenwärtige Verpflichtung, auch Present Obligation genannt. Liabilities müssen bilanziert werden, soweit der Abfluss von Ressourcen, die wirtschaftlichen Nutzen darstellen, zum Ausgleich der Liabilities wahrscheinlich ist und sich der Ausgleichsbetrag zuverlässig messen lässt. Dabei kann der Ausgleichsbetrag auch plausibel geschätzt werden (*reasonable estimate*). Ist dies nicht möglich, so besteht für diese Liabilities ein → Bilanzierungsverbot.

Lieferungs- und Zahlungsbedingungen, Vertragsvereinbarungen über

Lieferzeit, Umtausch- und Rückgabemöglichkeiten, Berechnung der Verpackung, Fracht und Versicherung sowie über Zahlungsweise, Zahlungsfrist und die Gewährung von Preisvorteilen in Form von Boni und Skonti.

Lifo-Verfahren, → Verbrauchsfolgeverfahren.

Limited Company, Gesellschaftsform in Großbritannien. Sie zählt wie die deutsche Gesellschaft mit beschränkter Haftung (GmbH) und die Aktiengesellschaft (AG) zu den Kapitalgesellschaften. Der Europäische Gerichtshof hat am 5.11.2002 entschieden, dass die Limited Company in der gesamten EU voll rechtsfähig ist. Mit Urteil vom 13.3.2003 hat sich der Bundesgerichtshof diesen Vorgaben unter Aufgabe seiner bisherigen Rechtsprechung angeschlossen. Zur Gründung einer Limited Company sind mindestens zwei Personen, der Director und der sogenannten Secretary erforderlich. Der Director kann als Pendant zum Geschäftsführer der deutschen GmbH gesehen werden. Der Secretary ist die Kontaktperson für die Behörden für alle administrativen Belange. Die Kapitalausstattung einer Limited Company beträgt mindestens 1 britisches Pfund. Es werden drei Formen unterschieden:

- Private Limited Company (Ltd.)
- Private Limited Company by Guarantee
- Public Limitied Company (PLC).

Limited Review, prüferische Durchsicht eines Abschlusses mit begrenzter Prüfungssicherheit. Abschlüsse die einer prüferischen Durchsicht unterworfen werden können, sind nicht prüfungspflichtige → Jahresabschlüsse sowie unterjährige Berichte. Ziel der prüferischen Durchsicht ist die Erhöhung der Glaubwürdigkeit der in den Abschlüssen enthaltenen Informationen, wobei auf die durch eine Abschlussprüfung erreichbare hinreichende Sicherheit für ein Prüfungsurteil mit positiver Gesamtaussage auftragsmäßig verzichtet wird (→ Institut der Wirtschaftsprüfer (IDW), PS 900).

lineare Abschreibung, → Abschreibungsmethode, bei der die Anschaffungs-, Herstellungs- oder Wiederbeschaffungskosten eines Anlagengutes auf die Jahre seiner betriebsgewöhnlichen Nutzung gleichmäßig verteilt werden (→ Abschreibungen). Die → Nutzungsdauer richtet sich nach der erfahrungsgemäßen wirtschaftlichen Leistungsfähigkeit. Von der Abschreibungsbasis wird v.a. bei größeren Anlagen der Liquidationserlös abgezogen. Der jährliche lineare Abschreibungsbetrag (A_{Lin}) lässt sich folgendermaßen ermitteln:

$$A_{Lin} = \frac{Anschaffungswert - Liquidationserlös}{Nutzungsdauer}$$

Da die lineare Abschreibung rechentechnisch einfach durchzuführen ist und alle Teilperioden der Nutzungsdauer gleichmäßig belastet, ist sie das in den meisten → Kostenrechnungssystemen übliche Abschreibungsverfahren.

lineare Sollkostenfunktion, Begriff der → flexiblen Plankostenrechnung. Die lineare Sollkostenfunktion dient der Gegenüberstellung der → Istkosten verschiedener Istbeschäftigungsgrade und der ihnen entsprechenden → Sollkosten. Die flexible Plankostenrechnung verwendet für die → Kostenkontrolle nur lineare Kostenverläufe und somit nur lineare Sollkostenfunktionen.

Linienfertigung, *Straßenfertigung,* Verfahren der → Reihenfertigung, bei dem, wie bei der → Fließfertigung, die einzelnen Maschinen dem Ablauf des Produktionsprozesses entsprechend aufgestellt sind. Im Gegensatz zur Fließfertigung fehlt bei der Linienfertigung allerdings die genaue zeitliche Abstimmung der Teilarbeitsgänge untereinander, d.h. der genaue Arbeitstakt. Aus diesem Grunde besitzt die Linienfertigung auch eine größere fertigungstechnische Elastizität.

Liquidation, *Abwicklung, Zerschlagung,* Beendigung der Unternehmenstätigkeit mit anschließender Verwertung der → Vermögensgegenstände und Bedienung der → Schulden. Die Gründe für eine Liquidation sind je nach Rechtsform des Unternehmens unterschiedlich (Personengesellschaften § 131 HGB, Aktiengesellschaften (AGs) § 262 AktG, Gesellschaften mit beschränkter Haftung (GmbHs) § 60 GmbHG). Die Liquidation erfolgt bei Kapitalgesellschaften nach einschlägigen gesellschaftsrechtlichen Vorschriften zur Sicherstellung des Gläubigerschutzes.

Liquidationsbilanz, *Abwicklungsbilanz,* Sonderbilanz, die im Zuge einer Liquidation eines Unternehmens zu erstellen ist. Man unterscheidet die Liquidationseröffnungsbilanz als Grundlage für die Rechnungslegung der Abwicklungsperiode und die Liquidationsschlussbilanz zum Ende der Liquidationsperiode. In der Liquidationsbilanz werden der Finanzierungsbedarf und dessen Deckung zu einem bestimmten Zeitpunkt einander gegenübergestellt. Dabei werden die Aktiva nach ihrem Liquiditätsgrad gegliedert und die Passiva nach ihrer Fälligkeit. Gemäß § 270 (2) AktG und § 71 (2) GmbHG sind auf die Liquidationsbilanz die Vorschriften über den Jahresabschluss entsprechend anzuwenden. → Vermögensgegenstände des → Anlagevermögens sind jedoch wie → Umlaufvermögen zu bewerten, soweit ihre Veräußerung innerhalb eines übersehbaren Zeitraums beabsichtigt ist oder diese Vermögensgegenstände nicht mehr dem Geschäftsbetrieb dienen. Auch die Liquidationsbilanz anderer Rechtsformen sollte sich an den genannten gesetzlichen Vorschriften orientieren.

Liquidationswert, Wert, der sich bei der → Liquidation eines Unternehmens als Summe der Veräußerungserlöse für die einzelnen → Vermögensgegenstände abzüglich der → Verbindlichkeiten des Unternehmens ergibt.

liquide Mittel, → Zahlungsmittelbestand.

Liquidität, Eigenschaft einer Wirtschaftseinheit, in einem bestimmten zukünftigen Zeitraum sämtliche ab dem Ausgangsstichtag zu erwartenden Abflüsse an → liquiden Mitteln aus dem Bestand an liquiden Mitteln, den vorhandenen Liquiditätsreserven und den erwarteten Zuflüssen an liquiden Mitteln abzudecken. – *Gegensatz:* → Illiquidität.

Liquiditätsgrade, Bilanzkennzahlen zur Analyse der → Liquidität (L) eines Unternehmens. Man unterscheidet die folgenden Liquiditätsgrade:

$$L\ 1.\,Grades = \frac{Zahlungsmittel\ (Zm)}{kurzfr.\ Verbindlichkeiten}$$

$$L\ 2.\,Grades = \frac{Zm + kurzfr.\,Forderungen}{kurzfr.\,Verbindlichkeiten}$$

$$L\ 3.\,Grades = \frac{Zm + kurzfr.\,Forderg. + Vorräte}{kurzfr.\,Verbindlichkeiten}$$

Liquiditätskoeffizient, → Working Capital Ratio.

Liquiditätsplan, *Finanzplan, Kapitalbedarfsrechnung,* vollständige zeitpunkt- und betragsgenaue Aufstellung der im Unternehmen anfallenden Ein- und Auszahlungen. Über den Liquiditätsplan soll der Finanzmittelbedarf der Periode ermittelt werden.

Lofo-Verfahren, → Verbrauchsfolgeverfahren.

Logistikcontrolling, funktionsbezogenes → Controlling aller die Logistik betreffenden Bereiche eines Unternehmens.

Diese umfassen die Lagerhaltung, das Handling, den Materialfluss und Transport innerhalb und außerhalb des Unternehmens. Die für die Logistik relevanten Teile an Abstimmungsaufgaben beziehen sich somit auf den Material- und Warenfluss von Unternehmen. Aufgaben des Logistikcontrollings sind die Unterstützung der Materialbedarfsplanung, die Logistikkostenrechnung sowie die Ermittlung optimaler Leistungs-Kosten-Kombinationen im Bereich Logistik.

Lohneinzelkosten, → Lohnkosten, die einer betrieblichen Leistung direkt zurechenbar sind und deren Planung differenziert nach → Kostenträgern erfolgt. Als Lohneinzelkosten werden i.d.R. nur die Fertigungslöhne geplant, während → Sozialkosten, Hilfslöhne, Gehälter und sonstige Personalkosten in die Gemeinkostenplanung eingehen.

Lohnkosten, Teil der Personalkosten. Sie bilden die Summe aller Bruttolöhne, die ein Unternehmen während einer Abrechnungsperiode als Arbeitsentgelt zur Leistungserstellung aufwendet. Die kostenrechnerische Erfassung der Lohnkosten erfolgt in der → Vollkostenrechnung als → Einzelkosten (Fertigungslöhne) oder → Gemeinkosten (Hilfslöhne), je nachdem, ob sie für unmittelbar produktbezogene Arbeit anfallen oder nicht.

Lohnnebenkosten, → Personalnebenkosten.

Long-Term Debts, → Langfristverbindlichkeiten.

Long-Term Liabilities, → Langfristverbindlichkeiten.

Losgröße, Menge einer Produktart oder einer Baugruppe, die in einer Produktionsstufe als geschlossener Posten (Los) – ohne Unterbrechung durch die Produktion anderer Produkte oder Baugruppen – gefertigt wird.

Loss, → Verlust, → außerordentlicher Aufwand.

LSÖ, Abk. für die Leitsätze der Ermittlung von Preisen aufgrund von Selbstkosten bei Leistungen für öffentliche Auftraggeber. Es handelt sich um bis zum 31.12.1950 geltende Richtlinien bei öffentlichen Aufträgen. Die LSÖ wurden durch die → LSP abgelöst.

LSP, Abk. für Leitsätze der Ermittlung von Preisen aufgrund von Selbstkosten. Es handelt sich um Richtlinien für den Fall, dass Leistungen für öffentliche Auftraggeber nicht zu Marktpreisen abgerechnet werden können und daher ersatzweise Selbstkostenpreise als Behelfspreise herangezogen werden müssen (→ LSP-Kalkulationsschema).

LSP-Kalkulationsschema, Kalkulationsschema für die Preisermittlung aufgrund der → Selbstkosten (→ LSP). Es handelt sich um eine grundlegende Gliederung der → Kalkulation der → Kosten. Die Selbstkosten ergeben sich aus der Summe der Fertigungsmaterialkosten, der Fertigungskosten, der Entwicklungs- und Entwurfskosten sowie der Verwaltungs- und Vertriebskosten. Addiert man zu den Selbstkosten den → kalkulatorischen Gewinn, erhält man als Ergebnis den Selbstkostenpreis. Einzel- und Gemeinkosten sind soweit möglich jeweils getrennt auszuweisen. Aus Gründen der Wirtschaftlichkeit können Gemeinkosten gegebenenfalls auch ohne weitere Differenzierung ausgewiesen werden. – Vgl. auch Abb. „LSP – Kalkulationsschema".

Lückenanalyse, → Gap-Analyse.

Lucky Buy, Bezeichnung für einen Unternehmenskauf, bei dem das zu erwerbende Unternehmen unterbewertet ist, d.h. der Kaufpreis geringer als das bilanzielle → Eigenkapital ist und demzufolge der Kaufpreis unter dem eigentlichen Unternehmenswert liegt. Bei einem Lucky Buy entsteht ein passivischer Unterschiedsbetrag, der nicht künftigen Belastungen entspricht, sondern Ausdruck eines günstigen Kaufpreises ist.

Lump-Sum, → Basket Purchase.

LSP – Kalkulationsschema

	Fertigungsstoffeinzelkosten
	Fertigungsstoffgemeinkosten
Fertigungsstoffkosten	
	Fertigungslohneinzelkosten
	Fertigungslohngemeinkosten
Fertigungslohnkosten	
Sonderkosten der Fertigung	
	Entwicklungs- und Entwurfseinzelkosten
	Entwicklungs- und Entwurfsgemeinkosten
Entwicklungs- und Entwurfskosten	
Herstellkosten	
Verwaltungskosten	
Vertriebskosten	
Sonderkosten des Vertriebs	
Selbstkosten	
Kalkulatorischer Gewinn	
Selbstkostenpreis	

Leitsätze über die Preisermittlung auf Grund von Selbstkosten (LSP)

M

Make or Buy, *Eigenfertigung oder Fremdbezug,* Entscheidung, ob ein Produkt selbst hergestellt oder fremdbezogen wird. Die Entscheidung darüber sollte stets unter Berücksichtigung der Beschäftigungssituation (Voll- oder Unterbeschäftigung) und des Fristigkeitsgrades (kurz- oder langfristig) erfolgen. In einer kurzfristigen Unterbeschäftigungssituation reicht es aus, die → variablen Kosten der Entscheidungsalternativen zu vergleichen (bei konstanter Qualität). Im Falle der kurzfristigen Vollbeschäftigung müssen z.B. die → Opportunitätskosten, die durch das Auftreten eines Kapazitätsengpasses entstehen, mitberücksichtigt werden. Bei langfristigen Entscheidungen kommen → Investitionsrechnungen zum Tragen. Um ein umfassendes Wirtschaftlichkeitsurteil zu erlangen, müssen neben quantitativen Kriterien auch qualitative Kriterien, die z.B. im Rahmen einer → Nutzwertanalyse Berücksichtigung finden, betrachtet werden.

Management Accounting, *Managerial Cost Accounting, Internal Accounting, Enterprise Reporting,* angelsächsische Bezeichnung für → internes Rechnungswesen, die unterschiedlich weit ausgelegt wird. Allgemein umfasst das Management Accounting die Erfassung, Verdichtung und Analyse von Kosten-, Erlös-, Ergebnis- sowie Finanzdaten zur Vorbereitung und Steuerung von Führungsentscheidungen.

Management Control, US-amerikanische Bezeichnung für → Abweichungsanalyse und entsprechende Berichte.

Management Discussion and Analysis of Financial Condition and Results of Operations (MD&A), *Directors' Report,* in der internationalen Rechnungslegung vorgeschriebener Bericht der Geschäftsführung, der als ergänzende Information den Financial Statements vorangehen muss. Der Bericht soll das Zahlenwerk der Financial Statements im Vergleich zum Vorjahr analysieren und alle wesentlichen Abweichungen erläutern. Informationen über künftige Ereignisse, die die Position und die Geschäftstätigkeit der Unternehmung beeinflussen könnten, sind darzustellen. Handelt es sich bei den publizierenden Unternehmen um nichtamerikanische Unternehmen, so sind zusätzlich Aussagen dazu zu machen, inwieweit ausländische Gesetze und Verordnungen einen wesentlichen Einfluss auf ihre Geschäftstätigkeit sowie auf → Investitionen von amerikanischen Bürgern haben, und soweit es für das Verständnis des Abschlusses notwendig ist, inwieweit ihre nationale → Rechnungslegung sich von der amerikanischen unterscheidet.

Management-Informationssystem (MIS), EDV-gestütztes System, das Managern verschiedener Hierarchieebenen erlaubt, detaillierte und verdichtete → Informationen aus der operativen Datenbasis ohne Problemstrukturierungshilfen und logisch-algorithmische Bearbeitung (Anwendung von anspruchsvollen Methoden) zu extrahieren. Es handelt sich um eine frühe Vorstufe zu → Management-Unterstützungssystemen.

Management Support System (MSS), → Management-Unterstützungssystem (MUS).

Management-Unterstützungssystem (MUS), *Management Support System (MSS),* ist als Weiterentwicklung von → Führungs-Informationssystemen (FIS) und → Management-Informationssystemen (MIS) und zu verstehen. MUS sind analytisch geprägte → Informationssysteme, die die betriebliche → Wertschöpfung umfassend abbilden. Sie stellen ganzheitliche, verschiedene Informations- und Kommunikationstechnologien integrierende Informationssysteme zur Unterstützung des Managementprozesses dar. Ziel ist es, → Informationen bereitzustellen, welche das Management zur Erfüllung seiner Aufgaben benötigt. MUS besitzen die Fähigkeit, relevante Daten aus unterschiedlichen internen und externen Datenquellen zu extrahieren, entsprechend der Informationsbedarfe des Managements aufzubereiten und benutzerfreundlich bereitzustellen. Ausgangsbasis für ein MUS bilden operative Informationssysteme bzw. → ERP-Systeme. Diese bestehen aus transaktionsorientierten Systemen, die detaillierte Daten über die betrieblichen Abläufe im Unternehmen enthalten, d.h. Administrations- und Dispositionssysteme sind. Die Architektur der MUS besteht idealerweise aus drei Komponenten: Data Warehouse-Systeme (→ Data Warehouse), OLAP-Systeme (→ OLAP) sowie Business Intelligence-Tools (→ Business Intelligence). Sie ist an die Anforderungen des Unternehmens anzupassen. Ein MUS kann zusätzlich das Business Intelligence-Tool des → Data Minings enthalten, welches eine Extraktion von implizit vorhandenen und bislang unbekannten Informationen aus einer Vielzahl an Datenbeständen durch Methoden der Datenmustererkennung ermöglicht. – Vgl. auch Abb. „Management-Unterstützungssystem (MUS)". – Weitere Chancenpotenziale ergeben sich, wenn direkt über ein webbasiertes Portal auf das MUS zugegriffen werden kann. Eine besondere Ausprägung eines MUS ist das → Controlling-Informationssystem (CIS).

Managerial Cost Accounting, → Management Accounting.

Management-Unterstützungssystem (MUS)

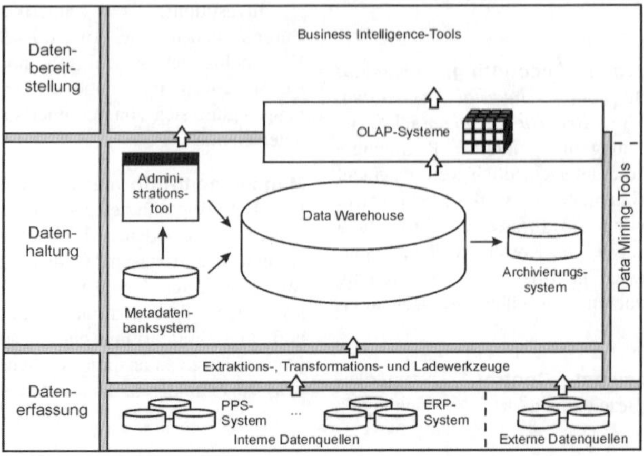

Marge, Differenz zwischen An- und Verkaufskursen bzw. -preisen, Soll- und Habenzinssätzen, vorgegebenen Ober- und Untergrenzen u.ä.

Marginal Costing, → Direct Costing.

Marginal Income, spezielle Auslegung des → Deckungsbeitrags. Dabei versteht man unter dem Marginal Income die im Rahmen des → Marginal Costing ermittelte Differenz zwischen → Erlös und → proportionalen Kosten eines Erzeugnisses.

Marginalprinzip, *Relevanzprinzip,* spezielles → Kostenzurechnungsprinzip. Es fordert, jedem Bezugsobjekt die von ihm zusätzlich ausgelösten → Kosten und → Erlöse zuzurechnen. Einem einzelnen Bezugsobjekt sollen stets genau nur jene Kosten zugerechnet werden, die nicht anfielen, wenn das betreffende Bezugsobjekt real nicht vorhanden wäre. So dürfen z.B. einem einzelnen Stück nur die durch dessen Produktion und Absatz zusätzlich ausgelösten Kosten zugerechnet werden, also nur die → variablen Kosten. Die Zurechnungsregel des Marginalprinzips deckt sich mit der des → Identitätsprinzips.

Marginal Revenue, → Marginal Income.

Margin of Safety, → Sicherheitskoeffizient.

Marketable, *marktgängig,* aus den Wertvorgaben auf einem aktiven und liquiden Markt ist ein → Marktwert abzuleiten.

Marketingcontrolling, Teilgebiet des → Controllings, das sich auf die Unterstützung von Marketingentscheidungen bezieht und der Gewährleistung der → Wirtschaftlichkeit im Marketing dient. Das Marketingcontrolling trägt durch seine Aktivitäten zur Planung, Steuerung und Kontrolle des sogenannten Marketingmixes bei. Die Aufgabenfelder liegen somit in der Unterstützung der Preis- und Konditionenpolitik, Programm- und Sortimentspolitik, der Kommunikationspolitik sowie der Distributionspolitik. Zur Unterstützung der Distributionspolitik dient das → Vertriebscontrolling als ein bedeutendes Teilgebiet des Marketingcontrollings. Operative Instrumente des Marketingcontrollings sind insbesondere → Kostenvergleichsrechnungen, → Deckungsbeitragsrechnungen, Deckungsbeitragsflussrechnungen (dynamisierte Deckungsbeitragsrechnungen) sowie → Abweichungsanalysen von → Erlösen.

Market-to-Market, *Marktpreisverhältnisrechnung,* spezielle Variante der → Schlüsselungsverfahren, die zur Kalkulation von gleich bedeutsamen → Kuppelprodukten herangezogen wird. Die Marktpreisverhältnisrechnung verteilt die Gesamtkosten eines Prozesses der Kuppelproduktion auf die einzelnen daraus hervorgehenden Kuppelprodukte anteilig im Verhältnis der mit deren Marktpreisen gewichteten Mengenanteile. Dieses Vorgehen entspricht abrechnungsmethodisch der → Äquivalenzziffernkalkulation. – Vgl. auch → Mark-to-Market.

Market Value Added (MVA), im Zuge des → Shareholder Values angewendete Kennzahl zur Beurteilung der zukünftigen Wertsteigerung des Unternehmens. Der MVA wird aus einer Abschätzung zukünftiger → Economic Value Added (EVA) und einer Abzinsung mit dem gewichteten Gesamtkapitalkostensatz wie folgt ermittelt:

$$MVA_0 = \sum_{t=1}^{\infty} \frac{EVA_t}{(1 + WACC_t)^t}$$

Eine weitere Berechnungsmöglichkeit des MVA ist die folgende:

$$MVA = Marktwert - Geschäftsvermögen$$

Als → Marktwert kann die Anteilszahl der ausgegebenen → Anteile multipliziert mit dem aktuellen Markt- oder Börsenpreis angesetzt werden. Das Geschäftsvermögen ist gleich dem bilanzierten → Vermögen.

Marktanteil, prozentualer Anteil eines Unternehmens am → Umsatz auf einem bestimmten Markt. Zur Bestimmung des absoluten Marktanteils wird der eigene Umsatz in Relation zum Gesamtumsatz des betrachteten Marktes gesetzt. – *Anders:* → relativer Marktanteil.

Marktgängig, → Marketable.

Mark-to-Market, Bewertungsmethode nach → US-GAAP, die sowohl Wertsteigerungen als auch Wertminderungen (Marktpreise im Vergleich zu den bestehenden → Buchwerten) erfasst. Sie ist teilweise verbindlich vorgeschrieben bei der Bewertung bestimmter → Wertpapiere, → Fremdwährungsforderungen und → Fremdwährungsverbindlichkeiten sowie bei der Bewertung von → Derivaten und Edelmetallen. – Vgl. auch → Market-to-Market.

Marktpreis, → Tagespreis.

Marktpreisverrechnung, spezielle Form der Verrechnung → innerbetrieblicher Leistungen zum gegenwärtigen Marktpreis. Voraussetzung für diese Verrechnung ist die Existenz eines einheitlichen und nahezu konstanten Marktpreises. Die Marktpreisverrechnung findet vorwiegend bei Konzernen statt, deren Teileinheiten unternehmerisch selbstständig sind. – Vgl. auch → Transferpreise.

Marktwert, *Tageswert,* Preis bzw. Wert eines Gutes am Absatz- und Beschaffungsmarkt zu einem bestimmten Zeitpunkt. Relevant wird der Marktwert zum Bilanzstichtag, an dem gemäß → Niederstwertprinzip für die Vermögensgegenstände des Anlage- und Umlaufvermögens geprüft werden muss, ob ein Marktwert eventuell unter den → Anschaffungskosten liegt und somit gegebenenfalls auf diesen abgeschrieben werden muss.

Marktzinssatzmethode (MZM), Methode im Rahmen der → Kalkulation von → Margen zur Unterstützung rentabilitätsorientierter Entscheidungen in der Bankpraxis. Der Nutzen jedes einzelnen Einlagen- oder Kreditgeschäftes wird daran gemessen, inwieweit dieses Geschäft mehr erwirtschaftet als ein (fristenmäßig) vergleichbares und in jedem Fall mögliches Alternativengeschäft am Geld- und Kapitalmarkt. Das bedeutet, dass die Kosten einer Geldanlage an den Kosten der auf jeden Fall möglichen alternativen Geldbeschaffung (→ Opportunitätskosten) und die Rendite einer Geldausleihe mit der Rendite einer auf jeden Fall möglichen Geldausleihe (→ Opportunitätserlöse) relativiert werden.

Markup Factor, angelsächsischer Begriff für den Gewinnzuschlag zur Bestimmung der → Selbstkosten.

Maschinenbelegung, Zu- bzw. Aufteilung der geplanten Arbeitsprozesse auf die vorhandenen, funktionsfähigen Maschinen. Dabei sollen folgende Ziele verwirklicht werden:

- Kostenminimale Fertigung,
- Planung einer minimalen Durchlaufzeit,
- Terminplanung, Termineinhaltung.

Mit Hilfe der linearen Programmierung lässt sich eine optimale Aufteilung der Produkte nach Art und Menge auf die einzelnen Maschinen vornehmen.

Maschinenstundensatz, → Kosten, die eine Maschine je Laufstunde verursacht. Dabei werden sämtliche maschinenabhängige Kosten, → Abschreibungen, Zinsen, Einzelwagnisse, Instandhaltungskosten, Raum- und Energiekosten auf die betriebsübliche bzw. optimal erreichbare Maschinenlaufzeit bezogen.

Maschinenstundensatzrechnung, Form der Bezugsgrößenkalkulation, bei der die → Gesamtkosten einer → Endkostenstelle auf die → Nutzungsdauer der → Anlagen bezogen werden. Die Kostenverrechnung erfolgt dabei gemäß der jeweiligen zeitlichen Inanspruchnahme der Anlage (→ Maschinenstundensatz).

Massenfertigung, Herstellung ein und desselben Produktes in praktisch unbegrenzter Anzahl, wobei → Erfahrungskurveneffekte ausgenutzt werden können.

Maßgeblichkeit, → Maßgeblichkeitsprinzip.

Maßgeblichkeitsprinzip, → Grundsatz ordnungsmäßiger Bilanzierung (GoBil). Das Maßgeblichkeitsprinzip besagt, dass die → Handelsbilanz maßgeblich für die → Steuerbilanz ist, sofern bei der Aufstellung der Handelsbilanz die → Grundsätze ordnungsmäßiger Buchführung (GoB) beachtet wurden und keine zwingenden steuerlichen Vorschriften eine abweichende Bewertung verlangen.

Master Budget, *Comprehensive Budget,* Bezeichnung für einen umfassenden Kosten-, Erlös-, Ergebnis- und Liquiditätsplan im US-amerikanischen Rechnungswesen. Das Master Budget ist eine Zusammenfassung von → Budgets der einzelnen Funktionsbereiche eines Unternehmens.

Matching of Cost and Revenue, → matching principle.

Matching Principle, *Matching of cost and revenue,* Unterprinzip des → Accrual Principle der → International Financial Reporting Standards (IFRS) und der → US-GAAP. Das Matching Principle bestimmt den Zeitpunkt der Verrechnung von Aufwendungen. In den IFRS und den US-GAAP wird eine leistungsentsprechende Gegenüberstellung der Aufwendungen und Erträge vorgeschrieben. Aufwendungen sind in der Periode zu erfassen, in der die entsprechenden Produkte und Leistungen verkauft werden.

Materialeinzelkosten, Bestandteil der → Materialkosten, die direkt den Bezugsgrößen, v.a. den → Kostenträgern, zugeordnet werden können.

Materialgemeinkosten, Bestandteil der → Materialkosten, die sich v.a. aus den → Kosten für Beschaffung, Prüfung, Lagerung und Abnahme des Materials zusammensetzen. Materialgemeinkosten werden innerhalb der → innerbetrieblichen Leistungsverrechnung auf das in der Periode verbrauchte Material umgelegt (→ Materialgemeinkostenzuschlag).

Materialgemeinkostenzuschlag, Prozentsatz, mit dem in der → Zuschlagskalkulation die → Materialgemeinkosten auf das Fertigungsmaterial aufgeschlagen werden, um die gesamten → Materialkosten zu bestimmen.

Materiality Principle, → Bilanzierungsgrundsatz in den US-GAAP und den International Financial Reporting Standards (IFRS), der mit dem deutschen Grundsatz der Wesentlichkeit zu vergleichen ist. Als wesentlich sind solche Informationen zu betrachten, bei deren falscher oder unvollständiger Präsentation dem Empfänger ein falsches Bild der Vermögens-, Finanz- und Ertragslage des Unternehmens vermittelt werden würde.

Materialkosten, Summe der Kosten für Roh-, Hilfs- und Betriebsstoffe, die sich aus den → Materialeinzelkosten und → Materialgemeinkosten zusammensetzen.

materielle Bilanzpolitik, Entscheidungen im Rahmen der Bilanzerstellung, über die Ausübung von → Bilanzierungswahlrechten und → Bewertungwahlrechten und die Entscheidung bei bestehenden Ermessenspielräumen.

mathematisch-statistische Kostenspaltung, Methode der → Kostenspaltung. Mathematisch-statistische Verfahren sind eindeutig vergangenheitsorientiert. Sie basieren auf empirischen Informationen über die Höhe der → Gesamtkosten, die bei unterschiedlich großen Leistungsmengen angefallen sind. Ihre einfachste Variante ist die „Methode des proportionalen Satzes“. Ihr liegt die Vorstellung zugrunde, man könnte die Höhe der → variablen Kosten pro Leistungseinheit einfach dadurch ermitteln, dass man die Gesamtkosten zweier verschiedener Beschäftigungsgrade voneinander abzieht und dann durch die Differenz der diesen Beschäftigungsgraden entsprechenden Leistungsmengen dividiert. Demgegenüber gehen statistische Verfahren, wie etwa die Methode der kleinsten Quadrate, regelmäßig von einer größeren Anzahl von Beobachtungswerten (Gesamtkosten unterschiedlicher Leistungsmengen) aus, um die → Kosten in fixe und variable Bestandteile aufzulösen.

Mehrdimensionalität, Eigenschaft von Datenstrukturen bei der Navigation in → Controlling-Informationssystemen. Fakten wie Bestände, Kosten, Verkaufszahlen, Erlöse oder Deckungsbeiträge stehen in Beziehung zu bestimmten → Bezugsgrößen, die als Dimensionen bezeichnet werden. Der Fakt Deckungsbeitrag I kann z.B. in Zusammenhang mit Dimensionen wie Produkt, Vertriebsgebiete, Zeit, Kunden, Organisation etc. stehen. Eine Dimension besitzt wiederum unterschiedliche Elemente, die sich verschiedenen Konsolidierungsebenen zuordnen lassen. Die Produktdimension kann aus mehreren Produkten bestehen, die bestimmten Produktsparten zugeordnet werden können und die sich wiederum zur Unternehmensebene zusammenfassen lassen. – Vgl. auch Abb. „Mehrdimensionalität“. – Die beschriebenen mehrdimensionalen Datenstrukturen lassen sich mit Hilfe von OLAP-Systemen erzeugen (→ OLAP). Je nach Informationsbedarf sollte es möglich sein, relevante Daten aus verschiedenen Perspektiven intuitiv und flexibel zu betrachten und zu analysieren. Im Rahmen einer Sortimentsanalyse des → Vertriebscontrollings ist es z.B. möglich, den Deckungsbeitrag I aller Produkte für alle Regionen eines Landes in den einzelnen

Mehrdimensionalität

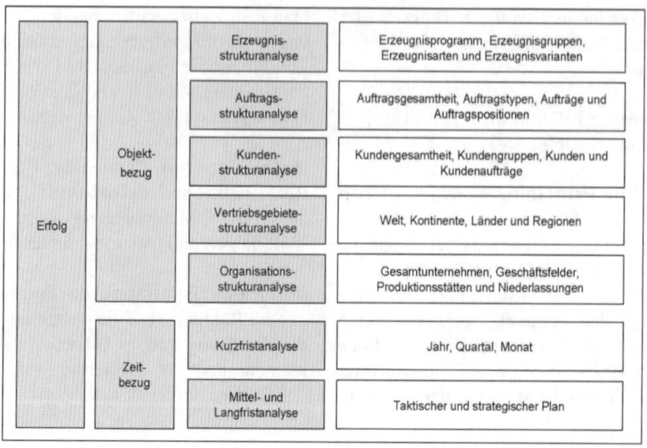

Quartalen eines bestimmten Jahres über alle Kunden des Unternehmens anzeigen zu lassen. Die Navigation in den mehrdimensionalen Datenstrukturen ermöglicht somit eine Analyse über mehrere Dimensionen.

Mehrheitsanteile, → Anteile an einer → Mehrheitsbeteiligung. – *Gegensatz:* → Minderheitenanteile.

Mehrheitsbeteiligung, Umstand, dass eine juristische oder natürliche Person die Mehrheit an Anteilen oder Stimmrechten eines rechtlich selbstständigen Unternehmens hält, § 16 (1) AktG. – *Gegensatz:* → Minderheitsbeteiligung.

Mehrkosten, bezeichnen i.w.S. die über einen verglichenen Kostenwert (z.B. Eigenfertigungskosten) hinausgehenden Kosten. Als Mehrkosten i.e.S. bezeichnet man die über die geplanten Kosten hinausgehenden Kosten, wie z.B. die Kosten für Fertigungsausschuss, Zeit- und Lohnüberschreitungen, Materialnachforderungen, fehlgeschlagene Entwicklungsarbeiten und Schwund bei gelagerten Rohstoffen. Außergewöhnliche Mehrkosten erheblicher Höhe können als Verluste aus Wagnissen (→ Wagniskosten) behandelt werden.

mehrstufige Deckungsbeitragsrechnung, → Fixkostendeckungsrechnung.

Mengeneffekte, → Economies of Scale.

Merger, → Verschmelzung.

Mergers & Acquisitions (M&A), Bezeichnung für Unternehmensübernahmen. Ein M&A kann entweder einvernehmlich (*friendly*), d.h. mit dem Einverständnis des zu übernehmenden Unternehmens, oder feindlich (*hostile*), d.h. von dem zu übernehmenden Unternehmen entweder unbemerkt oder ohne dessen Einwilligung erfolgen. Nach der M&A ist über die Form des → Unternehmenszusammenschlusses zu entscheiden (Arbeitsgemeinschaft, Gemeinschaftsunternehmen, Unternehmensverband, Konzern, Fusion).

Methode der kleinsten Quadrate, Methode zur Schätzung der Parameter in den Regressionsmodellen und ökonometrischen Modellen. Die Parameter der zu schätzenden Funktion werden so bestimmt, dass die Summe der Abweichungsquadrate zwischen der Regressionsfunktion und den Beobachtungspunkten aus der Stichprobe minimal wird.

Mietkauf, Sonderform des → Leasings, bei der der Leasingnehmer nach Ablauf des befristeten Mietvertrages die Möglichkeit hat:

- das Leasingobjekt zu einem vorher festgelegten Preis zu kaufen, wobei die bisher geleisteten Mietzahlungen auf den Kaufpreis angerechnet werden;
- den Mietvertrag zu verlängern, wobei die Folgemiete i.d.R. niedriger ist als die vorherigen Mietzahlungen und der Mietgegenstand nach Ablauf einer bestimmten Frist in das Eigentum des Leasingnehmers übergeht.

Da unter diesen Bedingungen der Leasingnehmer von Anfang an wirtschaftlicher Eigentümer des Leasinggegenstandes ist, wird beim Mietkauf der Leasinggegenstand beim Leasingnehmer bilanziert, der Leasinggeber hingegen aktiviert eine aufzuzinsende → Forderung.

Milestone-Verfahren, → Teilgewinnrealisierung.

Minderheitenanteile, Anteile einer Minderheitsbeteiligung. – *Gegensatz:* → Mehrheitsanteile.

Minderheitsbeteiligung, Umstand, dass eine juristische oder natürliche Person nicht die Mehrheit an → Anteilen oder Stimmrechten eines rechtlich selbstständigen Unternehmens hält, § 16 (1) AktG. – *Gegensatz:* → Mehrheitsbeteiligung.

Mindestbestand, *Sicherheitsbestand,* Vorratsmenge, durch die nach statistischer Wahrscheinlichkeit potenzielle Entnahmeüberschreitungen, Überschreitungen der Beschaffungszeit und Fehler bezüglich der Lieferbeschaffenheit ausgeschlossen werden können. Die Bewertung des Sicherheitsbestandes als zusammengefasster Posten von Vermögensgegenständen des Vorratsvermögens mit → Festpreisen unter unverändertem Bilanzansatz in aufeinander folgenden Geschäftsjahren ist unter bestimmten Voraussetzungen handels- und steuerrechtlich anerkannt. Die gegebenenfalls mit dem Sicherheitsbestand betriebspolitisch angestrebte → Substanzerhaltung kann durch Festbewertung beim eisernen Bestand (zur Vermeidung von Scheingewinnen durch Preissteigerungen) nur in den engen Grenzen des → Festwertverfahrens erreicht werden.

Mindestbesteuerung, wurde eingeführt, um einen Mindestmaß an Steuereinnahmen für die öffentliche Hand aus haushaltspolitischen Gründen zu gewährleisten. Seit dem Veranlagungszeitraum 2004 wurde die Verrechnung von Verlustvorträgen gemäß § 10d EStG eingeschränkt. Negative Einkünfte, die bei der Ermittlung des Gesamtbetrags der Einkünfte nicht ausgeglichen werden, sind bis zu einem Betrag von 511.500 Euro, bei Ehegatten, die nach den §§ 26, 26b EStG zusammenveranlagt werden, bis zu einem Betrag von 1.023.000 Euro vom Gesamtbetrag der Einkünfte des unmittelbar vorangegangenen Veranlagungszeitraums vorrangig vor Sonderausgaben, außergewöhnlichen Belastungen und sonstigen Abzugsbeträgen abzuziehen (Verlustrücktrag). Nicht ausgeglichene negative Einkünfte, die nicht durch den Verlustrücktrag abgezogen worden sind, sind in den folgenden Veranlagungszeiträumen bis zu einem Gesamtbetrag der Einkünfte von 1 Million Euro unbeschränkt, darüber hinaus bis zu 60 von Hundert des 1 Million übersteigenden Gesamtbetrags der Einkünfte vorrangig vor Sonderausgaben, außergewöhnlichen Belastungen und sonstigen Abzugsbeträgen abzuziehen (Verlustvortrag). Bei Ehegatten, die nach §§ 26, 26b EStG zusammenveranlagt werden, tritt an die Stelle des Betrags von 1 Million Euro ein Betrag von 2 Millionen Euro.

Mindestdeckungsbeitrag, *Mindestdeckungssatz,* nach produktions- und absatzpolitischen Gesichtspunkten vorgegebener Soll-Deckungsbeitrag pro Engpass-Leistungseinheit. Der Mindestdeckungsbeitrag darf bei der → Kalkulation von Angebotspreisen nicht unterschritten werden.

Mindestdeckungssatz, → Mindestdeckungsbeitrag.

Mindestkapital, bei der → Gründung von → Kapitalgesellschaften gesetzlich festgelegtes, mindestens aufzubringendes → Eigenkapital. Das Mindestkapital bei Aktiengesellschaften (AGs) beträgt 50.000 Euro und bei Gesellschaften mit beschränkter Haftung (GmbHs) 25.000 Euro.

Mindestpreis, gesetzlich oder behördlich festgesetzte unterste Preisgrenze, die nicht unterschritten werden darf. Die Verordnung von Mindestpreisen ist ein Mittel der staatlichen Preispolitik, das bei schlechter Absatzlage ruinöse Konkurrenz verhindern soll.

Minimalkosten, Höhe der niedrigsten → Gesamtkosten oder → Durchschnittskosten bei kostenoptimalem → Beschäftigungsgrad.

Minimalkostenkombination, Kombination austauschbarer Produktionsfaktoren, die im Hinblick auf eine bestimmte Ausbringung die geringsten → Kosten verursacht.

MIS, Abk. für → Management-Informationssystem.

Mischkalkulation, → kalkulatorischer Ausgleich.

Mischkosten, → semivariable Kosten.

Mitkalkulation, → Zwischenkalkulation.

Mittelherkunfts- und Mittelverwendungsrechnung, → Bewegungsbilanz.

Monatseinzelkosten, spezielle Ausprägung der → Einzelkosten, die direkt bestimmten Monaten zugeordnet werden können.

MUS, Abk. für → Management-Unterstützungssystem.

Muttergesellschaft, *Parent Company,* Kapitalgesellschaft, die auf Unternehmen in einem → Konzern beherrschenden Einfluss ausübt (§ 290 (1) HGB).

N

Nachfragefunktion, → Preis-Absatz-Funktion.

Nachfragereaktionsfunktion, → Preis-Absatz-Funktion.

Nachgründung, Vertragsschluss einer Aktiengesellschaft (AG) in den ersten zwei Jahren nach ihrer Eintragung im Handelsregister, der den Erwerb von Vermögensgegenständen zu einer Vergütung ermöglicht, die ein Zehntel des → Grundkapitals übersteigt und der die Zustimmung der Hauptversammlung und die Eintragung ins Handelsregister sowie die → Prüfung durch einen Gründungsprüfer erfordert (§ 52 (2),(4) AktG)

Nachkalkulation, Zurechnung der bei betrieblicher Leistungserstellung und -verwertung entstandenen → Einzelkosten und → Gemeinkosten auf die Erzeugniseinheiten, wobei die → Kalkulation erst nach der Produktion vorgenommen wird. – Vgl. auch → Vorkalkulation, → Zwischenkalkulation.

Nachschusspflicht, Obliegenheit eines → Gesellschafters, eine → Einlage zu leisten, die über seine bisherige Gesellschaftereinlage hinausgeht. Bei der Gesellschaft mit beschränkter Haftung (GmbH) erfolgt sie auf das haftende Kapital und wird nicht auf das Stammkapital geleistet (§§ 26 ff. GmbH). Bei der eingetragenen Genossenschaft (eG) können die Genossen zu Nachschüssen in die Insolvenzmasse verpflichtet sein (§§ 105 ff. GenG). Die Nachschusspflicht muss im → Gesellschaftsvertrag vereinbart sein, da ansonsten gegen das Belastungsverbot verstoßen wird, das die Auferlegung nachträglicher zusätzlicher Leistungen verbietet (§ 707 BGB). Die Nachschusspflicht kann unbeschränkt oder auf eine bestimmte Summe beschränkt sein.

nachträgliche Anschaffungskosten, → Aufwendungen, die nach der Beschaffung des Anlagegegenstandes anfallen, aber dennoch als → Anschaffungskosten zu interpretieren sind (§ 255 (I) S. 2 HGB. Z.B. Erschließungsbeiträge, Umbaukosten, sofern sie dazu dienen, den Anlagegegenstand in einen betriebsbereiten Zustand zu versetzen oder zu einer wesentlichen Verbesserung oder Erweiterung des Anlagegegenstandes führen.

nachträgliche Kostenauflösung, Art der → Kostenauflösung, bei der nach dem Erstellen der monatlichen → Ergebnisrechnung versucht wird, die → Kosten einzelner → Kostenarten nach einem bestimmten Kriterium, wie z.B. dem → Beschäftigungsgrad, in ihre fixen und variable Bestandteile zu zerlegen. Die nachträgliche Kostenauflösung wird z.B. dann durchgeführt, wenn ein Erzeugnis mit Verlust hergestellt worden ist. So lässt sich zeigen, welche Kosten angefallen wären, wenn das Erzeugnis nicht in die Produktion aufgenommen worden wäre. Allerdings bereitet die nachträgliche Kostenauflösung wegen der bereits erfolgten → innerbetrieblichen Leistungsverrechnung Schwierigkeiten.

Nachtragsprüfung. Bei einer materiellen oder formellen Änderung des geprüften → Jahresabschlusses und/ oder → Lageberichts nach Vorlage des → Prüfungsberichts an die gesetzlich bestimmten Berichtsempfänger sind gemäß § 316 (3) HGB die Unterlagen erneut zu prüfen, soweit es die Änderung erfordert. Über das Ergebnis der → Prüfung ist zu berichten, der → Bestätigungsvermerk ist entsprechend zu ergänzen.

nahestehende Personen, in Deutschland ursprünglich im Steuerrecht entwickelter Begriff, der ein solches Verhältnis bezeichnet, bei dem eine Person auf eine andere Person einen außerhalb einer Geschäftsbeziehung begründeten Einfluss nehmen kann oder wenn einer von ihnen ein eigenes Interesse an der Erzielung der Einkünfte des anderen hat. Die Geschäftsbeziehungen zwischen natürlichen Personen werden deswegen regelmäßig auf deren Angemessenheit (→ Arm's Length Principle) steuerlich überprüft. International spricht man von → Related Parties (IAS 24 und SFAS No. 57 Par. 1). Kapitalgesellschaften haben im Anhang (Bestandteil des Jahresabschlusses) zumindest über die nicht zu marktüblichen Bedingungen zustande gekommenen wesentlichen Geschäfte mit nahestehenden Unternehmen und Personen zu berichten (§285 Nr. 21 HGB).

Nebenkostenstellen, Kostenstellentyp, der abrechnungstechnisch den → Endkostenstellen zuzuordnen ist. In ihnen werden Nebenprodukte be- oder verarbeitet, die nicht zum eigentlich erwünschten planmäßigen Produktionsprogramm eines Betriebes gehören. Zu den Nebenkostenstellen zählt beispielsweise die Abfallverwertung, die sich mit der Bearbeitung bzw. Entsorgung von Abfall, Schrott, Ausschuss, minderwertigen Kuppelprodukten und ähnlichem beschäftigt.

negatives Kapital, tritt auf, wenn die → Verbindlichkeiten eines Unternehmens größer sind als sein → Vermögen. Je nach Rechtsform wird das negative Kapital unterschiedlich ausgewiesen:

- Einzelunternehmungen: Unterbilanzkonto auf der Aktivseite;
- Personengesellschaften: negative Kapitalkonten der Gesellschafter auf der Aktivseite;
- Kapitalgesellschaften: nicht durch Eigenkapital gedeckter Fehlbetrag auf der Aktivseite.

Nennbetrag, → Nennwert.

Nennkapital, *Nennwertkapital, Nominalkapital,* Kapital, auf das die Haftung der Gesellschafter bei Kapitalgesellschaften beschränkt ist. Das Nennkapital einer Aktiengesellschaft (AG) und Kommanditgesellschaft auf Aktien (KGaA) wird als → Grundkapital und das einer Gesellschaft mit beschränkter Haftung (GmbH) als → Stammkapital bezeichnet. Gemäß § 7 AktG ist der Mindestnennbetrag des Grundkapitals bei einer Aktiengesellschaft (AG) 50.000 Euro. Gemäß § 5 GmbHG ist der Mindestnennbetrag des Stammkapitals einer Gesellschaft mit beschränkter Haftung (GmbH) 25.000 Euro. – *Anders:* → Nennwert.

Nennwert, *Nennbetrag, Nominalwert, Nominalbetrag,* Betrag, auf den ein → Wertpapier lautet. Der Nennwert eines Wertpapiers ergibt sich aus der Division des Grund- bzw. Stammkapitals durch die Anzahl der Anteilsscheine. Der Nennwert einer Aktie einer Aktiengesellschaft (AG) muss gemäß § 8 (2) AktG auf mindestens einen Euro lauten. Höhere Aktiennennbeträge müssen auf volle Euro lauten. Der Nennwert einer Stammeinlage bei einer Gesellschaft mit beschränkter Haftung (GmbH) muss gemäß § 5 (1) GmbHG mindestens 100 Euro betragen. – *Anders:* → Nennkapital.

Nennwertkapital, → Nennkapital.

Net Assets, → Eigenkapital.

Net Income, → Jahresüberschuss.

Net Loss, → Jahresfehlbetrag.

Net Operating Profit After Taxes (NOPAT), *operativer Gewinn nach Steuern,* → operatives Ergebnis.

Net Profit, → Jahresüberschuss.

Net Realizable Value, in der internationalen → Rechnungslegung der geschätzte, im normalen Geschäftsgang erzielbare Verkaufserlös abzüglich der geschätzten → Kosten bis zur Fertigstellung und abzüglich der geschätzten notwendigen Vertriebskosten.

Nettocashflow, → Cashflow.

Nettodividende, → Bardividende vermindert um die Kapitalertragsteuer.

Nettoerfolg, *Nettogewinn,* Differenz aus Erlösen und Gesamtkosten für einzelne → Kostenträger (→ Nettoergebnisrechnung) oder für das Gesamtunternehmen.

Nettoerfolgsrechnung, → Ergebnisrechnung auf Basis von → Vollkosten.

Nettoergebnis, ergibt sich durch Subtraktion der Fixkosten vom Bruttoergebnis (Nettoerlöse abzüglich variabler Kosten). – Vgl. auch → Fixkostendeckungsrechnung.

Nettoergebnisrechnung, → Vollkostenrechnung, → Ergebnisrechnung.

Nettoerlös, → Erlöse.

Nettoerlösanteil, Anteil eines Bezugsobjektes an der Summe der → Nettoerlöse aller Bezugsobjekte.

Nettogewinn, → Nettoerfolg.

Nettogewinnzuschlag, Begriff der → Kalkulation. Zuschlag, der beim Verkauf von Gütern und → Leistungen meist in Prozenten der → Selbstkosten berücksichtigt wird.

Nettoprinzip, Saldierung von → Aufwendungen und → Erträgen. Gemäß § 246 (2) HGB dürfen Posten der Aktivseite nicht mit Posten der Passivseite, Aufwendungen nicht mit Erträgen, Grundstücksrechte nicht mit Grundstückslasten verrechnet werden. Vermögensgegenstände, die dem Zugriff aller übrigen Gläubiger entzogen sind und ausschließlich der Erfüllung von Schulden aus Altersversorgungsverpflichtungen oder vergleichbaren langfristig fälligen Verpflichtungen dienen, sind mit diesen Schulden zu verrechnen; entsprechend ist mit den zugehörigen Aufwendungen und Erträgen aus der Abzinsung und aus dem zu verrechnenden Vermögen zu verfahren. Übersteigt der beizulegende Zeitwert der Vermögensgegenstände den Betrag der Schulden, ist der übersteigende Betrag unter einem gesonderten Posten zu aktivieren.

Nettoumlaufvermögen, → Working Capital.

Net Working Capital, → Working Capital.

Neubewertung, gemäß IAS 16.30 ff. zulässige Bewertungsmethode für → Vermögensgegenstände des → Anlagevermögens. Für Gruppen von Vermögensgegenständen darf eine Neubewertung auf den → Fair Value erfolgen. Sich eventuell ergebende Aufwertungsbeträge sind in die sogenannte Neubewertungs-Rücklage einzustellen. Wurde in der Vergangenheit im Rahmen der Neubewertung eine erfolgswirksam berücksichtigte Abwertung vorgenommen, so ist nur der Teil der Aufwertung in die Neubewertungsrücklage einzustellen, der die → Abwertung übersteigt. Analog werden im Rahmen der Neubewertung vorgenommene Abwertungen zunächst mit einer in der Vergangenheit eventuell vorgenommenen Aufwertung verrechnet. Lediglich der die Aufwertung übersteigende Betrag wird erfolgswirksam erfasst.

Neubewertungsmethode, Methode der → Kapitalkonsolidierung, bei der die → stillen Reserven des Beteiligungsunternehmens in der → Konzernbilanz in voller Höhe offengelegt werden.

Neubewertungsrücklage, erfolgsneutraler Posten des → Eigenkapitals, in dem die aus einer Neubewertung resultierenden zulässigen Beträge eingestellt werden (IAS 16).

neutraler Aufwand, Aufwandskategorie, die im Gegensatz zu den → Zweckaufwendungen keinen Kostencharakter besitzt. Zu den neutralen Aufwendungen zählt man jene negativen Erfolgsvariablen, die betriebsfremd oder periodenfremd oder in außergewöhnlicher Höhe anfallen:

- betriebsfremde Aufwendungen fallen völlig unabhängig vom Betriebszweck an und gehen daher z.B. auch nicht in die Produktkalkulation ein.
- periodenfremde Aufwendungen werden von Aktivitäten vorausgehender oder folgender Perioden ausgelöst; innerhalb dieser Zeitabschnitte wirken sie aber nicht erfolgswirksam.
- außerordentliche Aufwendungen stehen zwar mit dem Betriebszweck in Zusammenhang, würden aber wegen ihrer außergewöhnlichen Höhe die Aussagefähigkeit der Erfolgsrechnung beeinträchtigen und werden deshalb nicht in die → Kostenrechnung einbezogen.

neutraler Erfolg, → neutrales Ergebnis.

neutraler Ertrag, → Ertrag, der nicht unmittelbar durch den betrieblichen Leistungsprozess der Periode verursacht wurde oder der Ertrag, der einen einmaligen Charakter besitzt (z.B. Buchgewinne aus der Veräußerung von Anlagen, Beteiligungen sowie Wertpapieren, Steuererstattungen). Man unterscheidet die Arten der betriebsfremden Erträge, der periodenfremden Erträge und der außerordentlichen Erträge. Die Abgrenzung der neutralen Erträge von den Betriebserträgen (→ Leistungen) entspricht den Zwecken der Kostenrechnung und erfolgt im Industriekostenrahmen im Abgrenzungsbereich über die Klasse 9 (Kontengruppe 90/91).

neutrales Ergebnis, Ergebnis, das über das in der Gewinn- und Verlustrechnung ausgewiesene außerordentliche Ergebnis hinausgeht. Zur Berechnung des neutralen Ergebnisses müssen alle betriebsfremden und außerordentlichen Aufwendungen und Erträge, die den Charakter der Unregelmäßigkeit aufweisen und außerhalb der gewöhnlichen Geschäftstätigkeit anfallen, einbezogen werden. Des Weiteren sind alle aperiodischen Aufwendungen und Erträge, außerplanmäßigen Abschreibungen, das Ergebnis besonderer Bilanzierungs- und Bewertungsmaßnahmen sowie das Ergebnis steuerlicher Maßnahmen einzubeziehen.

Neutrality, nicht beeinflussbare Kosten. Kostenarten, die der verantwortliche Kostenstellenleiter nicht zu beeinflussen vermag. Die Beeinflussbarkeit der Kosten nimmt von den variablen Kosten über die intervallfixen Kosten zu den absolut fixen Kosten stetig ab. Die nicht beeinflussbaren Kosten spielen insbesondere in der → Plankostenrechnung für die Durchführung einer auf deren spezielle Anforderungen ausgerichteten Kostenartengliederung eine Rolle. – Vgl. auch → Decision Usefulness

Nichtigkeit, *Unwirksamkeit, Ungültigkeit.* – I. Nichtigkeit des Jahresabschlusses: besteht bei Verstoß gegen §§ 270, 272, 283 HGB für Aktiengesellschaften (AGs) und Kommanditgesellschaften auf

Aktien (KGaA) und für Gesellschaften mit beschränkter Haftung (GmbHs) analog § 256 AktG. Zur Nichtigkeit führt:

- Unzutreffend ausgewiesenes Eigenkapital,
- Verstoß gegen die vorgeschriebene Gliederung bei der Kapitalrücklage oder Gewinnrücklage, soweit dies die Übersichtlichkeit stört,
- Verstoß gegen Regeln zur Einstellung oder Entnahme von Beträgen in bzw. aus Kapital- oder Gewinnrücklage (für Gesellschaften mit beschränkter Haftung (GmbHs) § 42a GmbHG).

II: Nichtigkeit eines Gesellschafterbeschlusses: besteht bei der Aktiengesellschaft (AG) und analog bei der Gesellschaft mit beschränkter Haftung (GmbH) bei einem der in §§ 241, 250, 253, 256 AktG aufgeführten Mängel. – III: Nichtigkeit des Gesellschaftsvertrags besteht, wenn er unter Mängeln leidet und die Gesellschaft noch nicht im Handelsregister eingetragen ist. Sie kann durch Eintragung geheilt werden.

Niederstwertprinzip, → Grundsatz ordnungsmäßiger Bilanzierung (GoBil), der sich sowohl aus dem → Imparitätsprinzip als auch aus dem → Vorsichtsprinzip ableitet. Gemäß § 253 HGB sind Vermögensgegenstände, für die mehrere Bewertungsansätze infrage kommen, mit dem niedrigeren beizulegenden Wert anzusetzen. So werden mögliche Verluste bereits vor ihrer Realisation berücksichtigt. Dabei sind das → strenge Niederstwertprinzip (Pflicht zur Abwertung) und das→ gemilderte Niederstwertprinzip (Wahlrecht zur Abwertung) zu unterscheiden.

Nominalbetrag, → Nennbetrag.

Nominalgüter, immaterielle Güter, d.h. Geld oder Ansprüche auf Geld im Sinne von Geldforderungen, Darlehens- bzw. Beteiligungswerten.

Nominalkapital, → Nennkapital.

Nominalwert, → Nennwert.

Nominalwertprinzip, Grundsatz der handels- und steuerrechtlichen Gewinnermittlung, nach dem der Erfolg eines Unternehmens nach Maßgabe von Nominalwerten, d.h. ohne Korrektur von inflationären Preisänderungen auf der Absatz- und/ oder Beschaffungsseite ermittelt wird. Aufgrund dieses Prinzips kann es zur Besteuerung und Ausschüttung von Scheingewinnen kommen.

nominelle Kapitalerhaltung, → Kapitalerhaltung.

Non Current Liabilities, → Langfristverbindlichkeiten.

NOPAT, → Net Operating Profit After Taxes.

Normalbeschäftigung, für eine zukünftige Periode unter normalen Umständen, also unter Berücksichtigung bestehender Engpässe und unvermeidbarer Störungen, zu erreichende Beschäftigung eines Betriebes. Die Normalbeschäftigung liegt meist unter der Kapazitätsgrenze.

Normalkalkulation, Kalkulation, bei der statt → Effektivkosten normale oder durchschnittliche, vergangenheitsorientierte Werte, insbesondere → Gemeinkostenzuschläge, angesetzt werden.

Normalkapazität, durchschnittliches betriebliches Leistungsvermögen (Kapazität) bei normalen Rüst- und Verlustzeiten, d.h. die praktisch und auf Dauer erreichbare technische Kannleistung des Betriebes. Bei der Errechnung der Normalkapazität ist von der maximalen Kapazität auszugehen, die anhand der gewonnenen Betriebserfahrungen zu berichtigen ist (z.B. gemäß den unvermeidlichen Schwankungen des menschlichen Leistungsvermögens, der Materialqualität).

Normalkosten, normalisierte Kosten der laufenden Abrechnungsperiode. Sie ergeben sich aus der Multiplikation der tatsächlichen Istbeschäftigung mit einem konstanten Normalkostensatz. Der Normalkostensatz wird aus den Mittelwerten und den → Beschäftigungen der vergangenen Perioden abgeleitet. Dies führt zu einer Vernachlässigung der Wert- bzw. Verbrauchskomponente der Kosten. Die Erfassung und Verrechnung der Normalkosten erfolgt im Rahmen der Normalkostenrechnung.

Normalkostenrechnung, vergangenheitsbezogenes Kostenrechnungskonzept. Es stellt auf den Kostenanfall ab, der normalerweise zu erwarten ist, d.h., es wird mit normalisierten Kosten (Normalkosten) gerechnet. Im Vergleich zur → Istkostenrechnung wird die interne Abrechnung vereinfacht und beschleunigt. Das Vorgehen eignet sich aber nur sehr bedingt für Aufgaben der → Kostenpolitik.

Normalkostensatz, → Normalkosten.

Normalleistung, Leistung, die ein Arbeiter bei normaler Anstrengung und Eignung auf Dauer ohne gesundheitliche Beeinträchtigungen erbringen kann. Sie dient häufig als Größe zur Planung des Verzehrs an Arbeitsleistung.

Notes, Anhangsangaben gemäß International Financial Reporting Standards (IFRS) und US-GAAP. Diese sind weitreichender als die gemäß HGB bzw. AktG und GmbHG vorgeschriebenen Anhangsangaben. Es ist insbesondere über die folgenden Sachverhalte detaillierter zu berichten:

- Leasingaktivitäten,
- eingesetzte Finanzinstrumente,
- latente und effektive Steuern,
- Pensionsverpflichtungen.

Beträge und Betragsberechnungen sind anzugeben.

Null-Basis-Budgetierung, → Zero Base Budgeting (ZBB).

Nutzen, qualitatives Kriterium der Vorteilhaftigkeit einer Alternative. Es handelt sich um eine subjektive Größe. Ein Nutzen entsteht durch die Verwirklichung eines angestrebten Ziels, das monetär nicht bewertbar ist (→ sozialer Nutzen).

Nutzkosten, der Teil der fixen Kosten, der auf genutzte Kapazität entfällt. Es handelt sich um jenen Teil der fixen Kosten, der durch die Istbeschäftigung im Verhältnis zur maximalen Beschäftigung (Kapazität) ausgenutzt wird. Berechnung der Nutzkosten (KN) durch Nutzkostenfunktion:

$$K_N(x) = \frac{K_f}{x_m} \times x$$

(K_f = fixe Kosten, x_m = Maximalausbringung = Kapazität, x = Istausbringung).

Die Nutzkosten steigen von ihrem niedrigsten Wert 0 für x = 0 bis zum Wert K_f für $x = x_m$. – *Gegensatz:* → Leerkosten.

Nutzschwelle, → Break-Even-Punkt.

Nutzschwellenanalyse, → Break-Even-Analyse.

Nutzungsdauer, Zeitspanne, in der ein abnutzbares Wirtschaftsgut genutzt werden kann (→ Abschreibungszeitraum). Es existieren verschiedene Definitionen der Nutzungsdauer.

1. Die technische Nutzungsdauer bezieht sich auf die technisch mögliche Nutzungsdauer.
2. Die betriebsgewöhnliche Nutzungsdauer bezieht sich auf die vom Lieferanten angegebene, auf Erfahrungswerten basierende, mindestens erreichbare Dauer der Einsatzfähigkeit, die der Berechnung der steuerlichen Abschreibungen zugrunde zu legen ist (→ Absetzung für Abnutzung).

3. Die wirtschaftliche Nutzungsdauer ist die Zeitspanne, in der es wirtschaftlich sinnvoll ist, ein Wirtschaftsgut zu nutzen. Sie wird für → kalkulatorische Abschreibungen herangezogen.
4. Die rechtliche Nutzungsdauer umfasst die Zeitspanne, die durch den Ablauf von Patenten, Verträgen oder Lizenzen bestimmt wird.
5. Die tatsächliche Nutzungsdauer bezieht sich auf die Zeit, über die ein Vermögensgegenstand tatsächlich und unabhängig von der technischen und der betriebsgewöhnlichen Nutzungsdauer genutzt wird.

Nutzwert, der im Rahmen der → Nutzwertanalysen (NWA) ermittelte Wert, der Aussagen über die Zielwirksamkeit von Entscheidungsalternativen gibt.

Nutzwertanalyse (NWA), *Punktwertverfahren, Scoring-Modelle,* Hilfsmittel zur Beurteilung von Handlungsalternativen, die speziell für Entscheidungen im Falle des Vorliegens mehrdimensionaler Zielsysteme konzipiert sind. Ziel der Nutzwertanalyse ist es, verschiedene nicht monetär quantifizierbare Werte von Beurteilungskriterien unterschiedlicher Messbarkeit (Skalenniveaus) vergleichbar zu machen und zu einer gemeinsamen (dimensionslosen) Kennzahl zu verdichten. Demzufolge treten Nutzwertanalysen als eine qualitative Methode zur → Wirtschaftlichkeitsanalyse an die Seite üblicher monetärer Bewertungsverfahren. Die Nutzwertanalyse lässt sich in verschiedene Verfahrensschritte untergliedern:

1. Idealtypisch steht am Beginn einer Alternativenbewertung mit Hilfe der Nutzwertanalyse die Aufstellung des für das Entscheidungsproblem relevanten Zielsystems. Notwendig ist eine auf das Entscheidungsproblem bezogene Konkretisierung und Differenzierung der Ziele. Ausgehend von einem Oberziel ist es dabei zweckmäßig, stufenweise vorzugehen. Als Ergebnis der Zielanalyse erhält man somit einen hierarchisch aufgebauten Zielbaum.
2. Im nächsten Verfahrensschritt sind die herausgearbeiteten Zielsetzungen untereinander zu gewichten. Der Grundgedanke der Zielgewichtung besteht darin, jeweils separat die Bedeutung der aus einem Ziel abgeleiteten Unter ziele für die Erfüllung dieses Zieles zu bestimmen und daraus sukzessiv die absoluten Gewichte der im Zielsystem „ganz unten“ stehenden Teilziele abzuleiten.
   Anschließend sind die zur Wahl stehenden Handlungsalternativen daraufhin zu untersuchen, inwieweit sie die unterschiedenen Teilziele erfüllen können.
3. Der vorletzte Schritt besteht darin, die einzelnen Teilzielerreichungsgrade zu einem Gesamtzielerreichungsgrad zusammenzufassen.
4. Abschließend ist eine Alternative auszuwählen. Mit den Gesamtpunktwerten liefert die Nutzwertanalyse zusammengefasste Beurteilungen, wie gut die Handlungsalternativen dem Zielsystem entsprechen.

Um zu einem umfassenden Gesamturteil zu gelangen, sind für das Treffen wirtschaftlich fundierter Entscheidungen gegebenenfalls zusätzliche Ergebnisse von monetären Beurteilungsverfahren heranzuziehen.

O

Obligation, → Anleihe.

Offene Handelsgesellschaft (OHG), → Personengesellschaft mit eigener Rechtspersönlichkeit, deren Zweck ein unter gemeinschaftlicher Firma betriebenes Handelsgewerbe ist und deren Gesellschafter unbeschränkt haften. Ihre Rechtsgrundlage findet sich in §§ 105 ff HGB. Die Gründung erfordert einen grundsätzlich formlosen Gesellschaftsvertrag. Sie muss ins Handelsregister eingetragen werden (§§ 106, 107, 108 HGB).

offene Rücklagen, → Rücklagen.

Offenlegungspflicht, Verpflichtung gemäß HGB und/ oder Publizitätsgesetz, den Jahresabschluss und weitere Unterlagen durch Einreichen beim Betreiber des elektronischen Bundesanzeigers zu veröffentlichen. Der Umfang der Offenlegungspflicht ist von der Größe des Unternehmens abhängig.

Ökoaudit, *Umweltschutz-Audit, Umwelt-Audit,* Bestandsaufnahme und Prüfung umweltrelevanter Aspekte eines Unternehmens. Ziel ist eine umweltbewusste Unternehmensführung. Ein Konzept für die freiwillige Durchführung eines Ökoaudits ist in den europäischen Mitgliedsstaaten in der EMAS-Verordnung (Eco-Management and Audit Scheme) verankert. Die Umsetzung für Deutschland erfolgt nach dem Umweltauditgesetz (UAG). Ein anderes System zur Durchführung von Ökoaudits ist in der Norm DIN EN ISO 14001 gegeben. In der Normenreihe 14000 finden sich weitere Normen zu Ökoaudits.

Ökobilanz, → Umweltbilanz.

Ökocontrolling, *Umweltcontrolling, Umweltschutzcontrolling, ökologisches Controlling,* Teilbereich des Controllings im Rahmen einer umweltorientierten Unternehmensführung. Die Aufgaben des Ökocontrollings liegen in der Abstimmung der Planung, Steuerung und Kontrolle umweltrelevanter Aspekte eines Unternehmens auf der Basis umweltrelevanter Informationen. Spezielle Instrumente des Ökocontrollings sind z.B. → Ökobilanzen, → Umweltkostenrechnungen, die → Umwelt-Budget-Rechnung sowie die → ökologische Buchhaltung.

ökologische Buchhaltung, Information über das Ausmaß der Einwirkung von unternehmerischen Aktivitäten auf verschiedene Umweltressourcen. Es werden die vom Unternehmen ausgehenden Einwirkungen auf die ökologische Umwelt kontinuierlich ermittelt. Die verschiedenen Umwelteinwirkungen werden auf speziellen Kontenklassen (z.B. für Materialverbrauch, Energieverbrauch, Abwasser) erfasst, die für das gesamte Unternehmen relevant sind. Die Erfassung der Einwirkung erfolgt nach physikalischen Dimensionen wie Gewicht, Volumen bzw. Mengeneinheiten. Diese Mengenangaben werden mit Hilfe von Äquivalenzkoeffizienten vergleichbar gemacht, die als Gradmesser der ökologischen Knappheit der spezifischen Einwirkungsart dienen. Die Mengenangaben werden mit den

Äquivalenzkoeffizienten multipliziert, so dass sich eine allgemeine Maßzahl (in Recheneinheiten) ergibt. Somit können die verschiedenen Umweltbelastungen in eine Rangfolge gebracht werden. Die Äquivalenzkoeffizienten drücken die ökologische Knappheit eines Rohstoffes oder eines Auffangmediums für Schadstoffe aus. Die sogenannte Ratenknappheit beschreibt für die Ressourcennutzung eine Verbrauchsrate pro Zeiteinheit, die als Grenzwert dient. Die Kumulativknappheit bezieht sich auf ein schon stark in Anspruch genommenes Umweltgut.

ökologisches Controlling, → Ökocontrolling.

ökonomisches Prinzip, *Wirtschaftlichkeitsprinzip.* Faktorkombinationen sollen so eingesetzt werden, dass ein Mehrwert entsteht. Das Maximalprinzip fordert, dass mit gegebenen Mitteln ein maximaler Output erzielt werden soll. Das Minimalprinzip hingegen fordert, dass ein gegebener Output mit minimalem Mitteleinsatz erbracht werden soll.

OLAP, Abk. für On-Line Analytical Processing. Datenverarbeitungskonzept für → Management-Unterstützungssysteme (MUS). Es wurde 1993 von E. F. Codd, S. B. Codd und C. T. Salley in einem Katalog von 12 Grundregeln umschrieben. Die Regeln fordern prinzipiell einen schnellen, konsistenten und interaktiven Zugriff auf aktuelle sowie historische Daten unternehmensexterner und -interner Datenquellen, die entsprechend des Informationsbedarfs konsolidiert und mehrdimensional aufbereitet sind. Im Rahmen von OLAP-Systemen lassen sich OLAP-Tools einsetzen, die den Anforderungen des OLAP entsprechen und als Benutzerschnittstelle von → Controlling-Informationssystemen verwendet werden. Im Rahmen des → Business Intelligence Prozesses wird die Möglichkeit geschaffen, dynamische und multidimensionale betriebswirtschaftliche Analysen in Datenbeständen durchzuführen. Des Weiteren verfügen diese Software-Tools über die Fähigkeit, das analysierte Datenmaterial entsprechend aufzubereiten und in flexiblen Berichten zu präsentieren. Die erforderlichen Daten können operative Informationssysteme und insbesondere das → Data Warehouse liefern. Im Gegensatz zur Tabellenverwaltung in relationalen Datenbanken kann mit Hilfe von OLAP-Systemen mehrdimensional auf Daten zugegriffen werden. Die Standarddimensionen sind z.B. Produkte, Kunden, Vertriebsregionen und Zeit, für die relevante Kennzahlen, wie Kosten und Umsatz z.B. im Rahmen einer mehrdimensional aufgebauten Ergebnisrechnung analysiert werden können. Dadurch wird eine spezifische Sicht auf die Daten des Unternehmens möglich. Der mehrdimensionale Datenbestand kann je nach Informationsbedarf zusammengestellt und aus unterschiedlichen Perspektiven betrachtet werden.

Operate Leasing, Form des → Leasings, die der Miete gemäß BGB entspricht. Die Kündigung des Leasingvertrages ist i.d.R. zu gewissen Fristen möglich. Der Leasinggeber erreicht beim Operate Leasing keine Vollamortisation des Leasingobjektes. – *Gegensatz:* → Finance Leasing.

Operating Cash Flow, *operativer Cashflow,* Form des → Cashflows. Der Operating Cash Flow ergibt sich aus der laufenden Geschäftstätigkeit eines Unternehmens und stellt den aus der laufenden Geschäftstätigkeit erzielten Zahlungsüberschuss einer Rechnungsperiode dar.

Operating Leverage, Kennzahl, die die relative Gewinnchance bzw. das relative Verlustrisiko eines Unternehmens widerspiegelt. Sie steht mit dem Sicherheitsabstand in engem Zusammenhang. Der Operating Leverage stellt das Verhältnis der fixen Kosten zum Deckungsbeitrag dar. Diese Kennzahl zeigt im Rahmen der Analyse der Ergebnis- und Rentabilitätssituation sowie des Sicherheitsabstandes die Entstehung von Gewinnchancen bzw. von Verlustrisiken in Abhängigkeit von der Beschäftigung auf.

Operating Net Margin, Nettobetriebsergebnis vor Steuern und Zinsen. Die Operating Net Margin ist eine Kennzahl des Ergebniscontrollings.

Operating Profit, der aus der gewöhnlichen Geschäftstätigkeit resultierende Gewinn, der um außergewöhnliche Erträge und Aufwendungen bereinigt ist und vor Steuern dargestellt wird.

operative Planung, → Planung.

operativer Cashflow, → Operating Cash Flow.

operativer Gewinn, → operatives Ergebnis.

operatives Ergebnis, der aus der Gewinn- und Verlustrechnung resultierende operative Gewinn oder Verlust aus der gewöhnlichen Geschäftstätigkeit einschließlich des Finanz- und Beteiligungsergebnisses. – *Gegensatz:* → Betriebsergebnis.

Opinion, → Bestätigungsvermerk.

Opportunitätserlöse, Kostenersparnisse, die aus dem „Nicht-Nutzen-Müssen" einer vergleichsweise ungünstigen Handlungsalternative resultieren; z.B. die durch Selbstherstellung vermeidbaren Fremdbezugskosten.

Opportunitätskosten, *Alternativkosten,* Erfolgseinbußen, die aus dem „Nicht-Nutzen-Können" relativ günstiger Möglichkeiten der Verwendung knapper betrieblicher Ressourcen resultieren. Sie stellen jene wirtschaftlichen Einbußen dar, die in Kauf zu nehmen sind, wenn man ein knappes Wirtschaftsgut, wie etwa voll ausgelastete Maschinenkapazitäten, einen knappen, nicht vermehrbaren Vorrat an Material oder begrenzte Finanzmittel, einer anderen Erfolg bringenden Verwendung entzieht. Sind die Einsatzgüter dagegen unbeschränkt verfügbar, fallen keine Opportunitätskosten an. Opportunitätskosten stellen somit entgangene Gewinne dar. Rechnet man bei der Beurteilung einzelner unternehmerischer Aktivitäten mit Opportunitätskosten, definiert man entgangene Gewinne in Kosten um.

Optimalkosten, günstigste Kosten in einem Kosten-Leistungs-Zusammenhang. Absolute Optimalkosten entstehen, wenn alle Kosteneinflussgrößen optimal gestaltet werden, d.h. keine → Leerkosten entstehen. Bei Optimierung einer Kosteneinflussgröße liegen relative Optimalkosten vor.

Option, *Finanzoption,* → Termingeschäft, das eine vertragliche Vereinbarung darstellt, mittels der der Optionsverkäufer dem Optionskäufer das entsprechende Optionsrecht einräumt. Dieses besagt, dass eine bestimmte Menge von Basiswerten während der Optionsfrist zu einem vorher festgelegten Preis erworben werden kann (Long Call) bzw. zu liefern (Long Put) ist. Der Optionsverkäufer ist auf Wunsch des Optionskäufers dazu verpflichtet, die Basiswerte zu den vereinbarten Bedingungen zu liefern (Short Call) bzw. zu erwerben (Short Put). – *Anders:* → Future.

Optionsschein, *Warrant,* → Wertpapier. Über den Optionsschein wird ein Optionsrecht verbrieft.

ordentliche Kapitalerhöhung, Kapitalerhöhung bei Aktiengesellschaften (AGs) gemäß den §§ 182 bis 191 AktG durch Ausgabe neuer Aktien. Die ordentliche Kapitalerhöhung bedarf einer Dreiviertelmehrheit der Hauptversammlung, die notariell beglaubigt und im Handelsregister eingetragen werden muss. Im Fall der ordentlichen Kapitalerhöhung muss jedem Aktionär auf sein Verlangen hin ein seinem Anteil an dem bisherigen Grundkapital entsprechender Teil der neuen Aktien zugeteilt werden. Dieses sogenannte Bezugsrecht kann ganz oder zum Teil im Beschluss über die Erhöhung des Grundkapitals ausgeschlossen werden.

ordentliche Kapitalherabsetzung, Kapitalherabsetzung gemäß §§ 222 bis 228 AktG bei Aktiengesellschaften (AGs) durch Herabsetzung des → Nennbetrags der → Aktien. Die ordentliche Kapitalherabsetzung bedarf einer Dreiviertelmehrheit der Hauptversammlung und muss in das Handelsregister eingetragen werden. Mit der Eintragung in das Grundbuch wird die ordentliche Kapitalherabsetzung wirksam. Zahlungen an die Aktionäre aufgrund der Kapitalherabsetzung dürfen erst geleistet werden, nachdem seit der Bekanntmachung der Eintragung sechs Monate verstrichen sind, um den Altgläubigern eine Befriedigung oder Sicherstellung ihrer Forderungen zu ermöglichen.

Organgesellschaft, im Steuerrecht vom beherrschenden Organträger abhängige Gesellschaft innerhalb der → Organschaft. Die Organgesellschaft kann nur eine → Kapitalgesellschaft sein. Sie gilt nach der Filialtheorie als → Betriebsstätte des Organträgers. Dieser kann jede Rechtsform haben. Seit 2001 ist es nicht mehr erforderlich, dass er sich selbst gewerblich betätigt; so können auch ein Besitzunternehmen oder eine gewerblich geprägte Personengesellschaft Organträger sein.

Organschaft, Verbund mehrerer Gesellschaften, die vertraglich oder faktisch eine Einheit für bestimmte Behandlungen bilden und in einem Abhängigkeits- oder Beherrschungsverhältnis zueinander stehen. Die steuerliche Organschaft dient der gemeinsamen Abführung von Steuern. Es gibt die umsatzsteuerliche, die körperschaftssteuerliche und die gewerbesteuerliche Organschaft. Für die umsatzsteuerliche Organschaft ist ein wirtschaftlicher, finanzieller und organisatorischer Zusammenhang zwischen den die Organschaft bildenden Gesellschaften erforderlich (§ 2 (2) UStG). Die körperschaftssteuerliche Organschaft erfordert seit 2001 nur noch eine finanzielle Eingliederung, die i.d.R. bei 51 Prozent der Stimmrechte besteht (§ 14 ff. KStG). Zudem muss ein → Gewinnabführungsvertrag (durch den i.d.R. schon ein wirtschaftlicher Zusammenhang entsteht) für die Dauer von mindestens 5 Jahren bestehen, und die Geschäftsführung muss ihren Sitz im Inland haben. Seit 2002 besteht bei körperschaftssteuerlicher Organschaft auch eine gewerbesteuerliche Organschaft (§§ 2, 36 GewStG). Verluste und Gewinne werden im Organkreis auf der Ebene des Organträgers saldiert.

Organträger, kann jeder Unternehmer sein, sofern dieser gewerblich tätig ist, bei Kapitalgesellschaften ist dies grundsätzlich der Fall.

Original Costs, → Anschaffungskosten.

Overhead Costs, → Gemeinkosten.

Overhead Value Analysis (OVA), → Gemeinkostenwertanalyse (GWA).

Overhedge, positive Hedge-Ineffizienz, bei der die Gewinn-/ Verluständerung des → derivativen Finanzinstruments höher ist als die entsprechende Gewinn-/ Verluständerung des Grundgeschäfts.

P

PAF, → Preis-Absatz-Funktion.

pagatorische Kalkulation, Form der Kalkulation, die nur aus zahlungswirksamen Bestandteilen besteht. – Vgl. auch → pagatorische Kosten.

pagatorische Kosten, an Zahlungsgrößen anknüpfender Kostenbegriff. Pagatorische Kosten umfassen als eine spezifische Auszahlungs- bzw. Ausgabenkategorie die mit der Herstellung und dem Absatz einer Erzeugniseinheit bzw. einer Periode verbundenen „nicht kompensierten" Auszahlungen. Die „kompensierten" Auszahlungen sind i.d.R. finanzwirtschaftlicher Natur. Es stehen z.B. den Tilgungszahlungen für Kredite entsprechende Einzahlungen gegenüber. Die Bewertung der verzehrten Güter orientiert sich an historischen oder künftigen Anschaffungsauszahlungen. Nach dieser Auffassung von Kosten haben Güterverzehre, die nicht mit Auszahlungen verbunden sind, keine Kosteneigenschaft. Somit zählen kalkulatorische Zinsen, kalkulatorische Unternehmerlöhne u.ä. nicht zu den pagatorischen Kosten.

pagatorische Rechnung, Rechnung mit Geldbewegungen, wobei kalkulatorische Bestandteile nicht berücksichtigt werden. – Vgl. auch → pagatorische Kosten.

Paid-in Surplus, → Kapitalrücklage.

Parallelkalkulation, *Doppelkalkulation,* Kalkulationsverfahren, das häufig in Unternehmen mit einer → Grenzplankostenrechnung Verwendung findet. Ergänzend zu einer Kalkulation auf Basis von Grenzkosten wird auch eine Kalkulation auf Basis von → Vollkosten durchgeführt. Gründe für die ergänzende Ermittlung sind spezifische Rechenzwecke, wie z.B. die Kalkulation von öffentlichen Aufträgen (→ LSP), die Bewertung selbst erstellter Erzeugnisse bei der Inventur, Erfolgsverantwortung von → Profitcentern.

Parent Company, → Muttergesellschaft.

Pari, → Nennwert.

Passiva, auf der Passivseite der Bilanz ausgewiesene Finanzierungsmittel eines Unternehmens. Dabei wird in → Eigen- und → Fremdkapital sowie die → passiven Rechnungsabgrenzungsposten unterschieden.

passive Rechnungsabgrenzung, gemäß dem → Grundsatz der Periodenabgrenzung vorzunehmende zeitliche Zuordnung von Einnahmen, die vor dem Abschlussstichtag anfielen, jedoch Erträge für eine bestimmte Zeit nach dem Stichtag darstellen.

passiver Rechnungsabgrenzungsposten, → Rechnungsabgrenzungsposten.

Passivierung, Ausweis eines Vermögensgegenstandes auf der Passivseite der Handelsbilanz.

Passivierungspflicht, gemäß HGB unterliegen Schulden grundsätzlich der Passivierungspflicht.

Passivierungsverbot, gemäß HGB dürfen bestimmte → Passiva nicht angesetzt werden, so z.B. andere als in § 249 (2) HGB genannte → Rückstellungen.

passivisch, die Passivseite der → Bilanz betreffend.

Passivtausch, Bilanzveränderung auf der Passivseite der Bilanz, die aus einer Umbuchung zwischen Passivposten resultiert, die aber keinerlei Auswirkung auf die Bilanzsumme hat.

Patronatserklärung, *Letter of Comfort,* verbindliche Erklärung einer → Muttergesellschaft an ihr → Tochterunternehmen, dass sie dessen jederzeitige Zahlungsbereitschaft zur Vermeidung einer drohenden Insolvenz gewährleistet.

Pauschalbewertungsverfahren, → Sammelbewertungsverfahren.

Pauschalwertberichtigung auf Forderungen (PWB), Pauschalabschreibung auf Forderungen zur Erfassung des allgemeinen Kreditrisikos. Diese Pauschalabschreibung erfolgt mittels eines Prozentsatzes, der sich aus Erfahrungswerten ergibt, auf den gesamten Nettoforderungsbestand, vermindert um die einzelwertberichtigten Forderungen. Steuerlich wird eine PWB in Höhe von ein Prozent der Forderungen anerkannt. Sollte ein höherer Pauschalsatz angestrebt werden, so ist nachzuweisen, in welcher Höhe in der Vergangenheit Forderungsausfälle eingetreten sind. – *Gegensatz:* → Einzelwertberichtigung auf Forderungen (EWB).

Pay Back Method, → Amortisationsrechnung.

Pay-off-Methode, → Amortisationsrechnung.

Peer Review, Kontrolle der Arbeit von Wirtschaftsprüfern durch unabhängige fremde Prüfungsorgane zur Sicherstellung der Qualität von Jahresabschlussprüfungen und der Praxisorganisation.

Pensionsrückstellungen, → Rückstellung für ungewisse Verbindlichkeiten, die die Verpflichtung von Unternehmen gegenüber ihren Arbeitnehmern zur Zahlung zukünftiger Pensions- oder ähnlichen Leistungen erfasst. Sowohl in der → Handels- als auch in der → Steuerbilanz besteht für Pensionsrückstellungen eine → Passivierungspflicht (Ausnahme: Altzusagen vor dem 1.1.1987). Ein bestimmtes versicherungsmathematisches Verfahren zur Bewertung der Pensionsrückstellungen wird vom Gesetz nicht mehr vorgegeben. Danach ist das in Deutschland gebräuchliche – weil steuerlich vorgeschriebene – Teilwertverfahren ebenso zulässig wie das in IAS 19 vorgegebene Anwartschaftsbarwertverfahren. Die jährliche Zuführung zu Pensionsrückstellungen ist gemäß § 275 (2) HGB bzw. § 285 Nr. 8b HGB grundsätzlich in der Gewinn- und Verlustrechnung oder im Anhang separat als Altersversorgungsaufwand zu zeigen. Des Weiteren ist gemäß § 285 Nr. 24 HGB im Anhang das angewandte versicherungsmathematische Berechnungsverfahren sowie die grundlegenden Annahmen der Berechnung wie Zinssatz, erwartete Lohn- und Gehaltssteigerungen und zugrundegelegte Sterbetafel anzugeben.

Percentage-of-Completion-Methode, Bewertungsmethode bei → Langfristfertigung, bei der die Umsatzerlöse und das Ergebnis sich nach Maßgabe des Grades der Fertigstellung bestimmen. Demnach werden die Aufwendungen und Erträge gemäß dem Grad der Fertigstellung in der Periode in der entsprechenden Höhe erfasst, so dass in der Gewinn- und Verlustrechnung der Gewinnausweis laufend und bereits vor der Fertigstellung des Auftrages erfolgt. Die Percentage of Completion-Methode kann angewendet werden, soweit zuverlässige Schätzungen für die

Gesamtkosten der Aufträge und den Grad der Fertigstellung möglich sind. – *Anders:* → Completed-Contract-Methode.

Performance, Maßgröße für die dynamische Anpassung des Bündels aus Potenzialen, Prozessen/ Projekten, Produkten und Programmen/ Portfolios an die jeweils bestehenden Umfelderfordernisse, so dass eine angemessene Erreichung der betrieblichen Ziele gewährleistet ist.

Performance Measurement, Begriff für Ansätze der umfassenden Messung der → Effektivität und → Effizienz von unternehmerischen Leistungen als Grundlage der Unternehmenssteuerung. Neben quantitativen monetären Kennzahlen werden auch qualitative Informationen wie z.B. Marktanteile, Qualitätskennziffern oder Absatzzahlen als Einflussgrößen für den langfristigen Erfolg eines Unternehmens mit einbezogen. Diese Performance Measures können sich auf verschiedene Ebenen und Objekte des Unternehmens beziehen. Das Performance Measurement soll eine Überprüfung des Umsetzungsgrads und -erfolgs von Strategien ermöglichen. Ein bekanntes Beispiel für die Anwendung des Performance Measurements ist die → Balanced Scorecard.

Periode, bestimmter Zeitraum. Bei Aufstellung des Jahresabschlusses müssen alle Posten der Bilanz, die zu der betroffenen Periode gehören, berücksichtigt werden. Sie müssen periodengerecht erfasst sein, d.h. wirtschaftlich zu der Periode gehören. Insbesondere betrifft dies die Buchung der Forderungen und der Verbindlichkeiten (Rechnungsabgrenzung).

Periodenabgrenzung, → Grundsatz der Periodenabgrenzung.

Periodeneinzelkosten, → Kosten, die einer bestimmten Abrechnungsperiode (z.B. ein Jahr, Quartal oder Monat) zugerechnet werden können bzw. in diesem Zeitraum abgebaut werden können (→ Jahreseinzelkosten). – *Gegensatz:* → Periodengemeinkosten.

Periodenerfolg, → Erfolg in einer Periode. Zur Unternehmenssteuerung werden oft kurzfristig Informationen über den erzielten Erfolg benötigt. Aus diesem Grund wird meist monatlich oder vierteljährlich eine kurzfristige Erfolgsrechnung durchgeführt. – Vgl. auch → Ergebnisrechnung.

Periodenerfolgsrechnung, → Ergebnisrechnung, → Erfolg, → Periodenerfolg.

periodenfremde Aufwendungen, → Aufwendungen, die durch die Leistungserstellung bedingt sind, aber einer anderen Abrechnungsperiode zuzurechnen sind, z.B. Steuernachzahlungen für eine Vorperiode. Dieser Posten wird in der Gewinn- und Verlustrechnung nicht separat ausgewiesen; er ist gemäß § 277 (4) S. 3 HGB im Anhang zu erläutern, wenn die Beträge für die Bewertung der Ertragslage wesentlich sind. – *Gegensatz:* → periodenfremde Erträge.

periodenfremde Erträge, Erträge, die wirtschaftlich einer anderen, insbesondere einer früheren Rechnungslegungsperiode zuzuordnen sind. Dieser Posten wird in der Gewinn- und Verlustrechnung nicht separat ausgewiesen; er ist gemäß § 277 (4) S. 3 HGB im Anhang zu erläutern, wenn die Beträge für die Bewertung der Ertragslage wesentlich sind – *Gegensatz:* → periodenfremde Aufwendungen.

Periodengemeinkosten, → Kosten, die sich einer bestimmten Abrechnungsperiode nicht exakt zurechnen lassen. Die Erfassung als → Einzelkosten kann nur für mehrere Abrechnungsperioden erfolgen, entsprechend der jeweiligen Abbaubarkeit. – *Gegensatz:* → Periodeneinzelkosten.

Periodengewinn, → Periodenerfolg.

Periodenkosten, → Kosten des Gesamtunternehmens, eines Unternehmensteils, einer Leistungsart, einer Kostenstelle oder einer Kostenart in einer Periode.

Periodenleistung, das in einer Periode erstellte und in Geldeinheiten bewertete Ergebnis des Produktionsprozesses eines Unternehmens.

Personalkosten, alle → Kosten mit Ausnahme des kalkulatorischen Unternehmerlohnes, die durch den Einsatz des Produktionsfaktors Arbeit mittelbar oder unmittelbar entstehen. Die wichtigsten Kategorien der Personalkosten sind die Fertigungslöhne, Hilfslöhne, Gehälter, gesetzlichen und freiwilligen sozialen Aufwendungen sowie alle übrigen → Personalnebenkosten.

Personalnebenkosten, *Lohnnebenkosten, Personalzusatzkosten,* zusätzlich zum Leistungsentgelt anfallende → Personalkosten. Man unterscheidet Personalnebenkosten aufgrund gesetzlicher und tariflicher Bestimmungen (z.B. Arbeitgeberanteil zur Sozialversicherung, bezahlte Abwesenheit wie Urlaub, Feiertage oder Krankheit) und Personalkosten aufgrund freiwilliger Leistungen (z.B. Aus- und Fortbildung, Altersversorgung, Werkskantine).

Personalzusatzkosten, → Personalnebenkosten.

Personengesellschaft, Rechtsform, bei der sich mindestens zwei Personen zur Verfolgung eines bestimmten Zwecks zusammenschließen. Zu den Personengesellschaften zählen die Gesellschaft des bürgerlichen Rechts (GbR), die Offene Handelsgesellschaft (OHG) und die Kommanditgesellschaft (KG). Bei Personengesellschaften haften die Gesellschafter persönlich. – *Anders:* → Kapitalgesellschaft.

Pflichtanteil, von einem Gesellschafter zu leistende Einlage, die im Gesellschaftsvertrag aufgeführt und bis zu deren Betrag der Gesellschafter einer Gesellschaft mit beschränkter Haftung (GmbH) oder der Kommanditist einer Kommanditgesellschaft (KG) haftet.

Plan Amendment, nach US-GAAP die Änderung einer bestehenden Versorgungszusage für Arbeitnehmer durch die Neuerteilung einer Versorgungszusage oder durch Neueinführung eines Versorgungsplans.

Plan Assets. Vermögensgegenstände, die dem Zugriff aller übrigen Gläubiger entzogen sind und ausschließlich der Erfüllung von Schulden aus Altersversorgungsverpflichtungen oder vergleichbaren langfristig fälligen Verpflichtungen dienen. Plan Assets sind i.d.R. in vom Unternehmen unabhängigen Fonds angelegt. Die Plan Assets ergeben sich aus den Zuwendungen des Arbeitgebers und den erzielten Kapitalerträgen vermindert um die ausbezahlten Versorgungsleistungen.

Planbeschäftigung, *Sollbeschäftigung,* für eine zukünftige Periode erwartete Beschäftigung eines Betriebes. Die Planbeschäftigung ist Grundlage der Planung von Kosten. Sie wird in der → Plankostenrechnung auch als Planbezugsgröße bezeichnet.

Planerlösrechnung, → Erlösrechnung.

Plan-Ist-Vergleich, Überprüfung der Übereinstimmung von prognostizierten Plangrößen mit den realisierten Ist-Größen (→ Prämissenkontrolle).

Plankalkulation, zur → Plankostenrechnung gehörendes → Kalkulationsverfahren. Sie basiert auf der Grundlage von Plankosten. Dabei werden neben den Plankosten für die betrieblichen Produkte auch Preisuntergrenzen ermittelt sowie

Aussagen über die Wahl des optimalen Fertigungsprogramms möglich gemacht.

Plankosten, innerhalb zukünftiger Abrechnungsperioden zu erwartende bzw. anzustrebende → Kosten. Sie ergeben sich aus der Multiplikation der leistungsbedingten Planverbräuche und Planpreise. Die Erfassung und Abrechnung der Plankosten erfolgt in der → Plankostenrechnung. Im Gegensatz zu → Istkosten bzw. → Normalkosten sind Plankosten zukunftsbezogen angesetzte Kosten. Diese lassen sich nach ihrem Normierungscharakter in → Prognosekosten sowie Standard- und Vorgabekosten differenzieren.

Plankostenrechnung, gibt periodenbezogen für die Leistungen von Kostenstellen und gegebenenfalls von Kostenträgern entsprechende Plankosten vor. Nach Ablauf einer Abrechnungsperiode erfolgt eine Gegenüberstellung der Plankosten und → Istkosten. Somit werden → Soll-Ist-Vergleiche ermöglicht. Varianten der Plankostenrechnung sind die → starre Plankostenrechnung und die → flexible Plankostenrechnung (auf Vollkosten- oder Grenzkostenbasis). Für diese Varianten lassen sich verschiedene Arten von Abweichungen zwischen Ist- und Plankosten ermitteln. Im Rahmen einer → Abweichungsanalyse können Abweichungsursachen identifiziert und entsprechend notwendige Maßnahmen zur Kostensenkung abgeleitet werden. Überträgt man die Plankostenrechnung auf die → Erlös- und → Ergebnisrechnung, so wird sie zur Planerlös- und Planergebnisrechnung erweitert.

planmäßige Abschreibungen, gemäß § 253 (3) HGB die bei → Vermögensgegenständen des → Anlagevermögens, deren Nutzung zeitlich begrenzt ist, vorzunehmenden Abschreibungen, deren Höhe sich aus einem im Voraus festgelegten Schema ergibt, so beispielsweise die → lineare oder → degressive Abschreibung. Der Plan muss die → Anschaffungs- oder Herstellungskosten auf die Geschäftsjahre verteilen, in denen der Vermögensgegenstand voraussichtlich genutzt werden kann. – *Gegensatz:* → außerplanmäßige Abschreibungen.

planmäßige Kostenauflösung, Verfahren der → Kostenauflösung, das bei der Planung der Gemeinkosten Verwendung findet. Bei der planmäßigen Kostenauflösung wird festgestellt, welche → Kostenarten sich bei einer Änderung der → Beschäftigung fix und welche sich variabel verhalten.

Planmenge, mengenmäßiges Äquivalent der Plankosten, also die geplante Einsatzmenge der verschiedenen Produktionsfaktoren.

Plan-Plan-Vergleich, Kontrolle von prognostizierten Größen hinsichtlich ihrer Konsistenz. Dies ist bei der → Prognose von Daten und bei der Prognose von Auswirkungen verschiedener Alternativen möglich.

Planung, Führungsinstrument, das auf das Erkennen, Analysieren und Lösen von Zukunftsproblemen gerichtet ist. Die Planung basiert auf systematisch-methodischen Informationsverarbeitungsprozessen und umfasst alle Phasen des Vorbereitens und Treffens von Entscheidungen über die Realisation unternehmerischen Handelns. Bei der → strategischen Planung handelt es sich um eine gedankliche Vorwegnahme der zukunftsorientierten Fortentwicklung des Unternehmens unter Berücksichtigung der Umweltfaktoren. Die → operative Planung hat tendenziell kurzfristigen Charakter und dient der Umsetzung und Kontrolle des strategisch Gewollten. Es werden für die einzelnen Verantwortungsbereiche (→ Kostenstellen) im Unternehmen funktionsbezogene Aktionspläne (Personal-, Finanz-, Absatz, Beschaffungspläne etc.) erstellt und die dazugehörigen Kosten- und Erlösbudgets vorgeben.

Planungsfunktionen, Ziele, die mit der → Planung erfüllt werden sollen. Man unterscheidet dabei Grundfunktionen der Planung und Spezialfunktionen der Planung. Die Grundfunktionen umfassen:

- Erfolgssicherung und Effizienzsteigerung,
- Risikoerkenntnis und -reduzierung,
- Flexibilitätserhöhung,
- Komplexitätsreduzierung,
- Synergieeffekte durch abgestimmtes Vorgehen.

Die Spezialfunktionen zielen auf das Steuerungs- und Führungsinstrument ab. Dabei sind enthalten:

- Zielausrichtung der Aktivitäten,
- Entscheidungsvorbereitung,
- Koordination der Aktivitäten,
- Problemerkenntnis aus Abweichungen,
- Kontrolle,
- Information und Kommunikation,
- Motivation der Mitarbeiter.

Planungshandbuch, Handbuch, in dem die Funktionen und Inhalte der einzelnen Teilpläne sowie der Aufbau- und Ablauforganisation detailliert dargestellt werden. Es gibt also an, wie, wann und durch wen die → operative Planung zu erfolgen hat. Darüber hinaus enthält es die organisatorischen Festlegungen zur Durchführung der Planung und → Kontrolle (z.B. Stellenbeschreibungen, Funktionendiagramme). Ein Planungshandbuch sollte folgende Bestandteile umfassen:

1. Einleitung mit Erläuterung der Funktionen des Handbuchs sowie der Autorisierung durch Unterschrift der Unternehmensführung,
2. Allgemeine Hinweise zum Planungshandbuch zur Handhabung des Handbuchs für den Benutzer,
3. Allgemeine Hinweise zur Planung und Kontrolle durch Darstellung der Planungsphilosophie des Unternehmens,
4. Planungs- und Kontrollsystem mit Darstellung der Gesamtarchitektur der Pläne und Kontrollen,
5. Planungsorgane, d.h. Zuordnung von Aufgaben zu Aufgabenträgern,
6. Planungskalender mit einem Zeitplan für die Planungs- und Kontrollaktivitäten,
7. Planungsinstrumente mit systematischer Darstellung,
8. Planungslexikon zur Erklärung alphabetisch geordneter Begriffe.

Empfehlenswert ist die Integration von → Checklisten in das Planungshandbuch.

Planungshorizont, Zeitraum, für den eine → Planung gilt. Der Planungshorizont endet mit der Prognosereichweite.

Planungsinstrumente, Methoden, die im Rahmen des → Planungsprozesses zum Einsatz kommen können. Dies sind in der Phase der Zielbildung: → Entscheidungsbäume oder → Relevanzbäume, → Kennzahlen und → Kennzahlensysteme, → Kompatibilitäts- und Konfliktanalysen. In der Phase der Problemanalyse lässt sich die Planung durch Prognoseverfahren, → ABC-Analysen, → Gap-Analysen und → Checklisten unterstützen. Die Phase der Alternativensuche lässt sich durch Kreativitätstechniken (z.B. Brainstorming), Checklisten und Systemanalysen unterstützen. Bedeutsame Instrumente, die im Rahmen der Alternativenbeurteilung eingesetzt werden können, sind die → Investitionsrechnungen, → Kosten-Nutzen-Analyse (KNA) und → Nutzwertanalysen (NWA), → Argumentenbilanzen.

Planungsprozess, meist sich häufig wiederholende, mehrstufige Folge von Aktivitäten, die sich oft ohne bestimmbaren Beginn und Abschluss zyklisch fortsetzt und durch Vor- und Rückkopplungen verknüpfen lässt. Der Planungsprozess beginnt mit der Zielbildungsphase. Ziele sind dabei von Personen für wünschenswert gehaltene Zustände, die durch entsprechend ausgerichtetes Handeln angestrebt werden. Das Ergebnis der Zielbildungsphase ist ein konsistentes Zielsystem, aus dem Soll-Zustände abgeleitet werden. Im nächsten Schritt, der Problemanalyse, werden die aus den Zielen abgeleiteten Soll-Zustände mit den aktuellen Ist-Daten und zukünftig erwarteten Wird-Daten verglichen, um die Lücke aufzudecken, die durch entsprechende Maßnahmen geschlossen werden soll. Diese Maßnahmen werden im Schritt der Alternativensuche und -beurteilung aufgespürt und auf ihre Zielwirksamkeit hin untersucht. Damit ist der Planungsprozess abgeschlossen. In der anschließenden Phase der Entscheidung erfolgt dann die Auswahl der Entscheidungsalternative, die zur Lösung des Problems angewandt werden soll.

Planungsrechnung, fortlaufende quantitative Erfassung aller Unternehmensprozesse und Abstimmung der einzelnen Teilpläne in den verschiedenen Planperioden.

Planungs- und Kontrollsystem, geordnete und abgestimmte Gesamtheit verschiedener Elemente und Beziehungen, die zur Erfüllung von Führungsfunktionen nach einheitlichen Grundsätzen aufgebaut sind. Diese Elemente umfassen die Funktionsträger der → Planung und → Kontrolle, die Funktionen selbst (Planung und Kontrolle) und Regelungen und Instrumente. Einen weiteren Bestandteil stellen die einzelnen Prozesse dar, in denen sich die arbeitsteilige Funktionserfüllung vollzieht. Darüber hinaus sind die Ergebnisse der Prozesse, also die erstellten Pläne und die dadurch fundierten Entscheidungen als Element von Planungs- und Kontrollsystemen anzusehen. Schließlich bilden die Informationen einen wesentlichen Bestandteil.

Planverrechnungspreis, Begriff der → Plankostenrechnung für den geplanten Verrechnungswert einer → Leistung. Der Planverrechnungspreis bezeichnet die → Istkosten zu → Festpreisen, bei denen außerbetrieblich bedingte Preisveränderungen für Produktionsfaktoren in einer Abrechnungsperiode eliminiert werden. Kostenabweichungen können somit eindeutig auf → Beschäftigungsabweichungen oder → Verbrauchsabweichungen im Rahmen der → Abweichungsanalyse zurückgeführt werden.

Pooling-of-Interest-Methode, → Kapitalkonsolidierung.

Prämissenkontrolle, → Kontrolle der Planungsprämissen, die sich im Zeitablauf ändern können.

Praxiswert, → Firmenwert.

Predictive Value, gemäß US-GAAP vergangenheitsbezogener Wert, der Zukunftsprognosen ermöglicht.

Preis-Absatz-Funktion, *PAF, Nachfragefunktion, Nachfragereaktionsfunktion.* zeigt, welche Gesamtmengen auf einem vollkommenen Markt zu alternativen Einheitspreisen abgesetzt werden können (→ Preiselastizität). Die Preis-Absatz-Funktion wird oft als Kurve in einem Koordinatensystem mit Preis und Absatz als Koordinaten dargestellt.

Preisabweichung, Differenz zwischen den effektiven → Istkosten und den Istkosten zu → Festpreisen. Diese Abweichung kann aus den Daten der → Plankostenrechnung gewonnen werden.

Preiselastizität, relative Änderung der nachgefragten Menge eines Gutes bei einer Änderung des Preises. Sie besitzt im Rahmen der Preispolitik eine besondere Relevanz. Eine hohe Preiselastizität bedeutet, dass die Nachfrager auch auf kleine Preissteigerungen sehr sensibel reagieren und ihre Nachfrage dementsprechend schnell anpassen (Nachfragerückgang). Bei einer geringen Preiselastizität wirken sich erst sehr hohe Preissteigerungen auf die Nachfrage aus. Gegebenenfalls sind im Fall einer vollkommen unelastischen Nachfrage gar keine Auswirkungen auf die Nachfrage erkennbar.

Preiskalkulation, Ermittlung des Angebotspreises als Aufgabenfeld der Preispolitik. Für die Preiskalkulation öffentlicher Aufträge gelten die → LSP. In der Marktwirtschaft sind ansonsten neben Kosteninformationen auch Marktinformationen relevant. Die Preiskalkulation kann progressiv auf Basis der Kostenrechnung erfolgen, d.h., der Angebotspreis wird an den entstandenen Kosten ausgerichtet. Verfahren der progressiven Kalkulation sind z.B. die → Zuschlagskalkulation, → Deckungsbeitragsrechnung und die → Prozesskostenrechnung. Es lassen sich entsprechende Preisuntergrenzen bestimmen. Darüber hinaus gibt es die retrograde Preiskalkulation, bei der der Preis auf Grundlage von Marktgegebenheiten wie Kundenanforderungen gebildet wird (Preisobergrenzen). D.h., Preise werden z.B. auf Grundlage von Kundennutzenanalysen, → Wettbewerbsindizes und → Preis-Absatz-Funktionen gebildet. Ein Verfahren der retrograden Preiskalkulation ist das → Target Costing. Um sowohl kostenrechnerische Aspekte als auch die Anforderungen des Marktes zu berücksichtigen, ist eine abgestimmte kombinierte Vorgehensweise bei der Preiskalkulation anzustreben. Die Preiskalkulation ist mit den Zielen der → Erlöspolitik entsprechend abzustimmen.

Preisobergrenze, Maximalbetrag einer Einsatzgütereinheit, deren Beschaffung sich für die Produktion gerade noch lohnt. Für die Bestimmung der Preisobergrenze ist die jeweils kostengünstigere adäquate Alternative maßgeblich, wie z.B. der Einkauf eines alternativen Gutes, die Eigenfertigung oder der Verzicht auf die Herstellung (→ relevante Kosten). – *Anders:* → Preisuntergrenze.

preispolitischer Ausgleich, → kalkulatorischer Ausgleich.

Preisuntergrenze, aus erfolgswirtschaftlicher Sicht kritischer Mindestpreis einer Leistungseinheit, zu dem sich der Absatz gerade noch lohnt und noch kein Verlust entsteht. Die Preisuntergrenze stellt damit eine Limitation der Preispolitik dar. Liegt bei gegebenen Kapazitäten Unterbeschäftigung vor, so entspricht die theoretische Preisuntergrenze bei kurzfristiger Betrachtung den variablen Einzelkosten. Langfristig muss das Unternehmen mit der Gesamtheit seiner Produkte jedoch alle Kosten, d.h. auch die fixen Kosten decken (→ Vollkostenprinzip). Bei Vorliegen eines Kapazitätsengpasses sind zusätzlich → Opportunitätskosten für den entgangenen Gewinn eines alternativen Produktes zu berücksichtigen.

Present Value, nach International Financial Reporting Standards (IFRS) der → Barwert zukünftig erwarteter Nettocashflows, die einem Vermögensgegenstand zugeordnet werden können (IAS 15.13).

pretiale Lenkung, von E. Schmalenbach geprägter Begriff für eine vom Preis (→ Verrechnungspreis) her erfolgende Lenkung innerbetrieblicher Vorgänge. Der marktwirtschaftliche Preismechanismus wird dabei auf die betriebsinterne Lenkung der Güter und Dienstleistungen zwischen den einzelnen Betriebsabteilungen übertragen. Güter und Dienstleistungen werden demnach auf einem innerbetrieblichen Markt zu Preisen angeboten, die sich aus dem Wettbewerb der Betriebe, Kostenstellen und Abteilungen um diese Güter und Dienstleistungen bilden.

Price Earnings Ratio (PER), → Kurs-Gewinn-Verhältnis (KGV).

Primärkosten, Kostenkategorie, die sich aus der Differenzierung von → Kosten nach der Herkunft der Einsatzgüter ergibt. Im Gegensatz zu den → Sekundärkosten resultieren sie aus dem bewerteten Verzehr jener Güter und Dienstleistungen, die ein Unternehmen vom Beschaffungsmarkt bezieht. Beispiele sind Materialkosten für den Verbrauch der von Lieferanten bezogenen Rohstoffe oder → Personalkosten für die Inanspruchnahme von Arbeitsleistungen.

Primärkostenrechnung, Kostenverrechnung zwischen Kostenstellen und von Kostenstellen auf Kostenträger zur Visualisierung der Anteile der unterschiedlichen Arten primärer Kostenarten (→ Primärkosten) an den → Gesamtkosten der Endleistung. Dadurch ist es möglich, die Bedeutung fremd bezogener Produktionsfaktoren und die Reagibilität auf Faktorpreisänderungen zu ermitteln.

Prime Costs, → Einzelkosten.

Principal Auditor, nach US-GAAP der Prüfer (Wirtschaftsprüfer) eines → Konzerns, der die Gesamtverantwortung für die Prüfung des Konzerns übernimmt. Dabei können Teilbereiche (z.B. → Tochtergesellschaften) von anderen Prüfern geprüft werden. Der Principal Auditor hat bei der Verwendung von Prüfungsergebnissen anderer Prüfer die → Statements on Auditing Standards (SAS) zu befolgen.

Prinzip der Bilanzidentität, → Grundsatz der formellen Bilanzkontinuität.

Prinzip der Bilanzklarheit, → Grundsatz der Klarheit und Übersichtlichkeit.

Prinzip der Bilanzkontinuität, → Grundsatz der formellen Bilanzkontinuität, → Grundsatz der materiellen Bilanzkontinuität.

Prinzip der Bilanzwahrheit, → Grundsatz der Richtigkeit und Vollständigkeit.

Prior Service Costs, nach US-GAAP der zusätzliche Aufwand, der bei Verbesserung einer bestehenden Versorgungszusage (→ Plan Amendment) auf die durch den Arbeitnehmer bereits abgeleisteten Dienstjahre entfällt. Die Prior Service Costs können über die erwartete Dienstzeit der betroffenen Aktiven bzw. über die erwartete Restlebenszeit der Inaktiven, sofern hauptsächlich Inaktive von der Planverbesserung betroffen sind, verteilt werden.

privater Veräußerungsgewinn. Gemäß § 22 Nr. 2 EStG zu versteuernder Gewinn, der bei privaten Veräußerungsgeschäften entsteht. Private steuerpflichtige Veräußerungsgeschäfte sind gemäß § 23 EStG insbesondere:

- Veräußerungsgeschäfte bei Grundstücken und Rechten, bei denen der Zeitraum zwischen Anschaffung und Veräußerung nicht mehr als zehn Jahre beträgt;
- Veräußerungsgeschäfte bei anderen → Wirtschaftsgütern, bei denen der Zeitraum zwischen Anschaffung und Veräußerung nicht mehr als ein Jahr beträgt.
- Bei → Wertpapieren ist der Veräußerungsgewinn seit Einführung der → Abgeltungsteuer auch dann steuerpflichtig, wenn die Haltedauer ein Jahr übersteigt (§ 20 Abs. 2 EStG).

Privatkonto, personenbezogenes Konto der Gesellschafter von Personengesellschaften, das unterjährig der Verbuchung von Einlagen und Entnahmen dient.

Privatvermögen, steuerlich werden alle Wirtschaftsgüter, die objektiv erkennbar zur privaten Nutzung bestimmt sind, dem Privatvermögen zugeordnet. – *Gegensatz:* → Betriebsvermögen.

Product Costing, Bezeichnung für die Produktkostenkalkulation im US-amerikanischen Rechnungswesen. Hierzu gehören die Ermittlung der → Herstellungskosten und der → Selbstkosten. Im Gegensatz zu Deutschland sind die US-amerikanischen Kalkulationen meist auf die Bestandsbewertung des → externen Rechnungswesens ausgerichtet. Als → Kalkulationsverfahren lassen sich Job Order Costing (→ Zuschlagskalkulation), Process Costing (Divisionskalkulation) und Joint Product Costing (Kuppelproduktkalkulation) unterscheiden.

Product Life Cycle Costing, Konzept des → Kostenmanagements, mit dessen Hilfe die Wirtschaftlichkeit von Produkten analysiert wird. Das Product Life Cycle Costing berücksichtigt dabei die Festlegung, Entstehung und Beeinflussbarkeit der Kosten im gesamten Produktlebenszyklus. Ca. 70 Prozent der Herstellkosten eines Produktes werden in der Entwicklung festgelegt. Knapp 20 Prozent sind zur gleichen Zeit tatsächlich entstanden. Das Product Life Cycle Costing soll somit dem Nachteil der Diskrepanz zwischen Kostenverursachung und -erfassung in traditionellen Rechnungssystemen entgegenwirken.

Produktionscontrolling, *Fertigungscontrolling,* funktionsbezogenes Controlling aller den Produktionsprozess betreffenden Bereiche eines Unternehmens. Aufgabe ist es, die Wirtschaftlichkeit des Produktionsprozesses sicherzustellen, die Produktionskosten zu überwachen, die Planung des Produktionsprozesses zu begleiten und Ausschussproduktion zu verhindern. Die Instrumente des Produktionscontrollings sind z.B. die → Abweichungsanalyse, die Analyse von → Leerkosten und die Risikoanalyse von Betriebsunterbrechungen.

Produktionsfaktor, wirtschaftliches Gut, das zur Erstellung anderer Güter eingesetzt wird. Dazu zählen z.B. Betriebsmittel, Werkstoffe oder auch die Arbeitskraft.

Produktionsfunktion, gibt die Beziehung zwischen der eingesetzten Menge an → Produktionsfaktoren und den durch Faktorkombination resultierenden Produktmengen innerhalb einer Periode an.

Produktionskosten, → Kosten, die durch den Einsatz von → Produktionsfaktoren im Rahmen der betrieblichen Leistungserstellung anfallen.

Produktivität, → Kennzahl für die technische Ergiebigkeit der betrieblichen Faktorkombination. Sie wird aus dem Verhältnis von Gütererzeugung (Output) zu Faktoreinsatzmengen (Input) gebildet. Zu messen ist sie durch Bezugnahme der Leistung auf eine Einsatzeinheit (technische oder physische Produktivität) oder durch das Verhältnis von Produktionswert zum Kapitaleinsatz (Wertproduktivität) oder zum Arbeitseinsatz (Arbeitsproduktivität).

Produktkalkulation, → Kalkulation.

Produktlebenszyklus. Der Vorstellung von Lebenszyklen für Produkte liegt die Erkenntnis zugrunde, dass jedes Produkt, ganz unabhängig von der Länge seiner Gesamtlebensdauer, unterschiedliche Wachstumsphasen von seiner Entstehung bis zum Zeitpunkt durchläuft, wo es vom Markt verschwindet. Es lassen sich folgende fünf Teilphasen unterscheiden:

1. Einführungsphase: beginnt mit der Auslieferung des Produkts und endet mit dem Erreichen der Gewinnschwelle.
2. Wachstumsphase: setzt nach dem Erreichen der Gewinnschwelle ein und endet am Wendepunkt der Absatzmengenkurve (d.h., die Absatzmengen steigen nicht mehr progressiv an).

3. Reifephase: endet an dem Punkt, an dem der Stückgewinn maximal ist.
4. Sättigungsphase: ist durch negative Grenzumsätze gekennzeichnet; an ihrem Ende erreicht die Umsatzkurve ihr Maximum.
5. Degenerationsphase: erzielbare Umsätze nehmen stark ab und der Gewinn nähert sich Null bzw. wird negativ.

Jede der beschriebenen Phasen bedingt verschiedene Strategien und ist durch verschiedene Verläufe der Finanzströme des Unternehmens gekennzeichnet.

Profit, → Gewinn.

Profit and Loss Statement,→ Gewinn- und Verlustrechnung.

Profit Budgeting and Control, Bezeichnung des US-amerikanischen Rechnungswesens für → Ergebniscontrolling. In den USA versteht man darunter i.d.R. eine Steuerung des Ergebnisses auf der Grundlage einer auf → Profitcenter ausgerichteten Budgetierung sowie entsprechender Abweichungsanalysen.

Profitcenter, *strategische Geschäftseinheit, Business Unit,* organisatorischer Teilbereich eines Unternehmens für den ein Periodenerfolg ermittelbar ist und der zur Steuerung sowie zum → Performance Measurement herangezogen werden kann. Dadurch wird die Ergebnisverantwortung auf dezentrale Geschäftseinheiten übertragen. Profitcenter sind organisatorisch und abrechnungstechnisch selbstständige Einheiten. Eine rechtliche Selbstständigkeit ist damit nicht zwingend verbunden. Die interne Abgrenzung einer strategischen Geschäftseinheit sollte idealerweise mit der marktbezogenen Abgrenzung des strategischen Geschäftsfeldes übereinstimmen. Die Vorteile dieser Organisationsstruktur sind z.B. die Erhöhung der Kundennähe und der Motivation, die Erweiterung des operativen um strategisches Denken und Handeln sowie die Schaffung von mehr Transparenz im Unternehmen. Nachteilig kann sich jedoch auswirken, dass → Synergieeffekte auf der Ebene des Gesamtunternehmens (z.B. bei der Beschaffung) verloren gehen können und dem Gesamtunternehmenswohl weniger stark Beachtung geschenkt wird.

Pro Forma Financial Data, nach US-GAAP die Auswirkungen von wertbeeinflussenden Ereignissen nach dem Bilanzstichtag, die in den → Notes anzugeben sind. Die Angabepflichten umfassen die Art des Ereignisses sowie die Schätzung der finanziellen Auswirkungen auf die jeweiligen Bilanzposten. Ist keine zuverlässige Schätzung möglich, so muss dies als Aussage in den Notes formuliert werden.

Pro Forma Statements, gemäß US-GAAP die Auswirkungen von wertbeeinflussenden Ereignissen nach dem Bilanzstichtag, die direkt in der Bilanz angegeben werden.

Prognose, *Voraussage,* Generierung von Aussagen über zukünftige Sachverhalte. Die Prognose i.w.S. lässt sich nach dem Kriterium der Begründetheit in Annahmen, Erwartungen sowie Prognosen (i.e.S.) untergliedern. Die Gewinnung von Informationen über die Zukunft mit Hilfe von Prognosen bildet einen bedeutenden Bestandteil der → Planung.

Prognosekosten, wertmäßiges Äquivalent der in Zukunft erwarteten Güterverzehre. Es handelt sich um → Plankosten, bei deren Bestimmung man von der erwarteten Beschäftigung und von erwarteten (prognostizierten) Preisen für den Planungszeitraum ausgeht. Sie werden zur → Planung und → Kontrolle von unternehmerischen Entscheidungen herangezogen.

Prognosekostenrechnung, Form der flexiblen → Plankostenrechnung, bei der die Preise aus der Produktionsprogrammplanung abgeleitet werden.

progressive Abschreibung, → Abschreibungsmethode mit jährlich steigenden Beträgen. Da sie selten dem tatsächlichen Werteverzehr entspricht (z.B. bei erst langsam beginnender Nutzung von Anlagen), wird sie in der Praxis kaum angewandt.

progressive Gesamtkosten, *überproportionale Gesamtkosten,* Gesamtkosten, die mit zunehmender Beschäftigung sowohl absolut als auch auf die Leistungseinheit bezogen steigen. Progressive Gesamtkosten zeichnen sich dadurch aus, dass sie relativ schneller als die Produktionsmenge steigen. Progressive Gesamtkosten entstehen häufig bei Überbeschäftigungssituationen.

progressive Kalkulation, → Preiskalkulation.

progressive Kosten, → überproportionale Kosten.

progressive Planung, → Bottom-Up-Planung.

Projected Benefit Obligation (PBO), nach US-GAAP der Barwert der erdienten Pensionsansprüche unter Berücksichtigung der Gehaltsdynamik.

Projected Unit Credit Method, die nach US-GAAP einzig zugelassene versicherungsmathematische Methode zur Bewertung von Pensionsverpflichtungen.

Promulgated US-GAAP, diejenigen US-GAAP, die von den für die Rechnungslegungsnormen verantwortlichen Institutionen im Rahmen offizieller Verlautbarungen veröffentlicht wurden.

proportionale Gesamtkosten, → Gesamtkosten, die im gleichen Verhältnis wie die Ausbringung ansteigen. In der Praxis kommen proportionale Gesamtkosten kaum vor, da sie das Fehlen der fixen Kosten voraussetzen.

proportionale Kosten, besondere Ausprägung der variablen Kosten, die im gleichen Verhältnis wie die Beschäftigung (bzw. andere → Kosteneinflussgrößen) reagieren. Sie sind somit linear variable Kosten. Im praktischen Sprachgebrauch wird meist nicht zwischen variablen Kosten und der Spezialform der proportionalen Kosten differenziert.

Proportionalitätsprinzip, → Kostenzurechnungsprinzip, das sich im Gegensatz zum → Durchschnittsprinzip auf Mehrproduktbetriebe bezieht. Das Proportionalitätsprinzip versucht, über die Bestimmung geeigneter Schlüsselgrößen Proportionalitätsbeziehungen zwischen Kosten und Leistungen herzustellen. Aufgrund dieser Beziehungen werden die Kosten auf die Leistungen verrechnet. Für → echte Gemeinkosten existieren diese Beziehungen jedoch nicht.

Proportionalkostenrechnung, in Deutschland teilweise verwendete Bezeichnung für das → Direct Costing.

Prospective Change, nach US-GAAP Veränderungen in der Beurteilung von Sachverhalten. Der Ergebniseffekt des Prospective Change ist als separater Posten innerhalb des Ergebnisses der gewöhnlichen Geschäftstätigkeit auszuweisen. Die Gründe für den Prospective Change sind zu erläutern.

Provisions, → Rückstellungen.

Prozess, Folge von Aktivitäten zur Schaffung von Produkten bzw. Dienstleistungen für interne bzw. externe Kunden eines Unternehmens. Prozesse bestehen aus einem messbaren Input und Output. Ein Prozess kann aus mehreren

Teilprozessen aufgebaut sein. Es lassen sich grundsätzlich materielle (Geld- und Warenströme) und immaterielle Prozesse (Informationsverarbeitung, Entscheidungsfindung) unterscheiden. Prozesse differenzieren sich im Rahmen der → Wertschöpfungskette z.B. in Kernprozesse (primäre Prozesse) und unterstützende Prozesse.

Prozesskostenrechnung, Vollkostenrechnung, die eine verursachungsgerechte Verrechnung der Gemeinkosten zum Ziel hat. Sie weist einige Ähnlichkeiten zu dem aus den USA stammenden Activity Based Costing auf. Die Prozesskostenrechnung konzentriert sich auf Gemeinkostenbereiche und ist als eine auf die Spezifika des deutschen Rechnungswesens ausgerichtete aktivitätenorientierte Rechnung zu verstehen, bei der der Prozessgedanke im Vordergrund steht. Im Rahmen der Prozesskostenrechnung werden die repetitiven Aktivitäten der indirekten Leistungsbereiche hinsichtlich funktionaler Beziehungen (Prozessanalyse) analysiert. Diese Prozesse werden zu Teilprozessen gebündelt, die zu kostenstellenübergreifenden Hauptprozessen verdichtet werden. Für diese müssen die Kosten zugeordnet und Kostentreiber ermittelt werden. – Vgl. auch Abb. „Prozesskostenrechnung“ auf S. 14. – Können Kostentreiber (wie z.B. Anzahl der Kundenaufträge) für Hauptprozesse ermittelt werden, spricht man von leistungsmengeninduzierten Prozessen (leistungsmengeninduzierte Kosten). Können keine Leistungstreiber für die Prozesse ermittelt werden, handelt es sich um leistungsmengenneutrale Prozesse (leistungsmengenneutrale Kosten). Bei der Prozesskostenermittlung werden die Hauptprozesskosten in Beziehung zu der Prozessleistung, d.h. den Kostentreibern (z.B. Anzahl Kundenaufträge) gesetzt. Die leistungsmengenneutralen Kosten werden mit Hilfe eines Schlüssels umgelegt. Die so ermittelten Prozesskostensätze werden häufig zur Kalkulation herangezogen.

Prozessmanagement, Ansatz, bei dem das Unternehmen aus der Perspektive der in der → Wertschöpfungskette von Unternehmen ablaufenden → Prozesse betrachtet wird. Ziel ist die Optimierung der Wertschöpfungsprozesse von Unternehmen. Das Prozessmanagement umfasst dabei die Planung, Steuerung und Kontrolle von Prozessen hinsichtlich der Determinanten Qualität, Zeit und Kosten sowie der Kundenzufriedenheit. Die Aufgabenbereiche des Prozessmanagements liegen in der Gestaltung von Prozessabläufen (→ Business Process Reengineering (BPR)), der Optimierung von Prozesszeiten, dem Qualitätsmanagement von Prozessen sowie der → Prozesskostenrechnung.

Prudence Principle, → Vorsichtprinzip.

Prüfung, Kontrolle des → Jahresabschlusses und → Lageberichts der nicht kleinen Gesellschaften i.S.d. § 267 (1) HGB sowie der → Konzernabschlüsse und → Konzernlageberichte, die der Prüfungspflicht unterliegen (§§ 316 (1), (2) HGB) durch einen unabhängigen Dritten. Die Prüfung dient der Feststellung, dass → Buchhaltung, Jahresabschluss und Lagebericht der betroffenen Gesellschaft ordnungsgemäß sind. Über das Ergebnis der Prüfung wird ein → Prüfungsbericht mit → Bestätigungsvermerk erstellt. Die Prüfung wird durch einen Wirtschaftsprüfer oder eine Wirtschaftsprüfungsgesellschaft gemäß den Standards des → Instituts der Wirtschaftsprüfer (IDW) durchgeführt (§ 319 (1) HGB). Personen, für die einer der Ausschlussgründe nach § 319 (2) HGB bzw. § 319 (3) HGB gilt, dürfen nicht an der Prüfung teilnehmen. Die Abschlussprüfer werden von den Gesellschaftern gewählt (§ 318 HGB). Außerhalb der gesetzlich vorgeschriebenen Prüfungspflicht kann eine Prüfung auch freiwillig erfolgen. Sie unterliegt dann den vereinbarten Prüfungsbestimmungen. – Vgl. auch → Vorsichtsprinzip.

Prüfungsausschuss, Arbeitsgruppe innerhalb des Aufsichtsorgans von Unternehmen, insbesondere des Aufsichtsrats, die sich mit Fragen der → Bilanzpolitik sowie der → Prüfung des Jahresabschlusses und der Zwischenabschlüsse auseinandersetzt und den Kontakt zum Abschlussprüfer hält. Beschäftigt sich dieses Gremium nur mit Fragen der Bilanzpolitik, spricht man nur von einem Bilanzausschuss. – Vgl. auch → Audit Committee.

Prüfungsbericht. Über die Abschlussprüfung ist vom Abschlussprüfer gemäß § 321 HGB ein Prüfungsbericht zu erstellen. Dieser enthält Informationen über Art und Umfang sowie das Ergebnis der Prüfung und soll Auskunft über die tatsächliche Lage und künftige Entwicklung der Gesellschaft geben. Wird festgestellt, dass der Jahresabschluss ordnungsgemäß ist, keine Unregelmäßigkeiten entdeckt wurden und der Lagebericht der Gesellschaft den tatsächlichen Gegebenheiten entspricht, wird ein uneingeschränkter Bestätigungsvermerk des Abschlussprüfers nach den Standards und Richtlinien des → Instituts der Wirtschaftsprüfer (IDW) erteilt. Andernfalls wird der Bestätigungsvermerk eingeschränkt oder versagt. Bei nicht gesetzlich vorgeschriebenen Prüfungen wird der Prüfungsbericht den vereinbarten Prüfungsbestimmungen gemäß abgefasst.

Prüfungsvermerk, → Bestätigungsvermerk.

Publikationspflicht, Pflicht nach Handelsrecht bzw. Publizitätsgesetz zur Veröffentlichung von → Jahresabschluss und gegebenenfalls → Lagebericht. Die Publikationspflicht sowie deren Umfang knüpfen an rechtsformspezifische Größenmerkmale an.

Punktwertverfahren, → Nutzwertanalyse (NWA).

Prozesskostenrechnung

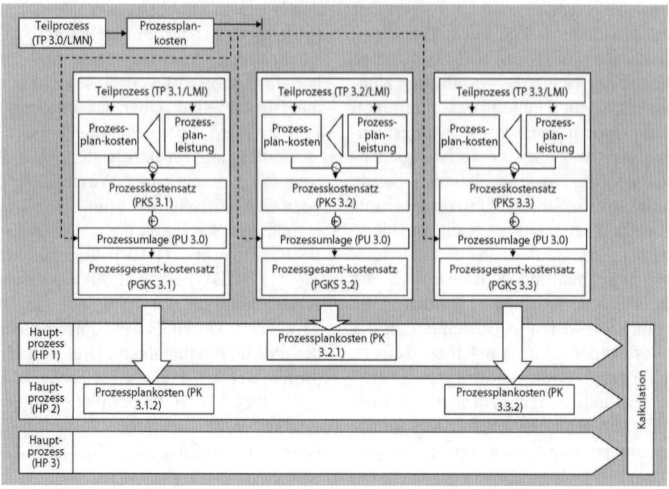

Purchase Accounting, → Kapitalkonsolidierung.

Put, → Option, bei der der Käufer das Recht erwirbt, ein → Wertpapier innerhalb einer definierten Frist oder zu einem bestimmten Zeitpunkt zu einem vereinbarten Optionspreis zu verkaufen. – *Gegensatz:* → Call.

Q

Qualified Opinion, eingeschränkter → Bestätigungsvermerk.

Qualifying Asset, gemäß internationaler → Rechnungslegung ein → Vermögensgegenstand, der generell einen längeren Zeitraum bis zu seiner Fertigstellung, zum Gebrauch oder zum Verkauf benötigt.

Qualitative Characteristics of Accounting Information, nach → US-GAAP stellen die Qualitative Characteristics of Accounting Information diejenigen Anforderungen an die im Abschluss vermittelten Informationen dar, die dazu dienen, dem Zweck der → Rechnungslegung zu entsprechen. Die vier dominierenden Prinzipien der Qualitative Characteristics of Accounting Information sind die folgenden:

- Grundsatz der Relevanz (*relevance*): Informationen müssen entscheidungsrelevant sein, indem sie entweder auf der Basis vergangener Daten Zukunftsprognosen ermöglichen oder frühere Annahmen bestätigen bzw. korrigieren;
- Grundsatz der Zuverlässigkeit (*reliability*): Informationen müssen frei von Fehlern und Willkür sein;
- Grundsatz der Neutralität (*neutrality*): die Auswahl an den zu veröffentlichenden Informationen muss unbeeinflusst von den Zielen des Unternehmens erfolgen;
- Grundsatz der Vergleichbarkeit (*comparability and consistency*): der Nutzer des → Financial Statements muss sowohl interne als auch externe Betriebsvergleiche durchführen können; Bilanzierungs- und Bewertungsmethoden sowie deren Änderungen sind offen zu legen.

Qualitätsabweichung, Teil der → Verbrauchsabweichung.

Qualitätskontrolle, Prüfung des internen Qualitätssicherungssystems von Wirtschaftsprüferpraxen. Nach deutscher Berufsauffassung bezieht sich die Qualitätskontrolle sowohl auf die Organisation der Wirtschaftsprüferpraxis als auch auf die Abwicklung einzelner Prüfungsaufträge. Sofern die Qualitätskontrolle durch andere Berufsangehörige durchgeführt wird, spricht man von einem → Peer Review (z.B. in USA und Deutschland), bei Durchführung durch Angestellte einer für das Verfahren verantwortlichen Organisation von Monitoring (z.B. in Großbritannien).

Qualitätskosten, → Kosten, die vorwiegend durch Qualitätsanforderungen anfallen. Es können dabei folgende Kategorien unterschieden werden:

- Fehlerverhütungskosten (*prevention costs*): Kosten, die im Rahmen der Qualitätssicherung durch fehlerverhütende Maßnahmen anfallen, z.B. qualitätsbezogene Anpassung der Konstruktion und der Produktionsanlagen, qualitätsorientierte Auswahl der Erzeugniseinsatzstoffe und Schulung der Mitarbeiter.
- Prüfkosten (*appraisal costs*): Kosten, die durch die eigentlichen Kontrollvorgänge und die Beurteilung der

Prüfergebnisse verursacht wurden, z.B. Gerätekosten, Kosten für Planung und Überwachung der Prüfvorgänge, für Schulung der Prüfer und Auswerter.

- Fehlerfolgekosten (*failure costs*): Kosten, die durch das Auftreten eines Fehlers verursacht werden, z.B. Nacharbeitungskosten, Sortierkosten, Kosten durch Rücksendungen.

Vgl. auch Abb. „Qualitätskostenverlauf".

Qualitätssicherungssystem, kostengünstige Umsetzung der Qualitätsanforderungen des → Total Quality Managements, um die Wettbewerbsposition zu stärken.

Quartalsabschlüsse, Zwischenabschluss der Konten entsprechend einem → Jahresabschluss nach jedem Quartal des Jahres, insbesondere bei börsennotierten Aktiengesellschaften (AGs).

Quartalsberichterstattung, *Quarterly Report,* vierteljährliche Erstellung und Veröffentlichung bestimmter Unternehmensinformationen auf der Grundlage von → Quartalsabschlüssen. Eine Verpflichtung für eine regelmäßige Quartalsberichterstattung besteht in Deutschland für am Neuen Markt notierte Unternehmen. Gemäß → US-GAAP ist eine Quartalsberichterstattung in Form einer Bilanz und Gewinn- und Verlustrechnung, eines Cash Flow Statements sowie, falls erforderlich, bestimmter Zusatzangaben für börsennotierte Unternehmen verpflichtend vorgeschrieben; gleiches gilt gemäß IAS 34, sofern die jeweiligen nationalen Regelungen eine Quartalsberichterstattung verlangen.

Quarter Divided, *Fractional Dividend Payment, Interimsdividende, Zwischendividende,* in den USA gängige → Abschlagszahlung auf die jährlich anfallende Dividendenausschüttung an → Anteilseigner.

Quarterly Report, → Quartalsberichterstattung.

Quotenkonsolidierung, Form der → Kapitalkonsolidierung bei → Gemeinschaftsunternehmen gemäß § 310 (1) HGB. Bei der Quotenkonsolidierung werden die → Vermögensgegenstände,

Qualitätskostenverlauf

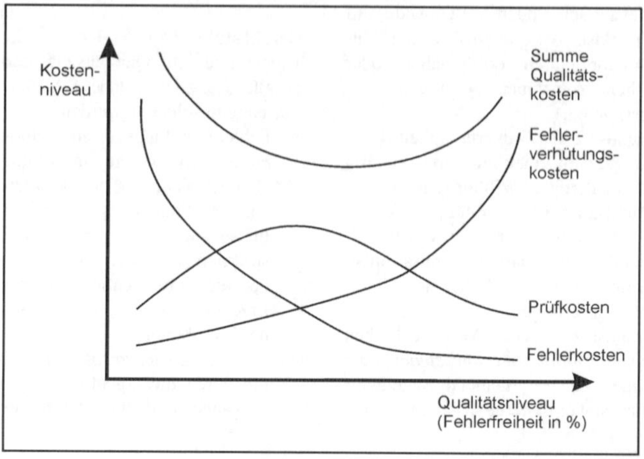

die → Schulden sowie → Aufwendungen und → Erträge der → Gemeinschaftsunternehmen nur in Höhe des prozentualen Anteils am Kapital, den die Muttergesellschaft hält, in den Konzernabschluss einbezogen.

R

Rabatt, besondere Art der → Erlösschmälerungen. Ausgangspunkt für die Ermittlung eines Rabatts ist die Menge oder der Wert des Rabattobjekts. Entsprechend lassen sich Mengenrabatte, Abnehmerrabatte, Saisonrabatte oder Funktionsrabatte unterscheiden. Mengenrabatte zeichnen sich z.B. durch die Gewährung von Preisnachlässen für eine Mindestabnahmemenge von Waren und Leistungen aus. Begründet werden kann die Gewährung von Mengenrabatten damit, dass durch größere Abnahmemengen eine Degression der für jede Lieferung anfallenden fixen Vertriebskosten je Stück erreicht wird. Somit werden Großabnehmer preislich günstiger gestellt als Kleinabnehmer.

Rangrücktritt, wird in der Praxis hinsichtlich Gesellschafterdarlehen als Mittel zur Vermeidung einer möglichen Überschuldung im Sinne der Insolvenzordnung einer Kapitalgesellschaft eingesetzt. Der BGH hat in seinem Urteil vom 8.1.2001 festgeschrieben, dass ein Gesellschafterdarlehen im Überschuldungszeitpunkt einer GmbH nur dann außer Ansatz bleibt, wenn der betreffende Gesellschafter in seinem Rangrücktritt erklärt, „... er wolle wegen der genannten Forderungen erst nach der Befriedigung sämtlicher Gesellschaftsgläubiger und – bis zur Abwendung der Krise – auch nicht vor, sondern nur zugleich mit den Einlagenrückgewähransprüchen seiner Mitgesellschafter berücksichtigt, also so behandelt werden, als handle es sich bei seiner Gesellschafterleistung im statutorisches Kapital" (qualifizierter Rangrücktritt).

Realgüter, materielle oder immaterielle Güter. Zu den materiellen Realgütern gehören Immobilien und Mobilien. Immaterielle Realgüter sind Leistungswerte wie Arbeitsleistung oder Dienstleistungen, wirtschaftliche Tatbestände oder das Kapital. – *Gegensatz:* → Nominalgüter.

Realisationsprinzip, *Realization Principle.* Durch das Realisationsprinzip wird der Zeitpunkt der buchhalterischen Erfassung des → Ertrages geregelt. Sowohl nach HGB als auch nach International Financial Reporting Standards (IFRS) und US-GAAP sind Erträge und Gewinne auszuweisen, wenn sie realisierbar oder realisiert sind. Zur Realisierbarkeit bzw. Realisierung müssen grundsätzlich die folgenden Kriterien erfüllt sein:

- überzeugender Beweis für die Existenz einer Vereinbarung zwischen Kunde und Verkäufer,
- die Lieferung hat stattgefunden oder die Dienstleistung ist erbracht worden (Gefahrenübergang),
- der Veräußerungspreis ist fix bzw. bestimmbar,
- der Eingang des Ertrages ist objektiv als sicher anzusehen.

Realization Principle, → Realisationsprinzip.

Realoptionen, zukünftige Handlungsspielräume und Investitionsmöglichkeiten eines Unternehmens, die die Möglichkeit offen lassen, operative Entscheidungen an veränderte Umweltbedingungen anpassen zu können. Realoptionen stellen somit ein Bündel von Handlungsoptionen hinsichtlich der Verwendung und Nutzung realer Vermögensgegenstände dar. Der Vergleich realer Investitionsprojekte mit Finanzoptionen (Option) beruht auf der Erkenntnis, dass die Struktur der mit dem Projekt verbundenen Zahlungsströme denen einer Finanzoption ähnlich ist. Für den Erwerb einer Realoption ist zunächst eine entsprechende Erstinvestition als Optionsprämie nötig. Nach der Erstinvestition besteht die Möglichkeit aber nicht die Pflicht die Realoption auszuführen. Der Wert der Realoption ist umso höher, je niedriger der Barwert der Investitionskosten und je höher der Barwert der erwarteten → Cashflows ist. Der Wert der Realoption ist zusätzlich abhängig von der Laufzeit sowie der Höhe des risikofreien Zinssatzes. Beispiele für mögliche Realoptionsarten sind:

- Abbruchsoption: Beendigungsmöglichkeit eines Investitionsprojektes im Falle ungünstiger Entwicklungen (z.B. Plattforminvestition in der Chemieindustrie).
- Wachstumsoption: Investitionen schaffen vielmehr zukünftige Wettbewerbsmöglichkeiten als zur heutigen Erfolgssituation beizutragen (z.B. Grundlagenforschung).
- Aufschuboption: Durchführung der Investition und weitere Bindung finanzieller Ressourcen kann an die sich ändernden Umwelt- und Marktbedingungen angepasst werden (z.B. Abbaurechte für natürliche Ressourcen).

Rechnungsabgrenzung, periodengenaue Zuordnung von → Aufwendungen und → Erträgen.

Rechnungsabgrenzungsposten, Abrechnungsposten, der aufgrund von vor dem → Abschlussstichtag getätigten → Ausgaben oder vereinnahmten → Einnahmen, die wirtschaftlich das folgende → Geschäftsjahr betreffen, gebildet wird. Gemäß § 250 (1) und (2) HGB und § 5 (5) EStG sind solche transitorischen Rechnungsabgrenzungsposten zu bilden und in der → Bilanz gesondert entweder als → aktive (Ausgabe vor dem Stichtag) oder als → passive Rechnungsabgrenzungsposten (Einnahme vor dem Stichtag) auszuweisen. Antizipative Rechnungsabgrenzungsposten entstehen durch getätigte Ausgaben und vereinnahmte Einnahmen nach dem Abschlussstichtag, die das abgeschlossene Geschäftsjahr betreffen und sind unter den → sonstigen Vermögensgegenständen oder den → sonstigen Verbindlichkeiten auszuweisen.

Rechnungslegung, i.w.S. jegliche Dokumentation unternehmerischen Handelns sowohl für Belange des externen als auch des internen Rechnungswesens. Die Rechnungslegung i.e.S. umfasst die Aufstellung und Bekanntmachung des → Jahresabschlusses. Diese sind sowohl im Handelsgesetz als auch im Publizitätsgesetz (PublG) geregelt. Die Form und der Umfang der Rechnungslegung knüpfen an bestimmte Größenmerkmale an (§ 267 HGB).

Rechnungslegungsvorschriften, → Bilanzierungs- und → Bewertungsgrundsätze und → Grundsätze ordnungsmäßiger Buchführung.

Rechnungsperiode, Zeitraum, der für die betreffende → Buchführung maßgeblich ist und über den die → Gewinn- und Verlustrechnung und zu dessen Ende die → Bilanz aufgestellt wird.

Rechnungswesen, *Finanz- und Rechnungswesen,* spezielles → Informationssystem von Unternehmen. Es dient vorwiegend der mengen- und wertmäßigen Abbildung von ökonomisch relevanten Daten. Im Rechnungswesen werden zeitpunkt- und zeitraumbezogene Daten über vergangene, gegenwärtige und zukünftige Tatbestände und Vorgänge innerhalb eines Unternehmens sowie zwischen einem Unternehmen und seiner Umwelt verarbeitet. Dies geschieht in laufend wiederkehrenden Grundrechnungen sowie fallweise durchgeführten Sonderrechnungen. Insbesondere ist die Ermittlung, Speicherung, Aufbereitung und Weitergabe von finanz- und erfolgswirtschaftlich relevanten Daten des wirtschaftenden Handelns erforderlich. Die jeweils relevanten Daten dienen dazu, betriebsexterne Informationsempfänger über die wirtschaftliche Situation des Betriebs zu informieren sowie betriebsinterne Informationsempfänger in die Lage zu versetzen, auf der Grundlage der Daten Entscheidungen über die Gestaltung und Lenkung eines Betriebes zu treffen (→ Rechnungszwecke). Es kann daher zwischen dem externen und internen Rechnungswesen differenziert werden. Diese Trennung ist im europäischen Raum gängig, aber keineswegs zwingend. In den USA erfolgt z.B. keine Trennung zwischen internen und externen Rechnungen (Einkreis- und Zweikreissystem). Zwischen den genannten Bereichen ist der Jahresabschluss mit seinen Bestandteilen der Gewinn-und Verlustrechnung, der Bilanz, dem Anhang und gegebenenfalls dem Lagebericht einzuordnen. Die genannten Rechnungen sind nicht isoliert zu betrachten. Es bestehen in der Praxis vielfältige Wechselbeziehungen. Die organisatorische Verankerung des Rechnungswesens in Unternehmen ist unterschiedlich ausgestaltet. Man unterscheidet häufig folgende vier Funktionsbereiche, die inhaltlich verschiedene Zielsetzungen verfolgen:

1. Finanzbuchhaltung,
2. Steuern,
3. Kosten-, Erlös- und Ergebnisrechnung,
4. Investition und Finanzierung.

Über das → Berichtswesen werden die Informationen der einzelnen Funktionsbereiche verdichtet. – *Anders:* → Accounting.

Rechnungszwecke, Motive der Durchführung von Unternehmensrechnungen. Rechnungszwecke bestimmen die jeweiligen Rechnungsziele, die entsprechende Rechnungsinhalte beeinflussen. Das Rechnungswesen hat allgemein eine Informations- und Dokumentationsfunktion zu erfüllen. Darüber hinaus stehen die Rechnungszwecke in engem Zusammenhang mit den jeweiligen Informationsempfängern. Das → externe Rechnungswesen richtet sich vorwiegend an die Ansprüche externer Adressaten wie Gläubiger, Aktionäre, Kapitalmärkte, Fiskus etc. aus. Es verfolgt daher die Zwecke des Gläubigerschutzes oder der steuerlichen Gewinnermittlung. Das → interne Rechnungswesen ist an internen Adressaten wie z.B. der Unternehmensleitung oder dem Aufsichtsrat auszurichten. Die Rechnungszwecke liegen hier vor allem in der Entscheidungsunterstützung und Verhaltensbeeinflussung. – Vgl. auch → Zwecke der Kostenrechnung.

Recognition Criteria, nach US-GAAP und International Financial Reporting Standards (IFRS) die Voraussetzung dafür, dass ein Sachverhalt in der Bilanz oder in der Gewinn- und Verlustrechnung erfasst wird. Die zu erfüllenden Recognition Criteria sind die folgenden:

- der Zufluss oder Abfluss zukünftigen wirtschaftlichen Nutzens ist wahrscheinlich;
- der Zufluss bzw. Abfluss kann zuverlässig geschätzt werden.

Recoverable Amount, *erzielbarer Betrag,* gemäß International Financial Reporting Standards (IFRS) der höhere der beiden Beträge aus beizulegendem Zeitwert abzüglich der Verkaufskosten und Nutzungswert eines Vermögenswertes oder einer zahlungsmittelgenerierenden Einheit (IAS 36.6). Der Recoverable Amount ist anzusetzen, wann immer ein Anhaltspunkt dafür vorliegt, dass der Vermögenswert wertgemindert sein könnte und der → Buchwert des Vermögenswertes seinen erzielbaren Betrag übersteigt.

Der Recoverable Amount ist anzuwenden bei der → Bewertung von → Sachanlagevermögen und für → immaterielle Vermögenswerte. Der Recoverable Amount ist nicht anzuwenden auf → Wertminderungen von → Vorräten, latente Steueransprüche, Vermögenswerte aus Fertigungsaufträgen, in Verbindung mit Leistungen an Arbeitnehmer entstehende Vermögenswerte, finanzielle Vermögenswerte, die in den Anwendungsbereich des IAS 39 (Finanzinstrumente) fallen, als Finanzinvestition gehaltene Immobilien, die zum → beizulegenden Zeitwert bewertet werden sowie auf mit landwirtschaftlicher Tätigkeit im Zusammenhang stehende biologische Vermögenswerte, die zum beizulegenden Zeitwert abzüglich der geschätzten Verkaufskosten bewertet werden. Zudem ist der Recoverable Amount nicht anzuwenden bei abgegrenzten Anschaffungskosten und immateriellen Vermögenswerten, die aus den vertraglichen Rechten eines Versicherers aufgrund von Versicherungsverträgen entstehen und in den Anwendungsbereich von IFRS 4 fallen, und bei langfristigen Vermögenswerten/ Veräußerungsgruppen, die als zur Veräußerung gehalten klassifiziert werden (IFRS 5).

Recovery Period, → Abschreibungszeitraum.

regressive Kosten, → variable Kosten, die sich entgegengesetzt zu Veränderungen einer → Kosteneinflussgröße verhalten. Regressive Kosten fallen bei Zunahme der Kosteneinflussgröße und steigen bei abnehmender Kosteneinflussgröße. Dieser → Kostenverlauf kommt in der Praxis nur selten vor. – *Anders:* → degressive Kosten.

Reihenfertigung, Organisationsprinzip der Fertigung, das die Anordnung der → Betriebsmittel nach dem Fertigungsablauf bestimmt. Die aufeinander folgenden Fertigungsphasen sind dabei kontinuierlich miteinander verbunden, wobei nacheinander geschaltete Maschinengruppen in Richtung des Produktionsflusses angeordnet sind. Je rationeller der Reihenfertigungsablauf organisatorisch gestaltet ist, desto größer sind die Kostenersparnisse.

Reinertrag, → Jahresüberschuss.

Reingewinn, positiver Periodenerfolg, der aus der Gegenüberstellung von → Erträgen und → Aufwendungen resultiert.

Reinvermögen, → Eigenkapital.

Reinvestition, → Ersatzinvestition.

Reinvestitionsrücklage, gemäß § 6b EStG zulässige steuerfreie → Rücklage, in die der bei der Veräußerung bestimmter → Wirtschaftsgüter des → Anlagevermögens entstandene → Gewinn eingestellt werden darf. Die Reinvestitionsrücklage kann von den Anschaffungs- oder → Herstellungskosten bestimmter Wirtschaftsgüter des Anlagevermögens abgezogen werden. Sie ist zu einem durch das Gesetz vorgeschriebenen Zeitpunkt gewinnerhöhend aufzulösen. In der → Handelsbilanz kann die Reinvestitionsrücklage in Form eines → Sonderpostens mit Rücklageanteil ausgewiesen werden. Es gilt die → umgekehrte Maßgeblichkeit.

Related Parties, Geschäftspartner, die zu anderen in einer engen Beziehung stehen, sei es verwandtschaftlicher oder unternehmerischer Art. Gemäß IFRS und US-GAAP haben alle Unternehmen ihre derartigen Geschäftsbeziehungen in ihren Abschlüssen offen zu legen. Die für die → Geschäftsperiode relevanten → Geschäftsvorfälle sind darzustellen, es sei denn, sie sind im Zuge der → Konsolidierung eliminiert worden. Geschäftsbeziehungen zwischen Related Parties können sein:

- Geschäftsbeziehungen zwischen Mutter- und Tochtergesellschaft, zwischen

Tochter- und Tochtergesellschaft, zwischen assoziierten Unternehmen.

- Geschäftsbeziehungen zwischen Gesellschaft und Hauptgesellschafter, der Unternehmensführung oder deren unmittelbaren Familienmitgliedern.

relative Einzelkosten, in der → Einzelkostenrechnung im Hinblick auf unterschiedliche Bezugsgrößen (z.B. Kostenträger, Kostenträgergruppen) definierte jeweilige Einzelkosten.

relative Einzelkostenrechnung, → Einzelkostenrechnung.

relative Gemeinkosten, in der → Einzelkostenrechnung alle Kosten, die sich im Hinblick auf eine bestimmte Bezugsgröße innerhalb der Bezugsgrößenhierarchie nicht direkt zurechenbare Einzelkosten sind (→ relative Einzelkosten). Relative Gemeinkosten können jedoch in Bezug auf eine andere Bezugsgröße relative Einzelkosten sein.

relativer Deckungsbeitrag, *engpassbezogener Deckungsbeitrag,* Deckungsbeitrag pro Einheit der Engpassbelastung (→ Engpass). Die Kennzahl ergibt sich aus der Division des absoluten Deckungsbeitrags durch die Anzahl der in Anspruch genommenen Engpasseinheiten. Sie gibt an, welche Mehrkosten entstehen, wenn man einen Engpass, wie z.B. den eigenen Fuhrpark, durch den Wechsel zum Fremdtransport um eine Engpasseinheit (Stunde) entlastet. Der relative Deckungsbeitrag kann im Rahmen der Beurteilung von Entscheidungsalternativen bei Vorliegen von Engpässen herangezogen werden. Er lässt sich auch als entgangener Deckungsbeitrag bezeichnen (→ Opportunitätskosten) und ist ein Maß für die Ergiebigkeit der Nutzung betrieblicher Engpässe. Im Rahmen einer Produktprogrammplanung sind zunächst die Produktarten mit den höchsten → engpassbezogenen Deckungsbeiträgen in das Produktions- und Absatzprogramm aufzunehmen.

relativer Marktanteil, Marktanteil eines Unternehmens im Verhältnis zum → Marktanteil des stärksten Konkurrenten.

Relevance, → Decision Usefulness.

Relevance Lost, Kritik an der mangelnden Ausrichtung der Instrumente des → Management Accountings auf die aktuellen Anforderungen der Unternehmensführung. Dieser Begriff wurde von Johnson und Kaplan durch eine Buchveröffentlichung im Jahre 1987 geprägt. Als Schwachpunkte wurden insbesondere die Orientierung an → Vollkosten sowie die mangelnde Zeitnähe der → Informationen des Management Accountings, d.h. keine beliebige Verfügbarkeit von Führungsinformationen zu frei wählbaren Zeitpunkten, gesehen.

Relevant Costs, → entscheidungsrelevante Kosten.

relevante Kosten, entscheidungsrelevante Kosten, → entscheidungsorientierte Kosten.

Relevanzbaum, qualitatives Verfahren der → Prognose. Den Ausgangspunkt bildet ein gewünschter Zustand, von dem aus rückwärts schreitend notwendige Inputs (Entscheidungen, Zustände) auf verschiedenen Ebenen abgeleitet werden, wobei die Inputs nach ihrer Wichtigkeit für das Gesamtziel geordnet werden.

Relevanzprinzip, → Marginalprinzip.

Reliability, → Decision Usefulness.

Rendite, → Rentabilität.

Rentabilität, → Kennzahl, die im Rahmen der Bilanzanalyse gebildet wird, indem eine Erfolgsgröße (Jahresüberschuss,

Cashflow) auf eine entsprechende Einflussgröße (Kapital, Umsatz) bezogen wird. Die Gesamtkapitalrentabilität ist z.B. eine periodenbezogene Maßzahl für die durchschnittliche Verzinsung des eingesetzten Kapitals. Gängige Rentabilitätskennziffern (R) sind z.B.:

Eigenkapitalrentabilität (REK)

$$R_{EK} = \frac{JÜ}{EK} \times 100$$

Gesamtkapitalrentabilität (RGes)

$$R_{Ges} = \frac{JÜ + FK_{Zinsen}}{GK} \times 100$$

Umsatzrentabilität (RU)

$$R_U = \frac{JÜ}{UE} \times 100$$

(JÜ = Jahresüberschuss, EK = Eigenkapital, FKzinsen = Fremdkapitalzinsen, GK = Gesamtkapital, UE = Umsatzerlöse)

Statt des Jahresüberschusses kann man bei interner Berechnung jeweils den → Periodengewinn heranziehen. Die Rentabilität wird auch zur Wirtschaftlichkeitsbeurteilung von Investitionsalternativen herangezogen, wie beispielsweise im Rahmen der → Rentabilitätsvergleichsrechnung. Eine weitere Rentabilitätskennzahl ist der → Return on Investment.

Rentabilitätsvergleichsrechnung, statische Methode zur Beurteilung der → Wirtschaftlichkeit. Sie dient der Berechnung der Durchschnittsverzinsung von Entscheidungsalternativen. Sie wird aus dem Quotienten des durchschnittlichen → Gewinns einer Alternative und des für die Durchführung durchschnittlich gebundenen Kapitals ermittelt. Der Alternative mit der höchsten → Rentabilität ist Vorrang zu geben, sofern sie die erwartete Mindestrendite erreicht.

Reporting, → Berichtswesen.

Representational Faithfulness, → Decision Usefulness.

Representation Letter, → Vollständigkeitserklärung.

Reproduktionswert, *Substanzwert,* Betrag, der aufgewendet werden müsste, um einen Betrieb, der die gleiche technische Leistungsfähigkeit wie der zu bewertende Betrieb hat, zu errichten. Der Reproduktionswert setzt sich aus den → Anschaffungskosten (→ Wiederbeschaffungskosten) aller am Bewertungsstichtag vorhandenen → Vermögensgegenstände zusammen.

Reserven, bilanztechnische Vermögensbildung in Form von → Rücklagen oder → stillen Reserven.

Ressourcenplanung, Aktivität des Planungssystems, die sich nach erfolgter Zielplanung und grober Strategiefestlegung mit der → Planung der notwendigen Ressourcen und → Kapazitäten befasst, also mit der Ausstattung an → Betriebsmitteln, Werkstoffen, Arbeitskräften, verfügbaren Finanzen etc. und deren effizientem Einsatz. Die Ressourcenplanung liefert die Vorgaben und Rahmenbedingungen für die auf operativer Ebene stattfindende Maßnahmenplanung.

Restbuchwert, Wert eines → Vermögensgegenstandes abzüglich bisher vorgenommener → Abschreibungen.

Restricted Cash, gemäß → US-GAAP → Zahlungsmittel, die in der → Bilanz gesondert anzugeben sind, da sie nicht für den allgemeinen Produktionsprozess zur Verfügung stehen. Als Restricted Cash sind beispielsweise → liquide Mittel, die vertragsgemäß zur Rückzahlung von → Darlehen oder für den Erwerb bestimmter Anlagegüter bestimmt sind, auszuweisen.

Restwertrechnung, Kalkulationsverfahren, das von Betrieben angewandt wird, die in → Kuppelproduktion Erzeugnisse herstellen, die zueinander in einem

Hauptprodukt-Nebenprodukt-Verhältnis stehen. Die → Erlöse bzw. Überschüsse aus der Verwertung der Neben- bzw. Abfallprodukte werden als Kostenminderungen von den → Gesamtkosten des Kuppelproduktionsprozesses subtrahiert. Der verbleibende Restwert repräsentiert jenen Betrag, den das Hauptprodukt noch zur Kostendeckung beitragen muss.

Retained Earnings, → Gewinnrücklage in der US-amerikanischen Rechnungslegung, die die noch nicht ausgeschütteten → Gewinne umfasst. Diese können, falls keine Einschränkungen aufgrund von Satzungsbestimmungen oder aufgrund zweckgebundener Verwendungen vorliegen, durch Beschluss zur → Ausschüttung gelangen.

Retroactive Plan Amendments, gemäß → US-GAAP Änderungen, Verbesserungen oder Neuerteilungen von Pensionszusagen, die bereits abgeleistete Dienstjahre betreffen.

retrograde Kalkulation, → Preiskalkulation.

retrograde Planung, → Top-Down-Planung.

Return on Capital Employed (RoCE), → Kennzahl der → Rentabilität. Der RoCE setzt das betriebliche Ergebnis (→ Operating Profit) ins Verhältnis zu dem im operativen Bereich investierten → Kapital (Capital Employed). Die Definition des investierten → Kapitals kann je nach Unternehmen unterschiedlich sein.

Return on Equity (RoE), → Kennzahl der → Rentabilität. Der RoE setzt das betriebliche Ergebnis (→ Operating Profit) ins Verhältnis zum → Eigenkapital (Equity).

Return on Investment (RoI), zusammengesetzte → Kennzahl der → Rentabilität. Der RoI ergibt sich aus der Multiplikation des Kapitalumschlags (Umsatzerlöse/ Gesamtkapital) mit der Umsatzrentabilität (Gewinn/ Umsatzerlöse) eines Unternehmens.

$$RoI = \frac{Umsatzerlöse}{Gesamtkapital} \times \frac{Gewinn}{Umsatzerlöse} \times 100$$

Statt des Gewinns kann auch der → Jahresüberschuss oder der → Cashflow herangezogen werden

Return on Net Assets (RoNA), → Kennzahl der → Rentabilität. Der RoNA setzt das betriebliche Ergebnis (→ Operating Profit) ins Verhältnis zu dem im operativen Bereich investierten → Vermögen (Net Assets). Die Definition des investierten Vermögens kann je nach Unternehmen unterschiedlich sein.

Return on Risk Adjusted Capital (RoRAC), Rentabilitätskennzahl für Geschäftsbereiche mit besonders hohem Risiko. Zur Berechnung des RoRAC wird in Anlehnung an den Ansatz → Value At Risk ein Risikokapital definiert, welches mit einem Risikofaktor multipliziert wird. Auf diese Weise wird der maximal zu erwartende → Verlust aus dem Geschäftsbereich quantifiziert. Der RoRAC setzt das betriebliche Ergebnis (→ Operating Profit) zum Risikokapital ins Verhältnis. Die Kennzahl sagt aus, dass Geschäftsbereiche mit hohem Risiko auch eine hohe → Rendite erwirtschaften müssen.

Return on Sales, *Operating Ratio, Umsatzrentabilität,* → Rentabilität.

Revenue Center, organisatorischer Teilbereich eines Unternehmens, dessen Leitung für die → Erlöse verantwortlich ist. Eine Verantwortung für die → Kosten, die zwar in diesen Einheiten entstanden, jedoch nicht von ihnen verursacht wurden, wird nicht auferlegt.

Revenue Management,→ Yield Management.

Revenues, → Umsatzerlöse.

Revolving Underwriting Facility (RUF), Finanzierungsinstrument, bei dem ein Unternehmen mit einer Bankengruppe einen Kreditvertrag schließt, in dem sich die Bank verpflichtet, die vom Unternehmen ausgegebenen Geldmarktpapiere in ihre eigenen Bestände zu nehmen, sollte eine Platzierung am Finanzmarkt nicht gelingen, oder in gleicher Höhe einen Kredit einzuräumen.

Risiko, Wahrscheinlichkeitsgrad, der dafür angegeben werden kann, dass durch ein bestimmtes Verhalten ein Nachteil eintreten oder ein erwarteter Vorteil ausbleiben kann.

Risikokapital, → Wagniskapital.

RL-Kennzahlensystem, Abk. für Rentabilitäts-Liquiditäts-Kennzahlensystem. Erweitertes → Kennzahlensystem nach Reichmann/ Lachnit, in dem sowohl absolute → Kennzahlen als auch Verhältniszahlen vorkommen. Das System enthält eine Auswahl von bedeutenden quantitativen → Informationen zur Unternehmensführung, indem es Wirkungszusammenhänge zwischen verschiedenen Erfolgs- und Finanzgrößen erkennen lässt. Das RL-Kennzahlensystem besteht aus einem allgemeinen Teil und einem Sonderteil. Der allgemeine Teil ist aufgrund seines nicht branchen- oder unternehmensspezifischen Aufbaus neben der → Planung und → Kontrolle auch für zwischenbetriebliche Vergleiche geeignet. Er umfasst die Bereiche → Rentabilität mit der zentralen Größe des → Jahresüberschusses/- fehlbetrags und den Bereich → Liquidität mit der zentralen Größe liquide Mittel. Der Sonderteil enthält auch unternehmensspezifische Besonderheiten zur tieferen Analyse und Kontrolle und gliedert sich in einen Erfolgs- und einen Liquiditätsbereich. Die Informationen dieses Bereichs stammen im Gegensatz zum allgemeinen Teil vorwiegend aus dem → internen Rechnungswesen. Im Sonderteil werden u.a. Größen wie Produkterfolg, → Deckungsbeiträge und Anteil der variablen und fixen Kosten betrachtet.

Rohergebnis, *Bruttogewinn,* Zwischensumme in der Gewinn- und Verlustrechnung. Gemäß § 276 HGB können kleine und mittelgroße → Kapitalgesellschaften (→ Größenklassen) bei Anwendung des → Gesamtkostenverfahrens die Posten „Umsatzerlöse", „Erhöhung oder Verminderung des Bestands an fertigen und unfertigen Erzeugnissen", „andere aktivierte Eigenleistungen" und „sonstige betriebliche Erträge" zu dem Posten „Rohergebnis" zusammenfassen. Bei Anwendung des → Umsatzkostenverfahrens können die Posten „Umsatzerlöse", „Herstellungskosten der zur Erzielung der Umsatzerlöse erbrachten Leistungen" und „sonstige betriebliche Erträge" zu dem Posten „Rohergebnis" zusammengefasst werden.

rollierende Planung, *rollende oder gleitende Planung,* regelmäßige Fortschreibung und Konkretisierung von Plänen um eine weitere Stufe am Ende einer vorhergehenden Stufe.

Rücklagen, Eigenkapitalform. Es wird in offene Rücklagen und stille Rücklagen unterschieden. Bei → Kapitalgesellschaften werden die offenen Rücklagen als Bilanzposten im Einzel- und Konzernabschluss gezeigt. Die Rücklagen setzen sich gemäß § 266 (2) HGB wie folgt zusammen:

1. Kapitalrücklage,
2. Gewinnrücklagen, davon:
   - gesetzliche Rücklage,
   - Rücklage für eigene Anteile,
   - satzungsmäßige Rücklage,
   - andere Gewinnrücklagen.

Rücklagen für eigene Aktien, Unterposten der → Gewinnrücklagen in der → Bilanz. Eigene Aktien dürfen nur unter den in § 71 (1) AktG bestimmten Voraussetzungen erworben werden. Gemäß § 71 (2) AktG dürfen die erworbenen Aktien zusammen mit anderen Aktien der Gesellschaft, welche die Gesellschaft bereits erworben hat und noch besitzt, nicht mehr als zehn vom Hundert des Grundkapitals entfallen. Dieser Erwerb ist ferner nur zulässig, wenn die Gesellschaft im Zeitpunkt des Erwerbs eine Rücklage in Höhe der Aufwendungen für den Erwerb bilden könnte, ohne das Grundkapital oder eine nach Gesetz oder Satzung zu bildende Rücklage zu mindern, die nicht zur Zahlung an die Aktionäre verwandt werden darf.

Rücklagen für eigene Anteile, → Rücklagen für eigene Aktien.

Rückstellungen, *Provisions,* Posten der Passivseite der → Bilanz (§ 266 (3) HGB). In ihm werden → Verbindlichkeiten erfasst, deren Zahlung noch aussteht und deren Höhe und/ oder Zahlungszeitpunkt noch nicht endgültig feststehen. Für Verbindlichkeitsrückstellungen besteht eine → Passivierungspflicht, ebenso für → Aufwandsrückstellungen für Instandhaltung, die innerhalb von drei Monaten nach dem → Jahresabschluss erfolgt und für übernommene Gewährleistungsgarantien. Für andere Aufwandsrückstellungen besteht ein → Passivierungsverbot.

Rumpfgeschäftsjahr, Geschäfts- bzw. steuerliches → Wirtschaftsjahr, das weniger als zwölf Monate (normales Wirtschaftsjahr) umfasst. Ein Rumpfgeschäftsjahr kann vorkommen bei einer Neugründung oder Einstellung eines Unternehmens sowie bei der Umstellung des Wirtschaftsjahres von einem abweichenden Wirtschaftsjahr auf das Kalenderjahr und umgekehrt. In diesen Fällen gilt das Rumpfgeschäftsjahr als Gewinnermittlungszeitraum und liegt der Besteuerung zugrunde. Steuerlich ist die Umstellung auf ein abweichendes Wirtschaftsjahr genehmigungspflichtig.

S

Sachanlagen, Posten der Aktivseite der → Bilanz, der Teil des → Anlagevermögens ist und bewegliche und unbewegliche körperliche Vermögensgegenstände der Gesellschaft beinhaltet, wie z.B. Grundstücke und Bauten sowie grundstücksgleiche Rechte, Anlagen, Maschinen, Gegenstände der Betriebs- und Geschäftsausstattung und Anlagen im Bau.

Sachanlagevermögen, → Anlagevermögen.

Sacheinlage, Einbringung von beweglichen oder unbeweglichen Sachen, Wertpapieren oder Rechten durch den Gesellschafter anstatt einer Bareinlage. Die Sacheinlage wird zum Zeitpunkt der Einbringung mit dem objektiven → Marktwert bewertet.

Sachgründung. → Einlagen der → Anteilseigner werden nicht wie bei einer → Bargründung in Form von → liquiden Mitteln, sondern in Form von → Sacheinlagen geleistet. – *Anders:* → Bargründung.

Sachkonto, → Kontenarten.

Sachziele, *Leistungsziele,* → Ziele.

Saldierungsverbot, *Verrechnungsverbot,* gemäß § 246 (2) HGB dürfen Posten der Aktivseite nicht mit Posten der Passivseite, Aufwendungen nicht mit Erträgen, Grundstücksrechte nicht mit Grundstückslasten verrechnet werden. Vermögensgegenstände, die dem Zugriff aller übrigen Gläubiger entzogen sind und ausschließlich der Erfüllung von Schulden aus Altersversorgungsverpflichtungen oder vergleichbaren langfristig fälligen Verpflichtungen dienen, sind mit diesen Schulden zu verrechnen; entsprechend ist mit den zugehörigen Aufwendungen und Erträgen aus der Abzinsung und aus dem zu verrechnenden Vermögen zu verfahren. Übersteigt der beizulegende Zeitwert der Vermögensgegenstände den Betrag der Schulden, ist der übersteigende Betrag unter einem gesonderten Posten zu aktivieren. Das Saldierungsverbot ergibt sich aus dem Gebot der Übersichtlichkeit und Klarheit des → Jahresabschlusses.

Saldo, Differenz zwischen zwei Beträgen, insbesondere der Soll- und Habenseite eines Kontos. Bei Abschluss eines Kontos entsteht, falls die Soll- und Habenseite nicht gleichwertig sind und sich aufheben, ein Saldo.

Sale and Lease Back, Spezialform des → Leasing, bei der das Leasingobjekt dem Leasingnehmer zunächst abgekauft und anschließend wieder vermietet wird.

Sales, → Umsatzerlöse.

Sales Turnover Ratio, Kapitalumschlag, der einen Einflussfaktor des → Return on Investment (RoI) darstellt.

Sammelbewertungsverfahren, *Pauschalbewertungsverfahren,* Verfahren zur Bewertung, die im Gegensatz zur → Einzelbewertung (§ 252 (1) Nr. 3 HGB) für nicht speziell geregelte Fälle vorgesehen sind. Zu diesen Verfahren gehören:

- Verbrauchsfolgefiktion, § 256 S. 1 HGB: Für gleichwertige Gegenstände des → Vorratsvermögens wird angenommen, dass ihr Verbrauch in einer bestimmten, im Zusammenhang mit der Anschaffung stehenden Reihenfolge erfolgt: Bewertung nach dem Fifo-, Lifo- Verfahren (→ Verbrauchsfolgeverfahren).
- Festbewertungsmethode, §§ 256 S. 2, 240 (3) HGB: Gegenstände des → Sachanlagevermögens und Roh-, Hilfs- und Betriebsstoffe, die geringen Veränderungen unterliegen und geringwertig sind, können mit gleicher Menge und gleichem Wert angesetzt werden.
- Gruppenbewertungsverfahren, § 240 (4) HGB: gleichartige bewegliche Gegenstände des Vorratsvermögens und → Schulden können in Gruppen zusammengefasst und mit gewogenem Durchschnittswert angesetzt werden.

Sammelkonto, Buchhaltungskonto, das verschiedene → Konten enthält, die dort zusammengefasst werden, um sie als Gesamtbetrag darstellen zu können oder in anderer Form aufzugliedern.

Sanierung, Schaffung eines Zustandes, der die nachhaltige Gewinnerzielungsfähigkeit eines sich in einer Unternehmenskrise befindlichen Unternehmens sichert. Sanierung i.e.S. beinhaltet die Entwicklung und Umsetzung finanzwirtschaftlicher Strategien und Maßnahmen zur Wiederherstellung zumindest der Zahlungsfähigkeit eines Unternehmens. Die Sanierung i.w.S. umfasst sämtliche Planungs-, Steuerungs- und Kontrollmaßnahmen, die zur Wiederherstellung der nachhaltigen Ertragskraft von Unternehmen dienen.

Sanierungsbilanz, → Bilanz, die zum Zweck der → Sanierung erstellt wird. Diese Bilanz enthält einen → Verlust, der in der Eröffnungsbilanz ausgewiesen wird. In der Schlussbilanz, nach erfolgreich abgeschlossener Sanierung, ist das Kapital neu geordnet; es besteht kein Verlust mehr.

Satzung, Regelungswerk der Vereine (§§ 25, 57, 58 BGB), Aktiengesellschaften (§ 23 AktG) und eingetragenen Genossenschaften; bei letzteren spricht man von Statut (§§ 5 ff GenG). Die Satzung regelt die maßgeblichen Umstände der Organisation, Beschlussfassung und Gründung und ist für die Aktiengesellschaft notariell zu beurkunden. – *Anders:* → Gesellschaftsvertrag.

satzungsmäßige Rücklagen, → Gewinnrücklagen. Die Dotierung der satzungsmäßigen Rücklagen aus dem Jahresüberschuss abzüglich eines Verlustvortrages aus dem Vorjahr und abzüglich der Dotierung der → gesetzlichen Rücklage bestimmt sich über den Gesellschaftsvertrag bzw. die Satzung der Gesellschaft.

Schachtelbeteiligung, → Schachtelgesellschaft.

Schachtelgesellschaft, *Schachtelbeteiligung,* Beteiligungsgesellschaft in Form einer Kapitalgesellschaft, bei der ein Unternehmen an einem anderen Unternehmen in einer Mindesthöhe (i.d.R. zehn Prozent) beteiligt ist.

Schachtelprivileg, steuerliches Instrument zur Vermeidung ertrag- und substanzsteuerlicher Mehrfach- oder Doppelbelastungen, das beim Vorliegen von → Schachtelbeteiligungen zur Anwendung gelangt. Mit Abschaffung von Gewerbekapital- und Vermögensteuer ist das substanzsteuerliche Schachtelprivileg gegenstandslos geworden. Ertragsteuerlich ist das Schachtelprivileg für die Gewerbesteuer von Bedeutung; unter bestimmten Voraussetzungen, die im Gewerbesteuergesetz geregelt sind, werden die Gewinnanteile aus Kapitalgesellschaften bei Ermittlung des Gewerbeertrags gekürzt (§ 9 Nr. 2a GewStG). Im Bereich der Körperschaftsteuer ist wegen der allgemeinen Freistellung von Dividenden das Schachtelprivileg nicht mehr relevant.

Scheingewinn, Veräußerungsgewinn, der allein auf die inflationär bedingte Steigerung von Absatzpreisen zurückzuführen ist. Aufgrund des → Nominalwertprinzips werden Scheingewinne besteuert und sind ausschüttungsfähig, so dass nach entsprechendem Abfluss nicht genügend Mittel zur Wiederbeschaffung der verbrauchten Güter zur Verfügung stehen und die Substanz des Unternehmens leidet.

Schlussbilanz, I. → Bilanz zum Ende einer → Rechnungsperiode. – II. Bilanz, die zum Ende der Geschäftstätigkeit, bei Beendigung der Existenz oder der Bilanzierungspflicht aufzustellen ist, gesetzlich jedoch nicht ausdrücklich erwähnt wird.

Schlüsselungsverfahren, Sammelbegriff für Verfahren der → Kalkulation, die von Betrieben angewendet werden, welche in → Kuppelproduktion mehrere gleich bedeutsame Erzeugnisse (Hauptprodukte) herstellen. Die für die Kuppelproduktion anfallenden → Kosten, die prinzipiell echte → Gemeinkosten darstellen, werden im Verhältnis bestimmter Schlüsselgrößen auf die einzelnen Kuppelprodukte verteilt. Eine spezielle Variante dieser Kalkulationsmethode ist die Marktpreisverhältnisrechnung (→ Market-to-Market).

Schulden, bilanzieller Begriff für die auf der Passivseite der Bilanz ausgewiesenen → Verbindlichkeiten und → Rückstellungen.

Schuldenkonsolidierung, gemäß § 303 HGB bei der Aufstellung des → Konzernabschlusses vorzunehmende Verrechnung konzerninterner Forderungs- und Schuldposten. Ausleihungen und andere Forderungen, Rückstellungen und Verbindlichkeiten zwischen den in den Konzernabschluss einbezogenen Unternehmen sowie entsprechende → Rechnungsabgrenzungsposten sind wegzulassen. Die Schuldenkonsolidierung kann unterbleiben, sofern die wegzulassenden Beträge für die Vermittlung eines den tatsächlichen Verhältnissen entsprechenden Bildes der → Vermögens-, Finanz- und Ertragslage des Konzerns nur von untergeordneter Bedeutung ist. Ist eine Schuldenkonsolidierung durchzuführen, können sogenannte Aufrechnungsdifferenzen entstehen. Dabei sind die unechten von den echten Aufrechungsdifferenzen zu unterscheiden. Unechte Aufrechnungsdifferenzen entstehen aufgrund von Buchungsfehlern oder zeitlichen Buchungsdifferenzen (das liefernde → Konzernunternehmen hat die Forderung bereits bilanziert, das empfangende weist allerdings noch keine Verbindlichkeit aus, da die Ware noch nicht eingegangen ist). Sie sind in der Konsolidierung erfolgsneutral auszubuchen. Echte Aufrechnungsdifferenzen entstehen aufgrund von gesetzlichen Bilanzierungs- und Bewertungsvorschriften (im Einzelabschluss vorgenommene → Wertberichtigung auf eine Forderung gegen ein Konzernunternehmen wird im Konzernabschluss rückgängig gemacht). Sie sind in der Konsolidierung erfolgswirksam zu behandeln.

Schuldner, Person, die aufgrund eines Schuldverhältnisses dem → Gläubiger eine vertraglich vereinbarte Leistung zu erbringen hat (§ 241 BGB).

Schuldverschreibung, → Anleihe.

Schütt-Aus-Hol-Zurück-Verfahren (SAHZ), Form der Finanzpolitik für Aktiengesellschaften (AGs), die bei niedrigerer Besteuerung von ausgeschütteten als von thesaurierten Gewinnen betrieben wird. Beim SAHZ beschließt die Hauptversammlung zunächst die Ausschüttung des gesamten Jahresüberschusses vor Steuern, bevor anschließend eine Kapitalerhöhung gegen Einlagen gemäß § 182 AktG mindestens in Höhe des Mittelbetrags, über den das Unternehmen bei voller → Thesaurierung hätte verfügen können, beschlossen wird. Mit Abschaffung des gespaltenen Körperschaftsteuersatzes im Rahmen der Unternehmensteuerreform 2000 hat das SAHZ an Bedeutung verloren.

schwebende Geschäfte, auf Vertrag beruhende Vereinbarung, deren Wirksamkeit sich erst später durch Eintritt einer auflösenden oder erfüllenden Bedingung ergibt. Die Leistungspflichten sind noch von keiner der Parteien erfüllt worden. Schwebende Geschäfte sind i.d.R. bilanziell unberücksichtigt, es sei denn, es drohen → Verluste aus einem Ungleichgewicht von Leistung und Gegenleistung. Für diese sind gemäß § 249 (1) HGB → Rückstellungen zu bilden.

schwebende Unwirksamkeit, Zustand eines Rechtsgeschäfts vor Eintritt einer bestimmten Bedingung, die es wirksam oder endgültig unwirksam werden lässt.

Scoring-Modell, → Nutzwertanalyse (NWA).

Securities and Exchange Commission (SEC), 1934 gegründete US-amerikanische Börsenaufsichtsbehörde, die die Einhaltung der Wertpapiergesetze überwacht.

Segmentberichterstattung, *Segment Reporting*, disaggregierte Darstellung der Finanzdaten eines Unternehmens nach wirtschaftlichen Tätigkeitsbereichen (Segmente). Die Segmentierung erfolgt beispielsweise. nach Produkten- oder Produktgruppen, Regionen, Kunden- oder Kundengruppen oder nach Profitcentern. Mit der Segmentberichterstattung soll insbesondere der Informationsgehalt von Jahresabschlüssen solcher Unternehmen verbessert werden, die einen hohen Diversifikationsgrad haben. In der Segmentberichterstattung werden Informationen über die Vermögenswerte, Verbindlichkeiten, Umsatzerlöse, bestimmte Aufwendungen und Ergebnisse der einzelnen Segmente gesondert dargestellt. Nach § 297 (1) HGB kann der Konzernabschluss um eine Segmentberichterstattung erweitert werden; ebenso kann der Jahresabschluss einer nicht zur Aufstellung eines Konzernabschlusses verpflichteten kapitalmarktorientierten Kapitalgesellschaft um eine Segmentberichterstattung ergänzt werden (§ 264 (1 HGB). Die Anforderungen an die inhaltliche Ausgestaltung der Segmentberichterstattung ist in DRS 3 geregelt. Die Festlegung der einzelnen berichtspflichtigen Segmente soll sich an der internen Berichterstattung des Unternehmens orientieren ("Management Approach"). Bei der Aufstellung der Segmentberichterstattung sind die vom Unternehmen im Jahres- oder Konzernabschluss angewandten Bilanzierungs- und Bewertungsmethoden zwingend zu beachten. Anzugeben sind für jedes Segment die Umsatzerlöse, das Segmentergebnis, das Segmentvermögen und die Segmentschulden sowie allgemeine Angaben. Die wesentlichen Posten sind auf die in der Bilanz und Gewinn- und Verlustrechnung dargestellten Beträge überzuleiten. Konzeptionell folgt die Regelung im DRS 3 der Rechnungslegung nach US-GAAP und den Regelungen des IFRS 8.

Sekundärabweichung, Abweichungen im Rahmen der → Abweichungsanalyse, die durch die Überschneidung von Preis- und Verbrauchsabweichungen entstehen. Sie entspricht der multiplikativen Verknüpfung von Preis- und Mengenänderungen. Ein differenzierter Ausweis der Abweichungen höheren Grades trägt nicht unbedingt zur Übersichtlichkeit bei, da diese kaum zu interpretieren sind. Andererseits darf die Sekundärabweichung nicht vernachlässigt werden, da ansonsten keine vollständige Begründung der Gesamtabweichung gewährleistet ist. Die Weiterverrechnung kann auf folgenden Arten vollzogen werden:

- kumulative Abweichungsverrechnung: Die Sekundärabweichung wird vollständig entweder der Preis- oder der Verbrauchsabweichung zugeschlagen. Da der Kostenstellerleiter jedoch nur die Verbrauchs- und nicht die Preisabweichung zu vertreten hat, ist die Sekundärabweichung kumulativ an die Preisabweichung weiter zu verrechnen.
- proportionale Abweichungsverrechnung: Die Sekundärabweichung wird proportional zur Höhe der Teilabweichungen auf die Preis- und Verbrauchsabweichung verteilt. Die proportionale Abweichungsverrechnung verteilt die Sekundärabweichung willkürlich auf die Preis- und Verbrauchsabweichung. Eine ökonomisch sinnvolle Interpretation ist daher nicht möglich.
- symmetrische Abweichungsverrechnung: Die Sekundärabweichung wird symmetrisch auf die Preis- und Verbrauchsabweichungen verteilt. Diese Form der Weiterverrechnung stellt ebenfalls eine willkürliche Verteilung dar. Daher ist eine ökonomisch sinnvolle Interpretation nicht möglich.

sekundäre Kostenstellen, → Kostenstellen, die als Aufgabe die Erzeugung und Bereitstellung von → innerbetrieblichen Leistungen haben.

Sekundärkosten, → Kostenkategorie, die aus der Gliederung von → Kosten nach der Herkunft der Einsatzgüter resultiert. Im Gegensatz zu den → Primärkosten stellen sie das wertmäßige Äquivalent des Verbrauchs von innerbetrieblich erstellten Leistungen dar. Sekundärkosten sind z.B. die Kosten für die Inanspruchnahme des betriebseigenen Fuhrparks, für die Nutzung eigenerzeugter Energie oder für den Einsatz selbstgebauter Maschinen.

Sekundärkostenrechnung, → innerbetriebliche Leistungsverrechnung.

Selbstkosten, allgemein die Summe der Kosten, die durch den betrieblichen Leistungsprozess entstandenen ist. Bei Anwendung der → Vollkostenrechnung umfassen die Selbstkosten die Summe sämtlicher durch den betrieblichen Prozess entstandenen Kosten, die auf eine Leistungseinheit bezogen werden. Die Selbstkosten setzen sich aus Material-, Fertigungskosten sowie den Vertriebs- und Verwaltungskosten zusammen. Dabei werden die → Gemeinkosten per Zuschlagssatz verrechnet (Zuschlagskalkulation). Bei Anwendung der → Teilkostenrechnung bezeichnet man die Selbstkosten auch als Grenzselbstkosten. In diesen sind nur die variablen Kosten enthalten. Die fixen Kosten werden dem einzelnen Produkt nicht zugerechnet.

semivariable Kosten, *Mischkosten,* Kostenkategorie, die sich aus fixen Kosten und variablen Kosten zusammensetzt. Semivariable Kosten können beispielsweise bei Abschreibungen für Betriebsmittel auftreten, da der Verzehr von Betriebsmitteln in eine Zeitkomponente (fixe Kosten) und in eine Leistungskomponente (variable Kosten) aufgespaltet werden kann.

Serienfertigung, Fertigungsverfahren im Mehrproduktbetrieb, wobei mehrere gleichartige Produkte gleichzeitig oder nacheinander produziert werden.

Servicecenter, Zentralbereiche in einem Unternehmen, die für alle oder mehrere unterschiedlichen Geschäftsbereiche Leistungen erbringen, die für die Gesamtheit der Geschäftsbereiche einheitlich zu erbringen möglich ist und keine außerbetrieblichen Leistungen darstellen, wobei durch die Zusammenfassung der Leistungen in diesen Servicecenter → Economies of Scale verwirklicht werden können. Servicecenter werden häufig als → Costcenter geführt.

Shareholder, Untergruppe der → Stakeholder. Shareholder sind Anteilseigner von Kapitalgesellschaften, die bei der wertorientierten Unternehmensführung im Sinne des → Shareholder Values im Mittelpunkt stehen.

Shareholder Value, Anteilswert einer Aktie aus Sicht des Anteilseigners, der nicht mit dem Börsenkurs der Aktie identisch sein muss. Die Berechnung des Shareholder Values ist nicht eindeutig definiert, so dass sich in der Praxis verschiedene Berechnungsmethoden entwickelt haben. Dazu gehört z.B. die Berechnung des Shareholder Values über die → Discounted Free Cash Flow-Methode, bei der die Free Cash Flows des jeweiligen Unternehmens in die Zukunft projiziert werden und mit einem individuell verschiedenen, an der Renditeerwartung des Anteilseigners orientierten Kapitalzinsfuß diskontiert werden. Als weitere Möglichkeit besteht die Berechnung über den → EVA oder den → Cash Flow Return on Investment (CFRoI). Die Steigerung des Shareholder Values ist eine Zielsetzung des → Value Managements i.e.S. Durch entsprechende Führungsentscheidungen kann über die → Werttreiber Einfluss auf die Bewertungskomponenten des Shareholder Values genommen werden.

Shares, → Anteile.

Sicherheitsabstand, → Break-Even-Analyse.

Sicherheitsbestand, → Mindestbestand.

Sicherheitsgrad, → Sicherheitskoeffizient.

Sicherheitskoeffizient, *Sicherheitsgrad, Margin of Safety,* Koeffizient, der Auskunft über die Größe der prozentualen Umsatzspanne gibt, um die der → Umsatz verringert werden kann, bevor die → Gewinnschwelle unterschritten wird. Der Sicherheitskoeffizient, ausgedrückt in Prozent, berechnet sich als Quotient aus der Differenz des geplanten Umsatzes und des Ist-Umsatzes zum geplanten Umsatz.

Sicherungsabtretung, Übertragung eines künftigen Anspruchs des → Schuldners gegen einen Dritten an seinen → Gläubiger, durch die sich dieser (Abtretungsempfänger) eigene Rechte oder Ansprüche sichert. Er kann sich bei Nichterfüllung seines Originäranspruchs aus dem abgetretenen Recht befriedigen.

Sicherungsübereignung, Übertragung des Eigentums an einer Sache an den → Gläubiger eines Anspruchs, durch die sich dieser die Erfüllung dieses Anspruchs sichern lässt. Die Sache befindet sich im Besitz des → Schuldners und wird durch die Sicherungsabrede übertragen. Diese ist Grundlage für die Eigentumsübertragung und für die Rückübertragung bei Erfüllung des Originäranspruchs.

siebte EU-Richtlinie, → Konzernbilanzrichtlinie.

Simultanplanung, methodisches Grundprinzip der Flexibilitätssicherung bei zeitlicher Mehrstufigkeit des Planungssystems, das alternative künftige Entwicklungsmöglichkeiten antizipativ berücksichtigt. Man unterscheidet starre und flexible Verfahrensvarianten (starre Planung, flexible Planung).

Skalenerträge, → Economies of Scale.

Social Accounting, Ansatz, gesellschaftsbezogene Zielsetzungen und Auswirkungen von unternehmerischen Tätigkeiten im betrieblichen Rechnungswesen zu berücksichtigen. Dieser Aspekt wird z.B. in gesondert aufgestellten → Sozialbilanzen berücksichtigt. Die Bestimmung und Bewertung von → sozialen Kosten und → sozialem Nutzen ist zumeist nicht eindeutig zu bestimmen.

Societas Europaea-SE, → Europa-AG.

Soll, *Debet,* buchhalterischer Begriff für die linke Seite eines Kontos. – *Gegensatz:* → Haben.

Sollbeschäftigung, → Planbeschäftigung.

Soll-Ist-Vergleich, Vergleich von Istwerten und Istleistungen mit den Planwerten. Im Rahmen der Plankostenrechnung dient der Soll-Ist-Vergleich als Instrument der Kostenkontrolle und im Weiteren der Wirtschaftlichkeitskontrolle. Dabei werden periodenbezogen die für einzelne → Kostenstellen bzw. → Kostenträger geplanten und als Soll vorgegebenen Kosten den Istkosten gegenübergestellt. Die ermittelten → Kostenabweichungen werden bezüglich ihrer Ursachen untersucht. Dadurch können gezielte Maßnahmen zur Kostensenkung und damit zur Steigerung der Wirtschaftlichkeit empfohlen und eingeleitet werden.

Sollkosten, *Flexible Budge, Flexible Expenses,* → Plankosten bei Istbeschäftigung. Es handelt sich um die → Kosten, die man für den realisierten → Beschäftigungsgrad geplant hätte. D.h., die Plankosten werden auf die effektiv erbrachte → Leistung bezogen. Die rechnerische Ermittlung leitet sich aus der Multiplikation der entsprechenden Plankosten mit der Istbeschäftigung ab. Es können jene Abweichungen der → Istkosten von den Plankosten getrennt werden, die auf eine gegenüber der → Planung geänderte Beschäftigungssituation zurückzuführen sind.

Soll-Plan-Vergleich. Während der laufenden Betrachtungsperiode werden vorgegebene Soll-Größen den prognostizierten Plan-Größen gegenübergestellt. Dies bezeichnet man auch als Planfortschrittskontrolle.

Soll-Soll-Vergleich, ex-ante durchgeführter Vergleich zur Überprüfung der Konsistenz von durch die → Planung gesetzten Soll-Größen.

Sollzinsen, Begriff für die bei Kreditvergabe durch Banken für den Kreditnehmer anfallenden → Zinsen. – *Gegensatz:* → Habenzinsen.

Sonderabschreibung, steuerliche → Abschreibung, die zusätzlich zur → Absetzung für Abnutzung (AfA) möglich ist. Die Sonderabschreibung steht in keinem Zusammenhang mit einer → Wertminderung eines → Wirtschaftsgutes, sondern stellt eine Steuervergünstigung dar. Die im EStG geregelten Sonderabschreibungen (§ 7f EStG) sollen bestimmte Betriebe fördern oder deren Besitzer unterstützen. Durch die Inanspruchnahme von Sonderabschreibungen kommt es zu Steuerminderzahlungen, welche in den Folgejahren durch Steuermehrzahlungen, bedingt durch geringere Abschreibungen, ausgeglichen werden. Mit Einführung des → BilMoG und Aufgabe des Prinzips der → umgekehrten Maßgeblichkeit dürfen Sonderabschreibungen nur noch in der → Steuerbilanz vorgenommen werden.

Sonderbetriebsvermögen, Begriff aus dem Steuerrecht. Es wird zwischen Sonderbetriebsvermögen I und II unterschieden. Von Sonderbetriebsvermögen I spricht man, wenn → Wirtschaftsgüter, die im Eigentum eines → Gesellschafters stehen, dazu geeignet und bestimmt sind, dem Betrieb einer Personengesellschaft auf Dauer zu dienen. Unter Sonderbetriebsvermögen II hingegen versteht man Wirtschaftsgüter, die der Beteiligung des

Gesellschafters an der Personengesellschaft dienen.

Sonderbilanzen, außerordentliche Bilanzen, die zu bestimmten Anlässen aufgestellt werden müssen. Solche Anlässe können sein: Gründung, Umwandlung, Fusion, Verschmelzung, Sanierung, Liquidation, Insolvenz, Auseinandersetzung.

Sondereinzelkosten, *Special Direct Costs.* → Kostenart, die auftrags- bzw. erzeugnisartenspezifische → Einzelkosten beinhaltet. Es lassen sich Sondereinzelkosten der Fertigung und Sondereinzelkosten des Vertriebs unterscheiden. Die Sondereinzelkosten der Fertigung beinhalten z.B. Kosten für auftragsbezogene Werkzeuge, Konstruktionsmodelle oder Lizenzen. Beispiel für Sondereinzelkosten des Vertriebs sind Kosten für Versandverpackungen, Ausgangsfrachten oder unmittelbar für einzelne Kundenaufträge erfassbare Transportversicherungen.

Sondergemeinkosten, → Kostenart, die aus verfahrenstechnischen Gründen ausgesondert wird (z.B. → Kosten für auftragsspezifische Werkzeuge, Konstruktionsmodelle, Lizenzen, Versandverpackung, Ausgangsfracht) und die für mehrere Produkte entsteht.

Sonderposten mit Rücklageanteil, Posten der Passivseite der → Bilanz, der sich aus unversteuerten → Rücklagen und steuerrechtlichen → Sonderabschreibungen zusammensetzt. Nach den Vorschriften des → BilMoG wird diese Position nicht weiter bilanziert.

sonstige betriebliche Aufwendungen, Posten der → Gewinn- und Verlustrechnung (§ 275 (2) Nr. 8 HGB), der → Aufwendungen enthält, die nicht den einzeln ausgewiesenen Aufwandsposten wie z.B. Aufwand für Material oder Personal zugeordnet werden können. Insbesondere sind dies: Verluste aus dem Abgang von Anlage- oder Umlaufvermögen sowie Abschreibungen auf Forderungen, Einstellungen in Sonderposten mit Rücklageanteil, Zuführungen zu den Rückstellungen etc.

sonstige betriebliche Erträge, Posten der → Gewinn- und Verlustrechnung (§ 275 (2) Nr. 4. HGB), der Erträge enthält, die nicht den einzeln ausgewiesenen Ertragsposten wie z.B. Umsatzerlöse zugeordnet werden können. Insbesondere sind dies: Erträge aus dem Abgang von Anlagevermögen oder aus der Auflösung von Rückstellungen.

sonstige finanzielle Verpflichtungen, Angabe, die von → Kapitalgesellschaften gemäß § 285 Nr. 3a HGB im Anhang zu machen ist. Es handelt sich im Unterschied zu den → Rückstellungen um künftige Zahlungsverpflichtungen aus → schwebenden Geschäften, deren sich gleichwertig gegenüberstehende Leistungen bisher keine der beiden Parteien erfüllt hat (z.B. Mietverpflichtungen, Verpflichtungen aus Investitionsmaßnahmen).

sonstige Kosten, *allgemeine Betriebskosten, allgemeine Kosten,* Sammelbegriff für Kosten, die innerhalb der → Kostenartenrechnung nicht besonders spezifiziert werden.

sonstige Verbindlichkeiten, Posten der Passivseite der → Bilanz, § 266 (3) C. Nr. 8 HGB. Unter die sonstigen Verbindlichkeiten fallen insbesondere → Steuern und → Verbindlichkeiten im Rahmen der sozialen Sicherheit (z.B. Berufsgenossenschafts- und Sozialversicherungsbeiträge).

sonstige Vermögensgegenstände, Posten der Aktivseite der → Bilanz, § 266 (2) B. II. 4. HGB. Unter die sonstigen Vermögensgegenstände fallen Vermögenswerte, die nicht einem anderen Posten zugeordnet werden können, da sie nicht zum → Anlagevermögen oder zu den → Vorräten gehören (z.B. geleistete Anzahlungen).

Sortenfertigung. Herstellung von Produkten, die hinsichtlich der Art der Bearbeitung und des zugrunde liegenden Rohstoffes eng verwandt sind. Hauptprobleme bei der Sortenfertigung sind die Ermittlung der optimalen Losgröße sowie die laufende Anpassung des Produktes an den technischen Fortschritt.

Sortenwechselkosten, → Umstellkosten.

Sozialbericht, → Sozialbilanz.

Sozialbilanz, *Sozialbericht, Sozialreport,* Berichte von Unternehmen, die über die gesetzlichen Anforderungen hinaus freiwillig der Öffentlichkeit Aufschluss über gesellschaftlich relevante Aspekte der unternehmerischen Tätigkeit geben. Es gibt bislang keine einheitlichen Standards für die Art und Bewertung der Informationen. Der Begriff → Bilanz wird hier sehr weit aufgefasst. Es handelt sich nicht um eine ausgeglichene Gegenüberstellung von → Aktiva und → Passiva. Es wird über positive und negative Auswirkungen der Unternehmen berichtet, indem die → sozialen Kosten und der → soziale Nutzen systematisch dargestellt werden. Ziel ist die gesellschaftsbezogene Rechenschaftslegung eines Unternehmens, durch die Verantwortungsbewusstsein gegenüber den → Stakeholdern signalisiert wird. Bislang gibt es auch keine einheitlichen Standards zur Erstellung von Sozialbilanzen. I.d.R. erfolgt eine Offenlegung monetärer und/ oder nicht monetärer Informationen, wie z.B. die Wirkung unternehmerischer Aktiva auf die Umwelt, der Aufbau von Humankapital oder die Sicherheit von Produkten.

soziale Kosten, *Social Costs*, Kosten, die nicht von den verursachenden Unternehmen getragen werden, sondern Dritten aufgebürdet werden (→ externe Kosten). Sie resultieren z.B. aus Wasser-, Luftverschmutzung oder Lärmbelästigung. – *Anders:* → Sozialkosten.

sozialer Nutzen, Vorteile bzw. Erträge, die von einem Unternehmen verursacht werden, aber nicht dem Begriff der betriebswirtschaftlichen Leistungen zuzuordnen sind. Dies sind z.B. Wissen durch Aus- und Fortbildungsmaßnahmen, das außerhalb des Unternehmens genutzt wird, Schaffung von allgemeiner Infrastruktur, Schaffung von Arbeitsplätzen. Der soziale Nutzen kann in der → Kosten-Nutzen-Analyse berücksichtigt werden.

Sozialkosten, spezielle → Kostenart der → Personalkosten. – *Anders:* → soziale Kosten.

Sozialreport, → Sozialbilanz.

Special Direct Costs, → Sondereinzelkosten.

Spekulation, Kauf von → Wertpapieren mit kurzem Anlagehorizont zur Erzielung schneller → Gewinne durch Ausnutzen kurzfristiger Kursschwankungen.

Spekulationsfrist, Frist, innerhalb derer Gewinne aus dem Verkauf von → Wirtschaftsgütern der Einkommensteuer unterliegen (§ 23 (1) Nr. 1 und 2 EStG). – Vgl. auch → privater Veräußerungsgewinn.

Spezialleasing, Sonderform des → Leasing, bei der das Leasingobjekt speziell nach den Wünschen und Bedürfnissen des Leasingnehmers ausgerichtet ist. Beim Spezialleasing ist das Leasingobjekt stets beim Leasingnehmer zu bilanzieren.

spezielle Fixkosten, Aufspaltung des Fixkostenblocks in → Fixkostenschichten im Rahmen der → Fixkostendeckungsrechnung. – Spezielle Fixkosten gliedern sich in:

- Erzeugnisfixkosten,
- Erzeugnisgruppenfixkosten,
- Kostenstellenfixkosten,
- Spartenfixkosten,
- Unternehmensfixkosten.

spezifische Erlöse, → Einzelerlöse.

sprungfixe Kosten, *intervallfixe Kosten,* spezielle → Kostenkategorie, bei der die → Kostenfunktion im betrachteten Intervall Sprungstellen aufweist. Zwischen diesen Sprungstellen ändert sich die Kostenhöhe jeweils nicht.

Squeeze Out, zwangsweiser Ausschluss von Minderheitsaktionären aus einer → Aktiengesellschaft (AG) gegen Barabfindung. In Deutschland ist der Squeeze Out durch das sogenannte Übernahmegesetz, das die Änderung des Aktiengesetzes (§§ 327a bis 327f AktG) bewirkt hat, gesetzlich geregelt. Voraussetzungen für die Abfindung von Minderheitsaktionären ist ein Anteilsbesitz in Höhe von 95 Prozent des Mehrheitsaktionärs und ein Beschluss der Hauptversammlung. Die Höhe der Abfindung richtet sich nach den wirtschaftlichen Verhältnissen des Unternehmens zum Zeitpunkt des Squeeze Out und unterliegt der → Prüfung durch einen oder mehrere Sachverständige, die vom Hauptaktionär berufen werden. Der Übertragungsbeschluss ist in das → Handelsregister einzutragen.

Staffelform, Darstellungsweise der → Gewinn- und Verlustrechnung, bei der Erträge und Aufwendungen in vertikaler Form nacheinander aufgeführt werden. Der Saldo dieser Posten ergibt den → Jahresüberschuss/ -fehlbetrag bzw. den Bilanzgewinn/ -verlust. Die Staffelform ist verbindlich für alle Kaufleute, lediglich bei Kreditinstituten ist alternativ die → Kontenform zulässig. – *Anders:* → Kontenform.

Stakeholder, jegliche Personen und Institutionen, die ein Interesse an einem Unternehmen haben. Stakeholder können z.B. sein: → Anteilseigner, Kunden, Lieferanten, Banken, Fiskus. – *Anders:* → Shareholder.

Stammeinlage, → Einlage eines → Gesellschafters einer → Gesellschaft mit beschränkter Haftung (GmbH) auf das Stammkapital einer Gesellschaft mit beschränkter Haftung (GmbH) (§§ 42 (I), 5 GmbHG).

Stammkapital, → gezeichnetes Kapital einer → Gesellschaft mit beschränkter Haftung (GmbH). Gemäß § 5 GmbHG muss das Stammkapital mindestens 25.000 Euro betragen und die → Stammeinlage jedes → Gesellschafters mindestens 100 Euro. Der Betrag der Stammeinlage kann für die einzelnen Gesellschafter verschieden bestimmt werden. Er muss in Euro und durch fünfzig teilbar sein.

Standard Costing, Bezeichnung für die → Plankostenrechnung im US-amerikanischen Rechnungswesen. Da die Plankostenrechnung in sehr engem Zusammenhang mit der US-amerikanischen → Budgetierung steht, weist sie einen stärkeren Vorgabecharakter als in Deutschland auf.

Standard Costs, Oberbegriff für → Plankosten im US-amerikanischen Rechnungswesen. Häufig versteht man darunter die pro Erzeugniseinheit geplanten → Herstellkosten.

Standardkosten, zukünftig anzustrebende → Kosten. Es werden wirtschaftliche Verbrauchsmengen für die Optimal- oder → Normalbeschäftigung einer zukünftigen Periode mit → Festpreisen bewertet. Diese Festpreise werden verwendet, um die mengenmäßigen Verbräuche sichtbar zu machen. Das Unternehmen möchte dadurch einen möglichst wirtschaftlichen Verbrauch der Gütermengen erreichen. Standardkosten dienen der innerbetrieblichen → Planung und -Kontrolle. – Vgl. auch → Standard Costs, → Vorgabekosten.

Standardkostenrechnung, Entwicklungsform der → Plankostenrechnung, die sich aus der → Normalkostenrechnung entwickelt hat und bei der auf eine → Nachkalkulation verzichtet wird.

Standardnachkalkulation, auf dem Teilkostenprinzip basierendes Verfahren zur Feststellung, inwieweit Preisschwankungen und Veränderungen der Kostensätze die → Kosten des einzelnen Auftrags beeinflussen.

Standby Costs, angelsächsischer Begriff für → fixe Kosten.

starre Normalkostenrechnung, Form der → Normalkostenrechnung, die die Normalkosten nicht für mögliche unterschiedliche → Beschäftigungsgrade, sondern nur für eine → Normalbeschäftigung bestimmt. Das Ziel der Anwendung ist eine Beschleunigung der → Kostenrechnung.

starre Plankostenrechnung, → Vollkostenrechnung, die im Gegensatz zur → flexiblen Plankostenrechnung nur für ein ganz bestimmtes, zuvor festgelegtes Beschäftigungsniveau (→ Planbeschäftigung) die → Kosten vorgibt. Es lässt sich keine Verbrauchs- und Beschäftigungsabweichung, sondern nur eine → Preisabweichung und eine undifferenzierte Abweichung ermitteln.

starre Planung, → Simultanplanung.

Statement of Application of Funds, → Kapitalflussrechnung.

Statement of Cash Flows, → Kapitalflussrechnung.

Statement of Comprehensive Income, → comprehensive income.

Statement of Earnings, → Gewinn- und Verlustrechnung.

Statement of Earnings Surplus, Aufstellung der Jahresbewegung des → Bilanzgewinns.

Statement of Income, → Gewinn- und Verlustrechnung.

Statement of Investments by and Distributions to Owners, → Eigenkapitalveränderungsrechnung.

Statement of Profit and Loss, → Gewinn- und Verlustrechnung

Statement of Retained Earnings, Bericht über die Verwendung der → Retained Earnings.

Statement of Source and Application of Funds, → Kapitalflussrechnung.

Statement of Sources and Uses of Cash, → Kapitalflussrechnung.

Statement of Stockholders' Equity, → Eigenkapitalveränderungsrechnung.

Statut, → Satzung.

Stelleneinzelkosten, → Kostenstelleneinzelkosten.

Stellengemeinkosten, → Kostenstellengemeinkosten.

Step-Ladder-Method, → Stufenleiterverfahren.

Stetigkeitsprinzip, Bilanzierungs- und Bewertungsprinzip, das im → Grundsatz der formellen und im → Grundsatz der materiellen Bilanzkontinuität festgeschrieben ist (§ 252 (1) Nr. 6 HGB).

Steuerbilanz, nach steuerlichen Vorschriften zu erstellende → Bilanz. Das Verhältnis Steuerbilanz zur → Handelsbilanz wird durch das → Maßgeblichkeitsprinzip bestimmt. Dies gilt jedoch nur insoweit, als den handelsrechtlichen → Grundsätzen ordnungsmäßiger Buchführung (GoB) nicht zwingende steuerliche Vorschriften entgegenstehen. In den §§ 5 bis 7 EStG sind besondere Ansatz- und Bewertungsvorschriften enthalten, die steuerrechtlich beachtet werden müssen. Die Steuerbilanz bildet unter anderem die Grundlage für die Berechnung der Einkommen- bzw. Körperschaftsteuer und der Gewerbesteuer.

Steuern, nach § 3 AO Geldleistungen, die nicht eine Gegenleistung für eine besondere Leistung darstellen. Steuern werden von einem öffentlich-rechtlichen Gemeinwesen zur Erzielung von → Einnahmen natürlichen und juristischen Personen seines Gebietsbereichs auferlegt.

Stichtagsinventur, → Inventur zum Abschluss eines → Geschäftsjahres.

Stichtagsmethode, Methode der Fremdwährungsumrechnung im → Konzernabschluss, nach der die Bilanzposten zum Kurs des → Bilanzstichtages und die Buchungen der Gewinn- und Verlustrechnung zum Kurs des Tages des Geschäftsvorfalls, vereinfacht auch mit einem Durchschnittskurs, umgerechnet werden.

stille Gesellschaft, Rechtsform, bei der sich eine natürliche oder juristische Person an dem Handelsgewerbe eines anderen beteiligt, ohne dass dies nach außen in Erscheinung tritt. Es handelt sich um eine reine Innengesellschaft. Die → Einlage des → stillen Gesellschafters geht in das → Vermögen des Inhabers des Handelsgewerbes über. Für die stille Gesellschaft gelten die §§ 230 bis 237 HGB sowie im Innenverhältnis die §§ 705 ff. BGB.

stille Reserven, → stille Rücklagen.

stiller Gesellschafter, Person, die sich an dem Handelsgewerbe eines anderen beteiligt, ohne dass dies nach außen ersichtlich wird. Die Haftung des stillen Gesellschafters beschränkt sich auf seine → Einlage. Man unterscheidet den typischen und den atypischen stillen Gesellschafter. Der typische stille Gesellschafter ist grundsätzlich nur am → Gewinn beteiligt und hat lediglich geringfügige Mitspracherechte. Er versteuert seine Gewinnanteile als Einkünfte aus Kapitalvermögen (§ 20 (1) Nr. 4 EStG). Der atypische stille Gesellschafter ist Mitunternehmer. Er ist sowohl am Erfolg als auch am Misserfolg eines Unternehmens sowie an dessen → stillen Reserven und dem Geschäfts- oder Firmenwert beteiligt. In Höhe seines Anteils hat er Mitspracherechte. Die → Gewinnanteile und Vergütungen, die der atypische stille Gesellschafter für sein Mitunternehmertum bezieht, unterliegen als Einkünfte aus Gewerbebetrieb der Einkommenssteuer (§15 (1) Nr. 2 EStG). Handelt es sich bei dem stillen Gesellschafter um eine → Kapitalgesellschaft, so unterliegen die Gewinnanteile der Körperschaftsteuer.

stille Rücklagen, *stille Reserven,* in der → Bilanz nicht ersichtliche Vermögenswerte bzw. Eigenkapitalbeträge eines Unternehmens. Entstehungsgründe für stille Reserven sind die Unterbewertung von → Aktiva bzw. die Überbewertung von → Passiva, die Nichtaktivierung von aktivierungsfähigen → Vermögensgegenständen sowie der Verzicht auf mögliche → Zuschreibungen auf Vermögensgegenstände. Man unterscheidet die folgenden stillen Reserven:

1. Zwangsrücklage: Diese entsteht zwangsläufig durch die Beachtung gesetzlicher Vorschriften (→ Aktivierungsverbote z.B. für immaterielle Vermögensgegenstände und Bewer-

tungsgebote wie das → strenge Niederstwertprinzip).

2. Ermessensrücklage: Diese entsteht durch Ausnutzen der gesetzlichen Bewertungsspielräume und der Anwendung des → Vorsichtsprinzips (z. B. Vornahme außerplanmäßige Abschreibungen bei nur vorübergehender → Wertminderung eines Vermögensgegenstandes des Anlagevermögens).
3. Willkürrücklage: Diese entsteht durch Überschreiten der Bewertungsspielräume.
4. Schätzrücklage: Diese entsteht als Folge falscher Annahmen bei der Bewertung von Vermögensgegenständen und Schulden (z.B. Ansatz einer zu kurzen Nutzungsdauer bei Vermögensgegenständen des Anlagevermögens).

Stock Options, *Aktienbezugsrechte,* moderne Entlohnungsform für Mitarbeiter, insbesondere Führungskräfte. Sie sollen diese dazu anhalten, eine wertorientierte Unternehmensführung zu praktizieren. Steuerlich erfolgt deren Einkommenserfassung erst bei Ausübung, nicht schon bei Zuteilung.

Stoff- und Energiebilanz, → Umweltbilanz.

Straßenfertigung, → Linienfertigung.

strategische Geschäftseinheit, → Profitcenter.

strategische Planung, → Planung.

strenges Niederstwertprinzip, für das → Umlaufvermögen geltendes Bewertungsprinzip. Gemäß § 253 (4) HGB besteht für → Vermögensgegenstände des Umlaufvermögens, bei denen mehrere Bewertungsansätze infrage kämen, immer die Pflicht zur → Abwertung auf den niedrigeren Wert.

Strike Price, bei einer → Option vereinbarter fester Basispreis, zu dem innerhalb einer bestimmten Laufzeit oder zu einem bestimmten Zeitpunkt ein Währungsbetrag oder ein → Wertpapier gekauft oder verkauft werden kann.

Stückbeitrag, → Stückdeckungsbeitrag.

Stückdeckungsbeitrag, *Stückbeitrag,* die einer einzelnen Mengen- oder Volumeneinheit eines Erzeugnisses zurechenbare Differenz aus → Nettoerlösen und Stückeinzelkosten (→ Einzelkosten). Der Stückdeckungsbeitrag stellt eine zentrale Erfolgsgröße zur Produktions- und Absatzprogrammplanung (Produktionsprogrammplanung) dar.

Stückerfolg, durch Herstellung oder Verkauf einer Produktionseinheit erzielter Gewinn bzw. Verlust. Der Stückerfolg bildet die Differenz aus dem → Nettoerlös pro Stück und den → Stückkosten. Man unterscheidet Netto- und Bruttostückerfolg. Beim Nettostückerfolg sind in den Stückkosten anteilige → fixe Kosten enthalten. Beim Bruttostückerfolg sind hingegen in den Stückkosten nur → variable Kosten bzw. → Einzelkosten enthalten.

Stückkosten, → Selbstkosten, die sich auf eine Leistungseinheit, d.h. auf ein einzelnes Stück eines Erzeugnisses beziehen. Die Stückkosten werden im Rahmen der → Kalkulation ermittelt.

Stückkostenminimum, tiefster Punkt der Stückkostenkurve, wobei unterstellt wird, dass die Stückkostenkurven der → Kostenstellen einen U-förmigen Verlauf annehmen. Die dortige Ausbringungsmenge wird als Optimalbeschäftigung bezeichnet. Bei linearem → Kostenverlauf erreicht die Stückkostenkurve an der Kapazitätsgrenze ihr Minimum.

Stückliste, Darstellung einer Erzeugnisstruktur in einer Tabellenübersicht. In dieser sind alle Teile mit ihren Mengenkoeffizienten aufgeführt, die zur Herstellung eines übergeordneten Teils benötigt werden. Die Stückliste dient in der Arbeitsvorbereitung als Informationsgrundlage. Mit Hilfe der Stückliste wird die Beschaffungsplanung der Werkstoffe vorgenommen. Es lassen sich folgende Grundformen unterscheiden:

- Baukastenstückliste: Enthält ausschließlich Teile der nächsttieferen Fertigungsstufe.
- Strukturstückliste: Enthält alle Teile über alle Fertigungsstufen hinweg, die zur Herstellung des übergeordneten Teils erforderlich sind.
- Mengenübersichtsstückliste: Umfasst die summarische Aufstellung aller Teile, die in einer Erzeugnisstruktur vorkommen, wobei die Teile, die mehrfach auftreten, nur einmal mit der Gesamtmenge aufgeführt werden.

Stufenkalkulation, spezielle Form der Divisions- und Zuschlagskalkulation. Dabei wird der Betrieb entsprechend des Produktionsprozesses aufgeteilt, wobei die selbstständig abrechnende → Kostenstelle eine Produktionsphase darstellt, deren Ergebnis ein absatzfähiges Produkt ist. Die Leistungen der einzelnen Vorstufen an die nachgelagerten Stufen gehen mit den → Selbstkosten oder → Verrechnungspreisen in die → Kalkulation ein.

Stufenleiterverfahren, *Treppenverfahren, Step-Ladder-Method.* Verfahren der gesamtleistungsbezogenen Abrechnung der → Kosten → innerbetrieblicher Leistungen. Dies setzt abrechnungstechnisch eine eindeutige Reihenfolge des Leistungsstromes voraus und rechnet stufenweise zunächst die → Primärkosten der → allgemeinen Hilfskostenstellen und dann die resultierenden Summen der primären und sekundären Kosten der bereichsbezogenen → Hilfskostenstellen auf → Endkostenstellen ab. Dieses Verfahren findet vor allem in Unternehmen Anwendung, deren innerbetrieblichen Leistungsströme über mehrere Stufen hinweg nur in eine Richtung fließen, d.h. wechselseitige Leistungsverflechtungen haben keine oder kaum Bedeutung.

stufenweise Deckungsbeitragsrechnung, mehrstufige → Deckungsbeitragsrechnung, die mit mehreren → Fixkostenschichten arbeitet. – Vgl. auch → Fixkostendeckungsrechnung.

Subsidiary, *Tochterunternehmen,* gemäß IAS 27.4 wird das vom Mutterunternehmen beherrschte Unternehmen als Subsidiary bezeichnet. Mit Subsidiary wird die stärkste Form der Einflussnahme und Beherrschung bezeichnet, da das Mutterunternehmen die Möglichkeit hat, die Finanz- und Geschäftspolitik der Subsidiary zu bestimmen, um aus dessen Tätigkeit einen eigenen Nutzen zu ziehen.

Substance Over Form, Bilanzierungs- und Bewertungsgrundsatz nach internationaler Rechnungslegung. Die Substance Over Form begründet die Dominanz einer wirtschaftlichen über eine rechtliche Betrachtungsweise. Danach soll der → Jahresabschluss den wirtschaftlichen Gehalt von Ereignissen und Geschäftsvorfällen widerspiegeln und nicht lediglich deren rechtliche Form. Nach diesem Grundsatz werden beispielsweise Leasinggegenstände in der → Bilanz des Leasingnehmers angesetzt, auch wenn dieser nicht rechtlicher, sondern nur wirtschaftlicher Eigentümer ist.

Substanzerhaltung, → Kapitalerhaltung.

substanzielle Kapitalerhaltung, → Kapitalerhaltung.

Substanzkosten, dienen der Bestimmung des tatsächlichen Einkaufspreises im Rahmen der Bezugskalkulation. Sie umfassen Preiskorrekturen (z.B. Qualitätszuschläge), Mengenkorrekturen (z.B. bei abweichend gelieferten Mengen) und → Kosten, die für eventuelle Bearbeitung und Veredelung anfallen.

Substanzwert, → Reproduktionswert.

Sukzessivplanung, methodisches Grundprinzip der Flexibilitätssicherung bei Anpassungserfordernissen. Im Gegensatz zur → Simultanplanung werden Alternativensuche, Alternativenbeurteilung und insbesondere Alternativenauswahl in Erwartung besserer Informationen zeitlich aufgeschoben.

summarische Äquivalenzziffernrechnung, Form der → Äquivalenzziffernkalkulation. Die zu verteilenden → Kosten werden mit Hilfe einer einzigen Äquivalenzziffernreihe auf die Produkte verteilt. Das setzt voraus, dass die verschiedenen Kostengruppen im selben Aufteilungsverhältnis durch die Produkte verursacht werden.

summarische Zuschlagskalkulation, einfachste Form der → Zuschlagskalkulation. Die gesamten → Gemeinkosten werden mit Hilfe eines einzigen → Zuschlagsatzes verteilt, d.h., die Gemeinkosten werden so behandelt, als bestünde ein funktionaler, proportionaler Zusammenhang zwischen ihnen und der gewählten → Bezugsgröße. Dabei können dem Zuschlagssatz die gesamten → Einzelkosten, Teile der Einzelkosten bzw. andere wert- oder mengenmäßige Größen zugrunde liegen.

Summary of Property, → Vermögensübersicht.

Summenbilanz, → Konsolidierung.

Sunk Costs, spezielle Ausprägung der → irrelevanten Kosten. Sie sind als nicht wiedereinbringbare, d.h. nicht mehr durch → Erlöse zu kompensierende → Kosten zu definieren.

Supply Chain Costing, Instrument zur Erfassung und Gestaltung der → Kosten entlang der → Wertschöpfungskette im Rahmen der → Kostenpolitik. Es handelt sich um eine Kombination des Ablaufschemas einer Wertschöpfungskette mit einer Dreiteilung der Kostenebenen in Einzel-, Prozess- und Transaktionskosten anstelle der traditionellen Differenzierung in Einzel- und Gemeinkosten.

Swap. Ein Swap-Geschäft entsteht durch den Tausch von Zahlungsverpflichtungen mit dem Ziel, relative Vorteile aus unterschiedlichen Marktkonditionen zu realisieren. Swapfähig sind diverse Zinszahlungsverpflichtungen aufgrund ihrer unterschiedlichen Zinsbindungszeiträume und/ oder Währungen.

Synergieeffekte, positive Effekte zwischen Potenzialen, Prozessen, Produkten etc., die sich u.a. auf → Economies of Scale und → Economies of Scope oder Komplementaritäten zurückführen lassen. Synergien bezeichnen das Phänomen, dass das Ergebnis des Zusammenwirkens einzelner Potenziale, Prozesse oder Produkte die Summe der Einzelergebnisse übersteigt. Insbesondere bei der Beurteilung von Unternehmensakquisitionen und Kooperationen spielen mögliche Synergieeffekte eine bedeutende Rolle.

Systemanalyse, qualitatives Verfahren der → Prognose. Es handelt sich um die Analyse der Elemente und Beziehungen eines Systems, wobei die Wirkungen von Änderungen des Inputs auf den Output ermittelt werden, um Aussagen zur Analyse und Gestaltung des Systems machen zu können.

T

Tagespreis, *Tageswert, Zeitwert, Marktpreis,* Geldbetrag, der an einem bestimmten Tag für ein bestimmtes Gut auf dem Beschaffungsmarkt zu entrichten bzw. auf dem Absatzmarkt zu erzielen ist/ wäre. Es handelt sich somit um noch nicht realisierte Werte.

Tageswert, → Marktwert.

Takeover, Übernahme eines Unternehmens im Ganzen oder von Teilen durch ein anderes Unternehmen. Der *unfriendly* Takeover erfolgt gegen die Entscheidung des Managements durch ein entsprechendes Angebot an die Aktionäre, beim *friendly* Takeover ist der Prozess bei Übernahme einvernehmlich.

Tantieme, garantierte Bezüge für Vorstandsmitglieder einer → Aktiengesellschaft (AG), leitende Angestellte und Geschäftsführer, die zusätzlich zu deren Gehalt in Form von Gewinnbeteiligungen gewährt werden.

Target Costing, *Zielkostenrechnung, Zielkostenmanagement,* ein ursprünglich von japanischen Unternehmen entwickeltes Instrument zur marktorientierten Kostensteuerung. Target Costing ermöglicht die Realisation von Kosteneinsparungspotenzialen in den frühen Phasen des Produktentwicklungsprozesses. Die Kostenplanung wird somit in die Produktplanung integriert. Die zentrale Fragestellung des Target Costing lautet: Wie viel darf ein bestimmtes Produkt auf dem Markt kosten. Folglich wird davon ausgegangen, dass der Absatzpreis eines Produkts dessen Kostenstruktur bestimmt.

Idealtypisch lässt sich die Vorgehensweise beim Target Costing wie folgt kennzeichnen:

1. Den Ausgangspunkt bildet der über die Marktforschung ermittelte erzielbare Preis für ein geplantes Produkt, das Wissen über die Ausprägungen der vom Kunden geforderten Funktionsmerkmale sowie entsprechende Absatzzahlen. Vom Marktpreis wird die angestrebte Zielrentabilität (i.d.R. Umsatzrentabilität) subtrahiert und man erhält die vom Markt erlaubten → Zielkosten, d.h. die → Darfkosten.
2. Die Darfkosten stellen die Kostenobergrenze dar und können auf ihre Plausibilität geprüft werden, indem sie den Plankosten gegenübergestellt werden. Im Target Costing werden die Plankosten auch als prognostizierten → Standardkosten bezeichnet.
3. Nachfolgend wird die Kostenlücke zwischen der markt- und betriebsbezogenen Kalkulation bestimmt, d.h. zwischen den Darfkosten und den Standardkosten.
4. Es werden die Gesamtzielkosten eines Produktes in Abhängigkeit vom Markt und der verfolgten Strategie festgelegt.
5. Von den Gesamtzielkosten wird ein marktgerechter Anteil wie z.B. für den Vertrieb und Werbung abgezogen. Es folgt eine Ermittlung der Komponentenzielkosten, indem die Zielkostenanteile für Produktfunktionen, -komponenten bzw. -teile bestimmt werden. Hierbei finden Kundenanforderungen und deren Gewichtung explizit Be-

rücksichtigung, welche z.B. mit Hilfe des → Conjoint Measurements bestimmt werden können.
6. Ziel ist es, die bestehende Kostenlücke zwischen den Standardkosten und den Zielkosten (Innovationslücke) zu schließen. Hierfür werden Kostensenkungspotenziale durch produkt-, prozess-, und potenzialbezogene Kostenkonfiguration berücksichtigt und entsprechende entwicklungsbegleitende Maßnahmen abgeleitet. Schließlich erfolgt eine Vereinbarung von Zielkostenbudgets bzw. Target Investments entlang der gesamten Wertschöpfungskette.
7. Eine verbleibende Lücke zwischen den Darf- und den Zielkosten wird als Restlücke bezeichnet. Zur Schließung dieser Lücke sind Rationalisierungsmaßnahmen in der Produktions- und Vermarktungsphase zu verfolgen.

Vgl. auch Abb. „Target Costing – Vorgehensweise".

Taskforce, Arbeitsausschüsse, die fallweise vom → Financial Accounting Standards Advisory Council (FASAC) einberufen werden, um Ausarbeitungen für Rechnungslegungsprobleme des → Financial Accounting Standards Board (FASB) durchzuführen.

Technical Bulletins (TBs), US-amerikanische Richtlinien zur Klärung aktueller Probleme der Rechnungslegung, die den sogenannten → Due Process nicht durchlaufen und nur für einzelne Unternehmen oder Branchen relevant sind. Die TBs dürfen nicht im Widerspruch zu den → Statements of Financial Accounting Concepts (SFAC) stehen.

Technology Accounting, technologieorientierter Ansatz des → Management Accountings. Dieser befasst sich mit der genaueren Zurechnung von Technologiekosten auf Produkte, der Nutzung von leistungsorientierten → Abschreibungsverfahren, der Einführung differenzierter technologiebezogener → Bezugsgrößen und der Berücksichtigung von qualitativen Leistungsindikatoren.

Technology Costs, Begriff des US-amerikanischen Rechnungswesens für die → Abschreibungssumme.

Teileinkünfteverfahren, mit Wegfall des → Halbeinkünfteverfahrens werden

Target Costing – Vorgehensweise

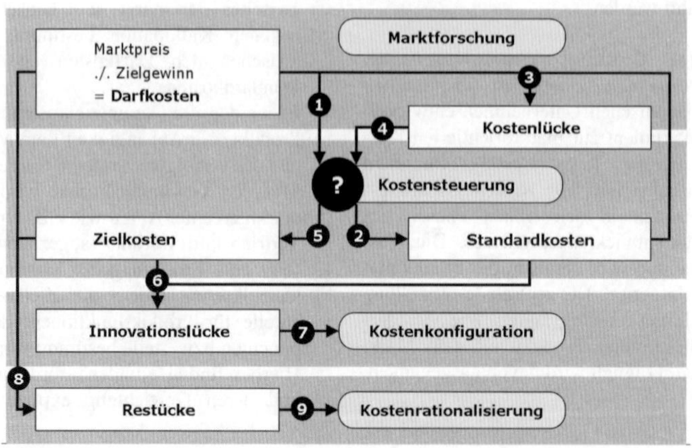

Ausschüttungen von Kapitalgesellschaften und entsprechende → Veräußerungsgewinne zu 60 Prozent anstatt 50 Prozent steuerlich erfasst. Da gleichzeitig die → Abgeltungssteuer eingeführt wurde, kommt das Teileinkünfteverfahren nur bei Beteiligungen im Betriebsvermögen (von natürlichen Personen oder bei Personengesellschaften) zur Anwendung, darüber hinaus nur bei Beteiligungen im Privatvermögen, die mehr als 1 Prozent ausmachen.

Teilgewinnrealisierung, *Milestone-Verfahren,* bei der → Langfristfertigung mögliche Realisierung von Teilgewinnen vor Abschluss des Auftrages. Voraussetzungen hierfür sind:

1. Aufteilung des Gesamtauftrags in technisch in sich geschlossene und wirtschaftlich abgrenzbare Teile;
2. Anerkennung der Teilleistungen durch Teilabnahmen vom Kunden;
3. vertragliche Vereinbarungen bezüglich Teilabnahmen und Teilabrechnungen.

Bilanziell werden die Teilgewinne als → Umsatzerlöse bzw. → Forderungen gebucht und der Bilanzansatz des unfertigen Auftrags um die zugehörigen → Herstellungskosten vermindert. – *Anders*: → Completed-Contract-Methode, → Percentage-of-Completion-Methode.

Teilhaber, natürliche oder juristische Person, die an einer Gesellschaft beteiligt ist und an deren Gewinn bzw. Verlust partizipiert.

Teilkosten, aus den → Gesamtkosten nach bestimmten Kriterien abgespaltene Kostenteile. Den Bezugsobjekten werden nicht die vollen → Kosten zugerechnet, sondern nur die → variablen Kosten oder → Einzelkosten.

Teilkostenkalkulation, Sammelbegriff für die Formen der → Kalkulation, die nur einen Teil der → Gesamtkosten (meist die direkten oder die → variablen Kosten) auf die → Kostenträger verrechnen.

Teilkostenrechnung, *Bruttoergebnisrechnung,* Sammelbegriff für die Konzepte der → Kostenrechnung, die im Gegensatz zur → Vollkostenrechnung den Bezugsobjekten nur bestimmte Teile der → Gesamtkosten eines Unternehmens zurechnen. Bei → Proportionalkostenrechnungen können dies z.B. die beschäftigungsvariablen Kosten bzw. bei → Einzelkostenrechnungen die direkt zurechenbaren Kosten sein. Trotz dieser spezifischen Verrechnungsmodalität werden auch in Teilkostenrechnungen auf der Ebene der Gesamtunternehmung die vollen Kosten erfasst und dokumentiert.

Teilreproduktionswert, *Substanzwert,* ergibt sich als Summe der Wiederbeschaffungszeitwerte aller selbstständig bewertbaren Vermögensgegenstände minus der Summe der Stichtagsverbindlichkeiten.

Teilwert, nach § 6 (1) Nr. 1 EStG der Betrag, den ein Erwerber des gesamten Betriebs im Rahmen des Gesamtkaufpreises für die einzelnen → Wirtschaftsgüter ansetzen würde. Für die Ermittlung des Teilwerts gibt es keine festen Regeln, es ist jedoch immer von der Fortführung des Unternehmens auszugehen.

Teilwertabschreibung, nach § 6 (1) Nr. 1 EStG kann aufgrund einer dauernden → Wertminderung der → Teilwert in der → Bilanz angesetzt werden. Die Teilwertabschreibung ist dann die Differenz zwischen → Teilwert und → Buchwert.

Teilwertvermutung, zur Schätzungserleichterung im Rahmen der Rechtsprechung aufgestellte Vermutungen:

1. Im Zeitpunkt der Anschaffung oder Herstellung ist der Teilwert gleich den Anschaffungs- oder Herstellungskosten.

2. Bei Betriebseröffnung entspricht der Teilwert eines eingelegten Wirtschaftsguts dem → gemeinen Wert.
3. Zu einem späteren Zeitpunkt entspricht bei abnutzbaren Wirtschaftsgütern des Anlagevermögens der Teilwert den Wiederbeschaffungskosten.

Termingeschäft, börslich und außerbörslich gehandelte Geschäfte. Diese sind nicht sofort, sondern innerhalb eines vordefinierten Zeitraums zu erfüllen. → Optionen und → Futures stellen Termingeschäfte dar. – *Anders:* → Kassageschäft.

Terminkontrakt, *Future,* standardisiertes Termingeschäft. Ein Termingeschäft ist sowohl für Käufer als auch Verkäufer bindend. Eine Menge eines Gutes ist an einem bestimmten, standardisierten Fälligkeitstag zu einem vorher festgelegten Preis zu liefern bzw. abzunehmen. – *Anders:* → Option.

Testat, → Bestätigungsvermerk.

Thesaurierung, Nichtausschüttung von → Gewinnen einer Gesellschaft.

Tilgung, Abbezahlung bzw. Rückzahlung einer i.d.R. langfristigen Schuld, insbesondere eines → Darlehens, nach vereinbarten Raten.

Timeliness, → Decision Usefulness.

Time Value, → Zeitwert.

Tochterunternehmen, → Subsidiary.

Top-Down-Planung, *retrograde Planung,* Ableitung der Pläne von oben nach unten in der Unternehmenshierarchie. Die Führungsspitze eines Unternehmens setzt die (vorläufigen) Oberziele fest, aus denen dann hierarchieebenenweise Unterziele deduziert und gleichzeitig Detailpläne der Zielerreichung abgeleitet werden. Diese Planungsrichtung hat den Vorteil, dass die Zielsetzungen aller Teilpläne in hohem Maße der Zielsetzung des Gesamtunternehmens entsprechen. Nachteilig wirkt sich aus, dass die vorgelagerte Planungsebene der nachgelagerten Planungsebene unter Umständen Plandaten vorgibt, die diese nicht erfüllen kann. Die vorgelagerte Planungsebene verfügt vielfach nicht über alle erforderlichen Informationen über die Situation vor Ort, während die nachgelagerte Planungsstufe den Eindruck gewinnt, "verplant" zu werden und deshalb Anfragen eventuell nicht offen und ehrlich beantwortet. – *Gegensatz:* → Bottom-Up-Planung.

Total Cashflow, → Cashflow.

Total Cost Management, → Kostenpolitik.

Total Costs, Bezeichnung für die → Selbstkosten im US-amerikanischen Rechnungswesen. Sie bestehen aus Variable Costs (→ variable Kosten i.w.S.) und Fixed Costs (→ fixe Kosten). Die Variable Costs i.w.S. lassen sich in Semivariable Costs (→ Mischkosten) sowie Variable Costs i.e.S. differenzieren. Die Fixed Costs untergliedern sich in Discretionary Fixed Costs (Ermessensfixkosten) sowie Capacity Costs (Kapazitätskosten). Capacity Costs sind alle fixen Kosten, die für die langfristige Betriebsbereitschaft anfallen und kurzfristig nicht verändert werden können. Discretionary Fixed Costs umfassen → Aufwendungen, wie z.B. für Werbung, die durch das Management für die entsprechende Abrechnungsperiode disponiert werden können. Diese sind zwar auch für jede Periode kurzfristig beeinflussbar, lassen sich aber kurzfristig nicht mit der → Beschäftigung variieren.

Toter Punkt, → Break-Even-Punkt (BEP).

Trading, nach → International Financial Reporting Standards (IFRS) und → US-GAAP die zu Handelszwecken gehaltenen Finanzinvestitionen. Gemäß IFRS ist ein Trading ein zu Handelszwecken gehaltener finanzieller Vermögenswert, der hauptsächlich mit der Absicht erworben wurde, einen → Gewinn aus kurzfristigen Schwankungen des Preises oder der Händlermarge zu erzielen (IAS 39.10). Gemäß US-GAAP ist ein Trading ein eigen- oder fremdkapitalverbriefendes → Wertpapier, dessen Veräußerung in nächster Zeit geplant ist (SFAS 115.12a).

Tragfähigkeitsprinzip, spezielles → Kostenverteilungsprinzip. Nach diesem Prinzip sollen Bezugsobjekte die (nicht direkt zurechenbaren) → Kosten nach Belastbarkeitsgesichtspunkten tragen.

Transaktionskosten, → Kosten, die mit der Vereinbarung eines Leistungsaustauschs verbunden sind. Sie entstehen aufgrund unvollkommener Informationen der am Leistungsaustausch beteiligten Wirtschaftssubjekte. Es lassen sich folgende Arten von Transaktionskosten differenzieren:

1. Anbahnungskosten durch die Informationssuche und -beschaffung,
2. Vereinbarungskosten für Verhandlungen, Vertragsformulierung und Vereinbarung,
3. Abwicklungskosten durch Steuerung der Leistungserstellung,
4. Kontrollkosten bei Überwachung von vereinbarten Mengen, Terminen, Qualitäten und Preisen,
5. Anpassungskosten zur Durchsetzung von Änderungen bzgl. Mengen, Terminen, Qualitäten und Preisen während der Laufzeit der Vereinbarung,
6. Auflösungskosten aufgrund der Beendigung laufender Beziehungen.

Die aufgeführten Kosten sind teilweise in ihrer Höhe schwierig zu bestimmen. – Vgl. auch Abb. „Transaktionskosten"

Transferpreise, Preise zur Bewertung von → Leistungen, die zwischen Konzerngesellschaften ausgetauscht werden. Transferpreise sind eine besondere Ausprägungsart von → Verrechnungspreisen, da die Konzerngesellschaften zwar rechtlich, jedoch nicht wirtschaftlich selbstständig zueinander stehen und daher nicht wie eigenständige Marktparteien agieren. Sie werden im Hinblick auf die unternehmensinternen Ziele zur Gestaltung und

Transaktionskosten

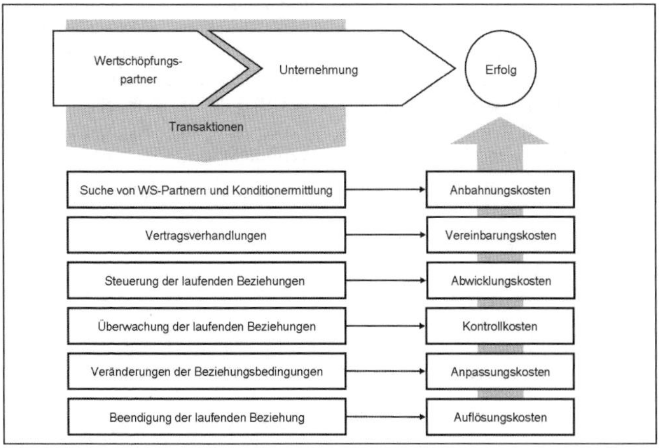

Lenkung der Profitcenter-Strukturen (s. → Profitcenter) sowie auf die unternehmensexternen, insbesondere fiskalischen Interessen gestaltet. Dabei muss das → Arm's Length Principle beachtet werden, nach dem die Transferpreise innerhalb eines → Konzerns so gestaltet werden müssen, dass sie mit Preisen gegenüber Konzernfremden vergleichbar sind (§ 1 AStG). – Vgl. auch → Verrechnungspreise.

transitorische Posten, → Rechnungsabgrenzungsposten.

Transportkosten, → Kosten der Bereitstellung und Bereithaltung von Transportkapazitäten und der Betriebsbereitschaft, für den Fremdbezug von Transportleistungen und zur Durchführung von Transportvorgängen. Transportkosten fallen an, um eine Raumüberbrückung von Transportgütern (z.B. Roh-, Hilfs- und Betriebsstoffe, Halb- und Fertigerzeugnisse) und Personen zu ermöglichen und zu gewährleisten.

Treasurer, angloamerikanische Bezeichnung für den Leiter des → Finanzmanagements. In der Praxis kann es gegebenenfalls zu Überschneidungen mit den Aufgaben des → Controllers kommen.

Treasurership, *Treasuring,* angloamerikanische Bezeichnung für die Aufgaben des → Finanzmanagements. Die Abgrenzung zum Controlling bzw. zum Finanzcontrolling ist oft unscharf. Typische Aufgabenfelder sind die Planung, Steuerung und Kontrolle der laufenden Finanzierung in Unternehmen.

Treasury Stock, → eigene Aktien.

Treppenverfahren, → Stufenleiterverfahren.

Treugeber, natürliche oder juristische Person, die Rechte oder andere → Vermögensgegenstände zur Ausübung der → Treuhandschaft einem → Treuhänder überträgt.

Treuhänder, Empfänger von Rechten oder anderen Vermögensgegenständen zur Ausübung der → Treuhandschaft. Der Treuhänder erhält eine Vertrauensstellung und einen Auftrag über die von ihm auszuführenden Tätigkeiten. Er darf die ihm übertragenen Werte nicht zu seinem eigenen Nutzen verwenden.

Treuhandschaft, Ausführung von dem → Treuhänder übertragenen Aufgaben oder Verwaltung von Rechten oder anderen → Vermögensgegenständen nach ihrer Übertragung durch den → Treugeber.

Treuhandwesen, beschäftigt sich mit der → Treuhandschaft als Lehre, rechtliche und wirtschaftliche Aspekte berücksichtigend.

True and Fair View, Generalnorm des § 264 (2) HGB, die besagt, dass der → Jahresabschluss der → Kapitalgesellschaft ein unter Beachtung der → Grundsätze ordnungsmäßiger Buchführung (GoB) den tatsächlichen Verhältnissen entsprechendes Bild der → Vermögens-, Finanz- und Ertragslage der Kapitalgesellschaft zu vermitteln hat.

U

Überbeschäftigung, im Allgemeinen die → Beschäftigung, die bei vorhandener → Kapazität in der üblichen Arbeitszeit und mit der üblichen Intensität nicht mehr bewältigt werden kann. Es sind zeitliche, intensitätsmäßige oder quantitative Anpassungen notwendig. Im Rahmen der → Kostentheorie handelt es sich um die Beschäftigung, die über dem optimalen → Beschäftigungsgrad liegt. Dies ist bei S-förmigem Gesamtkostenverlauf die Beschäftigung, bei der die Gesamtkosten und die → Stückkosten progressiv steigen. In der → Plankostenrechnung wird der Begriff der Überbeschäftigung zum Teil auch als Istbeschäftigung bezeichnet, die über der Planbeschäftigung liegt.

Überbewertung, Wertansatz von → Vermögensgegenständen über dem wirklichen Wert. Aktivposten sind überbewertet, wenn sie mit einem höheren Wert als nach §§ 253 bis 256 HGB angesetzt sind. Gemäß § 256 (5) AktG ist der → Jahresabschluss einer Kapitalgesellschaft bei Überbewertung nichtig.

Überdeckung, → Kostenüberdeckung.

Übergangskosten, zusammenfassender Begriff für Stillsetzungskosten und → Wiederanlaufkosten.

Überliquidität, überhöhte Zahlungsbereitschaft im Verhältnis zu den bereits fälligen und der in kurzer Frist fällig werdenden Verpflichtungen. Diese Überliquidität ist zu vermeiden, da ansonsten Zinsverluste anfallen.

überproportionale Gesamtkosten, → progressive Gesamtkosten.

überproportionale Kosten, *progressive Kosten,* besondere Ausprägung der → variablen Kosten. Sie steigen in einem verhältnismäßig stärkeren Maße als eine bestimmte → Kosteneinflussgröße. D.h., die relative Kostenänderung ist größer als die relative Änderung der Kosteneinflussgröße. Dieser → Kostenverlauf tritt z.B. auf, wenn die → Beschäftigung intensitätsmäßig durch eine höhere Produktionsgeschwindigkeit erreicht wird, so dass höhere Wartungs- und Energiekosten entstehen.

Überschuldung, bilanztechnischer Tatbestand bei → Kapitalgesellschaften. Gemäß § 92 (2) S. 2 AktG und § 64 (1) S. 1 GmbHG liegt eine Überschuldung vor, wenn das → Vermögen einer Gesellschaft nicht mehr deren → Schulden deckt.

Überschuldungsbilanz, → Überschuldungsstatus.

Überschuldungsstatus, *Überschuldungsbilanz,* Vermögensübersicht einer → Kapitalgesellschaft, bei der dem Vermögen die bestehenden Verbindlichkeiten gegenübergestellt werden. Wenn die bestehenden Verbindlichkeiten das Vermögen übersteigen, liegt Überschuldung vor. Dies ist gemäß § 19 InsO zwingender Eröffnungsgrund für das Insolvenzverfahren, es sei denn, die Fortführung des Unternehmens ist nach den Umständen überwiegend wahrscheinlich.

Übertragungsbilanz, → Sonderbilanz, die bei der → Verschmelzung von → Aktiengesellschaften (AGs) bzw. → Kommanditgesellschaften auf Aktien (KGaAs) von der übertragenden Gesellschaft gemäß den Vorschriften für die Jahresabschlusserstellung zu erstellen ist (§ 14 S. 1 i.V.m. § 3 UmwStG).

Umgekehrte Maßgeblichkeit, Grundsatz, nach dem steuerrechtliche Wahlrechte bei der Gewinnermittlung nur in Übereinstimmung mit der handelsrechtlichen Jahresbilanz ausgeübt werden können. Das Prinzip der umgekehrten Maßgeblichkeit wurde mit der Einführung des → BilMoG abgeschafft.

Umlaufvermögen, *Current Assets,* Bilanzbegriff für → Vermögensgegenstände, die nicht dazu bestimmt sind, dauerhaft dem Geschäftsbetrieb zu dienen (§ 247 (2) HGB). Zum Umlaufvermögen gehören unter anderem die Vorräte, die Forderungen sowie Kassenbestände und Bankguthaben. Für das Umlaufvermögen gilt gemäß § 253 (4) HGB das → strenge Niederstwertprinzip. – *Anders:* → Anlagevermögen.

Umrüstkosten, besondere Ausprägung der → Umstellkosten.

Umsatz, *Erlöse,* Summe der in einer Periode verkauften, mit ihren jeweiligen → Verkaufspreisen bewerteten → Leistungen.

Umsatzerlöse, *Sales, Revenues,* Gesamtheit der mit Verkaufspreisen bewerteten Absatzmengen oder Leistungen einer → Rechnungsperiode. – Vgl. auch → Grunderlöse.

Umsatzkostenverfahren, *Cost of Sales Method,* gemäß § 275 (1) HGB zulässige Form der → Gewinn- und Verlustrechnung zur Ermittlung des Periodenerfolgs. Den → Umsatzerlösen einer Periode werden die Aufwendungen, untergliedert nach Funktionsbereichen, gegenübergestellt, die für diese ursächlich waren. – Vgl. auch Abb. „Umsatzkostenverfahren – GuV in Staffelform nach dem Umsatzkostenverfahren (verkürzt)“. – Im Anhang sind gemäß § 285 Nr. 8 HGB der Personal- und Materialaufwand bzw. im Konzernabschluss gemäß § 314 (1) Nr. 4 HGB nur der Personalaufwand anzugeben. US-GAAP schreiben die Anwendung des Umsatzkostenverfahrens vor. In der internen Ergebnisrechnung werden beim Umsatzkostenverfahren die gesamten Erlöse den → Herstellkosten der abgesetzten Leistungen sowie die Vertriebs- und Verwaltungskosten gegenübergestellt. Das Betriebsergebnis des Umsatzkostenverfahrens stimmt mit dem des → Gesamtkostenverfahrens überein.

Umstellkosten, fertigungstechnischer Begriff für alle → Kosten, die beim Übergang auf die Produktion einer anderen Serie anfallen. Da diese Kosten unabhängig von der Größe der Serie oder des Loses anfallen, werden sie als losfixe Kosten bezeichnet. Sie umfassen beispielsweise Kosten für die Reinigung der Maschinen, Umrüstkosten für das Einstellen oder Umbauen der Maschinen und Kosten der Verwaltung je Los.

Umwandlung, Änderung der Rechtsform einer Gesellschaft. Gemäß § 1 UmwG werden vier verschiedene Formen der Umwandlung unterschieden:
- Verschmelzung,
- Spaltung (Auf- und Abspaltung, Ausgliederung),
- Vermögensübertragung,
- Formwechsel.

Umwandlungsbilanz, aufgrund der Rechtsformänderung einer Gesellschaft aufgestellte → Sonderbilanz. Die Umwandlungsbilanz unterliegt nicht den handelsrechtlichen Vorschriften, sondern es handelt sich um eine Vermögensbilanz

Umsatzkostenverfahren – GuV in Staffelform nach dem Umsatzkostenverfahren (verkürzt)

1.	Umsatzerlöse
2.	Herstellungskosten der zur Erzielung der Umsatzerlöse erbrachten Leistungen
3.	Bruttoergebnis vom Umsatz
4.	Vertriebskosten
5.	allgemeine Verwaltungskosten
6.	sonstige betriebliche Erträge
7.	sonstige betriebliche Aufwendungen
8.	Erträge aus Beteiligungen
9.	Erträge aus anderen Wertpapieren und Ausleihungen des Finanzanlagevermögens
10.	sonstige Zinsen und ähnliche Erträge
11.	Abschreibungen auf Finanzanlagen und auf Wertpapiere des Umlaufvermögens
12.	Zinsen und ähnliche Aufwendungen
13.	Ergebnis der gewöhnlichen Geschäftstätigkeit
14.	außerordentliche Erträge
15.	außerordentliche Aufwendungen
16.	außerordentliches Ergebnis
17.	Steuern vom Einkommen und vom Ertrag
18.	sonstige Steuern
19.	Jahresüberschuss/Jahresfehlbetrag

zum Umwandlungsstichtag, in welcher die → Schulden und → Vermögensgegenstände zu → Zeitwerten anzusetzen sind. Bei der Aufstellung der Umwandlungsbilanz ist grundsätzlich von der Fortführung der Gesellschaft auszugehen. Die Umwandlungsbilanz ist zusammen mit dem Umwandlungsbeschluss dem → Handelsregister vorzulegen.

Umweltaudit, → Ökoaudit.

Umweltbilanz, vollständige und systematische Darstellung der In- und Outputs umweltrelevanter Wirkungen unternehmerischer Aktivitäten. In Stoff- und Energiebilanzen werden die mit der betrieblichen Umweltbelastung und -entlastung verbundenen Mengengerüste dargestellt. Diese können aus mehreren Teilbilanzen bestehen. In der In- und Outputbilanz werden die Input- und Outputströme für einen gesamten Betrieb quantitativ in physikalischen Größen erfasst. In der Prozessbilanz werden die Stoff- und Energieströme für die einzelnen Schritte der Leistungserstellung differenziert dargestellt. Die Produktbilanz betrachtet bestimmte Produkte über ihren Lebenszyklus hinweg, um auch die der Produktion vor- und nachgelagerten Phasen zu berücksichtigen. Zusätzlich werden in einer Substanzbilanz alle bislang nicht erfassten umweltschutzbezogenen Aktivitäten (z.B. Umweltnutzung durch Bebauung) berücksichtigt. Wenn die erfassten Mengengerüste von Stoff-

und Energiebilanzen mit Wertgrößen verknüpft werden, spricht man von → Wirkungs- und Wertbilanzen. Hierzu zählen z.B. Technologiefolgenabschätzungen oder Umweltverträglichkeitsprüfungen. In Deutschland gibt es bislang keine allgemeine gesetzliche Verpflichtung der Publikation von Stoff- und Energiebilanzen bzw. Umweltbilanzen. Seit dem 1.1.1998 müssen bestimmte Unternehmen jedoch nach § 20 KrW-/AbfG sogenannte Abfallbilanzen erstellen und auf Verlangen den Behörden vorlegen können. In diesen sind die Art, die Menge und der Verbleib der verwerteten oder beseitigten (besonders) überwachungsbedürftiger Abfälle darzustellen.

Umweltbudget-Rechnung, parallel zur bestehenden Kosten-, Erlös- und Ergebnisrechnung intern angelegtes, aber mit dieser verbundenes → Informationssystem zu ökologieorientierten Aspekten eines Unternehmens. Ziel ist es, umweltschutzrelevante Kosten und Erlöse transparent zu machen und auf Umweltschutzprojekte zuzurechnen. Alle Umweltschutzmaßnahmen werden dabei als eigene Projekte aufgefasst (z.B. Reduzierung von Emissionen oder Vermeidung von Abfall). Es erfolgt hier eine Gegenüberstellung der angefallenen Kosten und → Nutzen. Zusätzlich finden in diesem Konzept auch internalisierte externe Kosten Berücksichtigung.

Umweltcontrolling, → Ökocontrolling.

Umweltkostenrechnung, Ansätze zur Erfassung betrieblicher Umweltwirkungen und deren kostenrechnerische Bewertung. Es handelt sich um eine Ergänzung bzw. Erweiterung der → Kostenrechnung eines Unternehmens. Ziel ist es, Umweltwirkungen unternehmerischen Handelns intern transparent sowie umweltschutzorientiertes Handeln in seinen betriebswirtschaftlichen Konsequenzen kalkulierbar zu machen. Grundsätzlich lassen sich folgende Kostenkategorien umweltbezogener → Kosten differenzieren:

- Vermeidungskosten bzw. Verminderungskosten, die sich auf den bewerteten Güterverzehr für die Vermeidung bzw. Verminderung von Wirkungen betrieblich bedingter Stoff- und Energieströme beziehen,
- Verwertungskosten, die für Leistungen aufgrund betrieblich bedingter Stoff- und Energieströme führen,
- Beseitigungskosten, die für die Beseitigung von vorhandenen bzw. möglichen Umweltschäden von Stoff- und Energieströmen anfallen.

Es gibt sehr unterschiedliche Ansätze einer Umweltkostenrechnung. Zum einen existieren Umweltschutzkostenrechnungen parallel als Sonderrechnung ohne Integration in die betriebliche Kostenrechnung (z.B. → Umweltbudget-Rechnung, → ökologische Buchhaltung). Zum anderen gibt es integrierte Ansätze, die versuchen, die Umweltschutzkosten möglichst genau einzelnen Kostenarten, Kostenstellen und Kostenträgern zuzurechnen. Somit ist die Frage zu stellen, ob und in welcher Höhe entsprechende Kosten anfallen. Die Kosten sind analog der Vorgehensweise der klassischen Kostenrechnung auf die Kostenstellen und Kostenträger zu verrechnen. Es sind gegebenenfalls adäquate umweltbezogene Kostenstellen zu bilden, wie z.B. für die Abfallwirtschaft, den Umweltschutzbeauftragter oder die Abwasserreinigung. Dabei handelt es sich i.d.R. um allgemeine oder unternehmensbereichsbezogene Hilfs- bzw. Nebenkostenstellen. Unabhängig von der jeweiligen Konzeption der Umweltkostenrechnung im Unternehmen sowie dem Problem der adäquaten Abgrenzung der Umweltschutzkosten ist die Frage nach deren sachgerechten Bewertung schwierig zu beantworten. Dies ist insbesondere schwierig, wenn umweltbezogene Kosten aus freiwilligen unternehmerischen Umweltschutzaktivitäten resultieren. Je nach unternehmenspolitischer

Grundeinstellung sind lediglich subjektive Bewertungsansätze anwendbar, z.B. nach den Prinzipien „willingness to pay“ oder „subjektive Ausgabenbereitschaft“. Dazu kommt v.a. bei längerfristiger Betrachtung das Problem der Bewertung unkalkulierbarer Folgekosten hinzu, welche z.B. durch nicht vorhersehbare kostenwirksame Entwicklungen im Bereich der Umweltschutzgesetzgebung oder das Verhalten von Umweltschutzbehörden verursacht werden.

Umweltschutzaudit, → Ökoaudit.

Umweltschutzcontrolling, → Ökocontrolling.

unabhängige Kosten, von der Veränderung einer Bezugsgröße nicht abhängige Kosten. Sie sind somit fixe Kosten bezüglich der jeweiligen Bezugsgröße.

Unabhängigkeit (des Wirtschaftsprüfers), *Independence.* Sowohl nach nationalen als auch nach internationalen Vorschriften ist der → Wirtschaftsprüfer zu einer unabhängigen Berufsausübung verpflichtet, womit das Fehlen von solchen Bindungen zum Auftraggeber gemeint ist, die die berufliche Entscheidungsfreiheit beeinträchtigen oder beeinträchtigen könnten. Durch die Beachtung dieses Grundsatzes soll der Wirtschaftsprüfer dem öffentlichen Interesse gegenüber seiner Tätigkeit gerecht werden und das Vertrauen des Kapitalmarktes in die Ergebnisse seiner Arbeit stärken.

Underhedge, negative Hedge-Ineffizienz, bei der die Gewinn-/ Verluständerung des → derivativen Finanzinstruments kleiner ist als die entsprechende Gewinn-/ Verluständerung des Grundgeschäfts.

unechte Gemeinkosten, → Gemeinkosten. – *Anders:* → echte Gemeinkosten.

unechte Verbrauchsabweichung, durch Fehlkontierung entstehende Abweichungen (z.B. Losgrößenabweichung, Arbeitsablaufsabweichungen, geänderte Auftragszusammensetzung), die nicht auf mangelnde → Produktivität zurückzuführen sind, sondern nur auf Verrechnungsdifferenzen zwischen Kostenstellenrechnung und Kostenträgerrechnung. Unechte Verbrauchsabweichungen sind vom Kostenstellenleiter nicht zu vertreten und müssen daher vor einer wirksamen → Kostenkontrolle im → Soll-Ist-Vergleich eliminiert werden.

unfertige Erzeugnisse, → fertige und unfertige Erzeugnisse.

Ungültigkeit, → Nichtigkeit.

United States Generally Accepted Accounting Principles, → US-GAAP.

Unterbeschäftigung, im Allgemeinen die → Beschäftigung, die die vorhandenen → Kapazitäten nicht genügend ausnutzt oder die unter der durchschnittlichen Beschäftigung liegt. In der → Kostentheorie handelt es sich um die Beschäftigung, bei der das Stückkostenminimum noch nicht erreicht ist. Dies ist bei S-förmigem Gesamtkostenverlauf der Bereich degressiv steigender Gesamtkosten bzw. degressiv fallender Stückkosten; bei linearem Gesamtkostenverlauf jede Beschäftigung unterhalb der Kapazitätsgrenze. In der Plankostenrechnung wird sie manchmal auch als Istbeschäftigung bezeichnet, die unter der Planbeschäftigung liegt. Sie führt zu → Fixkostenunterdeckungen.

Unterbewertung, Wertansatz unter dem rechtlich zulässigen Wert. In Folge einer Unterbewertung entstehen stille Reserven. Gemäß § 256 (5) AktG ist der Jahresabschluss einer Aktiengesellschaft (AG) nichtig, wenn durch Unterbewertung die Vermögens- und Ertragslage der Gesellschaft vorsätzlich unrichtig wiedergegeben oder verschleiert wird.

Unterbilanz, Situation in der zu Buchwerten erstellten → Bilanz einer → Kapitalgesellschaft, bei der die aufgelaufenen → Verluste die Hälfte und mehr des → gezeichneten Kapitals betragen. In solchen Fällen haben die Geschäftsführer die Gesellschafterversammlung (§ 49 (3) GmbHG), der Vorstand die Hauptversammlung (§92 (1) AktG) einzuberufen.

Unternehmensanalyse, → Due Diligence.

Unternehmensbewertung, Bestimmung des Unternehmenswerts anhand einer Prüfung i.d.R. zu Zwecken der Bestimmung oder Einschätzung des Kaufpreises. Das Verfahren der Unternehmensbewertung bestimmt sich nach ihrem Zweck. Wichtigste Methoden sind die Ertragswert- und die Substanzwertmethode. Die Ertragswertmethode berücksichtigt die zukünftige Unternehmensentwicklung. Die Substanzwertmethode richtet sich nach dem → Reproduktionswert und betrachtet die einzelnen → Vermögensgegenstände mit ihren Wiederbeschaffungswerten. Unter bestimmten steuerlichen Voraussetzungen kann die Unternehmensbewertung auch zu → Buchwerten aufgestellt werden.

Unternehmensfixkosten, → spezielle Fixkosten.

Unternehmensübernahme. Erwerb eines ganzen Unternehmens oder von Teilen eines Unternehmens, die selbstständig am Wirtschaftsleben teilnehmen können. Der Erwerb erfolgt durch den Übergang der wirtschaftlichen Verfügungsmacht über die Vermögenswerte, nicht lediglich durch → Anteilserwerb. Die modernen Verfahren der Unternehmensübernahme arbeiten auf der Grundlage des → Discounted Cash Flow.

Unternehmenswert, relevant im Fall eines Kaufes oder Verkaufs des → Unternehmens. Auch im Steuerrecht gibt es festgeschriebene Anlässe, wann der Wert des festgestellt werden muss, z.B. bei Schenkung. Zur Ermittlung des Unternehmenswertes existieren zahlreiche Methoden, die im Rahmen der → Unternehmensbewertung angewandt werden.

Unternehmenswert, → Marktwert des Unternehmens, der häufig auch als → Shareholder Value verstanden wird.

Unternehmenszusammenschluss, freiwillige Verbindung zweier Unternehmen zu einem Unternehmen aufgrund einer vertraglichen Vereinbarung. Der Unternehmenszusammenschluss kann durch eine → Verschmelzung oder Verbindung zu einem → Konzern erfolgen.

Unternehmergesellschaft, eine Gesellschaft mit beschränkter Haftung, die mit einem Stammkapital von weniger als 25.000 Euro gegründet wird, muss die Bezeichnung „Unternehmergesellschaft (haftungsbeschränkt)“ oder „UG (haftungsbeschränkt)“ führen (§ 5a GmbHG).

Unternehmerlohn, statisches Einkommen des Unternehmers, das sich ein (Mit)Inhaber von Anteilen am → Eigenkapital der Unternehmung (falls dieser zugleich auch Unternehmer ist) für seine Tätigkeit anrechnet. Beispielweise steht der Unternehmerlohn dem Einzelkaufmann, Gesellschafter-Geschäftsführer und denjenigen Angehörigen des Unternehmers zu, die ohne festes Arbeitentgelt mitarbeiten. Er wird als → kalkulatorischer Unternehmerlohn in der → Kostenrechnung berücksichtigt (→ Zusatzkosten).

Unternehmerwagnis, → Wagniskosten.

Unterordnungskonzern, Konzernart, bei der ein herrschendes Unternehmen (→ Muttergesellschaft) die einheitliche Leitung über die untergeordneten → Konzernunternehmen (Tochtergesellschaften) übernimmt.

unterproportionale Kosten, → variable Kosten, die in geringerem Maße steigen als die entsprechende → Kosteneinflussgröße, so dass sich ein unterproportionaler → Kostenverlauf ergibt. Tendenziell können beim Rohstoffeinkauf von größeren Mengen höhere Mengenrabatte erzielt werden, welche pro Mengeneinheit zu einem leicht degressiven Kostenverlauf führen.

Unterschiedsbetrag aus Kapitalkonsolidierung, man unterscheidet den positiven vom negativen Unterschiedsbetrag aus Kapitalkonsolidierung. Die Ursachen für einen positiven Unterschiedsbetrag aus Kapitalkonsolidierung können sein:
1. Muttergesellschaft hat einen Anschaffungspreis bezahlt, der das Vermögen zu Zeitwerten des angeschafften Unternehmens übersteigt (→ Goodwill);
2. Unterbewertung der Vermögensgegenstände des Tochterunternehmens;
3. Überbewertung der Beteiligung.

Die Ursachen für einen negativen Unterschiedsbetrag aus Kapitalkonsolidierung können sein:
1. Muttergesellschaft hat einen Anschaffungspreis bezahlt, der das Vermögen zu Zeitwerten des angeschafften Unternehmens unterschreitet (Badwill);
2. Überbewertung der Vermögensgegenstände des Tochterunternehmens;
3. Unterbewertung der Beteiligung (→ Lucky Buy).

Unwirksamkeit, → Nichtigkeit.

US-GAAP, Abk. für United States Generally Accepted Accounting Principles. US-amerikanische Rechnungslegungsgrundsätze, die ein auf praktizierte Rechnungslegungsverfahren abstellendes Regelsystem darstellen, das als oberstes Prinzip die Informationsfunktion (→ Fair Presentation) für den → Shareholder kennt.

V

Valeur Ajoutée, → Wertschöpfung.

Value Added, → Wertschöpfung.

Value Added Approach, → Added Value Konzepte.

Value Analysis, → Wertanalyse.

Value At Risk (VAR), risikoorientierte Bewertungsmethode zur Ermittlung des maximalen → Verlustes aus dem Ausfall von → Aktiva sowie aus Zins-, Währungs- und Kursschwankungen. Ausgangspunkt dieser Bewertungsmethode ist die Definition des sogenannten Risikokapitals, das sich aus risikobehafteten Posten des Unternehmens zusammensetzt (→ Forderungen, → Wertpapiere etc.). Das Risikokapital ist mit einem Risikofaktor zu gewichten, der gemäß der Wahrscheinlichkeit des Risikoeintritts und der prozentualen Risikoeinschätzung zu wählen ist.

Value-based Management, → Value Management.

Value Engineering, → Wertanalyse für ein neu zu entwickelndes Produkt. Durch die Neugestaltung des Produktentwicklungsprozesses können bei Produktinnovationen die Eigenschaften, die den Kundenerwartungen entsprechen, frühzeitig vorgegeben und marktgerechte → Sollkosten festgelegt werden. Das Value Engineering beruht auf der Erkenntnis, dass in der frühen Phase des → Produktlebenszyklus die → Kosten eines Produktes determiniert werden und somit zu dieser Zeit aufgrund der vergleichsweise geringen Änderungskosten noch beeinflussbar sind.

Value Management, *Balanced Value Management, Value-based Management, wertorientiertes Management,* Ansatz mit dem Anspruch der Ausrichtung sämtlicher Unternehmensziele auf die Steigerung des

Value Management – Balanced Value Map

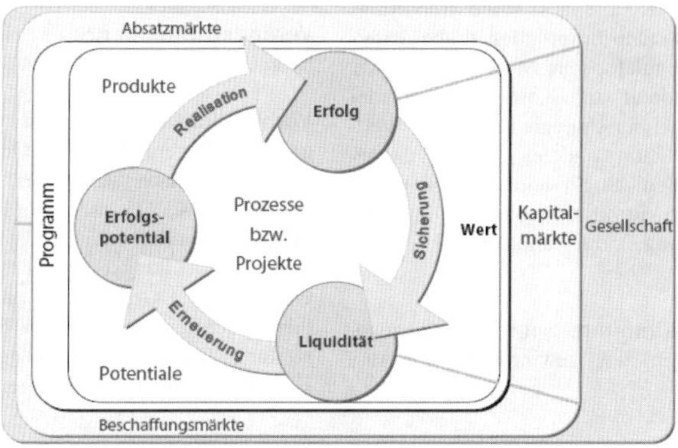

→ Unternehmenswerts. Grundlage dafür ist die Aufrechterhaltung des Managementzyklus eines Unternehmens (→ Wertschöpfung). Die bewusste Verwertung von → Erfolgspotenzialen führt zur Realisierung von unternehmerischem Erfolg und ermöglicht eine dauerhafte Sicherung der → Liquidität. Da sich ein Verzehr der Erfolgspotenziale im Laufe ihrer Nutzung bzw. der Zeit einstellt, ist die → Liquidität auch zur Erneuerung von Erfolgspotenzialen einzusetzen. Analog zur Lokomotionsfunktion des → Controllings hat das Value Management somit die Aufgabe, den Kreislaufprozess aus Erfolgsrealisierung, Liquiditätssicherung und Erfolgspotenzialerneuerung dauerhaft sicherzustellen. – Vgl. auch Abb. „Value Management – Balanced Value Map" auf S. 1. – Value Management i.e.S. bezieht sich häufig allein auf die Steigerung des Unternehmenswertes aus Sicht der → Shareholder (→ Shareholder Value). Die weitere Sicht dieses Begriffs umfasst alle Interessenträger (Stakeholder), wie z.B. Anteilseigner, Fremdkapitalgeber, Lieferanten, Manager, Mitarbeiter, Kunden, Konkurrenten sowie Regulatoren eines Unternehmens.

Value Reporting, wertorientiertes Reporting (→ Berichtswesen). Es umfasst sowohl Komponenten der internen als auch externen Berichterstattung und Informationspolitik, die für die Steigerung des → Unternehmenswertes maßgeblich sind. Die Inhalte des Value Reportings sind zum einen Informationen über externe und regulatorische Maßnahmen sowie Informationen zur Kommunikation der Wertsteigerungsstrategie und den → Werttreibern. Zum anderen werden Steuerungsgrößen der Strategieumsetzung dargestellt sowie Informationen zur Produktentwicklung, zum Humankapital, Allianzen u.ä. gegeben.

Value Skimming, Nutzung von erzeugten Werten, d.h. gewinnorientierte Ausschöpfung der aufgebauten Potenziale eines Unternehmens.

Variable Costing, → Grenzplankostenrechnung.

variable Gesamtkosten, Teil der → Gesamtkosten, der sich bei einer Änderung der Beschäftigung im Gegensatz zu den fixen Kosten verändert. Die variablen Gesamtkosten können progressiv, proportional, degressiv oder regressiv verlaufen. Sie werden durch Subtraktion der Fixkosten von den Gesamtkosten ermittelt. Eine besondere Rolle spielen die variablen Gesamtkosten innerhalb der Teilkostenrechnung, v.a. im → Direct Costing.

variable Kosten, Kostenkategorie, die in ihrer Höhe von Veränderungen der jeweiligen → Kosteneinflussgrößen abhängt. Variable Kosten sich in Abhängigkeit von ihren Eigenschaften des → Kostenverlaufs in → unterproportionale, → proportionale und → überproportionale Kosten differenzieren.

Variance Analysis, → Abweichungsanalyse.

Variantenstückliste, Auflistung der für Sorten gleichartigen und jeweils spezifischen Teile der verschiedenen Varianten.

Venture-Capital, → Wagniskapital.

Veränderungsbilanz, → Bewegungsbilanz.

Verbindlichkeiten, Verpflichtungen gegenüber Dritten, die ihres Grundes und ihrer Höhe nach sicher sind. Sie sind gemäß §§ 242 (1) und 246 (1) HGB zu bilanzieren und gemäß § 253 (1) HGB zu ihrem Erfüllungsbetrag anzusetzen. Gemäß den → Grundsätzen ordnungsmäßiger Buchführung (GoB) ist bei der Bewertung von Verbindlichkeiten das → Höchstwertprinzip (Ausnahme: kurzfristige Fremdwährungsverbindlichkeiten) zu beachten. Gemäß § 268 (5) HGB müssen → Kapitalgesellschaften zu jedem Verbindlichkeitsposten der → Bilanz den Betrag mit einer Restlaufzeit unter einem Jahr gesondert angeben. Verbindlichkeiten mit einer Restlaufzeit von mehr als fünf Jahren und durch Pfand oder ähnliche Rechte gesicherte Verbindlichkeiten sind gemäß § 285 Nr. 1a im Anhang anzugeben. Gemäß § 251 sind vormals als Eventualverbindlichkeiten bezeichnete Haftungsverhältnisse (Haftungsverhältnisse aus Wechselobligo, aus Bürgschaften, aus Wechsel- und Scheckbürgschaften, Gewährleistungsverträgen sowie Haftungsverhältnisse aus der Bestellung von Sicherheiten für fremde Verbindlichkeiten) unter der Bilanz oder im Anhang anzugeben.

Verbrauchsabweichung, Differenz zwischen den Istkosten zu Festpreisen und den Sollkosten, die sich aus den Daten der → flexiblen Plankostenrechnung ableiten. Unter der Annahme, dass die → Beschäftigung die einzige exogene → Kosteneinflussgröße darstellt, ist die Verbrauchsabweichung auf unwirtschaftliches Verhalten (Mehrverbräuche) in der → Kostenstelle zurückzuführen und daher vom Kostenstellenleiter zu verantworten. Die Verbrauchsabweichung kann sich aus Qualitätsabweichungen, Verfahrensabweichungen und Auftragsabweichungen zusammensetzen.

Verbrauchsfolgeverfahren, gemäß § 256 HGB zulässiges → Bewertungsvereinfachungsverfahren. Soweit es den → Grundsätzen ordnungsmäßiger Buchführung (GoB) entspricht, kann für den Wertansatz gleichartiger → Vermögensgegenstände des → Vorratsvermögens unterstellt werden, dass die Vermögensgegenstände in einer bestimmten Folge verbraucht oder veräußert worden sind. Unterschieden werden kann in zeitabhängige Verbrauchsfolgeverfahren und preisabhängige Verbrauchsfolgeverfahren. Preisabhängige Verbrauchsfolgeverfahren sind nach HGB nicht mehr zulässig. Zu den weiterhin zulässigen zeitabhängigen Verbrauchsfolgeverfahren gehören das Fifo-Verfahren (*First in, first out*) und das Lifo-Verfahren (*Last in, first out*). Dabei wird unterstellt, dass die zuerst angeschafften Vermögensgegenstände als erstes verbraucht oder veräußert werden (Fifo), bzw. dass die zuletzt angeschafften Vermögensgegenstände zuerst verbraucht oder veräußert werden (Lifo). Beim Fifo-Verfahren kommt es bei Preissteigerungen zu einem hohen Ergebnisausweis und umgekehrt. Beim Lifo-Verfahren wird bei Preissteigerungen ein eher niedriges Ergebnis gezeigt; es können eventuell → stille Rücklagen gebildet werden. Sowohl Fifo- als auch Lifo-Verfahren sind nach HGB und auch nach International Financial Reporting Standards (IFRS) und US-GAAP zulässig. Nach EStG ist lediglich das Lifo-Verfahren zulässig. Bei allen Verbrauchsfolgeverfahren kann die periodenbezogene und permanente Ermittlung unterschieden werden, je nachdem, ob die → Bewertung nach Verbrauchsfolgeverfahren nur zum → Bilanzstichtag erfolgt oder ob die Bewertung auch unterjährig, d. h. bei jedem Abgang, vorgenommen wird. – *Anders:* → Durchschnittsbewertung.

Verbrauchsfunktion, stellt die Art der funktionalen Abhängigkeit des Verzehrs einer Faktorart von der → Leistung eines Betriebsmittels dar. Je nach Faktorart, Beschaffenheit der Produktionsmittel sowie Art und Umfang der erbrachten Leistung können sich die Verbrauchsfunktionen ändern. Man unterscheidet technische und ökonomische Verbrauchsfunktionen sowie nach ihrem Kurvenverlauf lineare und nicht lineare, insbesondere U-förmige Verbrauchsfunktionen. Die Bestimmung von Verbrauchsfunktionen ist v.a. bei der Kostenplanung im Rahmen der → Plankostenrechnung notwendig.

Verbrauchsmengenplanung. Für die meisten Verbrauchsarten ist die Kostenplanung mengen- und wertmäßig vorzunehmen. Es ist also eine Planung der Verbrauchsmengen (Planmenge) und eine Planung der Preise (Planpreise) durchzuführen. Die Verbrauchsmengenplanung baut dabei auf produktionstheoretischen Erkenntnissen, insbesondere auf → Verbrauchsfunktionen, auf und gibt Abhängigkeiten zwischen dem Produktionsergebnis und dem dafür notwendigen Faktoreinsatz wieder. Darauf lässt sich zwar die Planung der → Einzelkosten aufbauen, die → Gemeinkosten jedoch sind getrennt zu planen.

Verbrauchspreis, *Bruttoabgabepreis,* Mischgröße aus Kosten und Marktpreisen, die in der Kalkulation Verwendung findet. Der Verbrauchspreis ist die Summe aus dem Einkaufspreis (Rechnungspreis abzüglich Rabatten), außerbetrieblichen Beschaffungsnebenkosten (Zölle, Transport, Versicherungen) und den innerbetrieblichen Beschaffungsnebenkosten.

Verbundeffekte, → Synergieeffekte, → Economies of scope.

verbundene Kosten, *Joint Costs,* Bezeichnung für die → Kosten der → Kuppelproduktion, die gemeinsam für die einzelnen Kuppelprodukte anfallen. Eine verursachungsgerechte Zurechnung der Kosten auf einzelne Kuppelprodukte ist nicht möglich (→ Gemeinkosten).

verbundene Produktion, → Kuppelproduktion.

verbundene Unternehmen, *Affiliated Companies,* Bezeichnung für rechtlich selbstständige Unternehmen, die in bestimmten Verhältnissen zueinander stehen. Sowohl das Handelsgesetzbuch als auch das Aktiengesetz definieren den Begriff verbundene Unternehmen. Gemäß § 271 (II) HGB sind verbundene Unternehmen solche Unternehmen, die als Mutter- oder Tochterunternehmen in den Konzernabschluss eines Mutterunternehmens nach den Vorschriften der Vollkonsolidierung einzubeziehen sind, selbst wenn die Aufstellung unterbleibt oder ein befreiender Konzernabschluss aufgestellt wird. Gemäß § 15 AktG sind Unternehmen verbundene Unternehmen, wenn sie in den folgenden Verhältnissen zueinander stehen:

- In Mehrheitsbesitz stehende und mit Mehrheit beteiligte Unternehmen (§ 16 AktG),
- abhängige und herrschende Unternehmen (§ 17 AktG),
- Konzernunternehmen (§ 18 AktG),
- wechselseitig beteiligte Unternehmen (§ 19 AktG),
- Vertragsteile eines Unternehmensvertrages (§§ 291, 292 AktG).

verdeckte Einlage, liegt nach steuerrechtlichen Vorschriften vor, wenn ein einlagefähiger → Vermögensgegenstand einer Kapitalgesellschaft durch eine ihr nahe stehende Person zugewendet wird, ohne dass hierfür eine Gegenleistung erfolgt und die Gründe für die Zuwendung im Gesellschaftsverhältnis zu sehen sind. Die Beteiligung an der Kapitalgesellschaft erhöht sich um den → Teilwert des verdeckt eingelegten → Wirtschaftsgutes. Keine verdeckte Einlage liegt dagegen vor, wenn ein bilanzierungsfähiges Wirtschaftsgut zum Gebrauch überlassen wird.

verdeckte Gewinnausschüttung (VGA), Vermögensminderung oder verhinderte Vermögensmehrung im Sinne des § 8 (3) S. 2 KStG, die durch das Gesellschaftsverhältnis veranlasst ist und sich auf die Höhe des Einkommens auswirkt. Eine verdeckte Gewinnausschüttung steht in keinem Zusammenhang mit einer offenen, durch Gesellschafterbeschluss festgelegten → Ausschüttung. Gemäß § 8 (3) S. 2 KStG dürfen Ausschüttungen das steuerpflichtige Einkommen einer Körperschaft nicht mindern.

Veredelungskosten, bei außerbetrieblicher oder innerbetrieblicher Bearbeitung entstehende Kosten. Die Veredelungskosten erhält man, wenn man in der Kostenstellenrechnung von den → Herstellkosten einer Kostenstelle die Kosten für das Fertigungsmaterial abzieht. Da die Veredelung oft in Form → innerbetrieblicher Leistungen erfolgt, werden diese mit Hilfe der sogenannten Veredelungsrechnung kalkuliert, die eine Sonderform der Zuschlagskalkulation darstellt.

Vereidigte Buchprüfer, freier Beruf gemäß den Regelungen der WPO. Die Tätigkeit des Vereidigten Buchprüfers beinhaltet die → Prüfung der → Buchführung und der → Bilanzen von Gesellschaften und die Prüfung von → Jahresabschlüssen kleiner und mittelgroßer Gesellschaften.

vereinfachte Kapitalherabsetzung, → Kapitalherabsetzung gemäß §§ 229 bis 236 AktG bei Aktiengesellschaften (AGs) und gemäß § 58a GmbHG für Gesellschaften mit beschränkter Haftung (GmbHs). Eine vereinfachte Kapitalherabsetzung kann zum Ausgleich von Wertminderungen, zur Deckung sonstiger Verluste oder zur Einstellung von Beträgen in die → Kapitalrücklage vorgenommen werden. Voraussetzungen für eine vereinfachte Kapitalherabsetzung ist, dass die → gesetzliche Rücklage voll bedient ist und die → Gewinnrücklagen vorweg aufgelöst sind. Die vereinfachte Kapitalherabsetzung bedarf einer Dreiviertelmehrheit der Hauptversammlung bzw. eines Gesellschafterbeschlusses und muss in das → Handelsregister eingetragen werden.

Verfahrensabweichung, Teil der → Verbrauchsabweichung.

Verfahrenskontrolle, Kontrolle der Verwendung von Instrumenten und Methoden im Rahmen der → Planung.

Vergleich, gemäß § 779 BGB ein Vertrag, durch den der Streit oder die Ungewissheit der Parteien über ein Rechtsverhältnis im Wege gegenseitigen Nachgebens beseitigt wird. Man unterscheidet folgende Vergleichsformen:

1. Erlassvergleich: Erlass eines Teils der Schulden durch die Gläubiger.
2. Treuhandvergleich: Überlassung von Vermögen seitens des Schuldners an Treuhänder zur Verwaltung desselben.
3. Stundungsvergleich: Stundung von Schulden.

Verhältniszahlen, → Kennzahlen.

Verifiability, → Decision Usefulness.

Verkaufskosten, → Vertriebskosten.

Verkaufspreisabweichung, Differenz zwischen den geplanten und den tatsächlichen Verkaufspreisen, die im → Soll-Ist-Vergleich mit Hilfe der Abweichungsanalyse festgestellt wird. Die Verkaufspreisabweichung kann sowohl durch Einflüsse des Marktes als auch durch die Vertriebsleitung verursacht werden und ist vom Kostenstellenleiter nicht zu verantworten. Ihre Verrechnung erfolgt direkt in der Ergebnisrechnung, da ein Kostencharakter der Verkaufspreisabweichung nur selten nachweisbar ist.

Verkehrswert, → gemeiner Wert.

verkürzte Bilanz, Bilanz der kleinen Kapitalgesellschaften (§ 266 (1) S. 3 HGB), die lediglich die in § 266 (2) und (3) HGB mit Buchstaben und römischen Zahlen aufgeführten Posten enthalten muss.

Verlust, *Loss,* Betrag, der sich in der Bilanz ergibt, sofern das Eigenkapital am

Anfang einer Periode höher ist als das Eigenkapital am Ende der Periode nach Abzug von Einlagen und zuzüglich Entnahmen. Bei der Veräußerung von Vermögensgegenständen entsteht dann ein Buchverlust, wenn der Restbuchwert des Anlagegegenstandes höher als der Veräußerungspreis ist. – *Gegensatz:* → Gewinn.

Verlustantizipation, → Imparitätsprinzip.

Verlustausgleich, steuerrechtliche Vorgehensweise bei der Ermittlung der Summe der Einkünfte, bei der negative Einkünfte einer → Einkunftsart zunächst mit positiven Einkünften derselben Einkunftsart und anschließend mit bestimmten positiven Einkünften anderer Einkunftsarten verrechnet werden.

verlustfreie Bewertung, Methode zur Ermittlung eines → beizulegenden Wertes. Von einem am Absatzmarkt zu erzielenden Verkaufspreis werden die bereits angefallenen und die im Fall der unfertigen Erzeugnisse noch anfallenden → Aufwendungen abgezogen. Der verbleibende Betrag wird zur Bewertung der fertigen und unfertigen Erzeugnisse herangezogen. Bei Eintritt der Erwartungen aus dem Verkauf des so bewerteten Gegenstandes entsteht weder ein → Gewinn noch ein → Verlust.

Verlustrücktrag, steuerrechtliche Möglichkeit, negative Einkünfte, die nicht durch → Verlustausgleich ausgeglichen werden, bis zu einem Betrag von 511.500 Euro vom Gesamtbetrag der Einkünfte des unmittelbar vorangegangenen Veranlagungszeitraums abzuziehen (§10d (1) EStG). – *Anders:* → Verlustvortrag.

Verlustvortrag, steuerrechtliche Möglichkeit, nicht durch → Verlustrücktrag ausgeglichene negative Einkünfte in den folgenden Veranlagungszeiträumen vom Gesamtbetrag der Einkünfte abzuziehen (§ 10d (2) EStG). Im Rahmen des Verlustvortrages sind die Vorschriften der → Mindestbesteuerung zu beachten. – *Anders:* → Verlustrücktrag.

Vermeidungskosten, bringen die Kosten zum Ausdruck, die hinzunehmen wären, um → soziale Kosten zu vermeiden. Diese finden in → Sozialbilanzen und in → Kosten-Nutzen-Analysen (KNA) Berücksichtigung. Z.B. können beim Bau eines Flughafens durch Lärmbelästigung soziale Kosten als Folge auftreten. Die Vermeidungskosten sind in diesem Zusammenhang z.B. die Kosten, die für die Errichtung von Lärmschutzvorrichtungen anfallen.

Vermögen, *Vermögensbestand,* Summe des Anlage- und Umlaufvermögens der Bilanz. Zieht man von dieser die Verbindlichkeiten ab, so erhält man das sogenannte Reinvermögen bzw. das Eigenkapital.

Vermögensaufstellung, *Summary of Property, Vermögensübersicht,* im Steuerrecht angewandtes Rechenwerk zur Ermittlung des → Einheitswerts des Betriebsvermögens eines Gewerbebetriebs. Eine Vermögensaufstellung erfasst alle am Bilanzstichtag vorhandenen Besitz- und Schuldposten des Gewerbebetriebs nach den Vorschriften des Bewertungsgesetzes.

Vermögensbestand, → Vermögen.

Vermögens-, Finanz- und Ertragslage, Bestandteil der Generalnorm (→ True and Fair View) des deutschen Handelsrechts. Gemäß § 264 (2) HGB hat der Jahresabschluss von Kapitalgesellschaften unter Beachtung der → Grundsätze ordnungsmäßiger Buchführung (GoB) ein den tatsächlichen Verhältnissen entsprechendes Bild der Vermögens-, Finanz- u. Ertragslage zu vermitteln. Besondere Form der Darstellung der Posten der Bilanz und der Gewinn- und Verlustrechnung, bei der die Aktivseite der Bilanz (Vermögenslage), die Passivseite der Bilanz (Finanzlage) sowie die Gewinn- und Verlustrechnung (Ertragslage) separat und im Vergleich zu den Vorjahreszahlen dargestellt werden, um eine detailliertere Analyse vornehmen zu können.

Vermögensgegenstand, handelsrechtlicher Begriff für Sachen und Rechte, die die folgenden Kriterien erfüllen:

- Einzelveräußerbarkeit (auch erfüllt, soweit sich der Vermögensgegenstand zur Nutzungsüberlassung eignet),
- Einzelbewertbarkeit,
- Vorliegen wirtschaftlichen Eigentums.

Vermögensgegenstände sind grundsätzlich in der → Handelsbilanz zu aktivieren, es sei denn, es besteht ein → Aktivierungswahlrecht oder → Aktivierungsverbot. In der Steuerbilanz wird auf das Wirtschaftsgut abgestellt.

Vermögensstatus, im Rahmen der Liquidation oder Zerschlagung bzw. im Rahmen eines Vergleichs aufzustellende Gegenüberstellung von Vermögen und Schulden eines Unternehmens zu einem bestimmten Stichtag. I.d.R. wird im Vermögensstatus zu Tageswerten bewertet, wobei die Bewertung entweder unter Liquidationsgesichtspunkten oder unter Fortführungsgesichtspunkten vorzunehmen ist.

Vermögensstruktur, Verhältnis einzelner Aktivposten zum Gesamtvermögen einer Unternehmung. Zur Ermittlung und Analyse der Vermögensstruktur werden Vermögensstrukturkennzahlen errechnet, wie z.B.:

$$Anlagenintensität = \frac{Anlagevermögen}{Gesamtvermögen}$$

$$Arbeitsintensität = \frac{Umlaufvermögen}{Gesamtvermögen}$$

Vermögensübersicht, → Vermögensaufstellung.

verrechnete Plankosten, Begriff der → Plankostenrechnung. Die verrechneten Plankosten sind das Produkt aus Plankostenverrechnungssatz und Istbeschäftigung und sind somit nur bei Planbeschäftigung identisch mit den Sollkosten. Die Abweichung zwischen Sollkosten und verrechneten Plankosten stellt die Beschäftigungsabweichung dar.

Verrechnungspreise, *Lenkungspreise,* Wertansätze für → innerbetriebliche Leistungen. Verrechnungspreise ermöglichen die Abrechnung des Leistungsaustausches zwischen verschiedenen, rechnerisch abgegrenzten Unternehmensbereichen. Verrechnungspreise dienen der → pretialen Lenkung von Unternehmen und stellen ein Instrument zur Abstimmung von dezentralen Unternehmensbereichen dar. Sie ermöglichen der Erfolgsermittlung einzelner Unternehmenseinheiten. Verrechnungspreise dienen auch der → Kalkulation von Inventurwerten der handels- und steuerrechtlichen → Bilanz und der Ermittlung von Preisgrenzen für Einsatzgüter und Endprodukte. In Abhängigkeit der verfolgten Zwecke orientieren sich Verrechnungspreise an den Marktpreisen oder an den jeweils angefallenen → Kosten. Es können aber auch weitere Ansätze zur Bestimmung herangezogen werden, wie z.B. Knappheitspreise, Verhandlungspreise oder sogenannte Konzernverrechnungspreise. Bei marktorientierten Verrechnungspreisen erfolgt die Festlegung des Verrechnungspreises auf Basis des Marktpreises. Diese Methode beruht auf folgenden Annahmen:

- Möglichkeit des Marktzugangs,
- Einheitlichkeit der Marktpreise,
- Unbeschränktheit der Marktkapazität,
- Quantifizierbarkeit von Verbundvorteilen,
- Anpassungsmöglichkeiten an Marktpreisschwankungen.

Bei den kostenorientierten Verrechnungspreisen können als Arten die vollkostenorientierten Verrechnungspreise, die → Vollkosten plus Zuschlagspreise, die grenzkostenorientierten Verrechnungspreise, die → variablen Kosten plus Zuschlagspreise und die variable Kosten plus periodische Zurechnung angeführt werden. Als weitere Verrechnungspreisarten sind die Verhandlungspreise, das Gewinnpooling und die → Transferpreise zu nennen.

Verrechnungssatz, Begriff der → Kalkulation, insbesondere der Zuschlagskalkulation. Verrechnungssätze werden für die Verrechnung der Gemeinkosten auf die Kostenträger benötigt.

Verrechnungssatzkalkulation, Verfahren der Kalkulation, das für kostenträgergemeinkostenintensive Mehrproduktbetriebe konzipiert ist, die in Serienfertigung oder Einzelfertigung unterschiedliche Erzeugnisse herstellen. Im Unterschied zur Zuschlagskalkulation werden die Gemeinkosten nicht anhand von Wertgrößen auf die Kostenträger verteilt, sondern leistungsorientiert verrechnet. Das Grundprinzip dieser Methode sieht vor, die je Kostenstelle ausgewiesenen Gemeinkosten auf die jeweiligen Kostenstellengesamtleistungen bzw. unterschiedlichen Leistungsarten zu beziehen, woraus leistungsbezogene Verrechnungssätze pro Leistungseinheit resultieren. Diese werden dann in der eigentlichen Kalkulation genutzt, um die im Rahmen der Herstellung eines Produktes in Anspruch genommene Leistungsmenge einer Kostenstelle zu bewerten. In Form der → Maschinenstundensatzrechnung ist das Verfahren zur Kalkulation von Fertigungsprozessen weit verbreitet.

Verrechnungsverbot, → Saldierungsverbot.

Verschmelzung, *Business Combinations, Merger, Fusion,* Zusammenfassung rechtlich und wirtschaftlich selbstständiger Unternehmen zu einer Einheit, wobei die Übertragung des Vermögens jedes übertragenden Rechtsträgers als Ganzes gegen Gewährung von → Anteilen oder Mitgliedschaften an dem übernehmenden Rechtsträger gemäß § 5 (1) Nr. 2 UmwG zwingend vorgeschrieben ist. Eine Ausnahme davon bildet der sogenannte Upstream-Merger, bei dem kein Anteilsaustausch stattfindet. – Vgl. auch Abb. „Verschmelzung – Upstream-Merger“. – Alle Rechtsformen können grundsätzlich an einer Verschmelzung beteiligt sein. Die

Verschmelzung – Upstream-Merger

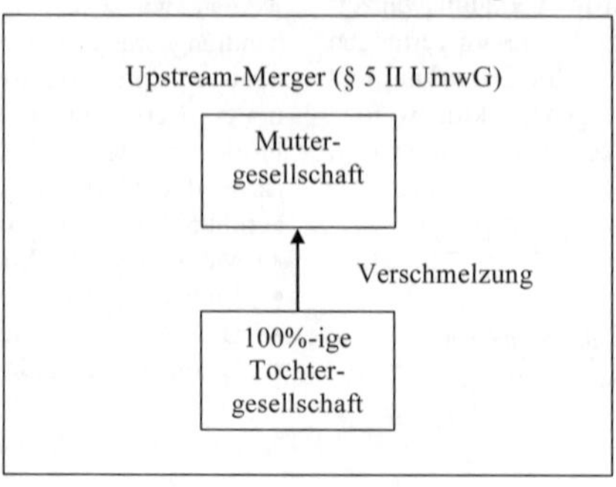

jeweiligen rechtsformabhängigen Mehrheiten der Anteilseigner müssen der Verschmelzung zustimmen. Die Zustimmung muss notariell beglaubigt und in das Handelsregister eingetragen werden. Verschmelzungen unterliegen der Fusionskontrolle durch die staatliche Institution des Bundeskartellamtes, das prüft, ob die Verschmelzung den Wettbewerb einschränkt und damit gegen die Kartellgesetze verstößt. Zusätzlich sind die europäischen Fusionsbestimmungen zu beachten.

Verschmelzungsbilanz, *Fusionsbilanz*, Bilanz, die die neue Gesellschaft nach Verschmelzung und unter Berücksichtigung der Posten der Bilanzen der verschmolzenen Gesellschaften aufstellt.

Verschuldungsgrad, Bilanzkennzahl zur Analyse der → Kapitalstruktur:

$$Verschuldungsgrad = \frac{Fremdkapital}{Eigenkapital} \times 100$$

Versicherungskosten, Prämien für Fremdversicherungen, die in der Kostenartenrechnung gesondert erfasst werden. Für Eigenversicherungen werden Wagniskosten als kalkulatorische Kosten angesetzt, die gemäß versicherungsmathematischen Grundsätzen zu ermitteln sind.

Vertragskonzern, Konzern, in dem die einheitliche Leitung aufgrund von Beherrschungsvertrag (§ 291 AktG) oder Eingliederung (§ 319 AktG) unterstellt wird. – *Anders:* → faktischer Konzern.

Vertriebscontrolling, funktionsbezogenes Controlling aller den Vertrieb eines Unternehmens betreffenden Bereiche. Das Vertriebscontrolling kann als ein bedeutsamer Teilbereich des → Marketingcontrollings verstanden werden. Es dient vor allem der Unterstützung der Planung, Steuerung und Kontrolle des Vertriebs bezüglich der Kundenbetreuung und -pflege. Die für den Vertrieb relevanten Teile an Unterstützungsaufgaben beziehen insbesondere sich auf die Distributionswege und -kanäle, die Außendienstmitarbeitersteuerung, die Lieferkonditionen sowie die physischen Distribution. Bedeutsame Instrumente des Vertriebscontrollings sind z.B. die Vertriebskostenrechnung, Vertriebserfolgsrechnungen (z.B. Kundendeckungsbeitragsrechnungen), Vertriebswegeanalysen und Kostenvergleichsrech-

Vertriebscontrolling – Aufbau einer mehrdimensionalen Deckungsbeitragsrechnung

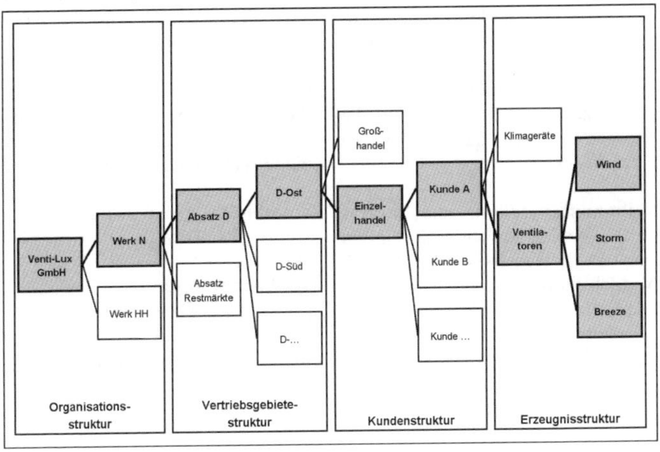

nungen. Die Informationssysteme des Vertriebscontrollings sollten eine Bewegung über mehrere Dimensionen (Vertriebsgebiete, Kunden, Produkte und Zeit) in den relevanten Datenbeständen gewährleisten (→ Mehrdimensionalität). Somit wird eine freie Navigation im Datenbestand möglich und es können verschiedene Sichten mit dem gewünschten Detaillierungsgrad abgerufen werden. Dadurch wird es z.B. möglich, im Rahmen einer Erfolgsanalyse ausgehend vom dem Deckungsbeitrag I eines Unternehmens in einem bestimmten Jahr die Deckungsbeiträge der Produkte einer interessierenden Produktsparte auf Besonderheiten über verschiedene Dimensionen zu untersuchen. – Vgl. auch Abb. „Vertriebscontrolling – Aufbau einer mehrdimensionalen Deckungsbeitragsrechnung" auf S. 9.

Vertriebskosten, *Verkaufskosten,* alle im Vertriebsbereich anfallenden → Kosten (z.B. → Personalkosten, Vertreterprovisionen, Verpackungskosten, Zollkosten, Frachtkosten, Werbekosten etc.), die beim Absatz der Produkte anfallen. Je nach Zurechenbarkeit auf die → Kostenträger unterscheidet man → Sondereinzelkosten des Vertriebs und Vertriebsgemeinkosten. Die Vertriebskosten sind nicht in die Herstellkosten einzubeziehen.

Vertriebskostenkalkulation, Zuordnung der → Vertriebskosten auf den Auftrag, der sie verursacht hat. Die zu berücksichtigenden → Kostenarten umfassen die → Einzelkosten des Vertriebs, die Vertriebsgemeinkosten und die → Sondereinzelkosten des Vertriebs.

Vertriebskostenstellen, alle Kostenstellen des Produktionsbetriebes, die am Vertrieb der Erzeugnisse beteiligt sind. Die Vertriebskostenstellen können je nach Art und Umfang der Vertriebsorganisation untergliedert werden (z.B. Marktforschung, Werbung, Fertigwarenlager, Versand, Packerei, Verkauf) und sind Hauptkostenstellen, da die dort anfallenden Gemeinkosten nicht auf andere Kostenstellen umgelegt werden.

Verursachungsprinzip, → Kostenverursachungsprinzip, nach dem jedes Kalkulationsobjekt jene Kosten tragen muss, die es verursacht hat und von dessen Ausprägung ihre Höhe abhängig ist. Da Gemeinkosten für mehrere Bezugsobjekte anfallen, ist das Verursachungsprinzip für diese Kosten stets mit einer gewissen Willkür behaftet.

Verwaltungskosten, Kosten, die für die allgemeine Verwaltung, die kaufmännische Leitung, das Rechnungswesen, die Planung, die Organisation und für Stabsaktivitäten anfallen. In der Kostenrechnung trennt man zwischen allgemeinen und besonderen Verwaltungskosten. Allgemeine Verwaltungskosten umfassen die Kosten der Kostenstellen, die Tätigkeiten für das gesamte Unternehmen verrichten (z.B. Geschäftsleitung, Rechnungswesen). Besondere Verwaltungskosten entstehen durch Verwaltungsaktivitäten in einzelnen Unternehmensbereichen (z.B. Materialverwaltung).

Verweilzeitverfahren, Hilfsmittel zur → Prognose in der Finanzplanung. Beim Verweilzeitverfahren wird das Zahlungsverhalten der Kunden in der Vergangenheit analysiert und auf die Zukunft übertragen. Dabei wird untersucht, wie viel Prozent der Kunden innerhalb der Skontofrist, der folgenden Woche etc. ihre Verbindlichkeiten begleichen.

Volatilität, Schwankungsbreite von Wertpapierkursen.

Vollbeschäftigung, → Beschäftigungsgrad in der → Plankostenrechnung, der bei unveränderten Anlagen auf Dauer nicht weiter gesteigert werden kann.

Vollkosten, *Effektivkosten,* Summe der → Einzelkosten eines Bezugsobjektes und den anteilig zugeschlüsselten Gemeinkosten.

Vollkostenkalkulation, Kalkulation, bei der sämtliche Kosten (Vollkosten) auf die Kostenträger überwälzt werden. Die Nachteile der Vollkostenrechnung gelten hier entsprechend.

Vollkostenprinzip, Prinzip, das besagt, dass nur langfristig eine Deckung der Vollkosten den Bestand des Unternehmens gewährleisten kann. Jedoch führt die Anwendung dieses Prinzips auf einzelne Produkte in dem Sinne, dass bei jedem Erzeugnis auf lange Sicht Vollkostendeckung verlangt wird, zu möglichen unternehmerischen Fehlentscheidungen: Produkte werden eventuell aus dem Fertigungsprogramm genommen, die durch einen positiven Deckungsbeitrag zur Steigerung des Gewinns führen.

Vollkostenrechnung, *Nettoergebnisrechnung,* Kostenrechnungskonzept, das im Gegensatz zur → Teilkostenrechnung die Gesamtkosten für einzelne Kostenträger ausweist, unabhängig von ihrer Zurechenbarkeit. Die den Kostenträgern direkt zurechenbaren Einzelkosten werden regelmäßig unmittelbar kostenträgerspezifisch erfasst. Die Weiterwälzung der nicht direkt zurechenbaren Gemeinkosten erfolgt über die Kostenstellenrechnung. Dort werden Zuschlags- oder Verrechnungssätze gebildet, die eine mehr oder weniger verursachungsgerechte Weiterverrechnung der Gemeinkosten auf die Kostenträger erlauben. Diese Abrechnungstechnik bewirkt, dass für jede Produktart nicht nur deren Einzelkosten, sondern auch anteilig geschlüsselte Gemeinkosten, d.h. Vollkosten ausgewiesen werden. Stellt man diese den Nettoerlösen aus der Verwertung der Produkte am Absatzmarkt gegenüber, ergeben sich Nettoergebnisse als Saldogrößen. Die im Rahmen derartiger Konzepte gewonnenen Kosteninformationen sind nicht zur Erfüllung aller Aufgabenstellungen der Kostenrechnung gleichermaßen geeignet. Vollkostenrechnungen weisen insbesondere folgende Mängel auf:

- Die Schlüsselung von Perioden-, Kostenstellen- und Kostenträgergemeinkosten auf der Basis des Verursachungsprinzips ist willkürlich und birgt die Gefahr, Verbundbeziehungen zwischen Bezugsobjekten zu ignorieren.
- Der Verzicht auf die Spaltung der Kosten in variable und fixe Bestandteile mit der Konsequenz der Fixkostenproportionalisierung kann falsche Vorstellungen über die Wirkung von Kosteneinflussgrößen auf die Kostenhöhe und somit ein inkorrektes Bild über das tatsächliche Kostenverhalten hervorrufen.
- Eine Vernachlässigung der jeweiligen Beschäftigungslage durch die pauschale Abrechnung der Vollkosten auf Basis der Ist-, Normal- oder Optimalbeschäftigung wird insbesondere dem Rechenzweck der Fundierung und Überwachung unternehmerischer Entscheidungen nicht gerecht.

Trotz der genannten Defizite sind Vollkostenrechnungen in der Praxis auch heute noch weit verbreitet. Dies ist insbesondere darauf zurückzuführen, dass für die Kalkulation öffentlicher Aufträge und Leistungen nach den → LSP ein Vorgehen nach den Grundsätzen der Vollkostenrechnung vorgeschrieben ist. Auch im Rahmen der Aufstellung von Steuerbilanzen zur Bestandsbewertung und Aktivierung selbsterstellter → Anlagen werden Vollkosteninformationen benötigt.

Vollständigkeitserklärung, *Representation Letter,* von → Wirtschaftsprüfern bei einer Abschlussprüfung einzuholende schriftliche Erklärung der Unternehmensleitung, dass die erteilten Auskünfte und Nachweise vollständig sind. Auch wenn die Vollständigkeitserklärung keinen Ersatz für eigene Prüfungshandlungen des Wirtschaftsprüfers darstellt, sollen damit Lücken geschlossen werden, die auch bei sorgfältiger Prüfung offen bleiben, insbesondere solche Sachverhalte, die sich nicht oder noch nicht in den Büchern des Unternehmens niedergeschlagen haben.

Vollständigkeitsgebot, → Grundsatz der Richtigkeit und Vollständigkeit.

Vorabausschüttung, Vorabausschüttungen sind Ausschüttungen, welche im laufenden Geschäftsjahr für das laufende Geschäftsjahr ausgeschüttet werden. Handelsrechtlich sind Vorabausschüttungen vor Ablauf des betreffenden Wirtschaftsjahres nur bei Gesellschaften mit beschränkter Haftung (Abschn. 78a KStR) und nicht bei Aktiengesellschaften (§ 59 (1) AktG) zulässig.

Voraussage, → Prognose.

Vorgabekosten, kommen zur Steuerung der Durchsetzung von Entscheidungen und deren Kontrolle zur Anwendung, um einen möglichst wirtschaftlichen Einsatz von Ressourcen zu erzielen. Sie sind insbesondere bezüglich ihrer Motivationswirkung auf die betroffenen Mitarbeiter zu analysieren. – Vgl. auch → Budgetkosten, → Plankosten.

Vorgabekostenrechnung, umfassender Begriff für die → Normalkostenrechnung, → Standardkostenrechnung und → Plankostenrechnung.

Vorkalkulation, → Kostenträgerrechnung, die vor der Leistungserstellung die dabei entstehenden → Kosten kalkuliert bzw. bei retrograder → Kalkulation feststellt, wie hoch diese sein dürfen. Als Zeitpunkte zum Durchführen einer Vorkalkulation kommen die Gründung eines Unternehmens, die Neuproduktion eines Produktes und die Angebotsabgabe in Betrieben mit → Einzelfertigung infrage. Objekte der Vorkalkulation sind dabei die erstellten Kostenträger (Einzelfertigungsbzw. Serien-, Sorten-, Massenfertigungserzeugnisse). Alle bei der Leistungserstellung anfallenden Kosten sollen möglichst vollständig und betragsmäßig richtig erfasst werden, um so eine Ermittlung der → Selbstkosten und des Angebotspreises zu ermöglichen. Vorkalkulationen können auf der Basis von → Vollkosten bzw. → Grenzkosten durchgeführt werden. Die → Preisuntergrenze lässt sich jedoch nur bei Verwendung von Grenzkosten exakt ermitteln.

Vorkostenstelle, → Hilfskostenstelle.

Vorkostenträger, Kostenträgertyp, der zur innerbetrieblichen Leistungsverrechnung z.B. für Vor- und Zwischenprodukte gebildet wird. Direkt bzw. über Schlüssel zugerechnete Kosten der Vorkostenträger sind auf die Marktleistungen bzw. die entsprechenden → Endkostenträger zu verteilen.

Vorleistungskosten, Kostenart, die sich nicht eindeutig als beschäftigungsfix bzw. beschäftigungsvariabel einordnen lässt. Beispiele dafür sind Kosten für Forschung und Entwicklung, Kosten für Werbung sowie Kosten für die Weiterbildung der Mitarbeiter, da sie nach Zeitpunkt und Höhe des Anfalls von der Politik der Unternehmensleitung abhängig sind. Sie werden als unerlässliche Kosten zur Erhaltung und Schaffung von → Erfolgspotenzialen angesehen.

Vorräte, → Vorratsvermögen.

Vorratsvermögen, *Vorräte, Inventories,* Bezeichnung für einen Teil des Umlaufvermögens. Zum Vorratsvermögen zählen:

- Roh-, Hilfs- und Betriebsstoffe,
- unfertige Erzeugnisse und unfertige Leistungen,

- fertige Erzeugnisse und Waren.

Die im Zusammenhang mit Vorräten geleisteten Anzahlungen sind gemäß § 266 (2) HGB als gesonderter Posten unter diesen auszuweisen, erhaltene Anzahlungen können von den Vorräten offen abgesetzt werden.

Vorsichtsprinzip, *Prudence Principle, Conservatism,* oberster Bilanzierungsgrundsatz im Handelsrecht, der dem Gläubigerschutzgedanken Rechnung trägt. Gemäß § 252 (1) Nr. 4 HGB ist vorsichtig zu bewerten. Aus dem Vorsichtsprinzip lassen sich die folgenden → Grundsätze ordnungsmäßiger Buchführung (GoB) ableiten:

- Realisationsprinzip,
- Imparitätsprinzip,
- Anschaffungskostenprinzip,
- Grundsatz der Einzelbewertung.

W

WACC, Abk. für → Weighted Average Cost of Capital.

Wagniskapital, *Venture-Capital, Risikokapital,* Bereitstellung von zeitlich begrenztem Eigenkapital und Beratungsleistungen, die nicht von vorhandenen Kreditsicherheiten, sondern von der Wachstums- und Ertragssteigerungsprognose für das Unternehmen abhängig gemacht wird. Spezielle Beteiligungsfonds, auch Venture-Capital-Gesellschaften genannt, investieren in verschiedene innovative Projekte oftmals unterschiedlicher Branchen, die hohe Ertragschancen, aber auch ein hohes Verlustpotenzial in sich bergen. Zur Beendigung des Beteiligungsverhältnisses kann entweder dem Kapitalnehmer die Möglichkeit gegeben werden nach Ablauf einer vereinbarten Frist den → Kapitalanteil zurückzukaufen, oder die → Beteiligung wird veräußert.

Wagniskosten, resultieren aus Risiken der unternehmerischen Tätigkeit, die zum normalen Geschäftsverlauf gehören. Es werden das allgemeine Unternehmerwagnis und spezielle Einzelwagnisse unterschieden. Das allgemeine Unternehmerwagnis beinhaltet die Gefahr eines teilweisen oder totalen Zusammenbruchs eines Unternehmens und stellt keine Kosten dar. Es gilt durch den Gewinn als abgegolten und gehört nicht zu den → kalkulatorischen Kosten. Spezielle Einzelwagnisse umfassen betriebsbedingte Risiken, wie z.B. Lagerverlust durch Kosten für fehlgeschlagene F&E, Schwund, oder Forderungsausfälle. Sind diese Wagnisse nicht durch Fremdversicherungen abgedeckt, sind sie den kalkulatorischen Kosten zuzuordnen (→ kalkulatorische Wagnisse). Besteht hingegen eine Fremdversicherung, so sind die Versicherungsprämien Kosten.

Währungsumrechnung, Umrechnung einzelner Fremdwährungsposten der Bilanz zum Bilanzstichtag. Gemäß § 256a HGB sind auf fremde Währung lautende Vermögensgegenstände und Verbindlichkeiten zum Devisenkassamittelkurs am Abschlussstichtag umzurechnen. § 256a S. 2 HGB folgend sind bei einer Restlaufzeit von einem Jahr oder weniger das Anschaffungskosten- und Realisationsprinzip nicht anzuwenden. Eine Währungsumrechnung muss auch erfolgen, um einen Abschluss in Euro oder im Fall einer Konzernverflechtung in der Währung der Muttergesellschaft zu erstellen. Gemäß § 308a HGB ist hierbei die modifizierte Stichtagsmethode anzuwenden, wonach die Aktiv- und Passivaposten der Bilanz (mit Ausnahme des Eigenkapitals) zum Devisenkassamittelkurs am Stichtag, das Eigenkapital zum historischen Kurs und die GuV zum Durchschnittskurs umzurechnen sind.

Warenkosten, Kosten der Waren einschließlich Preiskorrekturen und direkt zurechenbaren Bezugsnebenkosten. Sie sind Bestandteil der → Handlungskosten, die neben den Warenkosten die Handlungskosten i.e.S. (z.B. Personal-, Raum-, Transportkosten) umfassen sämtlichen Werteverzehr abbilden, der zur Erbringung handelsbetrieblicher Leistungen erforderlich ist.

Warrant, → Optionsschein.

Weighted Average Cost Method, → Durchschnittsbewertung.

Weighted Average Cost of Capital (WACC), *gewichteter Gesamtkapitalkostensatz,* Diskontierungssatz für den Free Cash-Flow, der zur Ermittlung des → Shareholder Values herangezogen werden kann. Der unternehmensindividuelle Gesamtkapitalkostensatz entspricht dem auf der Grundlage der jeweiligen Anteile der Marktwerte des Eigen- und Fremdkapitals am Gesamtkapitalwert gewichteten Mittel der Eigen- und Fremdkapitalkosten. Für den WACC gilt folgendes:

$$WACC = EKQ \times EKS + FKQ \times (1 - s) \times FKS$$

(EKQ = Eigenkapitalquote, EKS = Eigenkapitalkostensatz, FKQ = Fremdkapitalquote, FKS = Fremdkapitalkostensatz, s = Steuersatz).

Die Eigen- und Fremdkapitalquote berechnen sich i.d.R. auf Marktwertbasis. Für den Marktwert des Fremdkapitals wird vereinfachend der Buchwert des Fremdkapitals herangezogen. Der unbekannte Marktwert des Eigenkapitals ist zu schätzen (Basis z.B. Börsenkurswert). Der Eigenkapitalkostensatz als Renditeforderung der Anteilseigner lässt sich auf Basis des → Capital Asset Pricing Modells (CAPM) ermitteln.

Werbekosten, → Kosten für die Planung, den Einsatz und die Kontrolle der Werbung und für gewerbliche Zwecke. Die Abgrenzung zu den Vertriebskosten fällt mitunter sehr schwer, so dass Werbekosten meist auf speziellen Vertriebskostenstellen erfasst werden und eine Verrechnung im Rahmen der Vertriebsgemeinkosten erfolgt. Eine direkte Kostenzurechnung auf ein bestimmtes Erzeugnis wird meist im Falle der Produktwerbung (Sondereinzelkosten des Vertriebs) durchgeführt.

Werkstattfertigung, Fertigungsart, welche v.a. bei der Einzelfertigung anzutreffen ist. Bei der Werkstattfertigung ist der Ablauf des Produktionsprozesses nach dem Verrichtungsprinzip gegliedert, d.h., gleichartige Arbeitsverrichtungen werden örtlich konzentriert in Werkstätten vorgenommen. Dies führt zu einer hohen betriebstechnischen Elastizität und ermöglicht die Ausnutzung von Spezialkenntnissen. Den daraus resultierenden Kostenvorteilen steht jedoch eine längere Produktionsdauer (u.a. verursacht durch längere Transportwege), eine kompliziertere Arbeitsvorbereitung, ein Aufbau von Zwischenlagern sowie eine schwierigere Kalkulation und Abrechnung gegenüber.

Wertanalyse, *Value Analysis,* Verfahren zum systematischen Auffinden innovativer Alternativen zu herkömmlichen Problemlösungen, so dass eine Wertsteigerung erreicht wird. Beispielsweise kann ein bereits vorhandenes Produkt systematisch bezüglich seiner Bestandteile analysiert werden. Ziel ist es hierbei, alle zur Erfüllung der Funktionen dieses Produktes nicht notwendigen Kosten zu erkennen und zu beseitigen, um damit neben einer Kostensenkung auch eine Verbesserung der → Effizienz zu erreichen. Die Grundschritte der Wertanalyse werden in der Norm DIN 69 910 beschrieben. Die Wertanalyse kann auf verschiedene Objekte, wie Produkte oder Dienstleistungen, (→ Gemeinkostenwertanalyse) angewendet werden. Die Wertanalyse für neue Produkte wird auch als → Value Engineering bezeichnet.

Wertansatz, → Bewertung.

wertaufhellende Tatsachen, Tatsachen, die bereits vor dem Abschlussstichtag bestanden, jedoch erst zwischen dem Bilanzstichtag und dem Tag der Bilanzaufstellung bekannt wurden. Wertaufhellende Tatsachen sind in der Bilanz zu berücksichtigen.

Wertaufholung, → Zuschreibung.

Wertaufholungsgebot, Gebot der Erhöhung eines Wertansatzes von Vermögensgegenständen gegenüber dem vorjährigen Bilanzansatz gemäß § 253 (5) HGB bei Wegfall des Grundes für eine frühere außerplanmäßige Abschreibung. Hierbei ist das → Anschaffungskostenprinzip zu beachten. Der Geschäfts- oder Firmenwert bleibt vom Wertaufholungsgebot ausgenommen, vielmehr unterliegt er einem Wertaufholungsverbot (§ 253 (5) S. 2 HGB)

Wertaufholungsrücklage, → Rücklage bei Kapitalgesellschaften für den Eigenkapitalanteil von Wertaufholungen bei Vermögensgegenständen des Anlage- und Umlaufvermögens gemäß § 253 (5) HGB und von bei der steuerlichen Gewinnermittlung gebildeten Passivposten, die nicht im → Sonderposten mit Rücklageanteil ausgewiesen werden dürfen. Die Wertaufholungsrücklage darf in die anderen Gewinnrücklagen eingestellt werden und ist entweder in der Bilanz gesondert auszuweisen oder im Anhang anzugeben (§ 29 (4) GmbHG, § 58 (2a) AktG).

Wertbeeinflussende Tatsachen, Ereignisse, die sich erst im neuen Geschäftsjahr abspielen und den Wert eines Gegenstandes beeinflussen, können bei der Bewertung grundsätzlich nicht berücksichtigt werden. Ausnahme: § 253 Abs. 3 S. 3 HGB.

Wertberichtigung, buchhalterische Korrekturgröße, die die Wertminderung eines auf der Aktivseite der Bilanz gebildeten Postens erfasst.

Werteverzehr, Begriff der Kostentheorie. Neben der Leistungsbezogenheit wesentliches Bestimmungsmerkmal der Mengenkomponente des Begriffs der → wertmäßigen Kosten. Der Werteverzehr betrifft Wirtschaftsgüter (physische Güter oder Dienstleistungen). Vom Werteverzehr der Wirtschaftsgüter spricht man nur, wenn diese ihre Fähigkeit, zur Erstellung produktiver Leistungen beizutragen, ganz oder teilweise verlieren. Daraus lässt sich die Unterteilung der Wirtschaftsgüter in Verbrauchs- und Gebrauchsgüter ableiten.

Wertgeneratoren, → Werttreiber.

Wertkette, → Wertschöpfungskette.

Wertkosten, bei Kreditinstituten wesentliche Kostenart neben den Betriebskosten (Personal-, Sachkosten). Dazu zählen gezahlte Zinsen für Kontokorrent-, Termin- und Spareinlagen sowie für Refinanzierungen, kalkulatorische Zinsen, gezahlte Provisionen und Risikokosten (kalkulatorische Wagnisse).

wertmäßige Kosten, Kostenbegriff, der auf E. Schmalenbach zurückgeht und sich auf leistungsbezogene Güterverzehre konzentriert. Im Gegensatz zu den → pagatorischen Kosten ist er hinsichtlich seiner Geldkomponente unbestimmt. Der Wertansatz ist abhängig von der gewählten Zielfunktion des Entscheidungsträgers und der vorliegenden Datenkonstellation. Die Kostenhöhe dient als ein Maß für die Vorteilhaftigkeit der Verwendung der Einsatzgüter. Hierfür orientiert sich die Kostenbewertung am Grenznutzen der besten nicht realisierten Verwendungsmöglichkeit. Sind die Einsatzgüter nicht unbeschränkt verfügbar, ist neben den Anschaffungsauszahlungen der verzehrten Güter auch ein Ansatz von → Opportunitätskosten möglich.

Wertminderung, Werteverzehr eines → Vermögensgegenstandes, der z.B. wie folgt begründet sein kann:

- Abnutzung des Vermögensgegenstandes durch Gebrauch,
- Abnutzung durch zeitbedingten Verschleiß,
- technische Überholung,

- wirtschaftliche Überholung,
- Ablauf von Patenten, Lizenzen usw.,
- Sinken des Preisniveaus,
- Katastrophenverschleiß.

Buchhalterisch wird der Wertminderung durch entsprechende planmäßige Abschreibungen und außerplanmäßige Abschreibungen Rechnung getragen.

wertorientiertes Management, → Value Management.

Wertpapier, verbrieftes Vermögensrecht, zu dessen Ausübung die Urkunde ermächtigt.

Wertschöpfung, *Value Added, Valeur Ajoutée,* Erfolgsgröße, die das Ergebnis des Prozesses kennzeichnet, der zur Schaffung betrieblicher Werte führt. Sie ist der Mehrwert, den ein Betrieb aufgrund seiner betrieblichen Leistungserstellung den Vorleistungswerten hinzugefügt hat. Dieser Mehrwert verteilt sich auf unterschiedliche Anspruchsgruppen (z.B. Arbeitnehmer, Fiskus, Kapitalgeber). Die Wertschöpfung als nicht einheitlich bestimmte Maßgröße kann unternehmensspezifisch (in Abhängigkeit von der betrieblichen Zielsetzung) definiert werden. Unternehmen dienen im Allgemeinen dem Zweck der Wertschöpfung, um den Interessen nach Bedürfnisbefriedigung, Bedarfsdeckung und Entgelterzielung gerecht zu werden.

Wertschöpfungskette, *Leistungs- und Wertkette,* von Porter entwickeltes Analyse- und Planungsinstrument im strategischen → Controlling. Strategisch nutzbare Wettbewerbsvorteile entstehen durch die im unternehmerischen Leistungsprozess generierte Wertschöpfung, welche in mehreren Stufen von unterschiedlicher strategischer Bedeutung abläuft. Das Unternehmen muss sich auf die strategisch wichtigen, Wettbewerbsvorteile generierenden Wertschöpfungsprozesse konzentrieren; die unwichtigen aber ausschließlich nach Kostenoptimierungsgesichtspunkten behandeln (z.B. Vergabe an Zulieferer). Porter unterscheidet zwischen primären Tätigkeiten, die sich am physischen Produktionsprozess orientieren und den unterstützenden Tätigkeiten, die den erforderlichen Rahmen bereitstellen, damit das Unternehmen seine primären Tätigkeiten Erfolg versprechend ausführen kann.

1. Primäre Tätigkeiten: Eingangslogistik, Produktion, Ausgangslogistik, Vertrieb und Marketing, Dienstleistungen (z.B. Kundendienst, Wartung).
2. Unterstützende Tätigkeiten: Bereitstellen der Infrastruktur, Personalbereitstellung und -entwicklung, Vorhalten und Weiterentwicklung der Informations- und Kommunikationstechnik im Unternehmen.

Durch Analyse der Glieder einer Wertschöpfungskette können die strategisch entscheidenden Wertschöpfungsaktivitäten ermittelt und die Ressourcen auf diese konzentriert werden. – Vgl. auch Abb. „Wertschöpfungskette“.

Wertschöpfungsrechnung, Methode zur Ermittlung der betrieblichen → Wertschöpfung in der Entstehungsrechnung sowie der Darstellung der Verwendung des Mehrwerts in der Verteilungsrechnung.

Werttreiber, *Wertgeneratoren,* Einflussgrößen auf den Unternehmenswert. Nach Rappaport zählt dazu: Umsatzwachstumsrate, betriebliche Gewinnmarge, Gewinnsteuersatz und Investitionen in das Anlagevermögen und das Working Capital.

wertverschiedene Kosten, → kalkulatorische Kosten.

Wertzuwachskurve, Aufzeigen des Verlaufs der Kosten der Wertschöpfung eines Erzeugnisses während seiner Durchlaufzeit. Der Kostenfortschritt bei der Herstellung eines Erzeugnisses wird auf der Ordinate kumuliert über die auf der Abszisse ausgewiesene Herstellungszeit abgetragen. Die Fläche unterhalb der Wertzuwachskurve entspricht dem durchschnittlich gebundenen Kapital während der Durchlaufzeit der Produkte.

wesensverschiedene Kosten, → Zusatzkosten.

Wesentlichkeitsprinzip, → Grundsatz der Wirtschaftlichkeit und Wesentlichkeit.

Wiederanlaufkosten, Kosten, die nach einer vorübergehenden Stilllegung durch Wiederinbetriebnahme von Anlagen anfallen. Dies sind u.a. Kosten für das Anlernen von neuem Personal, Reparaturkosten und Kosten der Wiederherstellung der Betriebsbereitschaft. Sie müssen nicht zwangsläufig von der Dauer der Stilllegung abhängig sein und sind bei Entscheidungen über Stilllegungen zu berücksichtigen.

Wiederbeschaffungskosten, → Wiederbeschaffungspreis.

Wiederbeschaffungspreis, *Wiederbeschaffungskosten, Wiederbeschaffungswert,* Preis, der für die erneute Bereitstellung eines Produktionsfaktors zum Zeitpunkt seiner Wiederbeschaffung zu entrichten ist. Es handelt sich um einen noch nicht realisierten Wert. Oft werden Produktionsanlagen, Vorratsmaterial u.ä. erst in ferner Zukunft wiederbeschafft. In dieser Zeit können aufgrund inflationärer Entwicklungen erhebliche Preissteigerungen eintreten, so dass der Wiederbeschaffungspreis die Anschaffungskosten und den Tagespreis übersteigt. Wenn Unternehmen nach Substanzerhaltung streben und hierfür keine zusätzlichen Finanzmittel aufbringen wollen, orientieren sie sich bei der Bewertung verbrauchter bzw. in Anspruch genommener Kostengüter an deren Wiederbeschaffungspreisen. Der Wiederbeschaffungspreis dient als Grundlage für die Bestimmung von kalkulatorischen Abschreibungen (Wiederbeschaffungswert).

Wiederbeschaffungswert, → Wiederbeschaffungspreis.

Wiederbeschaffungszeitpunkt, Zeitpunkt, an dem durch das Ausscheiden eines Anlagegutes aus dem Produktionsprozess ein neues angeschafft werden muss, damit das Unternehmen seine Produktion auf dem gleichen Niveau fortführen kann. Der Wiederbeschaffungszeitpunkt kann identisch sein mit dem Zeit-

Wertschöpfungskette

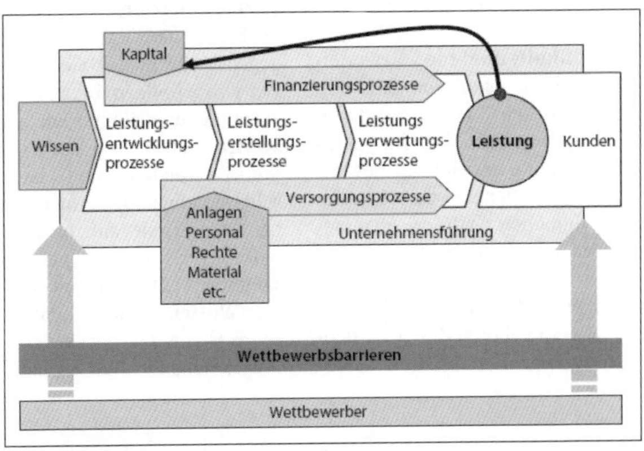

punkt, an dem das Anlagegut buchmäßig abgeschrieben ist. Wenn jedoch das Anlagegut noch nach der Abschreibung im Produktionsprozess weiterverwendet wird bzw. vorzeitig aus dem Produktionsprozess ausscheiden musste (z.B. durch Maschinenbruch), weicht der Wiederbeschaffungszeitpunkt von dem Zeitpunkt ab, zu dem das Anlagegut abgeschrieben wurde.

Wiedereinsatzleistungen, innerbetriebliche Leistungen, die keine Absatzleistungen sind, d.h. nicht als Endprodukte abgesetzt werden. Es handelt sich um innerbetriebliche Leistungen im Rahmen der mehrstufigen Produktion.

Window Dressing, legale Maßnahmen in zeitlicher Nähe zum → Bilanzstichtag im Zuge der → Bilanzpolitik zur Verbesserung des Bilanzbildes.

Wirkungs- und Wertbilanz, → Umweltbilanz.

Wirtschaftlichkeit, Kennzahl, die das Verhältnis zwischen Output und Input misst. Nach dem Wirtschaftlichkeitsprinzip ist die Alternative zu wählen, die die höchste Wirtschaftlichkeit besitzt. Bei mengenmäßiger Betrachtung von Input und Output spricht man von der Produktivität. Bei der wertmäßigen Betrachtung werden Erträge und Aufwendungen, Erlöse und Kosten oder Nutzen und Kosten zueinander ins Verhältnis gesetzt.

Wirtschaftlichkeitsanalyse, Beurteilung der Wirtschaftlichkeit von Entscheidungsalternativen anhand von quantitativen und qualitativen Kriterien. Zur Beurteilung von quantitativen monetär bewertbaren Kriterien dienen verschiedene quantitative Methoden. Statische quantitative Methoden beziehen alle Größen auf eine Periode in Form von Jahresdurchschnittsbeträgen und ignorieren somit den Zeitablauf. Hierzu gehören die → Kostenvergleichsrechnung, die → Gewinnvergleichsrechnung, die → Rentabilitätsvergleichsrechnung und die statische → Amortisationsrechnung. Dynamische quantitative Methoden berücksichtigen den zeitlichen Anfall von Zahlungen durch die Verwendung von Zahlungsreihen und die → Diskontierung. Beispiele hierfür sind die → Kapitalwertmethode, die → Annuitätenmethode sowie die → interne Zinsfußmethode. Zur Beurteilung von nicht monetär bewertbaren Kriterien dienen qualitative Methoden wie → Checklisten, → Argumentenbilanz sowie → Nutzwertanalysen. Es ist zu beachten, dass die Verdichtung von qualitativen und quantitativen Kriterien zu Informationsverlusten führt. Somit sind beide methodisch getrennt zu beurteilen. Als ein Instrument der Gegenüberstellung von quantitativen und qualitativen Informationen kann die sogenannte → Kosten-Nutzen-Matrix dienen.

Wirtschaftlichkeitskontrolle, → Kostenkontrolle.

Wirtschaftlichkeitsprinzip, → ökonomisches Prinzip.

Wirtschaftlichkeitsrechnung, Rechenverfahren, die zur Beurteilung der Wirtschaftlichkeit von Entscheidungsalternativen herangezogen werden (→ Wirtschaftlichkeitsanalyse).

Wirtschaftsgut, steuerrechtlicher Begriff für Bilanzierungs- und Bewertungsgegenstände in der Steuerbilanz, die das Betriebsvermögen bilden. Wirtschaftsgüter umfassen nicht nur Sachen und Rechte sondern auch sonstige wirtschaftliche Werte. Voraussetzung ist jedoch die selbstständige Bewertungsfähigkeit. Dabei ist es irrelevant, ob der Gegenstand einzeln oder nur innerhalb einer Sachgesamtheit (z.B. Firmenwert) veräußerbar ist. Wirtschaftsgüter können materieller (körperliche Gegenstände: Grundstücke, Maschinen, sonstige Sachanlagen, Vorräte, Beteiligungen) und immaterieller (unkörperliche Güter: Rechte, rechtsähnliche Werte, sonstige Vorteile wie Geschäfts- oder Firmenwert, Konzessionen, Warenzeichen) Art sein.

Wirtschaftsjahr, Zeitraum von einem Jahr (zwölf Monaten), der das Geschäftsjahr einer Gesellschaft umfasst (§ 240 (2) S. 2 HGB). Für diesen Zeitraum wird das Ergebnis der Gesellschaft mit einem Abschluss, für den die Bilanz und die Gewinn- und Verlustrechnung aufgestellt wird, festgestellt. Das Wirtschaftsjahr entspricht meist dem Kalenderjahr. Im Handelsregister eingetragene Gesellschaften können nach Rücksprache mit ihrem zuständigen Finanzamt ein vom Kalenderjahr abweichendes Wirtschaftsjahr festlegen. Ausnahmsweise kann der Zeitraum des Wirtschaftsjahres wegen Eröffnung oder Auflösung der Gesellschaft kürzer sein als zwölf Monate (Rumpfgeschäftsjahr).

Wirtschaftsprüfer, Titel und freier Beruf einer Person nach Bestehen des Wirtschaftsprüferexamens und ihrer Eintragung als Wirtschaftsprüfer nach § 1 (1) WPO. Die Tätigkeit als Wirtschaftsprüfer beinhaltet die Prüfung der Buchhaltung, des Jahresabschlusses und des Lageberichts von Gesellschaften, die Erstellung eines Berichts über diese Tätigkeit, insbesondere über die Ordnungsmäßigkeit der geprüften Sachverhalte und die Erteilung eines → Bestätigungsvermerks. Daneben sind Wirtschaftsprüfer zur steuerlichen und betriebswirtschaftlichen Beratung sowie zu gutachterlicher Tätigkeit und treuhänderischen Verwaltung befugt.

Wirtschaftsprüferkammer, soll die berufliche Selbstverwaltung des Berufsstandes der Wirtschaftsprüfer wahrnehmen. Gemäß § 57 WPO ist es die Aufgabe der Wirtschaftsprüferkammer, die beruflichen Belange der Gesamtheit der Mitglieder zu wahren und die Erfüllung der beruflichen Pflichten zu überwachen, insbesondere:

- die Beratung und Belehrung in Fragen der Berufspflichten,
- das Rügerecht auszuüben,
- das Berufsregister zu führen,
- ein System der Qualitätskontrolle zu betreiben.

Die Mitgliedschaft ist gesetzlich und betrifft alle Wirtschaftsprüfer, → vereidigten Buchprüfer bzw. die entsprechenden Gesellschaften (WPG und BPG) sowie deren gesetzliche Vertreter. Der Wirtschaftsprüferkammer gehören rund 21.000 Mitglieder an.

Working Capital, *Nettoumlaufvermögen, Net Working Capital,* → Bilanzkennzahl, die sich aus der Differenz aus Umlaufvermögen und kurzfristigen Verbindlichkeiten ergibt und besonders im amerikanischen Rechnungswesen geläufig ist. Sie dient der Beobachtung der Kapitalbindung und Kapitalfreisetzung im Umlaufvermögen.

Working Capital Ratio, *Liquiditätskoeffizient,* Liquiditätskennzahl, die das Verhältnis von Umlaufvermögen zu den kurzfristigen Verbindlichkeiten darstellt.

Work in Progress, → fertige und unfertige Erzeugnisse.

X – Z

XYZ-Analyse, Verfahren zur Analyse von Verbrauchsstrukturen von Material. Es ist vergleichbar mit der → ABC-Analyse und kann mit dieser kombiniert werden. Im Gegensatz zu dieser wird hier die Art und Weise des Verbrauchs der zu bestellenden Güter erfasst, um dadurch die jeweils optimalen Bereitstellungs- und Bestellmaßnahmen ableiten zu können. X-Materialen weisen einen hohen konstanten Verbrauch auf. Y-Materialien wiesen regelmäßig stärkere saisonale Schwankungen auf. Bei Z-Materialien erfolgt der Verbrauch hingegen nur unregelmäßig.

Yield, → Rendite bzw. Verzinsung oder auch → Ertrag.

Yield Management, *Revenue Management,* Methode der Steigerung des → Erfolgs durch eine analytische Preisdifferenzierung im Vertriebsbereich. Es handelt sich um eine integrierte Preis- und Mengensteuerung mit dem Ziel, die eigenen → Kapazitäten optimal zu nutzen und die Konsumentenrente durch Preisdifferenzierung in optimierten Preis- und Leistungssegmenten abzuschöpfen. Ursprünglich wurde diese Methode insbesondere bei Airlines eingesetzt, um die Sitzplätze von Flugzeugmaschinen für den jeweiligen Flug mit maximalem → Erlös zu verkaufen. Durch Yield Management soll bei gegebener Kapazität ein Umsatzverlust durch ungenutzte Kapazitäten bzw. eine Umsatzverdrängung vermieden werden. → Leistungen sind somit jeweils zum höchsten → Grenzerlös zu verkaufen. Für ein umfassendes Yield Management ist es erforderlich, die Preisdifferenzierung und Marktsegmentierung durch weitere Komponenten wie IT-gestützte Prognosemodelle und Datenbanken zu unterstützen.

Zahlungsmittel, → liquide Mittel.

Zahlungsmitteläquivalente, *Cash Equivalents,* kurzfristig liquidierbare Wertpapiere, deren Laufzeit so kurz ist, dass keine Risiken aus Zinsänderungen erwartet werden müssen.

Zahlungsmittelbestand, *Cash, liquide Mittel,* Summe der Kassenbestände und der jederzeit verfügbaren Bankguthaben.

Zahlungsmittelgenerierende Einheit, *Cash Generating Unit.* Gemäß IAS 36.65 ist eine zahlungsmittelgenerierende Einheit für den Fall zu bilden, dass die Ermittlung des erzielbaren Betrags für einen einzelnen Vermögensgegenstand nicht möglich ist, da weder der Nettoveräußerungspreis noch der Nutzungswert ermittelt werden kann. Definiert ist eine zahlungsmittelgenerierende Einheit als „kleinste identifizierbare Gruppe von Vermögenswerten, die Mittelzuflüsse erzeugen, die weitgehend unabhängig von den Mittelzuflüssen anderer Vermögenswerte oder anderer Gruppen von Vermögenswerten sind" (IAS 36.6).

Zahlungsunfähigkeit, „... auf den Mangel an Zahlungsmitteln beruhende dauernde Unvermögen des Schuldners, seine sofort zu erfüllenden Geldschulden noch im Wesentlichen zu berichtigen" (nach BGH-Urteil vom 5.11.1956). Der Schuldner ist zahlungsunfähig, wenn er nicht in der Lage ist, die fälligen Zahlungsverpflichtungen zu erfüllen. Zahlungsunfähigkeit ist i.d.R. anzunehmen, wenn der Schuldner seine Zahlungen eingestellt hat (§ 18 InsO).

Zahlungsziel, zukünftiger Zeitpunkt, an dem eine Verbindlichkeit beglichen werden soll. Durch Lieferanten gewährte Zahlungsziele sind wie Lieferantenkredite. Der Nachteil besteht darin, dass mögliche Skonti bei Barzahlung in diesem Fall nicht ausgenutzt werden.

Zedent, → Zession.

Zeitbezugsmethode, Methode der Fremdwährungsumrechnung im → Konzernabschluss, bei der unterschiedliche Umrechnungskurse zur Anwendung kommen. Anschaffungswerte sind grundsätzlich mit ihrem historischen Kurs, liquide Posten mit ihrem Stichtagskurs und Zukunftsposten mit dem Kurs, der für ihren Realisationszeitpunkt erwartet wird, umzurechnen. Bei den Posten, die mit historischen Kursen umgerechnet werden ist das → Niederstwertprinzip zu beachten. → Verbindlichkeiten sind mit ihrem historischen Kurs umzurechnen, wobei das → Höchstwertprinzip zu beachten ist. → Rückstellungen sind mit dem zum Stichtagskurs umgerechneten Tageswert (→ Tagespreis) anzusetzen.

Zeitlohn, → Akkordlohn.

Zeitstudie, Analyse des Arbeitsablaufs durch eine Kombination von Zeitmessung und Schätzung des Leistungsgrades zum Zwecke leistungsgerechter Entlohnung, Lohnkostenplanung und Planung von Produktionsabläufen.

Zeitwert, *Time Value, Tagespreis,* Differenz zwischen dem inneren Wert eines → Optionsscheins und dem Preis des Optionsscheins. Der Zeitwert stellt das Wertpotenzial bezogen auf die Restlaufzeit eines Optionsscheins dar.

Zero Base Budgeting (ZBB), *Null Basis Budgetierung, Zero Base Planning,* von Phyrr bei Texas Instruments zu Beginn der 1960er-Jahre entwickeltes wertanalytisches Instrument der Kostenpolitik. Das ZBB ist eine besondere Ausprägung der → Gemeinkostenwertanalyse (GWA) und dient der → Budgetierung in indirekten Leistungsbereichen. Ziel ist es, die → Leistungen zu überprüfen, → Gemeinkosten zu senken und anhand von vorliegenden → Zielen umzuverteilen. Dem in der Budgetierung häufig vorherrschenden Fortschreibungsdenken wird entgegengewirkt, indem alle Programme infrage gestellt werden und eine von Grund auf neue → Planung erfolgt.

Zero Base Planning, → Zero Base Budgeting (ZBB).

Zerschlagung, → Liquidation.

Zession, *Forderungsabtretung, Abtretung.* Eine → Forderung kann von dem bisherigen → Gläubiger (Zedent) vertraglich auf einen neuen Gläubiger (Zessionar) gemäß §§ 398 ff. BGB übertragen werden. Dadurch wird der neue Gläubiger berechtigt, die Erfüllung des Anspruchs vom → Schuldner zu fordern. Die Zession muss dem Schuldner nicht angezeigt werden. Er kann Einwendungen, die er gegenüber dem früheren Gläubiger hatte, dem neuen Gläubiger entgegensetzen (§ 404 BGB). Die Zession kann vertraglich oder auch wegen Änderung des Inhalts der Schuld bei Übertragung an einen anderen ausgeschlossen sein (§ 399 BGB).

Zessionar, → Zession.

Ziele, von Personen für wünschenswert gehaltene, zukünftige Zustände, die durch entsprechend ausgerichtetes Handeln angestrebt werden. Ziele stellen damit die zentralen Leitgrößen von Führungsprozessen dar. Sie lassen sich grundsätzlich in die Kategorien Sach-, Formal- und Sozialziele einteilen.

1. Sachziele umfassen die Aspekte der Aufgabenerfüllung von Unternehmen und beinhalten vorrangig technische Aspekte.
2. Formalziele beschäftigen sich mit den angestrebten monetären Konsequenzen unternehmerischen Handelns und beinhalten somit ökonomische Aspekte.
3. Sozialziele beziehen sich auf Eigenschaften und Beziehungen von Individuen und Gruppen in Unternehmen und beinhalten folglich psychosoziale Aspekte.

Zielkosten, *Drifting Costs, Target Costs,* Begriff aus dem → Target Costing.

Zielkostenmanagement, → Target Costing.

Zielkostenrechnung, → Target Costing.

Zins, *Interest,* Entgelt für die Überlassung von → Kapital, das in Abhängigkeit von der Überlassungsdauer, der Kapitalhöhe und dem Verlustrisiko bestimmt wird. Der Zins bezieht sich i.d.R. auf ein Jahr und wird als Prozentzahl vom überlassenen Kapital ausgedrückt, was man auch als den sogenannten Zinssatz bezeichnet.

Zinskosten, bewerteter Verzehr im Sinne der Nutzung von Kapital im Rahmen der betrieblichen Leistungserstellung. → kalkulatorische Zinsen.

Zinssatz, → Zins.

Zukunftserfolgswert, → Ertragswert.

Zulage, zusätzliches außerhalb des vereinbarten Lohns gewährtes Entgelt zur Vergütung bestimmter, die Arbeitsbedingungen betreffender Umstände oder bestimmter Leistungen.

Zurechnungsprinzip, → Kostenzurechnungsprinzip.

zusammengesetzte Kostenarten, → Sekundärkosten.

Zusatzerlöse, Erlöskategorie, die jene betriebliche Güterentstehung abbildet, die in → Ertragsrechnungen nicht erfasst wird. Dies sind z.B. Erzeugnisse, die in einer bestimmten Periode hergestellt und an eine karitative Organisation verschenkt wurden oder selbst entwickelte Patente, für die ein Aktivierungsverbot besteht.

Zusatzkosten, Kostenkategorie, die jenen betrieblichen Güterverzehr abbildet, der in den → Aufwandsrechnungen nicht erfasst wird. Beispiele hierfür sind:

- kalkulatorische Eigenkapitalzinsen für die Inanspruchnahme von Finanzmitteln, die die Eigenkapitalgeber dem Unternehmen zur Verfügung stellen;
- kalkulatorische Unternehmerlöhne für die unentgeltliche Inanspruchnahme der Arbeitsleistung von ihr Unternehmen selbst leitenden Unternehmern;
- kalkulatorische Eigenmieten für die unentgeltliche, betriebliche Nutzung privater Grundstücke, Räume oder → Anlagen.

Zusatzkosten besitzen den Charakter von → Opportunitätskosten. Ihre Bestimmung ist i.d.R. nicht ohne Willkür möglich. Daher lehnen einige → Kostenrechnungssysteme das Rechnen mit dieser auszahlungslosen Kostenkategorie ab.

Zuschlagsbasis, *Zuschlagsgrundlage,* Bezugsbasis für die Gemeinkostenzuschläge. Zur Ermittlung der → Zuschlagssätze werden die → Gemeinkosten auf eine bestimmte Basis bezogen:

- bei den Materialkostenstellen auf das Fertigungsmaterial;
- bei den Fertigungskostenstellen auf die Fertigungslöhne;
- bei den Verwaltungs- und Vertriebskostenstellen auf die Herstellkosten.

Zuschlagskalkulation, → Kalkulationsverfahren, das von Mehrproduktbetrieben angewandt wird, die in Serien- oder Einzelfertigung sich verhältnismäßig stark voneinander unterscheidende Erzeugnisarten herstellen. Charakteristisch für die Zuschlagskalkulation ist die Separierung der → Kosten in → Kostenträgereinzelkosten und → Kostenträgergemeinkosten. Die als Einzelkosten identifizierten Kostenelemente werden den Kostenträgern direkt zugerechnet, während man die Gemeinkosten den einzelnen Produkten mit Hilfe von Zuschlagssätzen anlastet.

Zuschlagssatz, Schlüssel, mit dem die → Gemeinkosten in der → Kostenträgerrechnung auf die → Kostenträger verrechnet werden.

Zuschreibung, *Wertaufholung,* buchhalterische Erhöhung des → Buchwertes von → Vermögensgegenständen gemäß dem → Wertaufholungsgebot.

Zuschuss, Zuwendungen privater oder öffentlicher Hand an Unternehmen. Zuschüsse eines → Gesellschafters können sich aus dem Gesellschaftsverhältnis ergeben. Sie stellen zusätzliches → Eigenkapital für das empfangende Unternehmen dar und sind bei → Kapitalgesellschaften gemäß § 272 (2) Nr. 4 HGB als Kapitalrücklage auszuweisen. Öffentliche Zuschüsse werden Unternehmen aus unterschiedlichen Gründen gewährt, so z.B. zu Sanierungszwecken oder zur Förderung bestimmter Investitionsvorhaben. Bei der Bilanzierung öffentlicher Zuschüsse ist zu unterscheiden, ob diese zurückzuzahlen sind oder nicht. Rückzahlbare Zuschüsse sind als → Verbindlichkeiten auszuweisen, nicht rückzahlbare Zuschüsse sind erfolgswirksam zu behandeln. Für Zuwendungen zur Anschaffung oder Herstellung einer Investition besteht das Wahlrecht, sie entweder als Anschaffungskosten- bzw. Herstellungskostenminderungen oder als → Ertrag zu behandeln.

Zuzahlung, Zahlungen von Gesellschaftern über deren Einlage hinaus. Gemäß § 272 (2) Nr. 3 und Nr. 4 HGB sind diese in die Kapitalrücklage einzustellen.

ZVEI-Kennzahlensystem, detailliertes Kennzahlensystem, das vom Zentralverband der elektrotechnischen Industrie (ZVEI) entwickelt wurde. Es erlaubt eine Analyse des Unternehmensgeschehens, der Struktur und des Wachstums. Dabei ist das ZVEI-Kennzahlensystem in verschiedene Sektoren eingeteilt und in ca. 100 Subkennzahlen gegliedert.

Zweckaufwendungen, Aufwandskategorie, die im Gegensatz zu neutralen Aufwendungen grundsätzlich Kostencharakter besitzt. Es sind → Aufwendungen, die betriebszweckbezogene, ordentliche und periodenrichtige Güterverzehre abbilden. Die Zweckaufwendungen sind dem Wesen nach Grundkosten. Sie können daher von der Aufwandsrechnung direkt in die Kostenrechnung übernommen werden.

Zwecke der Kostenrechnung, Aufgaben, die durch die Kostenrechnung zu erfüllen sind. Die Kostenrechnung als internes Informationsinstrument hat verschiedene Zwecke zu erfüllen:

- Abbildung und Dokumentation: Einblick in die betriebliche Leistungserstellung,
- Kalkulation: Bestimmung von Preisober- und Preisuntergrenzen, Bewertung von Lagerbeständen,
- Überwachung der Wirtschaftlichkeit: Planung, Budgetierung, Ermittlung,

Analyse, Steuerung und Kontrolle der Kosten,

- Fundierung von Entscheidungen: Unterstützung der Bereitstellungsplanung, der Wahl zwischen Eigen- und Fremdleistung, der Planung des Produktions- und Absatzprogramms, der Kapazitätsplanung, der Verfahrenswahl, der Losgrößenplanung, der Reihenfolgeplanung und der Preispolitik,
- Erfolgsanalyse: Planung, Ermittlung, Steuerung und Kontrolle des Erfolgs der betrieblichen Leistungserstellung,
- Kostenpolitik und Verhaltensbeeinflussung: Schaffung von Kostentransparenz durch wertkettenorientierte Analyse der Kostentreiber, markt- und rentabilitätsorientierte Konfiguration der Kosten, Positionierung der Kosten im Wettbewerb, Dynamisierung der Kostenbeeinflussung durch lebenszyklusübergreifende Budgetierung der Kosten, Erzeugung von Kostenbewusstsein in der gesamten Wertschöpfungskette,
- Ermittlung von Kostenwertansätzen für unternehmensextern vorgegebene Zwecke: Bestimmung der Selbstkosten im Rahmen der Kalkulation öffentlicher Aufträge, Unterstützung der Bilanzierung durch Ermittlung von Anschaffungs- und Herstellungskosten von Vermögensgegenständen, Bestimmung von Transferpreisen.

Zweckgesellschaft, → Konsolidierungskreis.

Zweikreissystem, Organisation des Rechnungswesens in zwei getrennten Kontenkreisen, d.h. Finanzbuchhaltung und Kostenrechnung. Der Industriekontenrahmen berücksichtigt das Zweikreissystem. Die Klassen 0 bis 8 sind für die Finanzbuchhaltung und die Klasse 9 für die Kostenrechnung vorgesehen. – *Anders:* → Einkreissystem.

Zwischenberichterstattung, gemäß BörsG und BörsZulV von 1987 halbjährlich innerhalb des Geschäftsjahres aufzustellender Bericht, der von börsennotierten Unternehmen aufzustellen ist. Auf freiwilliger Basis können Unternehmen zu einer → Quartalsberichterstattung übergehen. Gemäß § 44 BörsG hat der Zwischenbericht ein den tatsächlichen Verhältnissen entsprechendes Bild der Finanzlage und des allgemeinen Geschäftsgangs des Emittenten im Berichtszeitraum zu vermitteln. Der Zwischenbericht unterliegt der Publizitätspflicht. Dadurch soll die Transparenz des Kapitalmarktes gestärkt werden.

zwischenbetrieblicher Kostenvergleich, Vergleich der in einer Periode angefallenen Kosten zwischen mehreren Unternehmen. Als Möglichkeiten zur Durchführung bietet sich der Vergleich von Kostenarten, Kostenstellen und Kostenträgern an. Jedoch gestaltet sich der Vergleich oft schwierig, da Unterschiede zwischen den Unternehmen, wie z.B. Standort, Unternehmensgröße etc. die Kostenstruktur beeinflussen. Daher eignet er sich nur bedingt zur Aufdeckung von Unwirtschaftlichkeiten. – Vgl. auch → Cost Benchmarking.

Zwischenbilanzen, → Interimsbilanzen.

Zwischendividende, → Quarter Dividend.

Zwischenergebniseliminierung, Verfahren, das bei der Erstellung des Konzernabschlusses gemäß § 304 HGB anzuwenden ist, um die Gewinne und Verluste aus Geschäften zwischen den in den Konzernabschluss einbezogenen Unternehmen zu eliminieren, da diese im Konzernabschluss noch nicht als realisiert gelten. Bei der Zwischenergebniseliminierung sind die in den Konzernabschluss zu übernehmenden → Vermögensgegenstände, die ganz oder teilweise auf Lieferungen oder Leistungen zwischen in den Konzernabschluss einbezogenen Unternehmen beruhen, mit einem Betrag anzusetzen, zu dem sie in der auf den Stichtag des Konzernabschlusses aufgestellten Jahresbilanz dieses Unternehmens angesetzt werden könnten, wenn die in den Konzernabschluss einbezogenen Unternehmen auch rechtlich ein einziges Unternehmen bilden würden. Eine Zwischenergebniseliminierung kann unterbleiben, sofern sie für die Vermittlung eines den tatsächlichen Verhältnissen entsprechenden Bildes der Vermögens-, Finanz und Ertragslage des Konzerns nur von untergeordneter Bedeutung ist. Die Ermittlung des vorgeschriebenen Wertansatzes.

Zwischenkalkulation, *Mitkalkulation,* während des Produktionsprozesses durchgeführte Kalkulation. Eine Zwischenkalkulation ist vor allem bei der Erstellung von Gütern mit langer Produktionsdauer (z.B. Schiffbau, Großanlagenbau) zur Ermittlung der Istkosten für einen Produktionsabschnitt anzuwenden. Dabei werden folgende Zwecke verfolgt:

- Bilanzbewertung,
- Betriebskontrolle,
- Dispositionsgründe.

Zwischenkostenträger, → innerbetriebliche Leistungen, die abrechnungstechnisch wie → Endkostenträger behandelt werden, insbesondere dann, wenn einzelne interne → Leistungen oder innerbetriebliche Aufträge separat abgerechnet werden.